KB239345

문예신서
29

朝鮮解語花史

李能和

李在崑 譯

東 文 選

朝鮮解語花史
李能和
1927年 10月 5日
東洋書院·翰南書林 發行

【역자서문 譯者序文】

일제 식민통치 중엽인 소위 그들의 문화정치 시대에 출간된 이《朝鮮解語花史》는 여러 종류의 典籍에서 자료를 수집·발췌하여, 고대에서 근대에 이르기까지 주관적인 입장에서 서술한 우리나라 文獻史上 최초의 妓生史로서 풍속·제도사적인 위치에서 그 가치관을 찾을 수 있다.

저자인 李能和(1868~1945) 선생은 漢語學校를 졸업하고 官立 法語學校를 修學하였으며, 여러 학교 교관으로 전전하다가 1912년에 能仁普通學校 校長으로 있으면서《百敎會通》의 출간을 시작으로 1921년에는 朝鮮史編修委員이 되면서 많은 자료를 접할 수 있는 계기가 마련되었을 것으로 추측된다. 당시 日帝는 武斷政治의 한계성을 느낀 나머지 이른바 同和政治라는 미명 아래 식민통치의 자료를 수집하기 위해 日帝 민속학자들로 하여금 停滯性 또는 他律性理論에 역점을 두고 많은 자료를 조사 발굴하여 출간한 바 있다. 이때 그는 일제 학자들과 맞서 王朝 중심의 문화가 아닌 서민 중심의 문화부터 정리, 고찰하고자 노력하였던 것이다. 그는 1926년에《朝鮮女俗考》를 출간함에 이어 이듬해에는 本書를, 1929년에는《朝鮮巫俗考》를 출간하는 등 왕성한 저작활동을 하였던 것이다.

譯者가 본서를 옮기면서 느낀 점은 방대한 자료수집이다. 위로는 實錄에서부터 개인의 私撰인 稗官文學에 이르기까지 많은 자료를 발굴하여 紀傳體 형식으로 편찬하였다는 데 있다. 한 가지 아쉬운 점은 論述이 좀 산만하다는 즉, 자료로서의 가치를 더 느낀다는 점이다. 이것은 開花期와 現代化의 중간인 過渡期的 학문이기 때문이라는 것으로서 이해가 된다.

본서를 내용면으로 보면 高麗와 朝鮮時代의 기생은 賤人계급에 속하였다. 그러나 이들은 위로는 王候將相에서부터 아래로는 無名의 閑良에 이르기까지 귀천의 차별을 두지 않았다. 국제적 외교 要席이나 국내 政界 要人의 要席에까지 중요한 역할을 하였음을 볼 수 있으며, 특히 詩歌를 비롯해서 전통무용 등은 그 일부가 그들에 의해 계승 발전되었음을 느끼게 한다. 관계 분야에 관심있는 분들에게는 적잖은 도움이 되리라고 믿는다.

선생의 많은 저서 가운데서도 力著의 하나로 꼽히는 본서를 漢學에 능통치도 못한 筆者에게 《朝鮮巫俗考》에 이어 두번째로 完譯을 의뢰해 주신 辛成大 사장을 비롯하여 복잡한 교정과 편집을 맡아준 韓仁淑 편집장과 편집부 제위께 깊이 감사드린다.

1992년 6월 1일 白蓮山麓에서

李 在 崑 識

朝鮮解語花史

【서序】

세상에서 가장 기이하면서도 곱고 가장 사랑스럽고 가장 요염하고 가장 즐길 수 있는 것은 꽃과 같은 것이 없으므로, 정원庭園에 심어 기르기도 하고 탁상에 놓고 완상玩賞하기도 하고 신전神殿이나 불전佛殿에 놓고 받들기도 하고 연회 때 벗에게 사용되기도 한다.

도연명陶淵明은 국화를 사랑해서 은사隱士라 하며, 주무숙周茂叔은 연꽃을 사랑해서 군자君子라 한다. 이는 꽃의 품의로 사람의 성격에 비유한 것이다.

그러나 미인美人과 같은 것은 없으므로 해어화解語花는 더욱 친하고 종요롭다. 대개 꽃을 해어解語라 하는 것은 기이하고 고운 자질姿質이 작용하고 그 요염한 정情과 성性이 발휘되기 때문이다. 명황明皇이 귀비貴妃를 가리켜 비교하기를 백련白蓮을 격상激賞하는 것과 어떻게 같을 수가 있으며(개원유사開元遺事에 태액지太液池에 많은 백련白蓮이 무성하게 피었는데, 명황明皇이 귀비貴妃와 연상宴賞하다가 귀비를 가리키면서 좌·우에 말하기를 어찌 이 해어화解語花와 같으리 하였다), 서생書生이 절묘한 기생을 보고서야 비로소 웃었다 하니 잠깐 황국黃菊과 이름을 다투지 못함이다.(고려高麗 이상국李相國 규보奎報가 기녀에게 주는 시에 『글하는 선비 구습舊習으로 눈은 차가워 화려하고 번화한 세간의 관습 몰랐는데, 해어화 보고 비로소 웃으니 잠시 동안 국화와 이름을 겨루지 않네 書生舊習眼猶寒 未慣繁華爛慢間 解語花來方始笑 不須黃菊鬪名般』 하였다.) 이에 군자君子가 연꽃을 더럽히지 않음은 색色에 반하지 않는 것이며, 은사隱士가 국화의 청절淸節과 같은 것은 세속에서 돌아간 것이니 우습기만 하다. 그러나 장미처럼 아름다운 사람(佳人)은 신라新羅 문사文士의 훈계하는 바이며(신라 신문왕神文王이 일찍이 한가롭게 있을 때 설총薛聰을 불러 이르기를, 『연일 오던 비가 처음으로 개이고 훈풍이 가늘게 불어오니 거리낌 없이 큰 소리로 해학諧謔이나 하는 것이 가히 답답함을 풀 듯하니, 그대가 다른 소문을 들었거든 나에게 말해 달라』 하였다. 이에 설총이 말하기를 『신臣이 화왕花王을 처음 들었는데, 심어서 향기나고 가꾸면 무성해서 삼춘三春에 요염하게 피어서 홀로 나타나 백화百花를 능가하는 것입니다. 이때 염염艶艶한 영혼과 요요夭夭한 꽃다움이 분주하게 배알했는데 홀연히 한 가인佳人이 있어 이름이 장미薔薇였습니다. 빨강 머리와 옥 같은 이빨, 밝은 화장에 단정한 옷차림으로 사뿐히 걸어오면서 예쁜 맵시로 앞에 와서 말하기를 「전하殿下의 영덕令德을 첩이 들었사오니, 원하옵건대 침전枕殿에 천거하시어 휘장에 향기를 품게 하시와 받아들이십시오」 하였고, 또한 장부가 있었는데 이름이 백두옹白頭翁이었습니다. 삼베옷에 가죽띠에 흰머리에 지팡이를 짚고 빨리 걸으며 등을 구부리면서 말하기를 「이 종(僕)은 서울 밖 큰길 옆에 있사오며 주위의 물건을 도둑질하여 기름진 음식과 고기로써 비록 만족하오나 덮어씌워 저장하는 데 모름지기 좋은 약이 있습니다. 그러므로 명주와 삼은 있사오나 띠와 기령풀(菅蒯)도 버려서는 안 된다」고 하였는데, 상감께서는 여기에도 뜻이 있는 것을 알지 못합니까?』 하였다. 왕께서 말씀하시기를 『장부의 말도 또한 도리道理가 있다. 가인佳人을 얻기 어려우니 장차 어찌하면 되겠소?』 하니, 장부가 말하기를 『무릇 군자君者는 가까이 친하지만, 늙어서도 요염을 가까이하지 않으면 흥하고, 요염을 가까이하면 망합니다. 그러나 요염한 것과 쉽게 합하면 늙어서는 친함을 이루기 어렵습니다. 하희夏姬는 진陳나라를 망하게 했고, 서시西施는 오吳나라를 멸망시켰으며, 맹가孟軻는 종신토록 불우不遇하게 지냈고, 풍당랑馮唐郎은 백발白髮을 감추었습니다. 고사故事가 이와 같으니 저흰들 어찌하겠습니까?』 하였다. 왕이 사례하기를 『내가 지나쳤도다』 하고, 이에 왕이 추연히 정색하고 말하기를 『자네가 비유하여 고하는 말에 내 깊이 느꼈으니 이 글로써 훈계를 삼으리라』 하고, 드디어 높이 뽑아 올려 벼슬이 한림翰林에 이르렀다), 해당화海棠花를 창녀娼女에 비하는 것은 조선 가객歌客의 평하는 바이다.(지금 세속에 꽃을 평해서 노래 부르기를 모란화牡丹花는 꽃 중의 왕이요, 해바라기(向日花)는 충신忠臣이다. 연꽃(蓮花)은 군자君子요, 살구꽃(杏花)은 소인小人이다. 국화菊花는 은일사隱逸士요, 매화梅花는 한사寒士이다. 박꽃(匏花)은 노인이요, 패랭이꽃(石竹花)은 소년이다. 촉규화(葵花)는 무당巫堂이요, 해당화海棠花는 창녀娼女이다. 배꽃(梨花)은 시객詩客이며, 홍도紅桃·벽도碧桃·삼색도三色桃는 풍류랑風流郎이다.) 지금 내가 백천 년의 명화名花를 수집해서 35장의 역사로 편찬하였는데, 그 가운데 헤어지고 만나고 슬프고 즐거운 정情을 기속妓俗에 싣지 않은 바가 없다. 정숙하고 음란하고, 사측하고 바른 성행性行은 국풍國風을 증험할 만한 것으로서 또한 사회상社會相의 일부로서 어찌 사학계史學界의 참고가 아니 되겠는가.

병인丙寅(1926년) 유하榴夏(6월) 상한上澣(초순)

著 者 識

【목 차】

제1장

신라 때 이미 창녀娼女가 있었다

혹자는 말하기를 신라 중엽에 처음으로 원화源花[1]를 받들었는데, 이것이 기녀妓女의 근원이라고 하였다. 즉《삼국사기三國史記·신라본기新羅本紀》에, 제24대 진흥왕眞興王 37년(576) 봄에 처음으로 원화를 받들었다. 처음에는 왕과 신하들이 인재를 찾지 못해 근심하다가 많은 사람들을 모아 무리지어 놀게 하여 그들의 행실을 관찰한 뒤에 천거해서 쓰려고 하였다. 드디어 아름다운 두 여인을 뽑았는데 한 사람은 남모南毛이고 한 사람은 준정俊貞이다. 3백여 명의 무리를 이끌었는데 두 여인은 서로 아름다움을 질투하였다. 준정이 남모를 자기 집으로 유인하여 강제로 술을 권해 취하게 한 다음 끌어내어 강물에 던져 죽여 버렸다. 이로 인하여 준정이 사형되자 그 무리들은 실망하여 뿔뿔이 흩어지고 말았다.

그뒤 나라에서는 아름다운 남자들만 뽑아 곱게 단장시키고 이름을 화랑花郞이라 하고 받들게 했는데, 무리들이 구름같이 모여들어 서로 도의道義를 연마하고 가악歌樂을 즐기면서 산수山水를 찾아다니며 유람했는데 가지 않는 곳이 없었다. 이로 인해서 그들의 바르고 간사한 것을 알게 되어, 그 중의 훌륭한 사람을 가려뽑아 조정朝廷에 천거하게 되었다. 최치원崔致遠의 난랑비鸞郞碑 서序에 이르기를, 나라에 현묘玄妙한 도道가 있으니 가로되 풍류風流인 바 이 교敎를 세운 근원은 선사仙史에 상세히 갖추어져 있다 하였다. 이로 미루어 보면, 원화源花는 오늘날 기생과 같은 것이고 화랑花郞은 오늘날 미동美童과 같은 것이고 풍류랑도風流郎徒는 오늘날 외입장外入匠과 같은 것이다.

【기생妓生】 우리나라 옛풍속에 기학妓學은 의약술醫藥術이었다. 가무歌舞의 재주[伎]가 있다고 하여 이름을 기생이라고 하였는데, 지나支那[2]의 기妓를 고쳐서 쓴 것과 같은 류類이다.

【미동美童】 세속에서는 비역屁役[3]이라 칭하는데 남색男色을 이른다. 중국의 상공자相公者와 같은 것이다. 앞서 우리나라 풍속에서는 만약 미동이 하나 있으면 여러 사람들이 질투하여 서로 차지하려고 장소를 정해서 각법脚法, 속칭 택기연擇其緣으로 싸워 자웅雌雄을 결정지어 이긴 자가 미동을 차지한다. 세속에서는 이것을 급기롱給奇弄이라 한다. 조선조 철종哲宗 말년부터 고종高宗 초까지 이 풍속이 대단히 성하였으나 오늘날에는 볼 수 없다.

【외입장外入匠】 연소하고 호탕하며 떠돌아다니는 성격을 가져 청루기방青樓妓坊에 몸이 빠진 자를 세속에서는 외입장外入匠 혹은 외엽장外獵匠이라 하였으니, 즉 밖에서 엽색獵色을 일삼는 자를 말한다. 장匠이라는 뜻은 기技에 능한 데서 나온 말이다.

세속의 제도는, 비록 옛날이나 지금이나 약간의 차이가 있긴 하나 이름은 피차 같음을 볼 수 있다. 우리 풍속의 언전諺傳에서는 사람들이 의논할 때 주색酒色을 같이하지는 아니하나, 신라新羅 때의 풍속은 이와는 서로 달라 주색을 베풀고 의논을 하였다. 이것은 《모시毛詩》 국풍장國風章에 실린 즐거우면서도 음란하지 않았다는 것이다

이능화李能和는 말하기를, 신라 원화·화랑의 제도는 본시 화류계花柳界의 사회는 아니었고, 그 인물의 노배爐韛[4]였다. 무애자無涯子 신채호申采浩씨의 말을 살펴보면, 신라新羅의 원화源花 및 화랑花郞은 당시 사회교육의 사표師表였다. 옛날 서구에서도 역시 여랑女娘으로서 사표를 삼은 시대가 있었다. 동서문명東西文明이 동일한 규칙 운운하니 이 이론이 정확한 근거가 있어 따를 만하다. 또 신라시대를 살펴보면 창녀娼女와 음방淫坊이 있었으니, 즉 고려高麗 이인로李仁老의 《파한집破閒集》 및 《동국여지승람東國輿地勝覽·경주부慶州府 불우조佛宇條》에 그 기록이 실려 있다.

천관사天官寺는 오릉五陵 동쪽에 있으니, 김유신金庾信이 어렸을 때 모부인母夫人이 날마다 엄한 훈계를 해서 잊지 않고 교유하다가 하루는 여종[女隸]의 집에 머물러 잠을 자고 돌아왔다. 어머니가 그를 불러놓고 『나는 이미 늙었다. 밤낮으로 바라는 것은 네가 성장하여 입신공명立身功名해서 군친君親에게 떳떳하려 했더니, 이제 네가 도살업자의 아이와 주막에서 어울려 희롱하면서 술을 마시고 방자했느냐?』 울면서 타이르니, 유신이 곧 어머니 앞에서 스스로 맹세하고 그 문 앞으로 다시는 지나지 않았는데, 하루는 술에 취하여 집으로 돌아올제 말이 옛길을 따라 창녀집에 이르렀다. 창녀는 한편은 기쁘고 한편으로는 원망하며 나아가 울면서 맞이했는데, 유신이 깨닫고 타고 온 말의 목을 베어 버리고 안장조차 버리고 돌아왔다. 그 창녀가 지은 원한 맺힌 사詞 한 곡조가 전해오니, 절은 곧 그의 집 이름이며 천관天官은 그의 호號이다.

◉고려 이공승李公升이 일찍이 동도東都[5]에 부임하여 기록을 관리하다가

시를 지은 바 있다.

절 이름 천관은 옛날의 사연 있어
홀연 그 세운 내력을 들으니 한결같이 슬프구나.
다정한 공자公子는 꽃 아래에서 노니는데
원한 머금은 가인佳人은 말 앞에서 흐느끼네.
붉은 말은 정이 있어 도리어 옛길을 아는데
마부[蒼頭]는 무슨 죄로 부질없이 채찍인가.
오직 한 곡의 가사가 남아 있어 묘하구나.
섬토蟾兎[6]와 같이 만고에 전하도다.
寺號天官昔有緣　　忽聞經始一凄然
倚酣公子遊花下　　含怨佳人泣馬前
紅鬣有情還識路　　蒼頭何罪謾加鞭
惟餘一曲歌詞好　　蟾兎同居萬古傳.

유신은 15세에 이미 화랑이 되었다. 풍류의 정도 있긴 했으나 경솔한 행동을 했다는 것도 가히 상상해 볼 수 있다. 그러나 이들 문헌에서 볼 때 유신이 교유한 이들은 도의를 아는 무리가 아니라 백정의 아이였으며, 함께 잠을 잔 여인은 원화源花에 봉사奉事하는 것이 아니라 웃음을 파는 창녀였다. 이로써 유신은 화랑사회를 물러나 집에서 학문을 닦게 되었다.

이로 미루어 보면, 신라 원화의 제도가 존재한 때에는 음방淫坊과 창녀의 매춘賣春 풍속이 있었음이다.

제2장

고려시대 기생의 기원

수척水尺의 후예를 관官에 예속시켜 비婢로 삼으니, 이가 기녀妓女가 되었다.《敎坊弟子》

고려 태조太祖가 삼한三韓을 통일하자(신라 및 견훤甄萱의 후백제後百濟와 궁예弓裔의 후고구려後高句麗를 통칭해서 삼한三韓이라 한다) 백제百濟 유민遺民 중에 수척자水尺者가 있었는데(수척자란 당시 말로 물고기 잡는 자를 해척海尺 혹은 수척水尺이라 하고, 산에서 사냥하는 자를 산척山尺이라 하며, 나룻터에서 노젓는 자를 진척津尺이라 하며, 기타 잡역雜役하는 사람을 잡척雜尺이라 했으니 척자尺者를 살피면 짓는다[作]는 것이며, 짓는다는 것은 곧 놈[者]으로서 모두 천한 데 쓰는 명사名詞이다) 고집이 세어 억제하기 어렵게 되자 노비奴婢에 편재하여 각 관청에 예속시켰으며, 그 중 색예色藝가 있는 여종[婢]은 기생으로 삼아 화장을 시켜 가무歌舞를 연습시켰으니, 이것이 고려 여악女樂의 시초이다.

《고려사高麗史》를 상고하면 현종顯宗(第8世王) 즉위 초에 교방敎坊을 폐지했으며, 또 문종文宗(第11世王) 27년(1073)에는 교방의 여제자女弟子 연주가 연등회燃燈會에 쓰였으며, 의종毅宗(第18世王)이 장단長湍 응덕정應德亭에 행차했을 때 배[舟] 위에서 여악女樂을 실었으며, 충렬왕忠烈王(第24世王) 5년(1279)에 고을의 기녀를 뽑아서 교방이 가득 찼다고 한다. 이로 미루어 보면, 고려시대 기생의 제도를 짐작할 수 있다. 근세학자 소운거사嘯雲居士 이규경李圭景의 저서에《화동기원변증설華東妓源辨證說》이 있으니 그 말은 다음과 같다.

한 사람이 우리나라와 중국에 기생이 있는 것은 어느 때부터 비롯되었으며, 그 설치한 뜻은 과연 어디에 있는가고 물어왔다. 또한《역경易經》에서는 얼굴을 예쁘게 단장하고 음탕한 짓을 가르치는 것이라 했는데, 이것만이 음탕한 짓을 가르치는 것은 아니잖겠는가. 그 상세한 것을 듣기를 원한다. 내가 말하기를 이들 도리가 아닌 일은 서로간의 문답으로서는 족한 것이 못 되나, 이미 그대가 물었으니 내가 어찌 답하지 아니할 수 있겠소. 오吳나라와 월越나라가 병입해 있을 때, 구천句踐이 과부들을 모두 산 위로 데리고 올라가서 음탕한 짓을 범하고는 근심이 있는 선비는 이 위에서 놀게 하면서 그 뜻이 기쁘다 하였다. 이것이 기생이란 이름이 쓰여진 처음(權輿)이다.

옛날을 상고해 보면 기녀가 없었는데, 한漢나라 무제武帝가 군영軍營 안에 기방妓房을 설치하고 군사들 중 아내가 없는 자를 접대하게 했는데,《좌전左傳》에 이른바 삼반인三叛人이 이것이다.

주량공周亮工의《수옥서영樹屋書影》에 의하면, 7백 여인이나 되는 여염집 여자들을 제환공齊桓公이 밤이면 소집을 시켜 군인들과 어울리게 했다 하는데 대개 과부들이었다. 여러 사람들이 이처럼 서로 어울림이 있는데 어찌 도량이 적다 할 수 있겠는가.

우문정于文定이 말하기를, 천지육기天地六氣[1]에 스스로 요사하고 더러운 것이 한 종 있는데, 반드시 이것을 소통疏通한 뒤에서야 맑은 운기가 보완된다고 하였다.

비유할 것 같으면, 큰 도시나 읍에는 반드시 하수구가 있어서 더러운 것을 흘러보내는데, 그렇지 않으면 사람이 사는 집 안에 모두 흘러들어 더럽게 되니 이것이 생긴 것은 쾌론快論이다. 7백이나 되는 여염은 모두 그늘 속의 세속에서 구제받아야 하는 미미한 여인들로서 없어지지 않았으니, 이것이 기생을 설치해서 점차 늘어나게 된 것이다.

이는 당唐나라에 이르러 더욱 성했으니 최영흠崔令欽의《교방기敎坊記》, 손계孫棨의《북이지北異志》, 맹계孟啓의《목사시木事詩》, 황설사黃雪簑의《청루집靑樓集》, 장군방張君方의《여정집麗情集》, 섭봉선聶奉先의《속본사시續本事詩》·《수매화사水梅華史》·《연도기품蓮都妓品》, 조대장曹大章의《연대선회품蓮臺仙會品》, 반지항潘之恒의《곡중지曲中志》와《금릉기품金陵妓品》·《곡염품曲艶品》·《속염품續艶品》·《여회판교잡기余懷板橋雜記》는 모두 기생의 고사로서 상고할 만하다.

금릉金陵은 옛부터 아름답고 고운 곳이라 일컫는다. 흰 바위 아래로 흐르는 푸른 물과 복숭아 잎의 둥근 부채를 든 요염한 기녀가 많았다. 홍무洪武 초에 16루樓를 세워 관기官妓를 두었으니, 엷은 향기와 경분輕粉[2]에 많은 나그네가 찾아와서 한때 시를 지었다.

이익李瀷의《성호사설星湖僿說》에, 우리나라 기생의 종류는 양수척楊水尺에서 나왔으니 양수척이란 것은 유기장柳器匠이다. 고려 태조가 후백제를 공격할 때 유종遺種 중에도 견제하기 어려운 제도였다. 그들에게는 관적貫籍과 부역賦役이 없고, 수초水草를 따라다니기 좋아하여 아무 때나 이사를 자주하고 사냥과 유기柳器를 만들어 판매하는 것을 생업으로 삼았다.

뒤에 이의민李義旼의 아들 지영至榮이 기첩妓妾 자운선紫雲仙의 이름을 드디어 호적에 올리고 공물貢物을 징수하지 않았는데, 지영이 죽자 최충헌崔忠獻이 자운선紫雲仙을 첩으로 삼고 집집마다 세금을 심하게 거두다가 드디어 거란병에게 항복하였다. 뒤에 읍적邑籍에 예속시켜서 남자는 노奴로 삼고 여자는 비婢로 삼았으며, 많은 여종[婢]들과 수재守宰들을 가까이 두고 사랑스러워했으며, 옷을 꾸며 입히고 화장을 시켜 노래와 춤을 익혀 눈앞에 두게 했으니 기악妓樂이 점점 일어나고 상하가 음탕해져서 다시 금하지 못하게 되었다.

《고려사高麗史》에 신우辛禑가 기생 연쌍비燕雙飛로 하여금 활을 메고 피리를 불며 용龍의 수를 놓은 비단옷을 입고, 함께 고삐를 매고 행동하니 사랑스럽고 귀한 것이 비할 데가 없었다고 하였다.

조선조에서도 이로 인해서 국초國初에 청루青樓[3]를 설치하여 여러 고을에 모두 추하고 더러운 풍속이 있어 이 퇴풍을 없애고자 의논까지 하였는데, 문경공文敬公 허조許稠가 이를 저지하면서 이르기를 사신으로 오는 신하들이 반드시 양가良家 여인들을 장차 겁탈하여 그 해가 심할 것이라고 해서 드디어 관철되지 않았다.

《삼국사三國史》에 송宋나라 사신 유규劉逵 등이 곱게 단장한 고을 창녀가 넓은 소매를 단 옷에 가장자리에 띠가 둘러 있는 큰 치마를 입은 것을 보고 이르기를, 이는 모두 삼대三代의 복장이니 이와 같은 옷들이 뜻밖이라고 하였다.(지금의 신랑신부의 복장이다.)

중국 기악妓樂의 이름으로는 《주죽타이존폭서정집朱竹坨彝尊曝書亭集》의 《악부아사樂府雅詞》 발문跋文에 이르기를, 증단백曾端伯이 편찬한 《악부아사樂府雅詞》 권수卷首에 조소調笑로서 으뜸가는 절구라 했는데 이것은 《구중전九重傳》에서 나온 것이며, 이는 대성악大晟樂이 남겨놓은 유지遺旨며 전답戰踏의 뜻은 《벽계만지碧鷄漫志》에 실려 있으나 알지 못한다. 《구장기사九張機詞》에도 약간 이것이 보이고, 《고려사高麗史 · 악지樂志》에는 문종文宗 27년(1073) 11월에 교방敎坊 여제자女弟子 초영楚英이 새로 전해진 구장기九張機를 연주하는 데 제자 열 사람을 썼다고 하며, 그 절도가 오히려 갖추어져 있었으니 이른바 잃어버린 예禮를 야인野人이 구하였다. 청淸나라 왕사진王士禛의 《대경집帶經集》에 있는 《왕건궁사王建宮詞》에는 매번 춤을 추는데 양편으로 나누어서 태평만세太平萬歲의 글자를 중앙에 놓았다고 하고, 정인지鄭麟趾의 《고려사高麗史》에는 교방敎坊의 여제자女弟子가 왕모대王母隊를 연주하면 한 대열의 가무자歌舞者가 55인으로, 혹은 군왕만세君王萬歲 또는 천하태평天下太平의 네 글자를 이루었는데, 이것은 전해오는 내용이라고 하였으니 중국 명유名儒들의 견해와는 다른 것이다.

명明나라 사신이 왔을 때 기악妓樂을 사용했고, 왜倭 사신을 영접할 때 또한 기악을 썼다. 《용재총화慵齋叢話》에 급사중給事中[4] 장영張寧이 왔을 때 부사副使 무충武忠이 관연館宴에서 기생 동선洞仙을 보고 여러 번 눈을 흘겼다. 그러자 급사중給事中이 관반사館伴使[5]에게 이르기를, 무대인武大人이 연燕나라와 조趙나라 사이에서 태어나 노래 부르는 장소에 능숙한데, 이제 만 리 밖을 떠나와서 시원하게 회포를 풀어 버릴 길이 없으니 위로해서 안정시키는 것이 좋겠다고 하였다. 이에 아름다운 기생 두엇을 불러 방 안에 술상을 마련하고 웃고 이야기하고 희롱을 하였다. 무충은 자기의 계획이 뜻대로 되어 간다고 생각했으나, 밤이 깊어지자 급사중이 중문中門에 의자를 놓고 앉아 기생의 이름을 하나하나 불러 쫓아 버리고 자물쇠로 문을 채운 뒤 들어가 버렸다. 이에 무충의 계획은 한스럽게도 이루어지지 못했다.

무충은 금대金帶[6]에 벼슬이 높았고 급사중은 각대角帶를 두른 낮은 벼슬이었으나, 거꾸로 이같이 제어制御하여 사신使臣의 몸을 지켰다.

이렇듯 창기娼妓를 두고 사신이 머무를 객실을 설치하였다는 것은 낭전浪傳이 아니라 사실이었다.

이능화李能和가 말하기를, 성호星湖 이 선생이 우리나라 기녀의 종류는 양수척楊水尺에서 나왔다고 하였으니, 양수척은 읍邑에 예속되어 적籍을 두고 남자를 노奴 여자를 비婢로 삼고, 수척水尺에 있는 비婢를 기생으로 삼았으니 거란이 침입한 뒤라고 하였다. 또 다산茶山 정약용丁若鏞 선생의 《아언각비雅言覺非》에는 수척은 관기官妓의 별명으로서, 지금 물 긷는 관기를 무자이巫玆伊라 칭하는데, 이 글을 번역하면 곧 수척水尺이 된다.(巫者는 水, 玆者는 尺) 그러나 물 긷는[汲水] 것으로 인해서 얻어진 이름은 아니다.(기생의 옛이름은 비婢에서 옮겨졌다) 우리나라에는 기생이 없었고 본래 유기장柳器匠인 양수척楊水尺이 있었는데, 그 종족은 관적貫籍[7]이 없었으며, 수

초水草를 따라 이리저리 옮겨다니면서 오로지 사냥과 유기柳器를 만들어 파는 것을 업으로 삼았다.

고려 때 이의민李義旼의 아들 지영至榮이 양수척楊水尺을 기적妓籍에 올리고 세금을 징수하지 않았는데, 이뒤부터 남아男兒가 태어나면 노奴로 삼고 여아女兒가 태어나면 기생으로 삼았다 하며, 이것이 우리나라 기생의 시초라 하였으니, 그러고 보면 수척과 거란병이 침입한 때는 고종高宗 때였고 노비의 적籍을 읍에 예속시킨 것은 그뒤였으며, 기생이란 이름은 약간 그뒤이다. 고려 태조太祖 때 이미 노비의 법이 있었으니(적을 사로잡으면 공로를 치하하여 노비로 삼은 일이다) 당시 고집이 세어 굽히기 싫어하고 다스리기 어려운 수척水尺 일족들을 각읍에 나누어 예속시키면서 노비로 삼은 것은 당연한 사실이다. 따라서 수척비水尺婢를 기생으로 삼은 것도 이미 이때에 있었다. 어떻게 그것을 알 수 있겠는가. 《고려사高麗史》를 상고해 보면 현종顯宗 때 이미 교방敎坊이 있었고, 문종文宗 때 교방에 여제자女弟子가 있었으니 이것은 여악女樂에 기녀妓女를 썼다는 증거이다. 또 《동국통감東國通鑑》을 상고해 보면, 고려 예종睿宗 11년(1116)에 대나大儺[8]를 행할 때 창우倡優[9] 잡기雜伎[10]와 외관外官 유기遊妓에 이르기까지 원근遠近을 가리지 않고 모두 징발되었으며, 또 《동문선東文選》을 고안해 보면 고려 예종睿宗 때 김부식金富軾의 시제詩題로 교방敎坊 가기歌妓들에게 《포곡가布穀歌》를 부르게 하였다(예종睿宗이 곡曲을 듣고 즐겼다)는 글이 있다. 이로 보면 외관外官 유기遊妓는 모두 수척비水尺碑가 각읍에 있으면서 기녀가 된 것이고, 교방敎坊 가기歌妓란 곧 여제자女弟子들에게 가무를 익히게 한 것이다.

제3장

고려의 여악女樂

우리나라 악樂에는 당악唐樂과 향악鄕樂(향악을 속악俗樂이라고도 한다)이 있다. 여악女樂이 쓰이는 곳은 향중鄕中에 많이 있었다.

고려 문종文宗 때 팔관회八關會[1] 연등회燃燈會[2] 등에서 여악이 처음으로 쓰였다고 순암順菴 안정복安鼎福이 말하였다. 고려 속악은 창기娼妓들의 놀이이다. 따라서 여악의 계통은 조선시대로 전해져서 5백 년간 의젓하게 행해졌으니, 오늘날 우리들이 기무妓舞를 관람할 때 그 고운 모습을 볼 수 있는 것은 그때의 전형일 것이다.

◉현종顯宗 즉위 초에 교방敎坊을 없앴다.(《高麗史》 아래도 같다.)

◉문종文宗 27년(1073) 2월 을해乙亥에, 교방의 여제자女弟子 진경眞卿 등 13인이 답사행踏沙行 가무歌舞를 연등회에 쓰도록 청해서 이에 따라 제정되었다고 전해진다.

11월 신해辛亥에 팔관회八關會를 설치하고, 신봉루神鳳樓에서 왕이 악樂을 볼 때 교방 여제자 초영楚英이 새로 전해진 포구락抛毬樂[3]과 구장기九張機와 별기포구락別技抛毬樂을 연주하였는데, 제자弟子가 13인이었고 구장기九張機 제자는 10인이었다.

31년(1077) 2월 을미乙未에 등燈을 밝혀 놓고 왕이 중광전重光殿에서 악樂을 볼 때, 교방 여제자 초영이 왕모대王母隊의 가무歌舞를 연주하였는데 55인이 1대가 되어 군왕만세君王萬歲 천하태평天下太平이란 네 글자로 춤을 이루었다.

안정복安鼎福이 말하기를, 광종光宗이 속악俗樂을 즐겨 보았으며 최승로崔承老는 봐서는 안 된다는 글을 올렸다. 이른바 속악俗樂은 창기倡妓들의 놀이로서, 분을 바르고 연지를 찍고 백 가지 아양과 천 가지 교태를 부리면서 음탕스러운 행위를 자행하고, 더러운 마음을 가지며 우아한 정기가 사라지니 이에 더할 수가 없다. 향토의 풍속을 민몰泯沒시키는 것이 옳지 못하는 것이고 보면, 마땅히 영인伶人[4]으로 하여 전습傳習시켜 실지의 옛것을 존속시켜야 하는데도, 어찌해서 음탕하고 더러운 짓만 하는 여인을 취해야 하는가. 문종文宗은 고운 현주賢主이긴 하나 이것을 바로잡지 못하여 뒷임금들이 황음荒淫에 빠졌는데, 이것은 문종文宗이 바로잡아 주지 않았기 때문이다.《增補文獻備考》

◉예종睿宗 11년(1116) 12월에 대나大儺를 베풀었다. 이보다 앞서 환관宦官[5]들이 나례儺禮[6]를 좌우로 나누어 놓고 이긴 편을 택하려 하였다. 왕 또한 그렇게 하도록 하였다. 모든 창우倡優 잡기雜伎와 외관外官 유기遊妓에 이르기까지 징발되지 않은 사람이 없이 원근遠近에서 모여들었다. 깃발이 길을 메워 궁궐 안까지 가득 찼으며, 왕이 악樂을 보려 하자 좌우가 어지러이 서로 먼저 재주를 보이려고 다투기까지 하였다.

예종이 기악妓樂을 자못 좋아하여 영롱玲瓏과 알운遏雲이 선가善歌를 불러 이에 누차 하사품을 내렸다. 국자학사國子學士 고효충高孝冲이 두 여인을 보고 느낀 바를 시로 지어 풍자하니 왕이 기뻐하지 않았으며, 고효충이 과거를 보러 나오자 쫓아 버리라고 명령하였다.

◉의종毅宗 21년(1167)에, 왕이 장단현長湍縣 응덕정應德亭에서 배를 띄워 배 가운데 채붕綵棚[7]을 내걸어 장식하고 여악女樂과 함께 잡된 희롱을 하면서 강 위를 떠다녔는데 이때 배가 열아홉 척이나 되었으며, 배는 모두 채색 비단으로 꾸미고 좌우의 아첨하는 신하들과 함께 잔치를 베풀면서 즐겼다.

◉명종明宗 때 사람 이인로李仁老의 《파한집破閑集》에 이르기를, 우후牛後는 교방 화원옥花原玉의 어릴 때 이름으로 색色과 예藝가 한때의 으뜸이었다. 황장원黃壯元(黃元)이 우후가牛後歌라는 노래를 지었는데, 대략해 보면 다음과 같다.

말 앞에서 죽은 한 맺힌 미인
그 이름은 우후, 교방으로 돌아오고자 하네.
應恨蛾眉馬前死　　欲教返是名牛後.

유장원劉壯元 희羲가 이르기를, 우심牛心은 다만 희羲를 받든 것뿐이다. 내 벗인 기耆는 이렇게 노래하였다.

하늘나라 견우 따라
우후牛後라는 이름 썼구나.
함께 태어나 종[僕]으로 삼아주길 청했는데
그대는 돌아보지 않고

석숭石崇이 소를 타고 나는 것처럼 빠르게 가는구나.
녹주綠珠의 요염한 자질은 지초芝草와 난초처럼 빼어나구나.
위공魏公이 소 타고 글 읽고 가는 것을 보지 못했으며
설아雪兒의 절묘한 노래는 구름 사이로 흩어지네.
스스로 옛날 기라인綺羅人이라 하고
우후牛後와 함께 살았네.
이것을 가지고 우후를 물었는데
이것을 얻고도 너는 이 뜻을 모르느냐.
백발의 가는 머리에 웃음 머금고
내 수壽를 위해 천금 같은 한 곡조 부른다.

只應天上隨牽牛　故以牛後爲名字
請僕同賦君不見　石崇騎牛迅若飛
綠珠艶質芝蘭秀　又不見魏公騎牛行讀書
雪兒妙唱雲霄透　自古綺羅人例合居牛後
持此問牛後　得稱汝意否
嫣然含笑微俛首　一曲千金爲我壽.

◉고종高宗 32년(1245) 4월 8일에 최이崔怡는 연등燃燈에 채붕綵棚을 맺고 진방陳坊에서 악樂과 백희百戱로써 밤새도록 즐겼으며, 5월에 종실宗室과 사공司空 이상 재부宰府와 추부樞府의 인원들과 함께 채붕綵棚을 산처럼 맺어 놓고 진방의 기녀에게 여러 가지 놀이와 풍악을 펼치고, 두 패로 나누어 그 중 재기才伎 있는 기녀에게는 황금과 비단을 상으로 주었는데 그 비용이 몇만이나 되었다.

이수李需의 교방소아敎坊小娥의 시는 이러하다.

양梁나라 초楚나라 우의友誼 오이에 물 주는 일로 맺어지니
이로부터 변방에 병기 거두었네.
부용芙蓉[8]의 부중府中은 향진香塵으로 고요하고
비취 누대樓臺에는 서기가 가득하네.
세상은 우리 송공松公이 녹발綠髮[9]로 오래 살기를 축원하고
하늘은 선녀 중에서 청아靑娥[10]를 내려보냈네.

악장樂章은 벌써 삼천 곡 마쳤는데
어린 나이로 겨우 대여섯 번 나례儺禮하네.
만약 태胎 안에서 익혀 이룬 것 아니라면
누가 무릎에 앉혀 현가絃歌[11] 가르쳤을까.
낮이면 장각粧閣에서 구슬로 발 엮으며 놀고
밤이면 향기로운 규방閨房 잠그고 비단으로 보금자리 꾸미네.
군자君子는 일찍이 나쁜 버릇에 빠지는 일 없으니
가빈嘉賓과 함께 즐기는 그 즐거움 얼마인가.
시중侍中의 이마 위엔 고귀한 선관蟬冠이요.
재상宰相들 머릿가엔 연미관燕尾冠 우뚝하네.
금혈金穴로 받은 은혜로 흥청거리는데
옥피리는 길게 정풍파定風波를 노래하네.
검은 비단[烏紗]으로 조그만 화모華帽 마름해 쓰고
봉황무늬 비단으로 무화舞靴 지어 신었네.
가지가지 풍류로 옥궐玉闕에 입조入朝하니
구천九天[12]의 매화 앵도 금란파金鑾坡에 비치네.
운산雲傘 곱게 펴 서왕모西王母 맞으며
돌아와 예상우의곡霓裳羽衣曲으로 월궁月宮 선녀 부르네.
산호수珊瑚樹 받들어올리니 붉은 달무리 취한 듯하고
호박琥珀빛 복숭아 모으니 불그레한 둥근 무늬지네.
옥거문고의 따사로운 운韻에 붉은 해 떠오르고
옥판 두드리는 찬 소리에 푸른 여울 얼어붙네.
백 가지 갈고羯鼓[13]소리에 하늘은 우박 내리려 하고
산비둘기 소리내는 양쪽 날개는 북처럼 오락가락하네.
한 번 빙긋 웃음짓는 얼굴은 규벽奎璧[14]이 튕기는 듯하고
목청 가다듬어 읊는 노래엔 다시 기라綺羅로 상을 주네.
양쪽 늙은 악공樂工은 잘 안 되는 반주에 면목이 없고
석 줄의 미인들은 따라가지 못함을 부끄러워하네.
천세千歲에 이보다 나은 일 있을까 알아보려 했는데
모든 새 도읍지는 강 끼고 의지했네.
주공周公[15]이 낙읍洛邑[16] 이룬 일을 다시 생각하노니

한유韓愈[17] 원화元和를 칭송함 개의치 않네.
심향沈香이 풍기는 옛옷은 오늘까지 남아 있어
입김으로 언 붓을 녹여 읊조리며 적어보네.

梁楚歡情結灌瓜　從今塞外戢干戈
芙蓉幕府香塵靜　翡翠樓臺瑞氣多
世祝我公長綠髮　天分仙女遣靑娥
樂章已了三千曲　稚齒俄臨五六儺
若不胎中成結習　誰能膝上敎絃歌
晝戲粧閣珠爲箔　夜瑣香閨錦作窠
君子不會耽辟習　嘉賓共賞樂如何
侍中頂上蟬冠貴　列相頭邊燕尾冠
金穴共承偏雨露　玉笙長弄定風波
烏紗小小裁華帽　鳳繡微微製舞靴
千種風流朝玉闕　九重梅杏映金坡
巧將雲傘迎王母　還奏霓裳引月娥
樹捧珊瑚頳暈醉　桃攢琥珀纈痕酡
瑤琴韻暖呈紅日　玉板聲寒凍碧渦
羯鼓百枝乾欲雹　鵾聲雙袖疾如梭
一開笑臉彈奎璧　再賞歌喉殿綺羅
兩部老工慙蹇澁　三行秀色愧蹉跎
欲知勝事逢千載　全賴新都擁一河
更感周公成洛邑　不妨韓愈頌元和
沈香舊服今猶在　記事冰毫口自哦.

고종高宗 때 사람 이규보李奎報가 이수李需의 교방소아敎坊小娥를 차운次韻하여 노래한 시는 이러하다.

여섯 개의 열매가 상서로운 한 꼭지 오이에 나타났으니
마음 한데 섞여 병기 무력해졌네.
만호萬戶 봉해 주니 나라 이름 커지고
천 년 동안 즐길 일 하늘이 주셨네.

잠신簪紳들 함께 모여 녹의주綠蟻酒 돌리는데
환기紈綺 모두 불러 미인들 줄지었네.
은총의 등촉 관등놀이는 저녁에 비추고
악어북 치는 모습 세모歲暮의 구나驅儺[18]식보다 낫네.
따로 있는 여동女童들은 모두 어린 나이인데
무리지어 선대仙隊 이루면서 애교띤 노래 잘도 하네.
갓 혀가 도는 새끼꾀꼬리 나무에서 지저귀는 듯하고
깃털나는 어린 제비 둥지에서 처음 나오는 듯하네.
아름다운 노래 재주만은 타고났겠지.
그렇지 않고서야 어린 것이 저리도 익숙할까.
육수六銖의 분홍 적삼 가볍게 지어 입고
양쪽 쪽머리엔 녹색 댕기 오뚝하네.
엄마 품 떠나 젖비린내 겨우 면했는데
누가 애교 가르쳐 눈으로 아양 보내는가.
단조檀槽 안으려고 살짝 걷어올린 소매며
채색 담요 위를 가리기 위해 다시 신 바로 신네.
높은 누각 오르는데 길을 가는 것처럼 날렵하고
높은 층계로 사뿐사뿐 밋밋한 언덕 밟듯하네.
금위禁闈에 이름난 재원才媛 없지 않지만
소녀의 이 재주 보기드무네.
생각하면 구중九重[19]엔 잔칫일 드물어서
하루도 취한 얼굴 붉어지는 일 없네.
즐거움에 도취되어 올려보내니
임금님 얼굴에도 웃음이 돌아오네.
맑은 거문고 소리 목메어 물 흐르듯하고
빙글 돌아가며 춤추는 모습 북[梭]이 오가는 듯하네.
전두纏頭[20]로 던져주는 난새(鸞鳥) 비단이 수없이 나래치고
홍겨워 던진 것은 봉황을 그려 짠 능라로구나.
임금님의 은총으로 육궁六宮이 구경하고
백 가지 놀음 베풀게 하여 갖가지로 재주 펴니
때는 겨울인데도 봄기운 돌아오고

밤되자 조용한데 새벽 물가에 이르네.
고금古今을 통하여 이보다 좋은 일 듣기도 드물 것을
군신君臣 중 어느 누가 이때처럼 화락할까.
훌륭하구나, 시객詩客들 문각文閣에 올라
천금을 가득 얻어 일필一筆로 읊조리네.

六實呈祥一帶莍　　人心混合偃金戈
地封萬戶名藩大　　天與千年樂事多
欲共簪紳浮酒蟻　　盡呼紈綺列眉蛾
龍膏遍照同燈夕　　鼉鼓爭撾勝歲儺
別有女童皆丱歲　　簇成仙隊善嬌歌
雛鶯舌澁猶啼樹　　稚鷰翎成始出窠
只爲伶才生得耳　　不然齠齒慣知何
六銖輕製紅衫細　　雙角岐丫綠髻莪
纔是離懷脣免乳　　誰教邀寵眼回波
檀槽欲抱微揎袖　　綵毯將行更整靴
高閣快登如坦道　　巍階穩踏似平坡
禁闈未必無名媛　　新伎應稀見小娥
因想九重踈宴集　　未容一日示醺酡
遺供震眄資歡緒　　不怕君顏轉笑渦
嘐亮絃聲鳴咽水　　翩躚舞態往來梭
纏頭不計翔鸞錦　　隨意兼抛織鳳羅
恩許六宮同翫賞　　勅張百戱任蹉跎
當冬頃刻迴千氣　　入夜從容到曙河
今古罕聞斯事勝　　君臣孰有此時和
美哉文閣能詩客　　贏得千金一筆哦.

강종康宗 때 사람 최자崔滋가 이수李需의 교방소아敎坊小娥에 차운次韻하여 다음과 같이 읊었다.

지공知公께서 만수하심이 영과靈瓜를 먹은 만큼이니
어찌 백일白日을 창으로 멈추게 하려고 수고하는가.

동해 바다 뽕밭되기 아직 이르고
남산의 소나무 오래되지 않았네.
금연錦筵엔 밤마다 촛불 더하고
수합繡閤의 이 봄을 비춰 아미蛾眉[21]로 잠그었네.
소아小娥가 어른될까 하늘도 두려워
선달에다 윤달 이어 구나驅儺를 길게 하네.
상부相府[22]에 연꽃 피자 새 곡조 전하고
창루娼樓엔 버들 꺾어 묵은 노래 거두네.
제비 새끼 가벼운 허리 알까고 나오고
꾀꼬리 새끼는 연한 혀로 둥우리 떠나려 하네.
옛날에도 이런 일 들었는지 알 수 없어
다시 묻노니 올해 나이 몇 살인가.
낮게 거둔 예상霓裳[23]이 아직도 무거운가
얕게 쓴 하모霞帽는 우뚝함을 못 이기는 듯.
아직도 정 느껴 눈물 흘리며 여린 한숨 내쉬고
눈 또한 은혜 알아 추파하지 않네.
장각粧閣에선 아직도 용배경龍背鏡 쓸 줄 모르고
무연舞筵에선 아직도 봉두화鳳頭靴[24]가 성가시네.
선저璇邸의 산호수珊瑚樹를 두 손으로 받들고
금란金鑾의 금수파錦繡坡로 사뿐사뿐 들어오네.
드물게 보는 새 재주로 휘장친 자리 받드니
옛날의 잔치 땐 궁녀를 잃은 것 같네.
금복숭아 담은 소반엔 봄빛이 아득하고
꽃술 새긴 섬돌머리엔 해그림자 어른거려
재치 있는 노랫가락 물결이 이는 듯
미소하며 선희仙戱하니 보조개가 파이네.
곤현鵾絃 네 번 튕기자 옥 두드리는 소리에 놀라고
갈고羯鼓의 두 북채 북을 놀리는 듯
천상天上 옥황玉皇의 은총은 이슬로 적시었고
인간의 국색國色은 별처럼 총총하네.
사람마다 부賦지으며 붓 휘두르지만

운韻마다 모두 높아 헛다리 짚네.
나 또한 농우隴右에 곁붙어 억지로 이어가니
오히려 경망한 말은 청하淸河로 보내려네.
다행히 이 나라가 험요에 의지하였으나
강한 인접국은 앉아서 화평을 청하네.
어여쁜 소아小娥여, 부디 박벌薄伐을 노래하라.
슬픈 소리 원망한 곡조일랑 읊조리지 말아다오.

知公萬壽等靈瓜　　白日何勞欲駐戈
東海桑田猶是早　　南山松歲不爲多
錦筵連夜添紅蠟　　繡閣長春鑠翠蛾
天恐小娥將及壯　　臘成餘閏却延儺
蓮開相府傳新曲　　柳折娼樓罷舊歌
鷰子腰輕初脫殼　　鶯雛舌軟欲離窠
不知古亦聞如此　　更問年今定幾何
低斂霓裳還訝重　　淺攙霞帽不勝峩
情猶感泣丹恒露　　眼亦知恩綠不波
粧閣未專龍背鏡　　舞筵猶困鳳頭靴
捧來璇邸珊瑚樹　　踏入金鑾錦繡坡
罕古新歡供幄座　　從今舊樂失宮娥
金桃盤上春光醉　　綵藥階頭日影酡
巧奏伶詞喉欲浪　　笑將仙戲臉將渦
鵾絃四撥鷩摐玉　　羯鼓雙撾似弄梭
天上皇恩霑露浥　　人間國色粲星羅
人人欲賤爭揮翰　　韻韻皆高最險跎
我亦強賡投隴右　　仍將狂語達淸河
幸今江國聊憑險　　坐使強隣屢請和
要倩小娥歌薄伐　　哀音怨曲莫吟哦.

다시 차운次韻하여 읊기를

붉고 푸른 누각엔 칡덩굴이 얽히듯 외가 열린 듯하고

그림처럼 늘어선 문 앞엔 다시 창을 벌여 놓은 듯하네.
윗자리엔 고귀한 분 받들어 순서대로 앉고
섬돌 앞엔 헌수獻壽하는 이들의 옥비녀가 줄지었네.
자리엔 둘러앉은 미인의 사향麝香[25] 향기가 짙게 풍기고
등촉에 비친 유리엔 부나방 붙어 희롱하네.
추운 겨울인데도 다시 밤잔치 벌였으니
태평한 화기和氣 봄 나례儺禮보다 나은 것을.
대를 이은 늙은 기생 억지 재주 보기 싫어
선녀들의 절세絕世의 노래 들으려 하는구나.
검은 머리 아기들은 버드나무 골짜기에서 나오고
학의 주둥이는 어지러이 연꽃 봉오리를 쪼개네.
이는 응당 하늘이 보내어 그 기쁨을 더하는 것이로다.
만약 사람이 한 짓이라면 어찌 저리도 어려 보일까.
애교 띠고 누웠으면 구슬 포대기가 오히려 부드럽겠거늘
고운 걸음걸이에 우뚝한 화당畫堂이 놀라겠구나.
좁은 소매 가위로 오려붙인 때때저고리는 어지러운 춤에 힘들고
뾰족한 비단 버선코는 잔물결을 주름잡네.
한 줌 되는 가벼운 허리는 오히려 띠가 거추장스럽고
쌍쌍이 도는 걸음걸이는 신을 이기지 못하네.
때이른 작은 매화 따뜻한 동산에 바람 맞아 애처롭고
갓 돋아난 풀들은 따뜻한 언덕에서 해받이하네.
난새 태워 하늘나라 궁궐에 조회하려고
깃옷 입혀 다시 달 속의 선녀 만드네.
둥근 눈썹 녹색으로 얕게 그려져 집을 망보는 듯하고
얼굴은 향기에 취한 듯 붉그레한 기운 감도네.
꽃 둘레엔 따로이 작은 봄마을 열었고
초방椒房[26]엔 천 개나 되는 물동이 쓸데없이 늘어섰네.
높은 음조音調 튕기니 구슬알 꿴는 듯하고
빠른 춤 날랜 몸은 옥 북[梭]을 던진 듯하네.
거문고 끝 안 나도 피리 다시 불고
비단 감고도 아직 모자라 능라까지 감았네.

지금 음악 옛것과 같다는 말 일찍이 들었으니
마치 문무文武가 늦췄다 당겼다 때를 만드는 터인 것을
만약 우리 백성들 이 피리 소리 듣는다면
흔연히 기뻐함이 산하山河에 가득하리.
이는 진정 천지신명天地神明이 굽어보실 것이니
소韶와 균鈞의 율려律呂[27]가 조화된 것보다 낫도다.
이르노니 소아小娥여, 더욱 힘써 노력하여
향음鄕吟은 누추하나 잘들 익혀 읊어다오.

丹樓碧閣葛連瓜　　畫列門前更列戈
堂上承歡金印錯　　階前獻壽玉簪多
繞筵紈綺濃噴麝　　映燭琉璃巧弄蛾
無賴寒更催夜宴　　太平和氣越春儺
厭看傴老傳家伎　　欲聽仙娃絕世歌
果有鵶頭來柳谷　　應煩鶴髻折蓮窠
是應天遺供歡耳　　若作人看奈幼何
嬌臥尙須珠褓軟　　弱躋應惻畫堂峩
窄衫剪繡難專暈　　尖襪縫綾細縮波
一搦腰輕猶困帶　　雙回步跢不勝靴
小梅早慘風和苑　　細草初茸日暖坡
鸞馭欲朝天上闕　　羽衣還作月中娥
黛山淺掃候家綠　　瞼纈微生香醞酡
花部別開春一塢　　椒房空列水千渦
調高音促春珠顆　　舞快身忙擲玉梭
琴弄未終還弄笛　　錦纏猶歉更纏羅
嘗聞今樂斯爲古　　正似弛文武作跑
若也吾民聞管籥　　欣然喜氣遍山河
是誠天地神明鑒　　猶勝韶鈞律呂和
寄語小娥須努力　　鄉吟雖鄙好吟哦.

◉최자崔滋 찬撰

연등회 저녁 헌선도 교방치어

燈夕獻仙桃敎坊致語

십오일 밤 등불놀이 구경하니
신주神州에 홍련紅蓮 만섬[萬斛]을 뿌린 것 같구나.
천 년마다 한 번씩 열매 맺는다는데
서왕모西王母[28]가 드리는 벽도碧桃[29]는 일곱 개일세.
공손히 생각하노니 주상전하主上殿下께서는
우禹 임금[30]의 검소함과 부지런함을 이어받고
탕湯 임금[31]의 성스럽고 공경하심을 받아 보위에 오르셨네.
조정朝廷은 깨끗하고 맑아 아무 민폐도 없으니
편안하고 또 편안하시어 나라가 한가로워 연회를 베풀어 즐기시도다.
팔음八音[32]이 잘 어울려 서로 조율調律을 뺏는 일 없고
백 가지 놀이가 모두 드리워져 쉬지 아니하네.
경축함이 새로워지고
환성은 다투어 끓어오르네.
첩 등은 재주 없음이 부끄러우나
외람되게 교방에 나왔습니다.
봉황은 소韶[33]를 부는 피리 소리 듣고 무전舞殿에 날아와 춤을 추고
학鶴은 봉래蓬萊[34]섬으로부터 날아와 한지漢池에서 퉁소 불며 노래하네.
三五夜觀燈　神州撤紅蓮萬斛
一千年結實　仙桃獻碧桃七枚
恭惟主上殿下　纘禹儉勤
躋湯聖敬　朝廷淸明無弊
旣安且寧　國家閒暇及時　式燕以樂
八音克諧無相奪　百戱皆呈亦未休
慶祝惟新　懽聲競沸
妾等愧無伶技　濫詣敎坊
鳳感簫韶　蹌蹌來於舞殿
鶴從蓬島　肅肅歌於漢池.

구호

口號

오색 구름 사이에서 녹명鹿鳴[35]을 노래하고 잔치 베푸니
처음 따는 복숭아 향기롭고 맑아라.
옛날에 신선이 이곳을 지날 때 살가죽 푸르고
다시 황은皇恩에 취하여 반쪽 볼이 붉어졌네.
비바람이 어찌하여 금빛 결심 재촉하나
건곤乾坤[36]은 꽃봉오리에 옥색 모임 관계 않네.
한 개 훔쳐 향기 맛보면 천 세를 누린다는데
소반마다 가득 채운 것 드리니 어찌하오리까.

五色雲間燕鹿鳴　　蟠桃初摘露香淸
舊經仙刼渾肌碧　　新醉皇恩半頰頳
風雨那催金結實　　乾坤不管玉攢英
偸香一顆猶千歲　　况薦盤中箇箇盈.

교방에서 팔관회를 하례하는 표

教坊賀八關表

(이규보李奎報《동국이상국집東國李相國集》)

……조종祖宗이 오래된 행사를 준봉하여 팔관회의 아름다운 모임을 마련하고 백성들과 함께 즐기며 만민萬民의 기쁜 마음을 고르게 하니, 기쁨은 신명神明을 흡족하게 하고 경사는 조정과 재야在野에 비등하도다.

공손히 생각하노니, 성상聖上 폐하陛下께서는 신도神道로 가르침을 베푸시어 태평성대가 가득함을 기다리시니 손을 모으고 옷을 드리우는데, 나는 아무것도 하는 일 없지만 사람들은 저마다 감화하고 제 고장에서 편안히 생업을 즐기니 이는 모두 임금의 능력인데 백성이 어찌 이를 알리오.

이에 계절은 11월 중동仲冬인데, 크게 성대한 예를 개최하니 위태한 조짐이 한꺼번에 닥치네. 자라[鼇]는 산을 머리에 이고 거북이는 하도河圖[37]를 지고 나오고, 세상의 음악을 고루 베푸니 용龍은 피리를 불고 호랑이[虎]는 큰거문고를 튕기네.

첩 등은 자부紫府에 몸을 담고 동정彤庭[38]을 옮겨 밟으며 구주九奏의 음악 소리 들으니, 균천鈞天의 꿈나라로 들어온 듯하네. 만세萬歲의 장수長壽함을 받들어 숭악嵩岳의 만세를 간절히 기약한다.

率祖攸行　講八關之嘉會
與民同樂　均萬民之懽心
喜洽神祇　慶騰朝野
恭惟聖上陛下　神道設敎　大平持盈
拱手垂衣　我無爲而人自化
安土樂業　帝有力而民何知
爰屬仲冬　大開盛禮
休祥沓至　鼇戴山而龜負圖
廣樂畢張　龍吹篪而虎鼓瑟
妾等身棲紫府　迹造彤庭
聞九奏聲　似人鈞天之夢
奉萬歲壽　切期嵩岳之呼.

◉ 충렬왕忠烈王 5년 기묘己卯(1279)에 각 고을의 창기倡妓 중 아름답고 재주 있는 자를 뽑아 교방敎坊에 보충하였다.

충렬왕은 연락宴樂을 즐겨서 관현방管絃坊의 대악재인大樂才人으로도 오히려 부족하다 하여, 각도의 관기官妓와 무당을 뽑아 궁중에 두고 새로운 가락을 가르쳤는데, 그 노래는 다음과 같다.

삼장사 안으로 등불 밝히러 갔을 때
공양받는 스님이 내 손을 잡네.
이 말이 절 밖으로 새어 나갈까
상좌上座에 이것이 네 말이라 하라 하네.
三藏寺裏點燈去　有社主兮執吾手
儻此言兮出寺外　謂上座兮是汝語.

또 읊기를

배은 용의 꼬리 물었다 하고
태산이 높다는 소릴 들었다 하며
많은 사람들 각각 한 마디씩 하니
두 마음 있음을 짐작케 하네.
높고 낮고 느리고 빠름이
절조節調에 맞지 않음이 없네.

有蛇含龍尾　　聞過太山岑
萬人各一語　　斟酌在兩心
高低緩急　　　無不中節.

충렬왕은 각도에 아끼는 신하들을 보내서 아름답고 재주 있는 관기官妓나 관비官婢 중 노래와 춤을 잘하는 자를 가려뽑아, 궁중에 적籍을 두고 비단옷을 입히고 말총으로 만든 삿갓을 씌워 별도로 일대를 만들어 남장을 시킨 다음 새로운 가락을 가르쳤다.

충렬왕 때 이지저李之氐가 시를 지은 바 있다.《東文選》

◉송宋나라 사신의 연회날 여대女隊의 염어念語

포구락치어抛毬樂致語

아뢰오니 현악기와 관악기의 소리는 장양鏘洋[39]하여 옥률玉律에 가장 잘 어울리고, 비단옷은 아름다워 화려한 자리에 나누어 서서 상냥하고 가냘픈 모양을 다투어 나타내려 하니 다같이 너울너울 춤추는 묘기를 바칩니다. 비록 누추하고 속됨을 부끄러워하나 다행히 대궐 앞뜰에서 가무하오며 위로 꽃을 보는 즐거움을 돕고자 입대入隊하나이다.

伏以絲管鏘洋　　極諧於玉律
綺羅纖麗　　　分列於華茵
爭呈綽約之姿　　共獻婆娑之技
雖慚鄙俚　　幸對軒墀
上助淸歡　　翫花入隊.

입문入問

때맞추어 보니 비단으로 장식한 자리가 화려하게 빛납니다. 일족의 꽃다운 얼굴들이 모두 만족하여 쾌활하고 사망絲網이 가지런하여 두 줄로 나누어진 묘한 춤입니다. 채색한 공을 바치는데 고운 손가락이 돋보이고 붉은 옷소매를 들어 몸을 번쩍 뒤집어 보입니다. 섬돌 앞에 서 계시니 이 얼마나 예쁘고도 미려합니까?

適見錦筵爛漫　　逞一簇之芳容
絲網參差　　分兩行之妙舞
呈綵毬而露指　　擧紅袂以飜身
立在階前　　是何姝麗

화심답花心答

다만 첩 등은 이원梨園[40]에 적籍을 매어두고 자부紫府에 기명記名하여, 이로써 드디어 향기로운 바람을 타고 와서 다행히 성대한 연회에 즐거움을 드립니다. 새가 날아 오가는 듯 세속을 떠난 자태는 회설回雪의 기이함이 없는 것이 부끄럽고, 천천히 돌면서 부르는 맑은 노래는 구름도 멈추게 할 만큼 묘妙함이 결핍된 것을 부끄러워합니다. 잘못하여 채 익히지 못한 재주를 가지고 우러러 맑은 빛을 대하오니, 아직도 감히 온전하지 못한 채 엎드려 문후問候 올릴 따름입니다.

但妾等　　梨園綴籍　　紫府記名
因逐便於香風　　幸侑歡於盛宴
翩翻逸態　　慚無回雪之奇
宛轉淸歌　　愧乏遏雲之妙
謬將未技　　仰對淸光
未敢白專　　伏候進止

출퇴出退

손님의 잔치 자리가 아직 한낮도 안 되어 악절樂節이 문득 그치니, 외경畏景은 점점 의륙義陸으로 옮겨가고 행운行雲은 갑자기 무봉巫峰으로 돌아갑니다. 섬돌 앞에서 재배하고 서로 좋아하며 돌아가렵니다.

賓筵未午　樂節俄停
畏景漸移於羲陸　行雲却返於巫峰
再拜階前　相將好去.

연화대치어蓮花隊致語

엎드려 듣자오니, 좋은 음식을 차린 가운데 가빈嘉賓들을 불러 예악禮樂으로 잔치하고 관管과 현絃이 번갈아가며 곡을 읊어 성덕盛德을 표한다 하옵니다.

여기에 류流가 다른 재주가 있어 천진선녀天眞仙女의 궁전에서 왔사오니, 청아青娥는 어질고 아리따운 선녀로서 향기로운 꽃받침 위에서 기르고 깨끗한 학鶴이 푸드득 날아 날개짓하며 부리로 옥玉 같은 모습을 열리게 하였습니다. 가곡歌曲은 새끼봉황의 오묘함을 다하였고, 춤추는 자태는 난새가 날개를 떨쳐 돌아가듯 가볍습니다. 한 좌석의 기쁜 즐거움의 바탕이 되고 천 년의 한 번 만남이 경사입니다.

첩 등은 번화가의 말단에서 노는 재주요, 법부法部의 천한 공인工人이옵니다. 재주 아님을 헤아리지 아니하고 삼가 구호口號를 올리나이다.

쌍머리 쪽 얌전하게 묶고 선대仙臺를 내려오니
바로 임궁琳宮의 성대한 잔치 열리는 때를 만났네.
이곳의 행락行樂하는 일 돕고자
붉은 실 담요 위를 여러 번 배회했네.

伏聞尊俎騈羅　燕嘉賓以禮樂
管絃交作　表盛德之形容
有玆異技之流　來自眞仙之府
青娥窈窕　毓在於芳苞
皓鶴翩翻　啄開於玉貌
歌曲盡鳳雛之妙　舞態回鸞翅之輕
資一座之歡娛　慶千齡之會遇
妾等康衢末技　法部賤工
不揆不才　謹呈口號
雙鬟綽約下仙臺　正値琳宮盛讌開
欲助一場行樂事　紅絲毯上重徘徊.

화심답花心答

다만 첩 등은 봉래蓬萊에서 귀양와 연꽃 봉오리에서 기생寄生하온데, 아음雅音이 세고 높은 소리를 따르면서 오묘한 춤의 아리따운 모습을 올리며, 감히 스스로 온전하지 못하고 엎드려 문안드리는 것으로 그치나이다.

但妾等　謫出蓬萊　寄生菡萏
趁雅音之激越　呈妙舞之聘婷
未敢自專　伏候進止.

희상봉치어喜相逢致語

……감히 구호口號를 드리오니,

잔치 자리에 임하여 조용함을 사賜하시며, 아깝다 여기지 아니하시니 모름지기 노래 소리가 옥종玉鍾에 쏠림을 들으소서. 다시 선아仙俄가 소매를 뒤집으며 춤추는 것을 보시옵고 은근히 오시어 희상봉喜相逢을 창하옵니다.

云云…敢呈口號
當筵莫惜賜從容　須聽歌聲側玉鍾
更看仙娥飜舞袖　殷勤來唱喜相逢.

충렬왕忠烈王은 기생을 사랑하여 적선래謫仙來라 이름을 붙여 주었다.

김원상金元祥과 박원재朴元材는 같은 마을에서 기생과 함께 놀았다. 원상이 《태평곡太平曲》이라는 시를 지었는데 오늘날 기생들이 이를 배워 하루의 내연內宴에서도 그 가사로 노래 부른다.

◉ 원元나라 사람이 고려 기생에게 준 시〔附〕

원시선元詩選 채송년蔡松年의 부賦 석주사石州詞에 고려 관기官妓에게 준 오만한 말이 있다.

구름 자욱한 봉래蓬萊
바람과 안개 같은 귀밑머리 쪽을

빗질하여 다듬을 겨를 없네.
선의仙衣 같은 치맛자락 모조리 걷어올리니
바야흐로 섬약纖弱한 불두덩 허리가 보이네.
마음으로 서로 약속한 곳에
세간世間의 말들은 진실이 아닐세.
물소의 뿔 같은 것이 한 번 쓸쓸한 성곽을 통과하네.
그 정이 비할 데 없이 짙기만 한데
정은 없어도 서로 끌고 찾는구나.
새벽에 일어나니 향기 아직도 남아 있어
꽃향기 빌어 숙취宿醉를 고쳐 버리네.
금 술단지에 술이 철철 넘치니
거듭 술잔을 들어 새 근심을 잊고자
반은 날아갈 듯한 구름의 그림자에
가없는 관산몽혼關山夢魂 싣고자 하나
응당 여인은 양화楊花로 깨닫게 하네.
매화꽃 장마비는 부슬부슬 강과 누각에 내리네.

雲海蓬萊　風霧鬢鬟
不暇梳掠　仙衣卷盡霓裳
方見宮腰纖弱　心期得處
世間言語非眞　海犀一點通寥廓
無物比情濃　與無情相持索
曉來一概餘香　酒病賴花醫却
瀲灩金樽　收拾新愁重酌
半飄雲影　載得無際關山夢魂
應彼楊花覺　梅子雨絲絲滿江干樓閣.

《海東繹史》

◉《증보문헌비고增補文獻備考》 고려속악조高麗俗樂條 무고舞鼓 조선향악조朝鮮鄕樂條를 본다.

【벌곡조伐谷鳥】[41] 벌곡조는 새 중에서 가장 잘 우는 새이다. 예종睿宗이 자기의 허물과 당시 정치의 득실得失을 듣기 위해 널리 언로言路의 길을 열

었으나, 오히려 뭇신하들은 두려워하여 말하지 않고 노래를 지어 은근히 비유하였다.

〔보충〕 벌곡伐谷은 포곡布穀이라고도 하는데, 소리가 변하여 허황한 듯하면서도 그럴 듯하다. 김부식金富軾이 교방 기녀들이 《포곡가布穀歌》를 부르는 것을 듣고 감동하여 시를 지었다.

가인佳人이 아직 옛가사歌詞 창하니
뻐꾸기 날아오지만 상수리나무 드무네.
마치 예상우의곡霓裳羽衣曲[42] 같아
개원開元[43]의 유로遺老[44] 눈물로 옷깃 적시네.
佳人猶唱舊歌詞　　布穀飛來櫪樹稀
還似霓裳羽衣曲　　開元遺老淚霑衣.

우왕禑王 14년(1388)에 대사헌大司憲 조준趙浚 등이 글을 올리기를『일본 조정의 악절樂節에 연회에 참석하는 모든 빈객賓客은 반드시 당악唐樂을 짓게 하고, 이를 향악鄕樂으로 하였습니다. 오늘날 창기娼妓의 가무歌舞와 성음聲音의 절조節調가 고르지 않아 거의 예악禮樂의 근본을 잃었습니다. 삼가 조정에 건의하건대, 조정의 연회에서는 악관樂官으로 하여 악樂을 다스리게 하고 창기를 함께 하지 마십시오. 원컨대 이 법을 준수하여 궁중 연회에는 다만 당악唐樂만을 연주케 하고 창기는 그 앞에 가까이하지 못하게 하옵소서』하였다.

◉《증보문헌비고增補文獻備考》 고려속악조高麗俗樂條

교방 여제자
敎坊女弟子

초영楚英이 답사행踏沙行을 가무歌舞하니
연회엔 봉등鳳燈을 켜서 사방을 밝혔네.
오십오인의 왕모대王母隊는
군왕만세君王萬歲 글자 형성하네.
楚英歌舞踏沙行　　宴會燃燈鳳觀明

五十五人王母隊　　君王萬歲字形成.

문종文宗 때 교방敎坊에서 연주하다.

여제자女弟子 진경眞卿 등이 답사행踏沙行의 가무를 전하였는데 연등회燃燈會에 이를 쓰고자 청하자 왕이 이에 따랐다. 또 팔관회八關會를 열고 왕이 신봉루神鳳樓에 나와 악樂을 볼 때, 여제자 초영楚英이 왕모대가王母隊歌를 연주하여 55인이 춤추면서 넉 자를 이루니 혹은 군왕만세君王萬歲이며 혹은 천하태평天下太平이었다.

관현방
管絃坊

당악唐樂은 마침내 향악鄕樂으로 돌아오니
그 품격 두 부로 나누어져 중국과 우리나라로 갈라졌네.
입술 붉게 칠하고 분발라 그 미태媚態 백 가지인데
옷 묶어 단장하고 머리에 두건 쓰고 희대戲臺에 올라 재주 부리네.
唐樂纔終鄕樂回　　品分二部華東開
施朱傅紛百媚態　　粧束衣巾上戲臺.

고려악에는 금석金石과 같은 음音이 없으며 좌우로 2부를 나누었는데 왼쪽은 당악唐樂으로 중국 음이며, 오른쪽은 향악鄕樂으로 예로부터 익힌 소리이다. 소위 속악俗樂[45]이라고 하는 것은 창기娼妓의 놀이로서, 분을 바르고 입술을 붉게 칠하여 천백 가지 미태媚態로 음탕하고 지저분한 마음을 자행하여 바른 아악雅樂[46]의 기풍을 사라지게 한 것이 이와 같았다.

최승로崔承老의 상소上疏에 의하면, 향악鄕樂을 즐겁게 구경한 덕으로 광종光宗으로 하여금 덕德을 잃게 하였으며, 의종毅宗의 노래하는 기생의 놀이는 백선연白善淵 등을 포함한 모든 환관을 방자하게 놀아나게 하였는데 사관史官이 이를 글로 써서 경계하였다.

우왕禑王 때에 조준趙浚이 창기를 가까이 나서지 못하도록 청한 것은, 그 설說이 정대하여 폐할 수가 없다고 하였다.(안정복安鼎福의 소평所評이다.)

◉《증보문헌비고增補文獻備考》악고樂考에 의하면, 이익李瀷이 말하기를

고려악高麗樂은 헌선도獻仙桃[47]·수연장壽延長[48]·오양선五羊仙[49]·포구락抛毬樂·연화대蓮花臺[50]·무고舞鼓[51] 등 여섯 가지로 모두 여악女樂이라고 하였다.(이능화李能和는 말하기를, 조선 이래 이들 악무樂舞는 모두 고려의 옛것을 답습한 것으로 기생들이 이것으로 가무를 일삼았다고 하였다.)

《宣祖朝耆英會図》 견본채색, 40.3×59.2㎝

제4장

고려군왕의 애기愛妓

고려 임금으로서 기생을 사랑한 것은 충렬왕忠烈王이 기생 적선래謫仙來를 사랑한 데서부터 시작되며, 이어 충숙왕忠肅王은 기생 만년환萬年歡을 사랑하고, 우왕禑王은 기생 칠점선七點仙·소매향小梅香·연쌍비燕雙飛를 옹주翁主로 봉封한 데 이르러 극치를 이루었다. 대개 군왕이 기생을 가까이 하는 것은 여악女樂이 매개媒介가 된다. 여러 기생들이 곱게 화장하고 눈 앞에 늘어서며 무지개와 깃털 같은 의상은 마치 흩날리는 꽃잎의 천녀天女와 같고, 아름다운 모습과 어여쁜 자태는 마치 불사약不死藥 훔치러 달나라에 간 선아仙娥 같으며, 너울너울 춤추는 소맷자락은 마치 단학丹鶴이 하늘을 나는 것 같고, 구르는 노래 소리는 마치 숲 속에서 지저귀는 예쁜 꾀꼬리 소리와 같아, 술 마시는 자리에서는 정명도程明道의 무심無心을 보존하기 어렵고 이원梨園[1])에서는 당명황唐明皇의 풍류風流를 자주 만나게 된 것 같다.

◉ 충렬왕忠烈王이 기생 적선래謫仙來를 사랑하였다. 김원상金元祥과 박원재朴元材란 사람이 기생과 이웃에 살았는데, 원상元祥이 시사詩詞를 지어 《태평곡太平曲》이라 하고 기생에게 연습시켜서 어느 날 내연內宴에 기생이 그 가사를 노래하니, 임금이 얼굴빛을 고치고 말하기를 『글[文]에 능한 사람이 아니면 지을 수 없는 것이로다.』 대답하기를 『첩의 형제 김金·박朴이 지은 것입니다.』 왕이 기뻐하며 말하기를 『이렇게 훌륭한 재주가 있는데 쓰지 않을 수가 있겠는가』 하고 모두 벼슬을 주었다.

◉ 충숙왕忠肅王이 기생 만년환萬年歡을 사랑하였는데 《여사악부麗史樂府》에 있는 《만년환곡萬年歡曲》은 아마 이때에 지은 것 같다.

◉ 우왕禑王 6년(1380) 12월에, 우왕이 야유野遊를 나갔다가 밀직密直 이종덕李種德의 기첩妓妾인 매화梅花를 가로채어 길 옆 민가에서 음행淫行하고 얼마 안 되어 궁중에 불러들이다.

7년(1381) 7월에 우왕이 여러 기생을 궁중에 모아 밤을 지새우며 즐거움을 삼다.

11년(1385) 5월에 우왕이 뭇기생을 거느리고 남교南郊에 놀러 가다. 7월에 우禑가 기생을 데리고 귀법사歸法寺 냇가에 가서 함께 목욕하다.

12년 2월에 기생 칠점선七點仙을 봉封하여 영선옹주寧善翁主로 삼다.

13년 2월에 우禑가 동강東江 이인임李仁任의 별서別墅[2])에서 말을 타고 각角을 부는 10여 명의 기생을 데리고 서울로 들어오는데, 기생 연쌍비燕雙飛와 말고삐를 나란히 하고 다야점多也岾과 같이 항상 그렇게 하였으며, 연쌍비燕雙飛의 의관衣冠이 우禑와 다름이 없어 다니는 사람들이 잘 분간치 못하였다. 8월에 우禑가 6도道의 창우倡優를 불러 동강東江에서 여러 가지 놀이를 벌이다. 하루는 목욕을 하면서 뭇기생과 마교馬交를 하였으며, 10월에 우禑가 기생들과 함께 화원花園에서 즐기다.

14년 2월에 기생 소매향小梅香을 봉封하여 화순옹주和順翁主로 삼고, 연쌍비燕雙飛를 명순옹주明順翁主로 삼았다. 우禑가 동강東江에 가서 배를 타고 풍악을 연주하며 유숙留宿하고, 연쌍비燕雙飛에게 말 두 필을 주고 기생 15명에게 각각 1필씩 주다. 6월 경술更戌에 이태조李太朝가 우禑를 강화江華로 쫓아내니 우禑가 영비寧妃 및 연쌍비燕雙飛와 함께 회빈문會賓門을 나와 강화江華로 가다.

《酒肆擧盃》 申潤福, 지본담채, 28.2×35.2㎝

제5장

고려인사高麗人士의 애기愛妓

고려高麗 중엽 이후부터 기생을 사랑하고, 또한 처첩妻妾으로 삼은 인사人士들이 있기 시작하여 기생이 낳은 귀관인貴官人이 많고 여말麗末에 이르러서는 기생을 감추는 풍속이 성행하였다. 이규보의 《동국이상국집東國李相國集》 춘망부春望賦에 『왕손과 공자公子가 벗을 맺어 기방을 찾아 기생을 실고 태우니 소매와 치마가 울긋불긋하였다. 잔치를 베풀고 옥피리를 부는 것을 바라보니 붉고 푸른 기치와 같으며, 누대에서 취해 즐기는 것은 화사한 봄을 바라보는 것과 같다』는 등등의 이야기가 있으니 그 예例라 할 수 있다. 대개 충렬왕忠烈王 이래로 외기外妓를 뽑아올려 놀고 즐기는 밑천으로 삼았으니, 위에서 행하는 것을 아래서 본받아 그대로 풍속이 된 것 같다. 또 《이상국집李相國集》에 《영린기가화詠隣妓家火》란 시詩가 있으니, 이런 것을 통해서 보면 당시의 송도松都에는 재상宰相과 기생이 한 마을에 섞여 살아, 지금의 경성에 기창妓娼이 지정된 곳에 살지 않고 방방곡곡에 흩어져 때때로 노래 소리를 들을 수 있는 것과 그 풍속이 매우 비슷하다.

◉ 인종仁宗 때 승선承宣 배경성裵景誠이 창우倡優를 처妻로 삼았는데, 간관諫官의 행동이 이와 같으니 사람들이 관직에 있는 것을 비난하였다.

◉ 명종明宗 때 조원정曹元正은 기생의 아들이다.

《고려사高麗史》에 이르기를, 조원정은 옥공玉工의 아들로서 어머니와 할머니는 모두 관기官妓이다. 명종明宗 때 공부상서工部尙書가 되었다.

◉ 고종高宗 때 이지영李至榮과 최충헌崔忠獻이 기첩 자운선紫雲仙을 두었다. 《동국통감東國通鑑》에 이르기를, 이의민李義旼의 아들 지영至榮이 양수척楊水尺인 자운선紫雲仙을 기첩으로 호적에 올리고 공물貢物 징수를 하지 않았다. 지영至榮이 죽고 나서 최충헌崔忠獻이 자운선紫雲仙을 첩妾으로 삼았다. 《대동운부군옥大東韻府羣玉》에 기록되어 있다. 《고려사高麗史》에 이르기를, 이의민李義旼의 아들 지영至榮이 견룡牽龍 박공습朴公襲과 기생을 두고 다투다가 마침내는 칼을 뽑아 공습公襲을 궁문宮門에서 쫓아내었으나, 고종高宗이 벌주지 않고 기생만 옥에 가두었더니 지영至榮이 옥 안을 뚫고 들어가 그 기생을 구출하였다.

◉ 고종高宗 때 최이崔怡가 기생을 사랑하다.

《고려사 高麗史》에 이르기를, 최이崔怡의 본명은 우瑀(최충헌의 아들)로서 거듭 승진하여 추밀부사樞密副使가 되었다. 승선承宣 차척車倜은 재능才能은 없고 오직 영색令色[1]으로 남에게 아첨하더니, 일찍이 충헌忠獻에게 붙어 권세가 안팎을 흔들었다. 이怡가 그를 미워하여 나주羅州로 유배流配시켰다가 뒤에 남몰래 글을 보내 불러들여서 추밀부사樞密副使 어사대부御史大夫를 시키고 후히 대접하며, 또 아끼는 명기名妓 옥기향玉肌香을 주어 위로하였다.

최우崔瑀의 아들 항沆은 본래 창기倡妓한테서 태어났다.

◉고종高宗 때 이안장李安莊(穆祖, 太祖의 高祖)은 사랑하는 관기官妓가 있었다.

차천로車天輅의《오산설림五山說林》에 이르기를, 목조穆祖는 전주全州 사람으로 용기勇氣가 대단하였으며 아끼는 관기官妓가 있었는데 어느 날 관찰사觀察使가 불러들였다. 밤이 되어 목조穆祖가 곧바로 객관서상客館西廂에 다다라 그 기생을 나오라고 부르니, 그 기생이 두려워 다리를 떨면서 일어서자 관찰사가 크게 화를 내어 급히 종자從者를 불러 말하기를『도적이 문 앞에 왔으니 빨리 오백伍伯을 시켜 잡으라』하였다. 목조穆祖가 장중帳中 안으로 곧장 들어가서 칼로 관찰사를 베어 버리고 그 기생을 데리고 말을 휘몰아 밤사이 1백여 리를 달려 영북嶺北에 가서 의주宜州 적전赤田에 다다르니, 곧 지금의 덕원德源이다. 뒤에 경흥慶興에 가서 살았다.

◉충렬왕忠烈王 때 김방경金方慶이 기생을 거절하다.

공公이 일찍이 견룡행수牽龍行首가 되었는데, 그때 집이 비좁아 금중禁中의 백사百司가 모두 밖에서 잠을 잤다. 공公과 동료들이 근방近坊에서 입직入直할 때 한 창녀娼女가 있었는데 자색姿色이 절륜絕倫하였다. 동료가 몇 번이나 불러오려는 것을 공公이 거절하였다. 동료들이 부끄러워하며 사과하였다.

◉충렬왕忠烈王 때 정통鄭通이 나주羅州 관기官妓 소매향小梅香을 사랑하다.

익재益齋 이제현李齊賢의 《역옹패설櫟翁稗說》에 이르기를, 정통鄭通은 초계草溪 사람으로 나주서기羅州書記로 있으면서 관기官妓 소매향小梅香을 사랑하여 한 아이를 낳았는데, 전근을 하게 되어 서울로 가는데 멍하니 발걸음은 갈 곳을 모르고 말할 것을 잊었다가, 그 도道에 가서 친가親家에 다다르니 어떤 스님이 좋은 말을 타고 있었다. 자리에 앉기도 전에 먼저 나와 그 말을 훔쳐 타고 3일을 달려 나주羅州에 닿아 밤에 그 기생집에 도착하였다. 기생과 그 모친이 등불을 돋우고 앉아 한숨 쉬며 탄식하기를『기실공記室公은 지금 어디 계실까?』통通이 즉시 문을 열고 들어가 흐느끼며 말하기를『내가 여기 있네.』며칠을 묵으면서 오래 있을 곳이 못 되는 줄 알고 말에 기생을 태우고 자기는 아이를 업고 함께 북쪽으로 오는데, 그의 처妻가 이미 남편을 잃고 또 계옥桂玉의 근심을 견디지 못하여 비복婢僕들을 데리고 고향으로 돌아가다가 도중에서, 한 아낙네는 말을 타고 아이 업은 사람이 뒤에서 오는 것을 보았다. 비복婢僕이 말하기를『저기 오는 이는 우리 주인어른 같습니다.』처妻가 말하기를『주인어른이 비록 바람 피우는 나쁜 버릇이 있으나 어찌 저렇기야 하겠느냐?』점점 가까워져서 보니 과연 통通이었다. 처妻가 말하기를『쯧쯧 늙은이가 어찌 그 모양이오?』통通이 바라보다가 멈춰서서 말하기를『내가 이렇게 장난을 좀 하였네』하였다.

◉ 충렬왕忠烈王 때 권의權宜가 남의 사랑하는 기생을 빼앗다.

《고려사高麗史》에 이르기를, 권의權宜가 충령왕忠烈王에게 귀여움을 받아 사방四方에 부릴 사람을 구하였는데, 진주晋州에 도착하여 진주晋州 사람 정연鄭延의 사랑하는 기생을 빼앗으려 하니 연延이 기생을 데리고 도망하였다. 의宜가 그의 어머니를 잡아다 옥에 가두니 연延이 옥으로 찾아왔는데 의宜가 그를 죽여 버렸다.

◉ 충숙왕忠肅王 때 이의풍李宜風이 진양晉陽 기생을 사랑하다.

《여사열전麗史列傳》에 이르기를, 이의풍李宜風은 본래 원元나라 사람으로 충숙왕忠肅王의 폐신嬖臣[2])이 되어 금달禁闥[3])에 드나들며 권세를 휘두르고 뇌물을 받으며 진양晉陽 기생 월아月娥를 사랑하였는데, 이러한 인연으로 벼슬을 얻은 사람이 매우 많았다.

◉ 충숙왕忠肅王 때 손기孫琦가 기생을 끼고 놀다.

《여사열전麗史列傳》에 이르기를, 충숙왕忠肅王이 원元나라에서 돌아와 평양平壤에 도착하니 찬성사贊成事 손기孫琦가 대동강가에서 기생을 데리고 풍악을 울리고 있었다. 왕王이 노하여 위사衛士를 시켜 기琦 등을 잡아 죄를 물었다.

제6장

고려사람의 향염시

우리나라에 시가 있는 것은, 고구려高句麗의 대상大相 을지문덕乙支文德[1]이 수隨나라 장수 우중문于仲文에게 보낸 시詩『신책神策은 천문天文을 알고 묘산妙算은 지리에 정통精通했네, 싸워 이겨서 공이 이미 높았으니 족함을 알아서 그만두기 바라오 神策究天文 妙算窮地理 戰勝功旣高 知足願云止』가 그 원조元祖가 된다. 신라新羅 말기에 최치원崔致遠이 당唐나라에 들어가 배워서 그 시詩와 문文이 모두 깊어 당나라 사람의 경지境地에 이르고 있다. 그렇다면 마땅히 최치원으로 우리나라 시의 종장宗匠[2]을 삼아야 한다.

고려 이후로 시가 크게 유행해서 당송唐宋에 비해 조금도 손색이 없다. 고려 때 문인文人으로 정지상鄭知常·정습명鄭襲明·이규보李奎報·안축安軸 등이 모두 향염시香匳詩[3]를 지어서 읽는 사람으로 하여금 입에서 맛이 나게 한다. 대체적으로 고려는 비록 유학자儒學者라 하더라도 약간의 불교사상이 머릿속에 들어 있기 때문에(예를 들어서 최해崔瀣 같은 이는 말하기를『불교를 모르면 선비가 될 수 없고, 유교를 모르면 승려가 될 수 없다』하였다) 그 시가 모두 시원스럽고도 맑으며 맛이 있었다. 조선시대에 와서는 비록 시인이라 하더라도 유학儒學의 고루固陋함을 벗어나지 못했기 때문에 향염시香匳詩 또한 그 영향을 받아서 딱딱한 감이 있다.

◉인종仁宗 때 김부식金富軾[4]의 시

교방敎坊의 기생이《포곡가布穀歌》를 부르는 것을 듣고 감회가 있다
聞敎坊妓唱布穀歌有感

가인佳人이 아직 옛가사歌詞 창하니
뻐꾸기 날아오지만 상수리나무 드무네.
마치 예상우의곡霓裳羽衣曲 같아
개원開元의 유로遺老 눈물로 옷깃 적시네.
佳人猶唱舊歌詞　　布穀飛來櫪樹稀
還似霓裳羽衣曲　　開元遺老淚霑衣.
(예왕睿王이 이 곡을 듣기를 즐겨했다.)

《東文選》

◉인종 때 정지상鄭知常[5]의 시

서도
西都

서도 거리에 봄바람 불어 보슬비 지나가니
티끌 일어나지 않고 버들가지 늘어졌네.
울긋불긋 창가에는 노래 소리 목메어
모두 이원梨園의 기생집일세.
紫陌春風細雨過　　輕塵不動柳絲斜
綠窓朱戶笙歌咽　　盡是梨園弟子家.

송별
送別

비 개인 언덕에는 풀빛 더욱 푸르른데
남포南浦에서 그대 보내니 이 마음 슬퍼지네.
대동강 물 어느 때나 다할까
이별의 눈물 해마다 푸른 물결에 더하리.
雨歇長堤草色多　　送君南浦動悲歌
大同江水何時盡　　別淚年年添綠波.

◉인종仁宗 때 정습명鄭襲明[6]의 시

기생에게 줌
贈妓

여러 꽃떨기 가운데서도 요염한 모습
문득 광풍狂風에 아름다움 줄어들었네.

선약仙藥 가지고도 어여쁜 볼 고치기 어려우니
오릉공자五陵公子의 한恨이 끝없네.
百花叢裏淡丰容　　忽被狂風減却紅
獺髓未能醫玉頰　　五陵公子恨無窮.

이인로李仁老(고려 명종明宗 때 사람)의 《파한집破閑集》에 이르기를, 남쪽 지방에 한 창녀娼女가 있었으니 재색才色이 모두 뛰어났다. 고을 원이 이를 지극히 사랑하였다. 임기가 차서 돌아가게 되었는데, 문득 술에 크게 취해서 곁의 사람에게 말하기를 『내가 이 고을을 몇 걸음만 떠나면 곧 다른 사람이 차지하는 바가 될 것이다』 하고 촛불로 그녀의 두 볼을 지졌다. 그뒤 정습명鄭襲明이 본도本道의 안찰사按察使가 되어 고을을 지나가게 되었다. 그녀를 가엾게 여겨 시 한 수를 종이에 써주었으니 이르기를 『백화총중百花叢中에 요염한 모습이 문득 미친 바람에 아름다움 줄어들었네. 선약으로도 어여쁜 볼 고치기 어려워 오릉공자五陵公子의 한이 끝없네』 하였다. 그리고 또 당부하기를 『만일 왕사王使로서 이곳을 지나가는 자가 있거든 이 시를 보여주라』 하였다. 뒤에 그 시를 본 자는 모두 동정해서 재물을 주었으니, 그 이利를 얻음이 전에 비해 갑절이나 되었다 한다.

◉ 고종高宗 때 최자崔滋[7]의 《보한집補閑集》

인주麟州에 백련白蓮이라는 기생이 있었다. 정숙공貞肅公이 왕사王使가 되어 그 고을을 지날 때에 이를 사랑하였다. 헤어진 뒤에 시를 지어서 기녀에게 부쳤는데 이르기를

북쪽으로 날아가 한 조각 구름에게 부치노니
너는 응당 태화봉太華峰을 지나갈 테지.
봉 꼭대기에서 옥정련玉井蓮을 만나거든
나의 그리움에 지친 초췌한 모습을 말해다오.
寄語北飛雲一片　　汝應行過太華峰
峰頭若見玉井蓮　　說我相思憔悴容.

하였다. 뒤에 병마사兵馬使가 되었는데, 기생이 그 시를 올리니 공公이 다시

한 수를 지어 주었는데 이르기를

성 남쪽과 성 북쪽이 짙게 푸르러
무산巫山[8] 열두 봉인가 의심하였네.
백발이라 운우雲雨의 꿈 이루지 못하는데
예쁜 너의 얼굴은 봄빛을 잃지 않았네.
城南城北碧重重　　疑是巫山十二峰
白髮未成雲雨夢　　玉顔都不損春容.

하였다. 이미수李眉叟가 의주부윤義州府尹의 사랑하는 기생 백련白蓮을 희롱하여 시를 지었으니 이르기를

바람 따뜻하고 꾀꼬리 아름다운데 나그네가 길을 지나니
백자천홍百紫千紅이 아름다움 다투네.
사또[使君]는 도리어 무르익은 봄빛을 싫어해서
홀로 추당秋塘으로 가 백련白蓮을 구경하네.
風暖鶯嬌客路過　　千紅百紫競淨姸
使君却厭春光鬧　　獨向秋塘賞白蓮.

하였다. 이李의 시가 비록 화려하지만 김金(貞肅公)의 시만큼 맑고도 아름답지는 못하다.

◉ 고종高宗 때 이규보李奎報의 시
『탕녀蕩女의 얼굴 단장함이 기생을 많이 본받았네 游女冶容多效妓』하였다.

술자리에서 어린 기생에게 지어주다
飮席示小妓

열다섯 살 여아女兒의 얼굴 활짝 피어가는데
불러서 앞으로 오게 하지만 곁눈질하지 아니하네.

백발의 쇠약한 늙은이를 무엇에 쓰랴
수줍어해서 교태嬌態 부릴 것 없네.
十五女兒顏稍姸　　呼之使前苦不睞
白首衰翁何所爲　　不須多作嬌羞態.

버들가지를 놓아서 옛날 기생을 추억하는 데 대신하다
放柳枝以憶舊妓代之

소년 시절에는 꿈 속에서도 기생을 데리고 놀았는데
벌써 쓸쓸한 백발의 늙은이 되었네.
미인들은 모두 어디로 흩어졌나
꽃이거니 바람 따라 갔을 테지.
少年携妓夢魂中　　已是蕭然白首翁
紅頰翠娥何處散　　落花飄蕩摠隨風.

자리에 있던 나그네 학사學士 이백전李百全과 아경亞卿[9] 이종주李宗冑가 즉석에서 명기名妓 어유환御留歡에게 시를 지어주다
坐客李學士百全. 李亞卿宗冑. 卽席醉贈名妓御留歡

어찌 우리만이 살짝 반백되었단 말인가.
홍분紅粉(기생)도 연래年來로 옛얼굴 고쳤네.
도처에서 그들을 만나면 아직도 검은 머리
긴 봄은 그들을 머물게 하여 즐김에 있네.
豈唯吾輩鬢成斑　　紅粉年來換舊顏
到處逢渠猶綠髮　　長春應爲御留歡

학사 이백전李百全의 운韻을 빌어서 어유환御留歡에게 준 시에 화답和答하는 두 수
次韻李學士百全. 和贈御留歡詩二首

〔其一〕
눈부신 화려한 잔치 자리에 비단 펼쳐져 있는데

기생들 둘러앉아 미모美貌를 다투네.
문생門生들 총중叢中에서 내 마땅히 즐기리
뜻하지 않게도 그대가 내게 한 번 즐기기를 허락했네.
眩眼華筵錦繡斑　　倡兒擁坐鬪紅顔
門生叢裏吾宜樂　　不意賢侯許一歡.

〔其二〕
청루靑樓의 풍미風味가 그럴 듯해서
늙어가는 몸이 무심코 미모美貌를 구경하네.
아직도 옛날의 습관 조금은 남아 있어
꽃마다 찾아다니며 즐기네.
靑樓風味頗窺斑　　老去無心翫玉顔
猶有些些餘習在　　一花花畔寄淸歡.

교방敎坊 기생 화수花羞에게 시를 지어 주다
贈敎坊妓花羞

아리따운 모습, 교태嬌態에 백화百花가 빛을 잃어
제일 풍류風流는 주량酒量이 남보다 뛰어난 것일세.
웃으며 시인詩人 대해 정이 자못 친밀하니
나 같은 미친 사람과도 함께 노니네.
玉顔嬌媚百花羞　　第一風流飮量優
笑待詩人情最密　　麤狂如我亦同遊.

화수花羞는 주량이 적은 것을 좋아하지 않는다. 다시 한 수를 지어 주다
花羞以飮量之勺. 頗不悅. 復以一絶贈之

술을 사랑하는 것은 신선의 일
서시西施[10]도 취할 때가 많았다네.
취태醉態를 더하려고
몸이 비실비실 마치 바람에 흔들리는 꽃 같네.

愛酒神仙事　　西施醉亦多
欲添渠態度　　攲倒似風花.

벗의 집 술자리에서 기생에게 시를 지어 주다
友人家飮席贈妓

오래도록 외로운 신하되어 마음이 재(灰)처럼 식었는데
문득 명기名妓 만나니 눈이 비로소 열리네.
도화桃花가 일찍이 알았던 것만 같아
유랑劉郞이 떠나간 뒤에 심은 것이 아닐세.
久作孤臣心已灰　　忽逢名妓眼方開
桃花髣髴曾相識　　不是劉郞去後栽.

좌객座客 이간의李諫議가 탄식해서 화답하는 시
座客李諫議和親字歎

자정방紫井坊 안에서 미칠 듯이 술 마시고
홍랑항紅娘巷 속에서 술 취하여 봄을 찾네.
紫井坊中狂使酒　　紅娘巷裏醉尋春.
(내가 지난 날 군과 함께 술에 취하여 한 기생을 찾았는데 그 기생 이름에 〈紅〉자가 있었다. 그리고 또 옛날에 홍랑紅娘이 있었다.)

이웃 기생의 집에 불이 붙었다
隣妓家火

하늘 닿을 듯한 무서운 불길 몹시도 붉어
연기 속에서 미인美人의 울부짖는 소리 들리어 오네.
불귀신의 무정함이 어찌 이다지도 심한가
화장하던 대臺, 춤추던 집 모두 타버렸네.
連天赫焰劇霞丹　　暗聽烟中哭翠鬟
回祿無情何太甚　　粧臺舞館摠燒殘.

또 장난삼아 지음
又戱作

불이 기생집을 다 태웠는데도
어찌 구하는 사람이 없었단 말인가.
내가 만약 소년 시절이라면
머리를 태워도 두려워하지 않았을 것을.
火能殘妓家　　胡乃無人救
我若少年時　　焦頭猶不懼.

장난삼아 기생에게 지어주다
戱贈妓

서생書生에게는 여색女色이란 고질일세
한 번 만날 때마다 눈길이 자주 쏠리네.
이제는 몸이 늙었기에 보고도 못 본 체
풍정風情이 지난 날보다 줄어든 건 아닐세.
한잔 술에 거나해지면 정염情炎이 다시 일어나
부끄럼 없이 가까이 오라고 재촉하네.
너는 응당 내 늙고 추한 얼굴을 미워하리라.
나도 네 마음이 금석金石이 아님을 아네.
書生於色眞膏肓　　每一見之目頻役
今因身老佯不看　　非是風情減平昔
一盃醺醉情復生　　無復慙羞呼促席
汝應憎我老醜顏　　我亦知渠匪金石.

기생이 와서 또 화답和答하다
妓至又和

글하는 선비 구습舊習으로 눈은 차가워

화려하고 번화한 관습 몰랐는데,
해어화 보고 비로소 웃으니
잠시 동안 국화와 이름을 겨루지 않네.
書生舊習眼猶寒　　未慣繁華爛漫間
解語花來方始笑　　不須黃菊鬪名般.

관기官妓의 비파 타는 소리를 듣다
聞官妓彈琵琶

분포湓浦의 배 안에서 귀 기울여 들어
애처롭긴 왕손王孫의 비파 소리 같네.
비로소 줄 속에 참으로 혀가 있음을 알아
소리마다 이별의 어려움을 호소하는 것 같네.
切於湓浦船中聽　　哀却王孫馬上彈
始信絃中眞有舌　　聲聲似訴別離難.

상주尙州로 들어가 동방사東方寺에 우거寓居하였다. 박군朴君 문로文老와 최崔·김金 두 수재秀才가 기생과 술을 가지고 찾아왔으므로 시 한 수를 읊다
入尙州寓東方寺. 朴君文老. 崔金兩秀才. 携妓酒來訪. 口占一首

그대들이 술을 가지고 청산靑山 찾아왔음을 감격해
눈 앞의 광경에 감회가 끝없네.
아직도 미친 마음에 구습舊習이 남아 있어
자주 두 눈을 들어 미인美人을 보네.
感君携酒訪靑山　　無限襟懷目擊間
尙有狂心餘舊習　　屢擡雙眼注紅顔.

서기書記가 명기名妓 제일홍第一紅을 시켜 글을 올려 시를 빌었으므로 시를 써주다
書記使名妓第一紅. 奉簡乞詩. 走筆贈之

구름으로 두 쪽[鬟]을 삼고 달로 눈썹을 삼아

백발로 서로 만나는 것이 다시 어느 때인가.
십 년 동안 지방관 노릇을 하지 않아
언제나 웃음을 머금어 다정한 두목지杜牧之[11]일세.

남아男兒의 마음을 여아女兒의 마음으로 만들어
이별에 임하여 은근히 눈물 뿌리네.
나그네 주머니 쓸쓸하여 줄 만한 물건 없어
시 한 수를 지어 주며 천금을 당하네.

雲作雙鬢月作眉　　白頭相見更何時
十年不作湖州守　　長笑多情杜牧之.

男兒心作女兒心　　臨別殷勤淚灑襟
旅橐蕭然無長物　　投詩一首當千金.

늙은 기생
老妓

홍안紅顔이 꽃 떨어진 가지로 변해
누가 열다섯 살 나이의 어여쁨을 아랴.
노래와 춤은 아직도 여전하니
애처롭다, 재주가 아직도 쇠하지 않았네.
紅顔換作落花枝　　誰見嬌嬈十五時
歌舞餘姸猶似舊　　可憐才技未全衰.

◉이의李顗[12]가 기생에게 준 시

이의李顗는 인주仁州 사람으로 시중侍中 자연子淵의 아들이며, 벼슬이 재상宰相에 이르렀다. 풍주豊州에 명기名妓가 있었는데, 서경西京의 존문사存問使가 서경부의 기적妓籍에 올리고 늦게 만난 것을 한스럽게 생각하였다. 이학사李學士 의顗가 시를 지어 기생에게 노래하게 하였다.

애닯다, 지난 열다섯 살 시절

금비녀 꽂고 두 볼엔 윤이 흘렀지.
이젠 초췌해서 아름다움 줄어든 것 가련해
와서 장막帳幕 안의 시녀 노릇하네.
惜昔正當三五時　　金釵兩鬢綠雲垂
自憐憔悴容華減　　來作紅蓮幕裏兒.
《櫟翁稗說》

◉전녹생田祿生이 기생에게 준 시

전녹생은 호가 야은壄隱이다. 충혜왕忠惠王 때 과거에 올라 공민왕恭愍王 때에는 벼슬이 정당문학政堂文學에 이르렀다. 김해 기생 옥섬섬玉纖纖에게 시를 지어 주었다.

바다 위에는 일곱 개의 선산仙山이 떠 있고
거문고 속에는 둥근 달이 밝네.
세간世間에 여자의 가냘픈 손이 없다면
누가 즐겨 태고太古의 정을 말할까.
海上仙山七點靑　　琴中素月一輪明
世間不有纖纖手　　誰肯能彈太古情.

◉박효수朴孝修[13]가 기생에게 준 시

박효수의 호는 석재石齋이다. (어떤 책에는 박치안朴致安으로 되어 있는데 치안은 효수의 자가 아닌가 싶다.) 충숙왕忠肅王이 그 청렴한 것을 어여쁘게 여겨 학사연學士宴을 베풀고 연창군延昌君으로 봉하였다. 석재石齋가 달밤에 노기老妓의 거문고 소리를 듣고 시를 지었다.

칠보방七寶房 안에서 노래하고 춤출 때
어찌 알았으리 백발이 드리워진 것을.
돈 없으니 장문부長門賦를 살 수 없고
꿈이 있으니 부질없이 비단 글씨의 시를 전하네.
구슬 같은 눈물은 오희吳姬[14]의 소매에 떨어지고
훈훈한 향기는 월녀越女의 나삼羅衫을 적시네.

밤 깊고 창에 달 비쳐 거문고 소리 애를 끊어
평생에 자기子期 없음을 한하네.
七寶房中歌舞時　　那知白髮老荒陲
無金可買長門賦　　有夢空傳錦字詩
珠淚幾沾吳練袖　　熏香猶濕越羅衣
夜深窓月絃聲苦　　只恨平生無子期.

◉ 공민왕恭愍王 때 정추鄭樞가 기생을 읊은 시
《동문선東文選》에 실린 정추鄭樞의 노기시老妓詩.

쓸쓸한 등잔 외로운 베개에 눈물이 하염없이 흘러
비단 휘장 은병풍 모두 지나간 꿈일세.
색色으로써 남자 섬기면 버림받는 법
늙은 몸이 손에 부채 들고 원망할 것 없네.
寒燈孤枕淚無窮　　錦帳銀屛昨夢中
以色事人終見棄　　莫將紈扇怨西風.

◉ 손억孫億이 승천昇天 기생을 사랑하다
《대동운옥大東韻玉》에 이르기를, 승천부昇天府 태수太守 손억이 관기官妓 호호好好를 사랑하였다. 뒤에 승천부昇天府에 중임重任하였는데 호호는 이미 늙어 있었다. 통판通判 장일張鎰이 시를 지었다.

연자루燕子樓엔 가을 달이 분명한데
낭군郎君이 한 번 떠나간 뒤 꿈이 길었네.
당시의 정객情客이 늙었음을 탓하지 말라
누樓의 가인도 백발인 것을.
霜月分明燕子樓　　郎君一去夢悠悠
當時情客休嫌老　　樓上佳人亦白頭.

◉ 위제만魏齊萬이 진주晋州 기생에게 혹惑하다
《시림악부詩林樂府》에 이르기를, 월정화月精華는 진주晋州의 명기名妓이다. 사록司錄 위제만魏齊萬이 이에 현혹되어 부인으로 하여 울화병이 나서 죽게 하였다. 고을 사람들이 이를 슬퍼해서 월정화의 노래를 지었다. 부인이 살아 있을 때 위제만이 서로 사랑하지 않고 월정화에게 현혹했던 일을 풍자한 것이다.

◉안축安軸[15]의 《근재집謹齋集》에 기생을 제목으로 지은 시를 싣고 있다.

상산
商山

초헌軺軒 타고 재를 넘으니
붉은 기旗 푸른 기가 다투어 맞이하네.
문을 나서 길을 밟으니
미인들은 다투어 아쉬워하네.
비록 학사學士의 매화휴梅花畦는 읽지 못했지만
죽지사竹枝詞[16]는 외우고 있네.
乘軺度嶺　　紅旗翠旆之爭迎
踏程出門　　玉釧金釵之未整
雖未誦學士之梅花畦　　聊自呈儂家之竹枝詞.

서시
西施

범여范蠡[17]가 배에 올라 노닌 것이 몇 봄이나 되었나
오호五湖의 연월烟月이 사람을 시름짓게 하네.
낙수洛水 물가에 앉아 신선을 기다려
스스로 서시西施의 몸을 그르쳤음을 웃네.
范蠡乘舟問幾春　　五湖烟月正愁人
洛濱坐待神仙客　　自笑西施誤一身.

녹주
綠珠

석가石家의 부호富豪가 가난함만 못해
마침내 한 미인도 보전하기 어려웠네.
이것은 분명히 천 년의 거울이 되리
절개를 깨끗이하여 문신文臣을 받드리.
石家豪富不如貧　　畢竟難全一美人
此是分明千載鑑　　猶將淸節待詞臣.

무아
巫娥

한 조각 무운巫雲[18]이 다정도 해
백성 근심하여 밤마다 잠 못 이루네.
이제부터 수레 따르는 비되어
이르는 곳마다 은택恩澤을 베푸리.
一片巫雲謾有情　　憂民夜夜夢難成
從今便作隨車雨　　導霈弘恩處處行.

제비가 옥경玉京을 찾아
燕尋玉京

펄펄 나는 한 쌍의 제비가 공규空閨 곁에 살아
미인美人의 이별의 괴로움을 한층 더해 주네.
서로 만나 마음은 아나 말을 몰라
뜰에는 바람에 꽃지는 계절인 것을.
翩翩雙燕傍空閨　　應感佳人惜別離
相對知心不知語　　一庭風月落花時.

진진
眞眞

학사學士의 굳센 간장肝腸은 광평廣平[19]과 같아
내 일찍이 눈 돌리지 않았네.
만약 화공畵工의 손에 들어간다면
기리 진진과 비단 병풍 속에 함께 있으리.
學士剛腸似廣平　　儂家曾不眼回青
若爲得入畵工手　　長與眞眞在錦屛.

사시홍
四時紅

봄 날씨 조석朝夕으로 비바람쳐
어느새 꽃이 져버렸네.
어제 상산화商山花 한 송이 있어
나그네 맞이하여 사시四時에 붉을 것 같았지.
春天朝暮雨連風　　過眼芳華掃地空
昨有商山花一朶　　爲迎行色四時紅.

신월
新月

곱고고운 조각달 한량없어
원광圓光이 잠시 이지러진들 무슨 상관 있으랴.
언제나 높이 떠 있어 재[嶺]를 넘으니
일부러 화장대를 낮추어 아미蛾眉를 배웠네.
姸姸片月更無姿　　不害圓光暫有虧
長得高軒行度嶺　　故低粧閣學蛾眉.

만월, 상산월
滿月, 商山月

역마驛馬의 걸음 나는 듯, 빠르기 신神과 같으니

역로驛路에서 뉘 능히 그 티끌 쫓을쏜가.
천고千古의 상산商山 둥근 달은
이르는 곳마다 미인과 같네.
一鞍飛馹疾知神　　驛路誰能逐後塵
千古商山滿新月　　相隨處處似佳人.

금련옥련
金蓮玉蓮

상산商山의 가을 경치 세상에선 보기 드물어
금련金蓮과 옥련玉蓮이 그 품질 뛰어났네.
착한 윌님이여 언제나 보려거든
내년에는 봉황지鳳凰池로 옮겨 심으오.
商山秋景見來稀　　金玉蓮開品絕奇
若使賢侯長得見　　明年移種鳳凰池.

낙중선
洛中仙

낙동강 물이 은하銀河에 맞닿아
위에 주루珠樓 있으니 바로 첩의 집이라오.
천상天上의 풍류객風流客되어
가을이 오면 한 번 배에 오르리.
洛東江水接銀河　　上有珠樓是妾家
爲是風流天上客　　秋來幾待一乘槎.

◉ 신천辛蕆[20]의 시
시화詩話에 이르기를, 신정당辛政堂이 강원 감사가 되어 강릉 기생 소연향小蓮香을 사랑했는데 돌아올 때 시를 지어주었다.

몸 늙으니 비로소 이별의 괴로움 알아

차마 아리따운 얼굴을 눈물로 적시는 것 볼 수 없네.
백사白沙 깔린 석양夕陽 길에
거문고와 미인은 돌아가고 나 혼자 떠나오네.

到老方知離別難　　忍看雙淚濕紅顔
白沙汀畔斜陽路　　琴與人歸我獨還.

제7장

고려시기高麗詩妓

고려 시기詩妓는 거의 끊어지다시피하고 겨우 몇몇만 남아 있어 위에 기록한 바 있는데, 즉 동인홍動人紅 및 우돌于咄 두 사람뿐이다. 동인홍의 시는 구절마다 사람을 움직이는 참된 뜻이 있고, 우돌의 시는 돌돌咄咄한 슬픈 맛이 있어 허虛하지 않고 이름과 비슷하다. 내가 이 두 시를 찾았을 때 천금을 획득한 것 같았다. 이것은 표범의 얼룩무늬 중 한 점밖에 되지 않으나 특히 끝장에 실어 전하려 한다.

◉이규보李圭報가 서경 기생 진주眞珠에게 준 시

뛰어난 미녀 시 잘써 세상이 다 아는데
까닭없이 만나도 서로의 생각 물결치는 것을.
한 마디 말에도 기쁨을 이끌고 돌아갈 땐 한스러움을 견디니
글월 짓지 말고 바둑이나 둘 것을.
國色詩名世盡知　　無由會面浪相思
一言堪喜還堪恨　　誤把文章當奕棋.

이로 말한다면 서경 기생 진주眞珠는 국색國色에다 시까지 겸했으나, 절대가인絶代佳人으로서 한 구절의 시도 전하지 않는 것이 한스럽다.

【1】팽원彭原 기생 동인홍動人紅

◉동인홍은 팽원 창기娼妓로서 자못 문장을 알았다. 한 병마분도사兵馬分道使가 있어 태수太守와 함께 바둑을 두었는데 술이 아직 깨지 않았다. 읊기를

도호사가 천 잔의 술을 마셔서
동서를 분간치 못하도다.
都護博得千杯酒　　醉未分東西.

하니, 동인홍이 곁에 있다가

태수太守가 분영分營에서 바둑을 두는데
생사生死를 알지 못하도다.
太守分營一局棋　　蒙不知生死.

하였다. 일찍이 한 서생書生을 따라 한문韓文[1)]을 배우고자 하였는데 서생이 말하기를 『시를 짓지 않으면 가르치지 못하겠노라』 하였다. 드디어 팔운八韻으로 시를 지었다.

치마를 벗으면서 술을 팔고
고운 손 흔들어 님을 부르네.
買酒羅裳解　　招君玉手搖.

또 조거자趙擧子에게 준 시는 이러하였다.

다행히 성대한 잔치 자리에서 만났는데
작약꽃을 어찌 기증합니까.
幸逢溱洧會　　芍藥贈如何.

자서自叙에 이르기를 『창녀娼女와 양가良家는 그 마음의 사이가 어떤가, 가련한 백주절栢舟節은 곧고 흐트러짐이 다르다는 것을 스스로 맹세한다』 하였다. 자서自叙의 뜻은 정렬貞烈에 비긴 것이다.《補閒集》

【2】 용성龍城 기생 우돌于咄

◉ 송학사宋學士 국섬國贍이 찰원察院에 있을 때에 서북 지방의 융마戎幕에 나갔는데, 용성 관기官妓 우돌이 매양 사객使客의 사랑을 받았다. 잔치 자리에서 창을 잘 불러 모두 즐거워하였으나, 송학사만이 홀로 놀지 않았다. 기생이 이 같은 시를 지어 노래하였다.

광평廣平의 쇠처럼 굳은 마음 일찍이 알았으니
내 본래 무심하여 잠자리에 함께 들면 졸음이 오는 것을.

다만 원하건대 하룻밤 시주석詩酒席에서
풍월風月을 읊으며 꽃다운 인연이나 함께 했으면.

廣平腸銕早知堅　　我本無心共枕眠
但願一宵詩酒席　　助吟風月共芳緣.

《補閒集》

제8장

조선시대 기녀의 설치 목적

【1】 여악女樂

《석명釋名》을 고안해 보면, 기생을 여악女樂이라고 하니 대개 옛날에 기생을 둔 것은 여악 때문이다. 조선이 고려高麗 제도를 이어받아 여악을 위해 기생을 두어 내연內宴[1]에 썼으니 진풍정進豊呈 또는 진연進宴이라고도 하며, 나라에 경사가 있으면 행하였고 여러 군郡에 명하여 기녀妓女를 뽑아 올려 악원樂院에 예속시켜 노래와 춤을 익히도록 하였으며, 가무歌舞의 명칭과 쓰이는 기생의 숫자는 다음과 같다.

◉ 헌선도獻仙桃

헌선도는 서왕모西王母 이야기를 악樂으로 표현한 것으로서, 역시 선려조仙侶調의 종류로 당唐으로부터 고려高麗로 전해진 것이다.

고려 최충헌崔忠獻이 여러 기생을 시켜 봉래蓬萊 선아仙娥가 내하來賀하는 모양의 가무歌舞를 하였는데, 바로 이런 종류로서 조선에서도 그대로 따랐다.《文獻備考·樂考》(아래에도 같음)

악사樂師가 탁자卓子를 받든 악공樂工 두 명을 거느리고 들어와 전殿 아래 배치하고 소선탁小膳卓 남쪽 편으로 나아가면, 악공들이 회팔선곡會八仙曲을 연주하고 박拍[2]을 들면 죽간자竹竿子[3]를 받든 두 사람이 족도足蹈[4]하면서 나아와 좌우로 나누어 서면 악樂이 그치고, 구호口號를 마치고 박을 치면 전악前樂을 연주하고 죽간자를 든 두 사람이 족도하면서 박을 치며 물러나 좌우로 나누어 서고 박을 치면 왕모王母와 좌우 협무挾舞가 춤추며 나와 선다. 박을 치면 염수斂手[5] 족도하고 박을 치면 춤추면서 물러나 서고, 음악이 그치고 전악前樂을 연주하고 박을 치면 왕모王母가 족도하면서 조금 나와 서고, 기생은 선도반仙桃盤[6]을 받들고 왕모의 오른편에 나와 서쪽을 향하여 무릎을 꿇고 반을 받들고, 악이 그치고 치사致詞[7]를 마친 다음 박을 치면 전악前樂을 연주하고 왕모가 무릎을 꿇고 선도반을 탁상에 두고 엎드려 굽혔다가 일어나 족도하고 박을 치면 춤추면서 물러나 제자리로 돌아가고, 악이 그치고 헌천수獻天壽를 연주하고 왕모는 오른 소매를 들고 좌우의 협무挾舞와 함께 바깥 소매를 들고 악의 곡조에 따라 헌천수를 부른다.

◉ 수연장壽延長

수연장이란 것은 어느 시대에 시작되었는지 알 수 없으나, 고려 성종成宗 때 최승로崔承老의 소疏에 부쳐 신봉信奉의 잘못을 논하였는데 이르기를 『당唐 덕종비德宗妃의 아버지 왕경王景과 부마駙馬 고염高恬 등이 성수聖壽[8]를 연장延長하기 위해 불상佛像을 주조해서 바쳤다』 하니 아마도 이로 인해서 시작된 것 같다.

기생 8인을 쓰며 네 편으로 나누어 춤춘다.(절차는 생략한다.)

◉ 오양선五羊仙

오양선이란 것은, 당唐나라 이군옥李羣玉의 《창포간菖蒲澗》 시詩에 이르기를 『오양선은 어느 시대에 이 마을에 내려왔는가』 하였고, 《주인환우기註引寰宇記》에 고고高固가 초楚나라 재상이 되니 다섯 선인仙人이 오색의 양羊을 타고 곡식 이삭을 가지고 와서 주州 사람들에게 주었는데, 그래서 오양선이라 불렀다 하였다. 또 《남월지南越志》에 창포간은 희안현熙安縣에 있는데, 요성보姚成甫가 개울가에서 장인丈人을 만나니 말하기를 『이 창포菖蒲는 안기생安期生이 심은 것이다』 하니 모두 종합해 보면 오양선 놀이는 반드시 여기서 생겼을 것이다.

기생은 16명을 쓴다.

◉ 포구락抛毬樂

포구락이란 《심존중필담沈存中筆談》에 이르기를 『해주海州 사람 이신언李愼言이 꿈에 한 물 속 궁전에 가서 궁녀宮女의 구毬 놀이를 보았는데, 산양山陽 채순蔡純이 그 내용을 상세히 전하였다』 하였다. 포구곡抛毬曲 10여 결闋의 사詞가 모두 맑고 곱다. 지금의 이 놀이는 반드시 여기에서 나왔으리라. 송宋나라 교방악敎坊樂의 세번째가 포구락이다.

이상은 기생 16명을 쓴다.

◉ 연화대蓮花臺

연화대란 본래 척발위跖拔魏에서 나왔으며, 두 명의 여동女童이 고운 옷에 모자를 쓰고 금방울을 달아 손뼉을 치고 돌면 소리가 난다. 나올 때에는 두 송이 연꽃 속에 숨었다가 꽃송이가 벌어진 뒤에 보인다. 이것은 아마 《화신답가花神踏歌》와 《채련곡採蓮曲》 등으로 인하여 만들었을 것이다.

◉ 금척金尺[9]

금척은 일명 몽금척夢金尺[10]으로서 상서로운 명을 받는다는 것이다. 태조太祖가 잠저潛邸[11]에 있을 때, 꿈에 신인神人이 금척金尺을 받들고 하늘에서 내려와 태조太祖에게 자질資質이 문무文武를 겸하고 덕德과 식견이 있어 백성들 바람이 이어져 있다 하고 그 금척을 주었다 하였다.

기생 12명을 쓴다.

◉ 수보록受寶籙[12]

수보록은 이서異書를 얻는 것으로서, 태조太祖가 잠저潛邸에 있을 때 어떤 사람이 지리산 석벽石壁 위에서 이서異書를 얻어 드렸다. 뒷날 임신년壬申年이 되어 그 말이 증험이 있어 수보록을 지었다.

기생 18명을 썼다.

〔향악정재의鄕樂呈才儀〕

보태평保太平[13] 무기舞妓 36명을 쓴다.

정대업定大業[14] 무기 71명을 쓴다.

봉래의鳳來儀[15] 무기 8명을 쓴다.

아박牙拍[16] 무기 2명을 쓴다.

향발響鈸[17] 무기舞妓 8명을 쓴다.

무고舞鼓[18](고려 때의 춤) 무기舞妓 8명을 쓴다.

학무鶴舞[19] 모든 기생이 노래를 부르며 두 동녀童女가 춤을 춘다.

〔교방가요教坊歌謠〕

침향산沈香山[20] 모두 무기舞妓의 정재무呈才舞이다. (침향산과 지당池塘을 설치한다.)

육덕곡六德曲[21] 무기舞妓 4명을 쓴다.

이능화李能和가 말하기를, 여러 기생이 춤출 때 같은 소리로 지화자持花者 지화자 하는데(자者는 곧 척尺자의 음이다) 이것은 신라新羅의 유풍일 것이다. 신라시대에 노래하는 사람과 춤추는 사람을 모두 척尺이라 하였다. 예를 들면 가척歌尺·무척舞尺·금척琴尺·가척笳尺이 이것이다. 지화자라는 것은 기생이 꽃을 쥐고 춤추는 것을 형용한 것이다. 고안해 보면 신라 사파왕娑婆王 때 지아악무枝兒樂舞를 지었는데, 지화자란 옛날 지아척枝兒尺의 변전變轉으로 생각된다.

◉ 폐기廢妓 문제가 잠시 일어났다가 서둘러 그침〔附〕

태종太宗 11년(1411) 경인庚寅 겨울 10월에, 서울 밖의 창기娼妓를 없애라고 명했으나 그 일이 시행되지 않았다. 여러 신하들이 모두 임금님의 뜻을 받들어 창기娼妓를 없애야 한다고 청했으나, 하윤河崙이 혼자서 옳지 못하다고 하자 임금님이 웃으면서 따랐다.《實錄》

이능화李能和가 말하기를, 성현成俔의 《용재총화慵齋叢話》를 고안해 보면 『하호정河浩亭(륜崙의 호이다)이 일찍이 예천군醴泉郡의 일을 맡아볼 때 뭇기생을 독차지하였다』는 등등의 기사가 있다. 이로 보면 하륜은 색色 중의 아귀餓鬼로, 폐기廢妓 문제에 대해서는 마땅히 반대론을 주장할 사람이다.

세종世宗 때 주州·읍邑의 창기제도를 개혁하려는 의론이 있어서 정부대신政府大臣에게 물으니 모두 고치자고 하였으나, 오직 허조許稠에게는 그 말이 전해지지 않았다. 사람들은 모두 그가 맹론猛論할 것으로 생각했다. 그것은 그가 색色에 대해서는 담담했기 때문이다. 허조가 듣고 웃으면서 말하기를 『누가 이런 계책을 세웠습니까? 남녀란 인간의 큰 욕구로 금할 수 없는 일입니다. 주·읍의 창기는 모두 공가公家의 물건으로 취取해도 무방하나, 만약 이것을 엄하게 금지하면 젊은 봉사조사奉使祖士들 모두가 옳지 못하게 사가私家의 여인을 탈취하여 영웅준걸英雄俊傑이 죄에 빠지는 일이 많을 것입니다. 따라서 신臣의 생각으로는 혁파革罷하는 것은 마땅치 않다고 생각합니다』 하여, 허조의 의견을 따라 옛습속을 개혁하지 않았다.《慵齋叢話》

조선조 여악女樂 관계기록은 아래와 같다.

◉태조太祖 4년(1394) 4월 무자戊子에 대사헌大司憲 박경朴經 등이 상소上疏하기를 『어가御駕 앞의 여악은 의위儀衛의 엄함이 점차 적어지니, 엎드려 바라옵건대 전하殿下께서는 여악을 가까이 마시고 금하옵소서』 하니, 전하께서 말씀하시기를 『밤에 관현악管絃樂을 타면 수레가 가볍게 나아가나 어가 앞에서 여악을 접하니 장차 고치겠노라』 하였다.《太祖實錄》

◉ 세종世宗 14년(1432)에 왕이 허조許稠와 신상申商에게 말씀하시기를

『조례할 때 남악男樂을 쓰고 여악女樂을 쓰지 않는 것은 극히 아름다운 뜻이다. 그러나 음악은 사람의 마음을 흥기興起시키는 것이다. 문무文武 두 무용은 보고 듣는 데 아무런 뜻이 없으니 동남童男으로 창기娼妓의 춤을 그 사이에 쓰는 것이 어떠하오.』 신상申商이 대답하기를 『무무武舞는 고려高麗 노원弩院으로서 고려 태조가 궁중에서 쓰던 것입니다. 우리나라에서 경사가 있을 때 서로 다투어 보았습니다. 소년을 곱게 화장시켰는데 중간에 금지되었다가 뒤에 개작改作해서 공방工房에서 연습시킨 것이 여러 번이었습니다. 만약 창기倡妓의 춤으로 종鍾과 경磬 사이에서 잡되게 노는 것은 불가하옵니다.』 전하께서 오래도록 생각한 끝에 말씀하기를 『마땅히 악을 부르는 것은 관官에서 의논하리라』 하였다.《文獻備考·樂考》

세종世宗 29년 정묘丁卯(1447) 여름 경자庚子에 의정부議政府에서 상주上奏하기를 『관습도감慣習都監[22]에서 관현맹管絃盲[23]을 둔 것은 처음에 창기倡妓들이 사죽장고絲竹杖鼓[24]를 익히지 않았을 때 궁중 연향宴享 때 부득이 설치한 것입니다. 지금 창기들이 모두 향·당악을 배워서 궁중 연향에 각각 그 솜씨를 보이기 때문에 관현맹은 아무 소용이 없게 되었습니다. 다만 관적官籍에 기록이 있어서 다시 소생시키고자 하오니, 청하옵건대 다시 개혁하셔서 새로 부활시키게 하십시오』 하니 이에 따랐다.《實錄》

◉ 세조世祖 2년 정축丁丑(1457) 3월에, 집현전集賢殿 제학提學 양성지梁誠之가 번부蕃部[25]의 악을 설치할 것을 상소한 바 『중국의 악은 대개 아악雅樂·속악俗樂·여악女樂·이부夷部 등의 악이 있는데, 우리나라에서 쓰이는 것은 헌가軒架[26]의 북을 울리고 동남童男이나 기녀 들의 잡희雜戲 등으로 이는 번부악蕃部樂이 없기 때문입니다』 운운하였다.

4년 무인戊寅 2월에, 전하께서 사정전思政殿[27]에 납시어 공신들과 함께 중삭仲朔[28] 잔치를 베풀 때 왕이 심히 기뻐하고 시녀 몇 사람에게 명해서 기생과 함께 악을 연주하고 여러 신하들에게 일어나 춤을 추게 하였다.《實錄》

김종직金宗直의 《점필재집佔畢齋集》에 이르기를, 전하殿下 내외분께서 원각사圓覺寺에 행차하셨다가 환궁還宮하실 때 중궁中宮[29] 여기女妓가 가요 및 인引[30]을 지어 올렸다.

여기女妓 아무 등은 엎드려 생각하옵건대 군왕께옵서는 백성을 위하시어 복을 심으시며, 오직 삼보三寶[31]에 의지하시고 달은 해와 더불어 광명을 더하시니 사방이 모두 우러러뵈옵니다. 이에 경사를 찬송하여 노래로써 올리옵니다. 유순柔順의 도리로 성신聖神을 받드시고 후비后妃의 아름다운 덕행으로 대를 이으셨습니다. 내전內殿에서 용자容姿를 엄정히 하시어 모의母儀[32]를 밝히시고 성심誠心으로 성인聖人을 도우시어 불교에 귀의歸依하셨습니다. 사찰寺刹이 준공되고 연화대蓮花臺의 받침이 이루어진 날에 봉련鳳輦[33]이 앞서고 어헌魚軒[34]이 뒤따르시어 사문沙門[35]에 임하시어 예불禮佛하시니 연기도 아니고 안개도 아닌 상서로운 구름이 감돌고 서로瑞露가 내렸습니다. 보화寶花가 흩날리고 원광圓光이 찬란한 빛을 발했습니다. 백성들이 다함께 우러러보았으며 사람이 있는 곳에서는 서로 경하慶賀해 마지않았습니다. 부처님의 징험徵驗이 이처럼 나타나는 것은 전고前古에 없었습니다. 앞으로 사계절의 기후가 조화를 이루고, 해와 달과 별들의 운행이 순조로워서 부처님의 정토淨土에 가까워지고 우순풍조雨順風調하여 나라가 반석처럼 편안해지고 사람과 신이 모두 기뻐할 것입니다. 양궁兩宮께서 남산수南山壽[36]를 누리시고, 북극北極의 높은 지위를 백 세에 보전하실 것입니다. 첩의 무리는 봉래蓬萊의 말류末流와 이원梨園의 천한 기생입니다. 행차의 돌아오심을 우러러뵈옵고 속된 음곡音曲을 삼가 올리옵나이다.

그 사詞에 이르기를

사찰[金地]이 준공되는 날
불전에 경사났네.
지극한 정성에 불법이 새로워져
백 가지 상서가 나타났음이여.
곱은 덕德 밝히시고
주상主上 도와 어진 덕 펴셨네.
꿩 깃으로 장식한 화려한 수레 중궁中宮으로 돌아오시니
백성은 기뻐 뛰고
무산巫山엔 한 조각 구름이 이네.
金地鳩功日　　龍天啓慶辰
霞誠轉與法輪新　　嘉瑞自叢臻
□妹光玄德　　承乾布至仁
煌煌翟茀返中宸　　歡抃洽臣民

巫山一段雲.(세조 9년 4월 8일 원각사 낙성식 때 지은 것으로 생각된다.)

12년 11월 을해乙亥에, 가기歌妓 8명과 농가農歌 잘하는 할미를 뽑아서 구기九妓라 불렀다. 농가의 할미라는 것은 농부가를 부르는 여인을 말하는데, 집이 가난하여 그 지아비와 함께 시장에 나와 농부가를 부르면서 구걸하며 생활을 꾸려 나갔다. 왕이 듣고 월급을 주면서 내연內宴 때마다 할미를 불러 농부가를 부르게 하고 기뻐하며 백성들의 곤란한 일을 알았다.《世祖實錄》

◉ 성종成宗 8년(1477)에 하교하기를 『정전正殿[37])에서 여악女樂을 사용하는 것은 조종祖宗의 떳떳한 법이 아니며, 세조世祖 때 일시 쓰이게 된 것이 오늘에 이르렀으니 이제부터 내연內宴·외연外宴을 비롯해서 정전正殿의 연회 때에도 쓰지 말도록 하라』 하였다.

22년(1491)에 대사헌大司憲 김여석金礪石 등이 상소上疏하기를 『연향宴享 때 여악을 사용해서 여러 신하들이 예禮로써 맞이할 때, 악樂과 색色으로 옥좌玉座에 가까이함이 무례하고 방자합니다. 성색聲色은 성탕成湯[38])이 가까이하지 않았으며, 여악은 공자孔子도 나라를 떠나게 된 것이니 어찌 여악을 사용해야만이 군신君臣이 서로 즐겁다 하겠습니까? 우리나라가 이것이 실시되기는 중화中華의 제도를 따른 것이지만, 다만 여악은 성군聖君의 치적에 누를 면치 못할 것입니다. 돈영부敦寧府 이상 정부政府가 의논했는데 윤필상尹弼商·이철견李鐵堅·어세겸魚世謙 등이 헌부憲府에서 하는 말이 심히 바르나, 연향宴享 때 여악은 시행한 지 이미 오래되었고, 중화中華 조정의 글하는 선비들이 우리나라를 예의의 나라라고 극히 칭찬하고 다만 여악을 쓴다는 것은 듣지 못했습니다. 사방의 여러 나라들이 각각 나름대로의 풍속이 있습니다. 그 일로써 해가 없으면 공자도 오히려 버리지 않았습니다. 향중鄕中 나례儺禮 이런 류類입니다. 지금 조정에서 관리들이 창가娼家에서 자는 것을 비록 금하긴 하나 능히 개혁하지 못하고, 조정 연향 때 창우倡優의 잡희雜戱가 쓰이게 되는 것을 어찌 여악보다 좋다 하겠습니까? 지금 비록 여악을 개혁하지 않는다 해도 반드시 예의의 나라라 아니하지 않을 것입니다』 하였다.《燃藜室記述·別集》

◉ 연산군燕山君 12년(1506) 6월에, 흥청興淸과 운평運平 등을 새로 뽑았는데 어전御前에서 말하는 존칭을 알지 못하므로 일상언어를 언문諺文으로 번역해서 모든 원院에 그 인쇄문을 반포하였다.《燕山君日記》

연산군 10년(1504) 갑자甲子에 각도와 대소읍大小邑에 나누어 주어 모든 기악妓樂을 개설하도록 하고 운평運平이라 불렀다. 운평 3백 인을 뽑아서 도성都城에 데려왔으며 임사홍任士洪으로 채홍사採紅使를 삼았다.《燃藜室記述》

갑자년甲子年 이후 자색姿色이 있는 자를 선택해서 궐내에 출입케 하였는데 백여 명으로 시작해서 만여 명에 이르게 되었다. 기妓를 고쳐서 부르기를 운평運平이라 하고, 대궐 안에 들어오는 자를 흥청興淸 또는 계평繼平·속홍續紅이라 하고, 임금을 가까이 모실 수 있는 자를 지과흥청地科興淸이라 하고, 사랑을 받는 자를 천과흥청天科興淸이라 하였으며, 장악원掌樂院을 고쳐서 연방원聯芳院이라 하고, 또 대소 여러 읍에 운평運平을 설치해서 임금에게 바칠 기녀妓女를 미리 예비케 하고, 흥청興淸을 보호하는 사람을 호화첨춘護花添春이라 하고, 대신大臣들을 나누어 파견시켰는데 그것을 홍준체찰사紅駿體察使라 하고, 지방 곳곳에서 공公과 천賤·처첩妻妾과 창기娼妓들을 크게 수색해서 각 지방 원에 나누어 두고, 청평淸平들이 사용하는 의복과 화장품과 거울 등 도구들을 모두 백성들로부터 징수하였다.《海東野言》

왕이 새로운 이름을 많이 지었으니 악공을 광희廣熙라 칭하고, 기녀를 운평運平이라고 이름해서 승진되면 가청假淸이라 하고, 또 승진되면 흥청興淸이라 했으며, 운평에 들어오는 자를 속홍續紅이라 하고, 의복은 아상복迓祥服을 입었으며 거처하는 곳은 연방원聯芳院이라 하고, 원각사圓覺寺를 국局으로 하고, 또 의성위宜城尉 집을 함방원含芳院으로 하고, 제안대군齊安大君 집을 뇌양원蕾陽院으로 하고, 견성군甄城君의 집을 진향원趁香院으로 해서 흥청과 현수絃手 들을 열列을 지어 항상 머물게 하고, 선택된 자는 취홍원聚紅院에서 거주케 하였는데 그 위치는 명정전明政殿 오른쪽에 있으며 숙장문肅章門 안이다. 각도에서 미녀美女와 양마良馬를 뽑아오는 자를 채홍준사採紅駿使라 하고, 소녀를 뽑아오는 자를 채청사採靑使라 하였다.《謏聞餘錄》

사신史臣이 말하기를, 연산燕山이 술과 여색女色에 빠져서 꺼리는 것이 없었다. 상례喪禮의 제도를 고쳐서 날을 달로 바꾸니 삼강三綱과 오상五常을 지상地上에서 쓸어 버려 죄악이 하늘에 넘쳤다. 창기娼妓로서 자색이 있는 자를 가려뽑아 궐내闕內에 드나들게 했는데, 처음엔 백여 인이더니 마지막엔 천 명을 헤아리게 되었다. 연산이 말하기를 『옛날에 사안謝安[39]은 신하였어도 오히려 동산東山에서 기녀妓女를 데리고 다녔거늘, 하물며 임금에 있어서라』 하며 여기女妓를 부르기를 운평運平이라 하고, 대궐 안에 출입하는 자를 홍청興淸이라 하고, 혹은 가홍청假興淸·계평繼平·속홍續紅이라 하고, 가까이 모시는 자를 지과홍청地科興淸이라 하고, 사랑을 받아 경험한 자를 천과홍청天科興淸이라 하였으며, 원院과 각閣을 설치해서 원院을 취홍聚紅·천영薦英·진향趁香·함방含芳·취춘翠春 등으로 불렀으며, 각閣을 회사繪絲·청환淸歡·채하彩霞라 부르고, 장악원掌樂院을 개칭해서 연방聯芳이라 했으며, 또 열읍列邑마다 운평運平을 설치해서 명령에 따라 뽑아올리고, 호화고護花庫를 설치해서 음식을 만들어 올리게 하고, 보염서補艶署를 설치해서 의복과 화장품을 준비하도록 하고, 시혜청施惠廳을 설치해서 준비나 수선하는 데 대간臺諫을 시켜 상주케 하고, 광혜서廣惠署를 설치해서 제사祭事에 공급케 하고, 진혜서進惠署에서는 상喪을 당했을 때 쓰이는 물건을 공급케 했으며, 두탕호청사杜蕩護淸司를 두어서 크게 시행케 했으며, 뒤에는 홍청지소興淸之所를 설치해서 종신토록 회모回慕케 하였으며, 홍청봉족안興淸奉足案을 호화첨춘기護花添春記라 하고, 백성들의 토지와 가옥을 수탈해서 급여케 하고, 사패賜牌를 하사해서 영세토록 가전可傳하라 하고, 홍청興淸의 생계에 1천 사람의 유기鍮器 그릇이고 9천 인이면 잡기雜器 그릇이다. 해당 관사官司에 명하여 각도에 대신大臣을 파견시켜 이름해서 채홍준체찰사採紅駿體察使라 하고, 서울과 각 지방에 사대부士大夫의 첩妾과 양가良家의 처妻와 공사公私의 천한 창기倡妓들을 찾아내서 각閣과 원院에 분치分置하고, 나인(內人)이 죽으면 여원묘麗媛墓라 일컫고 관리를 보내서 치제致祭하는 데 선왕先王 묘소墓所와 같이하였다.(《中宗實錄》 元年 九月條)

◉ 중종中宗이 즉위卽位하자, 의정부議政府에서 아뢰기를 『폐주廢主 연산燕山 때에 천과홍청天科興淸 의춘도倚春桃가 아첨해서 여러 가지 폐단이 많아 죄악이 가득하니, 청하옵건대 중형重刑으로 다스리고 나머지 홍청녀興淸女 관홍방冠紅芳과 소신홍笑新紅·대춘홍帶春紅·취원춘醉苑春·옥매춘玉梅春·벽옥혜영碧玉蕙英·만원홍滿園紅·대가빈待佳賓·광한선廣寒仙·초산운楚山雲·수군홍秀群紅·염반교厭般嬌·적선아謫仙兒·월계향月桂香·봉래선蓬萊仙·은대월銀臺月·가학선駕鶴仙·원방도苑芳桃·계림춘桂林春·누운홍漏雲紅·서강월西江月·계유앵繫柳鶯 또한 폐단을 입혔으니, 청컨대 백 대의 태장笞杖을 쳐서 변방으로 쫓고 공물貢物을 거두고 물역勿役케 해야

하옵니다.』 전교傳敎가 내리기를, 그렇게 하라 하였다.《實錄》

중종 2년(1507) 10월에 유순柳洵이 말하기를 『국속國俗에 여악女樂이 있어 중외中外[40]가 통용通用되고, 정전正殿 예연禮宴에도 대대로 사용했는데도 괴이타 아니하고 그 제도를 혁신코자 했으나 혁신하지 못했는데, 마침 최숙생崔淑生 등의 논계論啓를 살핀 결과 과연 정론正論인 것 같습니다. 무릇 연향宴享에 있어 외정外庭[41]에는 남악男樂을 전용하되 흠궐欠闕하지 말고, 내정內庭에는 여염閭閻 사이에 여령女伶을 사용해서 가려뽑은 다음 기적妓籍에 서명시킴이 옳은 것 같습니다.』 김수동金壽童이 말하기를 『여악은 악樂의 정도正道가 아니니 개혁함이 마땅합니다. 다만 여악을 혁신하고 남악男樂으로써 대신케 해야 합니다. 우리나라가 여악을 쓴 지 이미 오래되어서 남자 악사가 청률淸律을 해득하는 자가 적으니 가르쳐서 재주를 익힌 다음에 써야 할 것이나, 갑자기 개혁하기는 어려운 일이므로 해당하는 조曹로 하여 남악 액수額數와 교습 절목을 이루어 성재成才시킴에 따라 시행함이 어떻겠습니까?』 성희안成希顔이 말하기를 『우리나라가 전조前朝(고려)로부터 여악을 사용했을 때 손해만 있고 이익이 없었으니, 만약 내연內宴에 쓰려면 정전正殿에는 쓰지 말 것이며, 오직 내연에서 사용하되 정전에 쓰지 아니하면 서울에 있는 수를 헤아려서 감소할 수도 있을 것이며, 잔읍殘邑에 있는 여기女妓는 마땅히 제거할 수 있을 것이니 해당 관사官司에 명해서 시행함이 좋을 듯합니다.』 한형윤韓亨允이 말하기를 『조종祖宗에서 쓰던 옛제도를 경솔하게 개혁함은 마땅치 않은 것이며, 다만 관리들의 숙창宿娼의 법을 밝혀서 주·군의 잔폐를 개혁해 제거해야 할 것입니다.』 왕이 성희안成希顔의 말을 따라 시행했다.《實錄》

중종 4년(1509) 기사己巳 정월 신유辛酉에 조강朝講에서 영사領事 박원종朴元宗이 말하기를 『속신여기贖身女妓의 입역사立役事는 폐조廢朝로부터 시작되지 않았으며 역대 조종조祖宗朝로부터 이미 시작된 것이라, 만약 여악女樂을 폐하지 아니하면 더러운 자를 입시入侍시켜 풍정豊呈[42]에 쓴다는 것은 불가합니다. 비록 자색姿色이 있어도 폐조廢朝의 것이 아닌데 어찌 생심生心하겠습니까. 유사有司들은 그 사司의 일에 헛점을 고려해서 장계將啓를 하지 않을 수 없게 하고, 그 뜻에 힘써 말함은 본의本意로써 아뢸 바가 아니니 의義로써 하옥下獄함은 이르지 아니합니다』 하였다.《實錄》

중종中宗 4년 기사己巳(1509)에 여악女樂의 존폐를 논의하도록 명한 바,

김수동金壽童은 『여악을 예연禮宴에 사용하는 것은 심히 설만褻漫합니다. 다만 군신 예연에 악이 없는 것은 불가하니 해당 조曹에 명해서 남악男樂의 수를 정한 다음 교열校閱해서 사용함이 좋을 듯합니다.』 박원종朴元宗 · 성희안成希顔 · 정미수鄭眉壽 등은 『여악을 개혁함이 불가합니다.』 유순정柳順汀 · 박안성朴安性 등은 『여악은 다만 내연內宴에서만 사용해야 할 것입니다.』 민효증閔孝曾 · 김응기金應箕 등은 『여악을 설립하는 뜻을 참고해서 개정해야 할 것입니다.』 노공필盧公弼 · 신용개申用漑 등은 『여악을 개혁함이 옳을 줄 아옵니다.』 정광필鄭光弼은 『여악은 폐단이 많습니다. 정전正殿에서는 더욱 야비野鄙한 풍속이니, 마땅히 정사(남악男樂)로써 개혁하고자 해도 만약 실용하면 남정男丁의 관복冠服 등에 대한 일이 극히 어렵습니다. 조종조祖宗朝에도 폐풍을 알지 못함은 아닌데도 지금까지 그대로 이어져옴은 까닭이 있는 것이니 구습舊習을 인용함이 편리할 것입니다.』 광필의 의논을 따르다.《實錄》

〔참조〕 권발權撥의《충재집일기冲齋集日記》에 실린 중종 4년 기사 정월 27일조에 이르기를, 앞서 예에 기녀로서 자색이 뛰어나고 재기才氣가 있는 자는 비록 속신贖身[43]이나 왜倭 야인野人의 연향宴享 및 진풍정進豊呈[44] 열악閱樂에 옛제도를 인습하여 왕의 특명으로 용역用役을 못하게 했는데, 장악정掌樂正 이원성李元成이 제조提調 유순정柳順汀 · 권균權鈞의 뜻과 함께 아뢰기를 옛제도를 따라 행하기를 요청하니, 왕이 심히 진노해서 원성元成을 하옥下獄시켜 그 죄상을 탄핵케 하고, 정원政院에 전교傳敎하기를 『속기贖妓로 사역使役함은 옳지 않다. 폐조廢朝 내연內宴 때에 자색이 있는 줄만 알고 이것으로 인해 마음을 내키니 당시엔 제조提調가 없었다. 지금 악원樂院이 위법違法해서 말하니 자색이라 일컫는 것은 희열喜悅을 가지기 위해서 이로다』 하였다.

28일 정원政院에 전하기를 『내가 악관樂官을 추고推考하라고 명한 것은, 폐조廢朝가 이미 성색聲色을 그르쳤는데 지금 조종고사祖宗故事를 칭탁하고 자색姿色을 칭해서 내연內宴에 쓸 것을 청하니, 이것은 심히 부당하기에 오늘 경연經筵에서 좌의정 박원종朴元宗의 말에 조종조祖宗朝에서도 또한 자색을 취하니 이것은 위에서는 탐냄이 없을 것이라 하니 부끄러운 말이다. 조종조祖宗朝에서 비록 승전承傳이 있으나 또한 일시에 우연히 된 것이니 후사後嗣에 있어서도 예를 삼지 않을 것이다. 이러한 죄罪를 하옥下獄시키지 않는다 함은 죄의 경중輕重을 알지 못함이다. 만약 즐거움을 갖고자 하면 죄가 여기에 그치지 않을 것이다.』 회계回啓하기를 『상감의 교시敎示가 진실로 마땅하와 만세萬世에 수범垂範하는 법언法言이옵니다.』

권발權撥의 일기 중종 4년(1509) 11월 17일조에, 여악을 혁폐革廢함이 옳은가 옳지 아니한가 하는 회의에서 대신大臣들 중에 혁폐革廢를 청한 자가 5인이며, 그대로 둘 것을 청한 자가 12인이었다.

예조판서 정광필鄭光弼이 말하기를 『토속土俗이 여악女樂을 사용하는 것은 폐정弊政이며, 또 정전正殿에서 쓰는 것도 비리鄙俚하니 마땅히 정사正士들로 혁신해야 할 것이며, 만약 갑자기 혁신해서 남악男樂을 모두 사용하면 무동舞童의 선발도 수에 따라 뽑아 충당하면 될 것이며, 상연常宴이나 중국 사신을 접견할 때 쓰는 관복冠服을 관官에서 갖추기는 어렵고 또 자유로이 함도 어려운 것이니, 하물며 재경인在京人으로 기妓의 수에 따라 구비하자면 4백여 인이니 액수에 충당키는 어려운 것이며, 또 중국 사신이 경과하는 제도諸道에 위로하는 연향宴享이 많으니 여악을 모두 고쳐서 남악을 설치하면 남정男丁들의 출처와 관복 등 극히 어려움이 있습니다. 조종조祖宗朝에서도 폐풍을 알지 못했음은 아니지만, 인순因循해서 지금에 이른 것은 여기에 뜻이 있는 것이니 신의 생각으로는 구습舊習을 따름이 옳을 줄 아옵니다.』 광필의 말에 낙점落點을 하였다.

중종中宗 6년(1511)에, 여악을 감소시키는 의논에 따라 장악원掌樂院 제조堤調 유순정柳順汀과 예조판서 신용개申用漑에게 물었다. 유순정과 신용개 등은 경중京中 여악은 구습을 따르고 외방外方의 여악은 개혁해야 한다고 청했다.《實錄》

중종中宗 14년 기묘己卯(1519) 봄에 대간臺諫에서 여악을 개혁할 것을 청하니, 예조에서 말하기를 『여악의 사용에 있어 3대 이상은 가히 알 수 없고 고문古文을 참고해 보니 궁중에서 사용했으며, 지금 내전內殿 여악을 폐지한다는 것은 불가하고 외방外方의 여악은 개혁함이 좋다고 하였다. 양사兩司에서 서울과 지방의 여악을 아울러 개혁하기를 청했는데 마침 내전內殿에서 대신 쓸 만한 것이 없고, 또 대신大臣들이 어렵다 해서 과감하게 개혁하지 못했다.《實錄》(文獻備考作 二十四年事)

중종中宗 14년(1519) 3월 갑오삭甲午朔에 조강朝講에서 왕이 말하기를

『내연內宴에 악樂이 없을 수는 없다. 중궁中宮의 진하陳賀와 하례賀禮를 받을 때에 또한 동악動樂의 절차가 있다』 하니, 대신大臣 예관禮官들이 모두 말하기를 『여악은 버려서 안 될 것이며, 고몽瞽蒙[45]이 또한 독자적으로 절악節樂함은 불가하며 장악제조掌樂提調가 연소한 기妓로 악절樂節을 인도할 것이라 하나 이 또한 불가합니다.』 지사知事 이계맹李繼孟이 말하기를 『주악奏樂에는 고몽瞽蒙을 사용할 것이나 악절반주樂節伴奏는 누가 이끌어 나가겠습니까?』 조광조趙光祖가 말하기를 『악절을 지휘하는 데는 노기老妓를 사용할 것입니다.』 왕이 말하기를 『고몽瞽蒙을 사용함이 어떠한고?』 조광조가 말하기를 『옛날 성인聖人이 고瞽를 써서 악절을 반주하는 것은 실업인失業人을 없게 함입니다. 지금 남고男瞽는 혹 점복占卜으로 자활하고 여고女瞽는 자업資業이 없으니 주악奏樂으로 사용케 하고 관청에서 의식衣食을 공급함이 좋을 듯합니다.』《實錄》

중종中宗 37년(1542) 2월 을미乙未 조강朝講에서 참찬관參贊官 김광준金光準이 말하기를 『여기女妓는 변방의 장군을 위해 설치하기도 하고, 혹은 내연內宴에서 쓰이므로 외방外方에서 세공歲貢으로 오는 것입니다.』《實錄》

◉명종明宗 3년 무신戊申(1548) 5월 경진庚辰 조강朝講에서 대사헌大司憲 구수담具壽聃이 말하기를 『주부州府를 살펴보니 교방敎坊의 설립은 앞으로 그 재주를 풍정豊呈에 쓰도록 하는 것이니, 기녀를 선택해서 국악을 교습敎習시켜 알맞은 시기에 상경上京케 하는 것이지만, 그 교습기간이 심히 어려워서 일조일석一朝一夕에 이룰 수가 없습니다. 근래에 국휼國恤[46]을 잇달아 맞아 음악을 폐했고, 또 새로 연습하는 기녀는 아직 성취成就하지 못하고 현가弦歌를 조금이나마 이해하는 자도 그 수가 심히 적습니다. 지난번에 공신병사功臣兵使에게 경성京城과 지방地方을 막론하고 스스로 점고點考[47]하기를 허령許令하여, 이것으로 성재成才한 기녀를 빠짐없이 점출占出해서 기생의 전습傳習을 하지 말 것을 명령하신 것은 극히 부당합니다. 국가에서 공신을 우대하는 뜻으로 개혁하는 것은 반드시 어려움이 될 것이나, 그러나 기비妓婢가 번성한 지방에서 임의로 택점擇占하고, 그 수를 대신 보충하면 일을 전폐專廢치 않고도 공과 사에 편할 것입니다.』《實錄》

◉ 선조宣祖 39년 병오丙午(1606) 6월 무신戊申에 장악원掌樂院이 예조에 첩牒으로 말하기를 『지금 40년 하례를 베푼 뒤에 진연進宴[48]은 가을철을 기다려서 할 것으로 전령을 받았는데 외연外宴에서 남악男樂을 쓰면 지금 있

는 악공을 미리 연습시키고, 다만 내연內宴에는 여악女樂을 사용하지만 여기女妓와 관현맹인管絃盲人이 양란兩亂 후에 아울러 개혁되어 조석朝夕 사이에 판별할 수 없도록 바뀌니, 그 전에 강講을 정해서 전습傳習에 편의토록 첩지牒紙로 보고할 것이며, 예조 계목啓目[49]을 찾아보면 평상시의 외연外宴은 남악男樂을 쓰고 내연은 여악을 쓰는 것이니 관현맹인管絃盲人 또한 함께 했습니다. 지금 왕의 수연壽宴에는 해사該司의 관리들이 미리 품보稟報할 것입니다. 전란戰亂 뒤에 남악은 비록 갖추었다 할 수 있으나 여악은 전폐되었으니, 만약 연향宴享 때에 악을 사용하지 않으면 국가의 큰 경사에 크고작은 뭇사람들의 인정人情이 낙막落莫할 뿐 아니라, 신자臣子가 임금님을 향하는 뜻에서도 크게 만족하지 못함이 있고, 또 정성을 다해서 환락을 이룰 수 없으니 전례前例에 의지해서 여악을 쓰는 것이 어떠하옵니까?』 전교하기를 거행擧行하지 말라.《實錄》

◉ 광해군光海君 2년 경술庚戌(1610) 3월 병신丙申에, 사간원司諫院에서 말하기를 『여악은 예禮가 아니며 정도正度가 아니거늘 전하殿下의 성명聖明으로 어찌 여악의 비례비정非禮非正함을 알지 못하겠습니까. 다만 다시 설치하고자 함은 어버이를 기쁘게 할 방도가 없어서 장차 자전慈殿[50]을 위해서 이 무열務悅의 거사擧事를 두게 함입니다. 그러나 이미 비례비정에서 나온 것인즉 어찌 반드시 이것으로써 열친悅親의 일을 삼겠습니까.』 답하기를 『이 일은 내가 유연遊宴에서 자오自娛하려는 계책이 아니라, 자전慈殿 풍정豊呈에 있어서 의물儀物을 대략 구비하지 않을 수 없으니 강행을 하지 말라.』

사헌부司憲府에서 누차 여악에 대해 아뢰었으나 따르지 않았다.

기해己亥에 사헌부·사간원이 연이어 여악에 대해 아뢰었다. 답하기를 『아국我國이 조종조祖宗朝로부터 여악의 베풂이 오래되었다. 난을 경과한 뒤에 모든 일이 초창草創이니 금일의 복설復設은 내 어찌 탐락耽樂을 위함이겠는가. 다만 위로 자전慈殿에 풍정豊呈이 있음을 연유해서 의물儀物을 간략하게 구비할 수 없어서 그러는 것이니, 존양存羊의 뜻[51]은 그 가운데 있다. 나의 뜻을 다시 번거롭게 하지 말라.』

계묘癸卯에 사간원에서 여악에 대해서 아뢰었다. 답하기를 『자전慈殿의 상수上壽하는 예禮를 위해서 기악妓樂을 간략히 베풀면 주정꾼은 되지 않을 것이니 용렬庸劣하게 억지로 번거로이 하지 말라.』

8월 신사辛巳에 전교가 내리기를 『자전에 풍정豊呈을 진상進上함은 옛부터 폐하지 못한 예禮이다. 근일近日에 장악원에서 연습시키는 악樂이 성취成就되었는지 알 수 없어서 예를 행할 수 있을 것인가. 예조에 문의하도록 하라.』 예조에서 말하기를 『장악원에 문의해 본즉 관현악의 재기才伎는 연습이 되오나, 다만 정재呈才의 모든 기구器具는 12종에 이르는데 원중院中에는 한 가지 기구器具도 없습니다. 전일에 본원이 말씀드린 바 있는 상의원尙衣院에서 만든 풍물風物은 대개 이루지 못하고 있고, 기녀의 단장은 전례대로 호조로부터 준비해서 공급한다 하였으며, 또 칙사勅使[52]가 영빈관迎賓館에 있음에 따라 각 해당 사司와 관청이 이 일에 미칠 여가가 없어서 즉시 조치하지 못한다고 하니, 그 때문에 본원에서는 관원으로 하여 모든 재기才伎에게 날마다 훈련시키고, 여러 가지 풍물을 만들지 못했음은 계속 재촉할 것입니다.』 전지傳旨가 내리기를 『경과를 알겠노라. 비록 고제古制를 모두 회복하지는 못하더라도 그 중에 긴요한 기구는 구비해서 대기토록 하라.』

12월 병신丙申에 장악원에서 상사아문上司衙門에 기악妓樂을 정송呈送[53]하는 폐단을 금지하니 왕이 따랐다. 그 시기에 풍정豊呈을 진상하므로 도성에서 기악을 많이 모으니, 이것은 예도禮度가 아니었다. 공경대부公卿大夫[54]가 오직 음악을 밝히고 가무歌舞만 일삼아서 음란한 풍습이 날로 더해가니 전악典樂 관원들은 당에서 율律을 익히고 있고, 상사上司의 신분패身分牌를 가진 자가 우루루 몰려와서 전악서典樂署의 사람들은 좌우로 끌려가 전악서가 텅 비었다. 해당 관원은 이를 금지하기를 여러 번 요청했는데도 군명君命을 저버려도 구속받지 않고 사욕私慾의 버릇만 여전했다. 이때에 본원本院이 계啓를 올려 금단禁斷하기를 청했는데, 왕이 말하기를 『이 일은 전승하는 것이니 경연經筵 중에서 간관諫官이 아뢸 것이며, 예조는 국가 예의를 관장하는 관청으로서 오히려 풍정豊呈의 대례大禮를 생각지 않고 유습謬習을 밟으니 지극히 나쁜 일이다. 이뒤부터는 이를 고치게 하고 만약 명령을 어기는 자는 처치토록 하라.』《光海君日記》

◉ 광해군 3년 신해辛亥(1611) 11월 계묘癸卯에 통명전通明殿에서 진풍정進豊呈의 연회를 열다. 무신戊申에 정원政院에서 아뢰기를 『진풍정 의식 주해註解에 이르기를 여령女伶이 전정殿庭에 진악陳樂한다 하고, 또 말하기를 전빈典賓[55]이 왕세자 전정殿庭 동쪽에 배위拜位[56]를 설치한다 하고, 또 말하기를 왕대비와 전하왕비는 전정殿庭 동서에 의장儀仗을 한다 하고, 소주小

註에 말하기를 내정內庭에는 다만 철선徹扇만 드린다고 하니, 대내처소大內處所를 밖으로부터는 자세히 알 수 없으나 전정殿庭을 칭하기를 이 내전전정內殿前庭이라 함은 의식 주해에 착어措語[57]가 두려워 자세하지 못합니다. 어제 의장儀仗을 집서문集瑞門 밖에 진열하고 예조와 병조兵曹 그리고 낭청郎廳으로 하여 문 밖에 대좌待坐시켜 잡인雜人을 고찰했는데, 해당 낭청에서 내관內官이 대비전 의장에 최입催入한다는 말을 듣고 내문內門 안에 들어갔는데 외사外司에 감히 알 바가 아니오나 대비전 의장을 들여서 환출還出하니 극히 미안합니다. 일찍이 정탈定奪[58]치 못하고 전도顚倒함에 이르니 예조와 병조와 차지낭청次知郎廳 및 차지예모관次知禮貌官은 아울러 추고推考하기를 청하옵니다.』 전교傳敎하기를 『윤허允許하노라.』《光海君日記》

◉ 광해군 4년 임자壬子(1612) 정월 경술庚戌에 사간원에서 아뢰기를 『평상시의 여악의 사용은 부득이한 거사擧事가 아니며, 병화兵火를 겪은 후로부터 다시 설치할 것이 아닙니다. 그러므로 선조先朝에서 일체 혁파革罷했습니다. 근일에 풍정대례豊呈大禮로 인해서 외방外方에도 그 영향을 끼치오니 기생을 곧 돌아오게 함을 허락함이 옳을 줄 아옵니다. 만약 대례大禮를 다시 거행한다면 임시로 다시 모이게 함이 옳을 것입니다. 또다시 여염집에 머물게 해서 작은 연회에도 정송呈送한다 하면, 성악聲樂으로 인해 시끄럽기가 주야로 쉬지 아니할 것이니 이것이 어찌 오늘날에 마땅히 할 바입니까? 이것은 식자識者들도 한심스럽게 여기는 것이니 구례舊例에 의해서 급히 파환罷還하기를 명령하심을 청하옵니다.』 비답이 내리기를 『여악은 위로 자모慈母가 계셔서 풍정豊呈을 올리니 시행하지 아니할 수 없으며, 교열敎閱은 그만두고 여염閭閻의 연음宴飮에는 정송呈送하지 못하게 해서 원망이 없게 하라.』

신해辛亥에 사간원에서 여악을 파환罷還할 것을 청했다. 답이 내리기를 『여악은 파환치 아니할 것이며, 여염연회閭閻宴會에는 정송하지 말라.』《光海君日記》

◉ 광해군光海君 7년 을묘乙卯(1615) 6월 계묘癸卯에 장악원에서 아뢰기를 『교방가요敎坊歌謠에 대한 일을 장인匠人을 불러서 물었더니, 모두 기일이 너무 빠르고 분망해서 대체가 조작에 미칠 것 같다고 하나 말들을 일일이 묻기가 어려우니 마땅히 성화星火같이 감독해서 일을 할 것입니다. 다만 일이 매우 드물고 또 경험한 장인이 없어 순서가 아득하여 본받을 곳이 없습

니다. 각 사리에 독촉해서 공장工匠을 소집하겠으나 본원本院의 힘으로는 능히 해낼 바가 못 되니, 나례청儺禮廳의 예에 의거해서 도감都監의 행사에 응하여 입계入啓하고 시행할까 하나이다.』

7월 무진戊辰에 장악도감掌樂都監이 아뢰기를 『악학의궤樂學儀軌 침향산의주沈香山儀註를 참고해 보면, 기생 1백 명이 좌우에 나누어 섰는데 그 원숫자는 70명이었으며, 또 모든 기생이 착용한 옷은 홍단의상紅段衣裳과 홍초대紅綃帶 등을 전일 진풍정進豊呈 때 50건을 구비했는데, 지금 물력物力으로서는 구비해서 첨가하기가 극히 어려운 실정이니 기생 50명으로서 예를 행함이 마땅하오며, 또 화전벽花甎碧은 침향산 앞에 행하고 제기諸妓가 축軸을 드려서 학무鶴舞·연화대蓮花臺 정재를 행한 뒤에 다시 침향산을 상연하고, 그뒤에 화전벽花甎碧을 베풀고 궁악宮樂을 연주해서 돌고, 이어 다른 모든 정재呈才를 행한다고 말하니 두려운 것은 미리 대비를 하지 못했습니다. 미루어서 두 곳을 이용移用해서 시기를 보아 합하는 것이 어떨까 싶어 감히 아뢰옵니다.』 답이 내리기를 『품계稟啓에 의거하라.』

9월 병술丙戌에 왕이 종묘宗廟에 친제親祭하고 환궁還宮할 때에 기로유생耆老儒生[59]과 기방妓坊이 축軸을 드리고 칭송稱頌했는데, 그 기방의 송頌은 창우산거화대倡優山車花隊를 잡용雜用해서 궁극치교窮極侈巧[60]한 것이었다. 왕이 어가御駕를 멈추고 해가 저물도록 관망觀望하였다.《光海君日記》

◉ 광해군 8년 병진丙辰(1616) 5월삭 경오庚午에 장악원에서 아뢰기를 『전하를 뵈온 뒤 환궁할 때에 교방가요敎坊歌謠는 지난 해 부묘시祔廟時 예를 따라 거행했기 때문에,예조禮曹에서 감결甘結[61]하여 본원으로 하여 기악妓樂의 헌축獻軸 절목을 미리 착비措備해서 강정講定[62]한 것입니다. 지금 침향산을 사용하면 당초에 조작할 때 변모개작을 했고 때로 사용한 지가 1년이나 되었고, 또 많이 낡아서 산색山色이 변하고 화색花色이 퇴색했기 때문에 다시 손질해서 색을 그리자면 오히려 장악도감掌樂都監을 불러야 하니, 지금 교방가요를 필행畢行하는 사이에 도감에게 명하여 각 사리에 호령하여 제작 완성할 때에 이행함이 어떠하옵니까?』 전교傳敎에서 윤허允許하였다.

임신壬申에 장악도감掌樂都監이 아뢰기를 『침향산 가요를 헌축獻軸할 때에 기생·공인 등이 행하는 각 정재呈才를 반드시 기일을 앞당겨 관습慣習케 해서 거의 임시에 환患을 없게 해야겠습니다.』 전교傳敎에서 윤허允許하였다.《光海君日記》

◉ 광해군 9년 정사丁巳(1617) 2월 병진丙辰, 장악원에서 상사아문上司衙門이 기공妓工에게 책임 추궁을 금지하기를 청했는데 전교에서 윤허에 의거하라고 하였다. 『시사時事가 이와 같고 대례大禮 외에는 국가에서 또한 유연遊宴의 거행이 없을 것인즉, 사대부士大夫가 어찌 감히 연락宴樂을 자행恣行할 것인가. 일체를 엄금하고 상사아문上司衙門에 절대로 정송呈送치 말라. 또 기생들의 면천免賤함과 면역免役하는 일 등은 천단擅斷하지 말고, 하나하나 품계稟啓한 뒤에 조치하여 평시의 구전舊典과 같이하고 전습傳習을 착실히 하기를 독찰督察하라.』

4월 신축辛丑에 병조兵曹에서 아뢰기를 『무릇 차비差備가 없는 여인은 궐내에 출입함이 불가하온데, 하물며 궁방弓房[63]은 대내大內에서 멀지 않은 곳이며 금일은 기신일忌辰日[64]인데도 기생이 궁방에 들어가 창가식음唱歌食飮하고 있으니 놀랄 일입니다. 기생은 조曹로부터 이미 수금囚禁이 되고 유사攸司로 하여 법에 의해서 거듭 살피나, 수문장守門將 또한 잡인들의 통행을 금하지 않아서 자행恣行해도 기탄忌憚이 없사와 이에 추고推考하옵니다.』 전교傳敎에서 윤허允許하였다.

9월에 사간원司諫院에서 여악사女樂事에 대하여 아뢰었는데, 답하기를 『조종조祖宗朝에 연례宴禮에 있어 여악을 구설俱設하고 관복冠服으로 묘廟에 고告함은, 지성至誠이 더 클 수 없는 경사이므로 구례舊例를 따라 여악을 사용하니 번론煩論하지 말라』 하였다.

전교하기를 『국가의 큰 경사가 있으면 잡상雜像[65]을 베풀고 우희優戱로써 기뻐하는 것이니, 이것은 조종조로부터 2백 년 동안 흘러온 예禮이지 금일에 창시된 것이 아니다. 여악은 해조該曹에서 연습을 행한 지가 이미 오래되었는데 이날에 행하는 뜻을 삼사三司에서 어찌 숙문宿聞[66]해서 예지預知하지 않는가.』

10월 기해己亥에 전교하기를 『평상시라도 국가에 대례大禮가 있으면 비록 왕자나 대신大臣 들에게 있는 기생이라도 감히 내어놓지 않을 수 없어서 모두 상경上京하는데, 지금 내습의內習儀에 대해서 일이 심히 무거운데도 무릇 신자臣子가 감히 관기官妓를 숨기면서 내어주지 않고 있다. 이달 초이레 내습의內習儀 때에 기생을 내어놓지 않는 자는 가장家長을 각별히 추고推考하고, 평시의 구례舊例에 따라 습의習儀를 재도再度하는데 하나하나 나오게 해서 참석케 하고 장악관원은 숨기는 자를 무겁게 치죄治罪하기를 받들어 시행하라.』

병오丙午에 장악도감掌樂都監이 아뢰기를 『이달 7일 내습의內習儀에 나오지 않는 기생이 있음을 듣고 신臣들이 간인奸人을 적발해서 죄를 청하려 했더니, 성교聖敎를 복승伏承하와 황공함을 이기지 못하나이다. 습의일習儀日[67]에 이 같은 폐단을 염려해서 신들이 개문開門한 다음 궐하闕下에서 호명을 해본 결과 오지 않은 자가 5, 6명이나 되었으므로, 엄히 독촉해서 뭇 기생이 들어오는 시간 전에 모두 대궐 뜰 안에 대령시키고 재삼 추탁推托했으며, 끝내 나타나지 않는 기생은 근고近古에 없는 일이옵니다. 국가 기강紀綱이 없음을 여기서 가히 아뢰오니 어찌 한심한 일이 아니옵니까? 그날 내內에 들지 않는 기생은 곧 본원本院으로부터 중죄로 다스릴 것이며, 끝내 나타나지 않은 기생(解語花)은 유사攸司에게 수금囚禁을 명해서 법에 따라 중치重治함이 어떠하옵니까?』 전교가 내리기를 『다만 나오기를 독촉해서 대례大禮에 참석케 하고, 아직 가두어서 치죄治罪하지는 말라.』《光海君日記》

◉광해군 11년 기미己未(1619)에, 왕이 태실太室에 이르러 해가 뜰 무렵에 제사를 마치고 해가 떠서 환궁한 다음 창우倡優들을 불러 백희百戲를 할 때 유생儒生 기로耆老와 창기倡妓 들이 모두 헌축獻軸하고 송덕頌德하였다. 《光海君日記》

◉광해군 13년 신유辛酉(1621) 5월 병진丙辰에, 친히 제사를 드린 뒤에 환궁하는데 노상路上에서 어가를 멈추고 우희優戲를 관망하니, 유생·노인·기생 들이 모두 헌축하고 찬송讚頌하였다.《光海君日記》

◉인조발란仁祖撥亂 시초에 사간司諫 이성구李聖求가 여악女樂 파하기를 건의하였다.

◉인조발란 초에 이성구李聖求(호는 분사分沙, 지봉芝峰 이수광李晬光의 아들)가 사간이 되어 여악을 혁파한 다음 뽑아올린 기녀를 모두 각 군읍으로 돌아가게 했는데, 이것은 밝은 정사政事였다. 오래지 않아 성구聖求가 사인舍人을 선택했으며 한 절구節句의 시가 있다.

이원梨園 혁파 여쭈어 명예되었더니
연각蓮閣 오갈 때 풍류의 정 부담 가네.
연못 물 가득해도 기생 마음 차디차고
외로이 난간 의지해서 그들의 빗소리처럼 흘리는 눈물을 상상해 듣노라.

奏罷梨園爲諫名　　却來蓮閣負風情
池塘水滿芙蓉冷　　獨凭危欄聽雨聲.

이 시에 대하여 김하담金荷潭 시양時讓은 말하기를 『그대의 시는 대개 희롱하는 말이다. 내가 써서 그대를 도와보는 정의情意를 보이리라.』

청루의 엷은 이름 피하지 않고 진실 간하는 심정 알면서
군의 참된 사랑의 정을 주었네.
어찌해 빗소리 들리듯 꽃다움이 엉긴 날
문득 처음부터 큰소리 치면서 후회하는고.
不避靑樓薄倖名　　一封眞有愛君情
如何聽雨凝香日　　却悔當初放鄭聲.
《陽江雜記》

◉ 인조 원년(1623) 진풍정進豊呈 뒤에 장악원에서 각도의 기녀를 머물게 하여 기악을 연습시키고자 하였다. 이에 조익趙翼이 말하기를 『여악은 본디 국가에서 육성시킬 바가 아닙니다. 지금 백성들의 생활은 가난하며 상천上天은 경계를 암시해서 상하가 모두 두려워하고 있는 이때 어찌 기악妓樂을 연습시키겠습니까.』 이성구李聖求가 또 상소하니 왕이 드디어 기악을 혁파하고 돌려보냈다.《文獻備考·樂考》

◉ 인조 2년 갑자甲子(1624) 9월 정유丁酉에 왕이 낮에 자정전資政殿에서 맹자孟子를 강습講習하였다. 지사知事 김유金瑬가 아뢰기를 『신이 바야흐로 장악제조掌樂提調를 욕되게 하는 것 같습니다만, 도성 기녀의 거류去留에 대해서는 앞으로 품稟해서 처리하겠습니다. 다만 봄 사이 상수上壽의 예가 있으면 또 왕래하게 될 것 같으므로 이것도 폐단이옵니다. 본인원 130인 내에 50인은 파견하고 80인은 유치留置해야 할 것이옵니다.』 전하께서 말씀하기를 『전체 수를 환송還送하고자 했더니 본원이 이같이 처리했던가?』 유瑬가 말하기를 『국초 이래로 도성 기녀의 선택은 그 수가 있는데도, 하물며 해마다 자전慈殿에서 상수上壽가 있는데 기녀의 왕래는 실로 그 폐가 있사오니 전체 수를 파견함은 옳지 않습니다.』《實錄》

◉ 인조 8년 경오庚午(1630)에 조익趙翼이 아뢰기를 『여악은 본디 국가에

서 육성할 바가 아니오며, 마땅히 단인端人과 정사正士를 가까이해야 할 것입니다. 옛부터 제왕帝王의 정치에 여악이 있지 않았습니다. 오직 당나라 현종玄宗 때 이원제자梨園弟子가 있었고, 진陳나라 후주後主 때에 여악사女樂士가 있어서 두 임금이 모두 난리亂理[68]로 패망을 이루었으니, 이로써 법을 삼을 것은 못 되옵니다. 우리나라의 여악은 어느 시대부터인가는 알 수 없으나, 신臣이 지난번 강화도江華島에 가서 《실록實錄》을 참고하다가 예종조睿宗朝에 변읍邊邑의 기생은 그대로 두고 내지內地의 기생은 모두 없애라 하고, 특히 변방은 장사가 집을 떠나서 오래도록 수자리로 살아가니 의복이 떨어지면 깁기가 어려우므로 기녀를 없애는 것은 불가하다고 했으며, 그때에 이에 대해 의논하던 자가 말하기를 천사天使가 오면 외방外方의 기녀를 반드시 도성에 모았는데, 이는 도성에 기녀가 없어 변방의 기녀를 불렀던 것으로 이것은 불편하다고 함을 보았는데, 이로써 상고해 보면 이때에는 도성에 기녀가 없었음을 가히 알 수 있으며 비록 풍정豊呈에 여악이 없는 것은 옳지 않다고 하나, 옛부터 제왕帝王이 효도로써 모후母后를 봉양함이 많았으며 아직 여악으로써 오열娛悅했다 함은 듣지 못했습니다. 대신臺臣[69]에게 혁파하고 보내라는 청이 이미 윤유允兪[70]를 입었사온데 지금 또 여악을 유치留置하려는 의논이 있으니, 엎드려 원하옵건대 전지前旨를 지키셔서 속히 파하여 보내기를 명하옵소서.』 왕이 이 말에 따라 여악을 혁파하고 변방으로 보냈다.

◉ 인조仁祖 21년 계미癸未(1643)에 장악원에서 악생樂生을 정했는데 좌방악생左坊樂生이 195명이며, 우방악사右坊樂師가 5명, 악공樂工이 441명이었다. 진연시進宴時에는 여기女妓 52명을 뽑아서 올렸다. 특교特敎가 있을 때에는 가감加減을 하였다.《文獻備考》

◉ 숙종肅宗 31년 을유乙酉(1705) 2월 계사癸巳에, 진연청進宴廳 당상堂上 조태채趙泰采·윤세기尹世紀가 내연內宴과 함께 설치할 것을 청하니, 왕이 면허勉許하였다. 또 기악妓樂도 외연外宴에서 병용하기를 청했는데, 왕명으로 내연內宴에만 사용하였다.

갑오甲午(1714)에 병조참판兵曹參判 김진규金鎭圭가 상소하기를 『유사신有司臣이 여악 설치를 청하고, 또 내연內宴에도 청하니 신의 어리석은 생각으로는 옳지 못한 것으로 아옵니다. 여악을 외연外宴에 사용하는 것은 비록 《악학궤범樂學軌範》에 기록되어 있으나, 중대中代부터 이 의식이 시행되지 않았던 것은 반드시 까닭이 있는 것입니다. 외연外宴에 여악이 당연하다든가 그렇지 못한 데 대해서는 국조國朝에 법연法宴이 폐한 지 오래되었습니다. 참고할 것은 다만《악학궤범樂學軌範》이 있으니 조종성시祖宗盛時 연악宴樂에 있어 혹은 남악男樂을 사용한 것이 아니오며, 상란喪亂[71] 이후에는 도성의 기악妓樂을 폐하였고 외전법연外殿法宴에도 여악을 쓰지 않았습니다. 신臣의 뜻으로는 외연外宴에 비록 기녀妓女와 정재呈才를 쓰지 않아도 악樂은 이루어질 것 같사오니, 선조조宣祖朝에서 정한 의식을 따라 남악男樂을 사용함이 마땅한 것으로 아옵니다.』

무진戊辰에 교리校理 이조수李肇修·유봉휘柳鳳輝의 상계上啓에서 연례宴禮를 간략하게 하기를 청하고, 이어 내연內宴의 여러 신하의 청함을 물리치는 것은 아름다운 뜻이 되지 못한다고 하고, 8도에서 도성에 올려보낼 기악妓樂을 일체 정지케 함이 옳을 것 같다고 하니, 비답이 내리기를『지금 진연進宴에 힘쓰는 것은 세자世子로 하여 군신君臣을 통솔하고 정리情理를 펴는 데 불과하다. 만약 민간에 적은 폐가 미치더라도 곧 면허勉許의 본의가 아님을 안다. 내 마음이 안정된 것인지 그렇지 않은 것인지 해조該曹에 명령해서 연회宴會의 수요需要를 특별히 반감하여 절약하기를 힘쓸 것이며, 외방外方에 구하고 청하는 것은 일체 정지케 하라. 장악원掌樂院에 있는 종고鍾鼓는 예를 행하는 데 자족自足하며, 기악妓樂을 쓰지 않으면 내외연內外宴에 미안한 바가 있으니 전교傳教에 의해서 다만 외연外宴만을 행하라.』

4월에 장령掌令 김두남金斗南이 상소上疏하기를『관기官妓 쇄환刷還[72]의 법이 엄하긴 하오나, 거실巨室에서 거느리는 관기官妓는 잠깐 오고 가서 국법國法을 두려워하는 뜻이 전혀 없어 그 해이해짐이 극에 이릅니다. 북로北路의 한 기녀가 나가고 들어오는 방백方伯[73]과 길에서 다투는 소리가 어수선한 것만은 아니니 기강紀綱이 있는 곳에 둘 수 없는 일이옵니다. 해당되는 방백 및 수령 들도 능히 금단禁斷을 못하옵니다. 부임지를 책임진 호송자護送者에게 이것이 중죄重罪임을 알린 뒤에 법으로 행해야 할 것입니다.』

상고해 보니, 북기北妓와 다툰 도사道事는 평천군平川君 신완申琓의 첩을 가리킨다. 그 집에 왕래할 때에 도로에서 도신道臣 홍만조洪萬朝의 가권家眷을 만났는데, 신완申琓의 집 노복奴僕들이 북기北妓를 데려가려 한 것이 싸움이 되었다. 국법國法이 있다고 할 수 있을 것인가. 듣는 자도 모두 놀랐으며 두남斗南의 말이 망언妄言이 아님을 믿었다.

8월 신묘辛卯에 왕께서 주강晝講하였다. 지사知事 민진후閔鎭厚가 아뢰기를『진연進宴할 때에 여악女樂을 사용하고 아니하는 것은 일찍이 예조禮曹가 진연청進宴廳으로부터 의논해서 처리할 일이오나, 진연을 중지하라는 명이 계셨으므로 다시 품계稟啓할 수는 없사오나 신이 이 일을 구구하게 생각하옵는 것은 전성前聖의 지장誌狀을 보건대, 세종世宗 조회례朝會禮 때 여악을 사용치 않는 것은 실로 성덕盛德이옵니다. 그러므로 공렬功烈을 글로써 기록하고, 오례의五禮儀를 논의할 때 으뜸으로 여악에 대한 말을 사용하지 못하게 하였사옵니다. 비록《악학궤범樂學軌範》에서 말했더라도 아악雅樂과 속악俗樂을 구작九爵에 나누어 배열했사옵니다. 하필 여악을 사용한 뒤에 전하를 축원하는 정성이 있어서야 되겠사옵니까. 반드시 세종의 유훈遺訓을 준수遵守하자는 것이 아니옵고, 정전正殿 법연法筵에 군신이 경축慶祝의 일로 모일 때에 부정不正한 색色과 비례非禮의 악樂을 어찌 사용하겠사옵니까. 이것으로써 만세萬世토록 내려갈 법을 마련하면 더욱 성치聖治에 빛날 것이옵니다.』전하께서 말씀하시기를『외연外宴에는 여악사女樂事를 정식으로 사용치 말라.』《實錄》

◉영조英祖 20년 갑자甲子(1744)에《속대전續大典》에 이르기를, 진연시進宴時에 여기女妓 52명을 가려서 올리며 특지特旨가 있으면 곧 가감한다.

여기女妓가 악樂을 연습할 때 궁궐에 진입進入하는 자는 그 남편도 함께 옮겼다.

◉ 고종高宗 때의 박제형朴齊炯 저술《근세조선정감近世朝鮮政鑑》에 이르기를, 구례舊例에 관기官妓는 판여板輿를 타고 폐백장의幣帛長衣를 머리에서부터 전신을 덮었으며 얼굴만 드러냈다. 창녀娼女는 감히 판여를 타지 못하게 해서 관기와 구별하였다. 풍속이 점점 문란해져서 관기와 창녀를 거의 식별할 수 없게 되었으며, 관기와 창녀가 모두 난교煖轎를 타고 안경을 쓰고 수놓은 가죽신을 신었는데, 대원군大院君 집정執政 때에 모두 금지되고 구례에 의해서 판여를 타고 검은 가죽신을 신고 머리 모양은 손님의 뜻에 따라 풍렴豊廉을 하게 했으며, 돈은 대원군이 120냥으로 정하였다.

기녀의 남편은 수 종류가 있었으니 각전별감各殿別監·포도군관捕盜軍官·정원사령政院使令·금부나장禁府羅將·궁가척리宮家戚里의 겸인傔人 이외에는 기부妓夫가 되지 못하였다. 대원군이 금부정원禁府政院의 노복奴僕으로만 창부娼夫가 되도록 허락하였으나 관기官妓의 주인이 되는 것은 허락하지 않았고, 미색이 짙은 기녀를 뽑아 운현궁雲峴宮에 윤번제輪番制로 내시來侍케 하고 이름 붙이기를 대령기생待令妓生이라 했다.

여항의 화류사정花柳事情을 하나하나 관리했기 때문에 사람들이 두려워서 감히 기생에게 접근하지 못했고, 기녀들 또한 불편해하였다. 부호富豪의 선비들이 남모르게 창녀를 데려가서 놀다가 대원군이 알면 아주 더럽게 생각할 뿐 아니라, 선비의 명예를 오손汚損했다 해서 모조리 잡아 옥에 가두니 벼슬아치들이 모두 숨어서 웃었다.

이능화李能和가 말하기를, 『고종 말년에 국가 경사가 거듭 있어서 잔치를 하는 데 뽑혀온 상기上妓 중 평양 기생이 가장 많았고, 진주·대구·해주海州가 그 다음이었다. 한번 잔치를 치르고 나면 상품을 후하게 주었다. 그 때문에 기녀들은 기일期日에 앞서 서울에 도착하여 입선되기를 다투어가며 청하였다. 잔치를 여러 번 경험한 기녀들은 2,3품 관리의 봉급에 하사품을 받아서 금옥권자金玉圈子[74]와 비녀가 머리 위에 휘황하였다. 이때에 잡가雜歌가 성행했는데, 잡가라는 것은 곧 이속俚俗의 가요와 음란한 말과 누추한 노래였다. 여기女妓와 남창男倡이 이것을 불렀을 때 가무별감歌舞別監과 평양 날탕패捺蕩牌[75]의 대박상大博賞에 찬讚이 있었다. 지금도 기녀들이 가사歌詞에 시조時調를 하지 않고 오직 잡가만 부르는 것은 시속時俗이 좋아하는 때문이다.

【2】 의녀醫女·침비針婢

의녀醫女를 상고해 보면, 그 시초는 조선조 태종太宗 때 제생원사濟生院事 허도許衜의 건의에 의해서 설치했는데 부인 질병을 치료한 데서 비롯된다. 삼남三南 지방의 관비官婢 중 나이 어리고 영리한 자를 뽑아올려 처음에는 제생원濟生院에 소속시켰다가 뒤에 혜민서惠民署에서 침구술針灸術을 가르쳤다. 그러므로 의녀는 반드시 침통針筒을 차게[佩] 했다. 의녀는 내의원內醫院에 소속되어서 기업妓業을 겸행했기 때문에 약방기생藥房妓生이라 칭했으며, 침선비針線婢[76]는 어느 때에 비롯되었는지 알지 못하나 선발한 다음 궁사宮司에 이름을 올린 후 침선비라고 이름하였다. 침비針婢는 상의사尙衣司의 소속이나 기업妓業도 하였다. 그 때문에 세속에서 상방기생尙房妓生이라 불렀는데, 기녀 가운데는 약방기생과 상방기생이 일류였다.

(1) 태종太宗 6년 의녀醫女의 설치

◉태종太宗 6년 병술丙戌(1406) 2월 병오丙午에 제생원濟生院에 명해서 동녀童女들에게 의약醫藥을 가르쳤다.

검교檢校 한성판윤漢城判尹 지제생원사知濟生院事 허도許衜가 은근히 아뢰기를 『부인 질병에 남의男醫로 진단·치료하면 부끄러워해서 보이기를 꺼려 사망하는 일이 있으니, 원하옵건대 창고궁사倉庫宮司에 동녀童女 수십인을 뽑아서 맥리脈理와 침구법針灸法을 가르쳐 치료를 하게 되면, 전하의 호생好生의 덕德을 더할 것으로 아옵니다.』 왕이 제생원으로 하여 그 일을 관장케 하였다.《實錄》

◉18년 무술戊戌(1418) 5월에 의녀를 증원시켰다.

예조禮曹에서 제생원이 아뢰기를, 의녀 27명에 기술을 익힌 자가 5명으로 여러 곳에 분견分遣하였으나 부족하여 각 사司의 비자婢子 중 나이 13세 이하된 자 10명을 더 증원할 것을 바란다고 했을 때 그대로 따랐다.

(2) 삼남三南 동녀童女의 선상選上 교훈教訓

◉ 세종 5년 계묘癸卯(1423) 12월 신해辛亥에 예조에서 아뢰기를 『참찬參贊 허도許衜가 아뢰는 바와 같이, 외방外方 의녀를 먼저 충청·경상·전라도의 수관비首官婢 중 나이 15세 이하에서 10세 이상의 영리한 동녀 2명씩을 뽑아 가르친 다음, 기술을 익힐 때까지 기다려서 보내는 것이 좋을 듯하옵니다』 하니, 그대로 따랐다.

갑술甲戌(1454. 端宗 2?)에 예조에서 아뢰기를 『제생원 의녀는 반드시 책을 읽고 글자를 안 뒤 의방醫方을 익히도록 할까 하오며, 모든 외방에서 뽑아올린 의녀들이 거처하는 곳에 각 관리로 하여금 먼저 문자와《효경孝經》정례편正例篇 등을 가르쳐서 문자를 대략 해독한 뒤에 서울로 보냄이 옳겠습니다』 하니, 그대로 따랐다.《實錄》

◉ 문종 원년 신미辛未(1451) 4월에 의정부議政府가 예조의 말에 의거해서 아뢰기를 『의녀는 외처外處 사람이 많습니다. 비록 도성에 거주하는 자라도 그 생활이 몹시 가난하니 의녀에게 기례妓例에 따라 백미白米 각 1석을 급여하기를 청하옵니다』 하니, 그대로 따랐다.

(3) 《경국대전經國大典》의 의녀醫女 기사記事

《경국대전經國大典》(예전禮典) 장려조奬勵條에, 의학생도 여의女醫를 제조提調에서 매월 가르친 내용을 시험 보아 합격한 3인은 3개월 동안 급료를 주고, 불합격한 자는 그 사리의 다모茶母로 정해서 벌을 준 다음 능히 합격한 뒤에 본업에 종사하기를 허락했다.

◉ 내국內局 여의女醫 12인은 매삭每朔 2,6일에(초 2,12,22 · 초 6,16,26) 본국本局 입직관원入直官員이 본업서本業書(《동인경銅人經》 혹 《찬도纂圖》)를 강의해서 일삭一朔 동안 통계通計해서 완성하면 6푼 이상을 급료하였다. 또 본국 제조는 매월 1차 본업本業, 혹 진맥診脈 · 점혈點穴로 고시考試 장권奬勸하였다. 수위首位에 거하는 자는 면포綿布 2필을 급여하고, 그 다음은 1필을 호조戶曹로부터 받았다.

◉ 혜민서惠民署 여의女醫 70인 중에 나이 어리고 총명하고 지혜가 있는 자를 뽑아 의서醫書를 교회敎誨하여(《동인경銅人經》·《찬도纂圖》) 매월 3차(10일 · 20일 · 30일) 강의해서(1,2차는 3임관任官이 회동會同하고 3차는 제조提調 합강合講) 합계하여 상을 주고(우등 4인은 호조에 보고해서 3인은 급료하고 1인은 삼베를 준다) 혹 내국內局의 여의女醫가 궐석闕席하면 승보陞補한다.

◉ (예전禮典) 선상조選上條에 여기女妓 150인에 연화대蓮花臺가 10인이었으며, 여의女醫 70인은 매 3년에 여러 읍의 비녀婢女 중 연소자를 가려서 올려보냈다.(여의는 의서를 익힌 다음에[成才] 본읍으로 돌려보냈으며, 경중京中에 있는 각 사리의 비婢 또한 택정擇定하였다.)

(4) 의녀醫女의 치료술治療術

서거정徐居正(성종成宗 때 사람)의 《사가집四佳集》에, 김중추金中樞 순의循義가 와서 침을 놓은 다음 여의女醫를 보내 뜸을 뜬 일을 적은 부賦 1절이 실려 있다.

백발홍안이 더욱 건강하니
남들은 의술이 가장 정상이라 말하네.
몸져 누운 지 여러 해 되었는데
살려준 님의 은혜 며칠이나 잊었을까.
마음에 묘술 많음을 믿긴 했으나

팔꿈치 뒤에 양방良方 있음을 뉘가 알았으리.
명당결明堂訣 마치고 돌아가니
요요한 향연香煙이 뜸쑥 심지에 빛나네.
白髮紅顔愈健強　　入言醫術最精詳
沈綿我病長年事　　救活君恩幾日忘
頗信胸中多妙術　　誰知肘後有良方
明堂訣罷還歸去　　裊裊香煙艾炷光.

여의女醫를 희롱하다
戲女醫接常

너는 화완和緩의 명의名醫됐으니
병 고쳐 살리는 방법 있었구나.
병골病骨에 침을 놓으니
마음 흔들릴 필요 없구나.
믿는 그 솜씨로 능하게 뜸 놓는데
눈썹 찡그리며 아픔을 참는다.
님의 깊은 은혜 갚지 못했는데
나르는 술병으로 잔이나 올릴 것을.
汝是女和緩　　活人應有方
要須砭病骨　　不必撓剛腸
信手渠能炷　　顰眉我忍傷
深恩無以報　　聊復飛壺觴.

(5) 의녀醫女의 종량從良 및 초대하는 문제

중종中宗 2년 정묘丁卯(1507) 7월 임자壬子에, 종부시宗簿寺 제조提調 견성군甄城君 등이 아뢰기를 『대전大典에 이르기를, 창기娼妓와 여의女醫로 가축家畜하는 자 외에는 종량從良[77]을 허락치 말라 했습니다. 그렇다면 의기醫妓라 하고 집 안에 가두어두고 출입을 못하게 하는 것을 가축家畜이라 합니까? 의기는 본역本役이 있어 출입을 아니할 수 없는데도 가복家僕으로 감시하고 집 안에서 입히고 먹이는 것을 가축이라 합니까? 신臣들의 주장이 틀리기 때문에 아뢰는 것입니다.』

전교傳敎가 내리기를 『삼공三公과 의논하라.』 유순柳洵이 아뢰기를 『창기娼妓는 공사公私 연회에 참석하고 여의女醫는 침구針灸를 보기 위해 출입을 하니, 그 지아비가 지키기 어렵기 때문에 소위 가축家畜해서 종량함은 생각하건대 편치 못할 것입니다.』

박원종朴元宗·유순정柳順汀이 아뢰기를 『대전大典 안에 창기와 여의를 가축하는 자는 종량從良함을 허락치 말아야 한다고 했으니, 무릇 창류娼流는 집의 대솔帶率[78]이라도 벼슬을 주지 않으면 출입할 수 없는 자나, 가축이라 함은 옳지 못하니 종량함은 마땅치 못한 것으로 아옵니다.』

◉ 5년(1510) 2월 전교傳敎에 『지금부터 대소 연회에 의녀와 창기를 초치招致함을 금하고, 헌부憲府에서는 절목을 만들어서 아뢰어라.』 헌부에서 모든 것을 기록한 다음 법률 위배에 대한 단안斷案과 의녀와 창기에 대한 논의를 청하니, 왕이 그렇게 하라고 하였다.

(6) 내시의녀內侍醫女

명종明宗 즉위 을사乙巳(1545) 8월 을사삭乙巳朔에 영의정 윤인경尹仁鏡과 좌의정 유관柳灌이 아뢰기를 『왕대비王大妃께서 어제 내시의녀內侍醫女를 불러들이라 하셨는데, 의녀가 없어 내간內間 안부를 듣지 못하오니 때때로 출입함을 청하나이다』 하였다.

(7) 의녀의 내정內庭 출입을 불허하다

선조宣祖 경자庚子(1600)에 왕비께서 병상에 드셨는데, 약방藥房의 의녀 가운데 애종愛鍾이 문자를 해득하고 의술이 우수하여 진단할 것을 청했다. 왕이 말씀하시기를 『내 들으니 애종은 창녀라 하니, 비록 의술이 있다 하여도 내정內庭에 출입함은 옳지 않느니라』 하였다.《國朝寶鑑》

◉ 선조宣祖 8년 갑술甲戌(1574)[79] 12월 19일 아침, 창경궁昌慶宮에 나아가 의성전懿聖殿에 문안하니 일양一樣하다고 말씀하셨다. 때마침 의녀 선복善福을 보아 옥후玉候가 미류彌留하심을 들으시고 감회가 우민憂悶하여 옥당玉堂에서 퇴식退食하셨다.(柳希春의《眉菴日記》)

(8) 의녀의 의복衣服은 경기京妓의 예例에 의하다

《전록통고典錄通考》(숙종肅宗 때의 관찬서官撰書)에, 의녀의 의복衣服은 도성 기생의 예에 의거해서 금하지 말라 하였다.

(9) 의녀가 내전에 들어 왕비를 간호하다

김석주金錫胄(숙종肅宗 때 사람)의《식암유고息庵遺稿》에,『경신 10월 19일에 중궁전中宮殿이 두창痘瘡을 앓자 전하께서 그날 창경궁으로 피해 오셔서 나와 분애汾厓 신공申公(晸)에게 구전하교하셨다. 이에 약방분원藥房分院 제조提調를 시켜 경덕궁慶德宮 내반원內班院에 약청藥廳을 마련하고, 의관 10인으로 하여 함께 동직同直시켜 약물을 공봉供奉했는데 밤에도 띠를 풀지 않고 잠자리에 든 지가 이미 7일이나 되었다. 두의痘醫 유상柳瑺 등이 오늘은 수창收脹하고 향염向靨하는 시기라 했는데, 동지冬至가 지난 지 5,6일이 되었다. 우수憂愁가 무료해서 율시律詩 한 수를 지어 기축祈祝의 정성으로 부친다.

대궐 중문에 내리는 의녀에게 자주 소문 듣고
5경 밤 더디 가서 앉아서 새우네.
이 일은 다만 하느님께 기댈 것으로
처방을 황제가 기백岐佰에게 전하듯 누가 얻을 것인가.
부르짖는 백성의 축원 삼령三靈에 지극할 때요
천지의 양기陽氣 땅 끝까지 발동할 때다.
쌍대궐에 햇빛이 수레로 돌아오길 기다려서
만조백관이 가지런히 만년수萬年壽를 축하하는 술잔을 드려야지.

頻聞醫女下彤闈　　坐數寒更五夜遲
此事但憑天祚宋　　舊方誰得帝傳岐
籲空民祝三靈際　　發橐陽回九地期
且待駕還雙闕日　　會朝齊擧萬年巵.

(10) 침비針婢와 의녀醫女의 각종 점占 풍류

영조英祖 14년(1737) 12월 기해己亥에 헌부憲府(지평持平 김상적金尙迪)에서 아뢰기를, 근일에 사대부 명검名檢이 소지掃地해서 창가娼家 기방妓房을 바쁜 장소로 만들고 침비針婢와 의녀醫女를 각종 점占 풍류의 안석安席

으로 삼는다 하였다.

◉45년 기축己丑(1769)에 초사인初士人 김기장金基長이 진연시進宴時에 그 집의 의녀를 숨겼는데, 혜민서惠民署 제조提調 정형복鄭亨復이 색출해서 가두었다.《實錄》

(11) 의녀醫女의 수를 각 읍邑에 정하게 하다

영조 20년 갑자甲子(1744)《속대전續大典》에『여의를 뽑아올리는 법은 3년으로 제한하지 말고, 그 본래 수에 따라서 결원缺員이 있으면 모든 읍에서 택정擇定케 하라』하였다.

(12) 의녀의 복식服飾

정조正祖 때 문인 유득공柳得恭이 찬술한《경도잡지京都雜誌》성기조聲伎條에, 내의원內醫院 혜민서惠民署에 의녀가 있고 공조工曹 상의원尙衣院에 침선비鍼線婢가 있는데 모두 관동과 삼남三南 지방에서 뽑아올린 기녀이다. 연회 때 가무歌舞를 시키려고 초치招致하였는데, 내의원 의녀는 흑단가리마黑緞加里磨를 쓰고, 나머지는 흑포黑布를 해서 썼으며 가리마加里磨라는 것은 방언에 족두리로 그 모양이 서투書套와 같아서 계髻를 씌웠다.(흑단가리마는 요즈음 마을 부녀들이 사용하는 머리를 덮은 흑색 조바위[罩髮衣]로서 두정頭頂에 씌우는 것이다.)

(13) 의녀의 화찬畵贊

정조正祖 때 문인 이덕무李德懋의《청장관전서靑莊館全書》에, 조관아재趙觀我齋 영우榮祐가 그린《동국풍속도東國風俗圖》를 모았는데 70여 첩이나 되었다. 허연객許烟客 필泌이 이언俚諺으로 평론했는데, 의녀를 제題해서 쓰기를

> 복숭아 같은 볼, 큼직한 비녀 목탁 치는 노승이며
> 자줏빛 회장에 초록옷일세.
> 벽장엘 가서 새 집을 사야 하는데
> 오늘 밤 놀다갈 집은 뉘집인고.
> 天桃高髻木魚鬟　　紫的回裝草綠衣

應向壁藏新買宅　　誰家今夜夜遊歸.

하였다. 기녀들 집이 벽장동壁藏洞에 많았으므로 이같이 말하였다.

【3】 변방邊方에 기생을 두어 장사將士를 위로하다

상고해 보면, 조선시대 변군邊郡에 기녀를 두어 장사를 위로했다. 즉 세종世宗은 김종서金宗瑞를 함길도절제사咸吉道節制使로 삼아 1천여 리를 개척하여 두만강 주위 여섯 곳에 국경 초소를 두고 네 고을을 두었다. 여진족의 소굴인 백두산 동남쪽은 거의 다 우리나라 판도에 다시 편입되었다.

세종 15년 계축癸丑(1433) 겨울에 왕이 여러 신하를 소집, 북변北邊을 의논했는데 말씀하시기를 『지금 맹가테무르(猛哥帖木兒) 부자가 망하고 범찰凡察이 그 무리들을 통솔하여 국경 안에 들어와 살고자 하니 대신들은 이를 가볍게 허락하지 말라. 알목하斡木河는 본래 우리나라 국경 안이니, 만약 범찰이 다른 곳으로 가고 그곳에 또 강적이 오게 되면 땅을 잃을 뿐 아니라 또 새로운 강적이 발생하니, 나는 그 빈틈을 타서 알목하를 북진北鎭으로 하고 소다로蘇多老를 경원慶源으로 옮겨서 옛강토를 회복코자 한다. 이것은 내가 그 공功을 좋아해서가 아니라 시기를 잃어서는 안 된다는 것이다. 두만강은 우리 강토를 둘러싼 천우天佑의 험한 요새이다. 옛사람이 큰 강으로 못을 삼는다는 뜻과 같으니 나는 이미 계획을 정하였다. 경卿들의 뜻은 어떠한가.』 맹사성孟思誠이 아뢰기를 『옛날에 소공召公이 날마다 1백 리를 개척한다 하니, 지금의 상처傷處로 옛일을 생각하면 분격할 말씀이옵니다. 우리 선원璿源이 대대로 공주孔州에 사셨는데, 지금 잡초를 자라게 해서 야인의 소거所據가 되었으니 차마 바로 볼 수가 없습니다. 이것이 바로 나라를 위한 모임이옵니다』 하고, 드디어 김종서를 함길도절제사로 삼아서 6진을 개척하고 4군을 설치하였다.《開拓六鎭條》

김종서가 6진을 개척한 다음 남부 백성(삼남三南 및 관동민關東民)들을 이주시키고, 날마다 주연酒宴을 베풀고 장사將士들을 위안했는데 이때 기생을 두어 장사들을 위로케 하였다.

세종 19년(1437)에 경원절제사慶源節制使 송희미宋希美가 기생을 시중들게 했다는 이러저러한 기사가 사상史上에 실려 있으며, 또《동평록東平錄》

김하담金荷潭 시양時讓의 말에 북기北妓들이 그 본고장을 떠나지 못한 것은 국법國法이라 했으니, 이것이 넉넉히 증거가 되는 것이다.

또 세종 21년 기미己未(1439) 여름 4월 임오壬午에, 예조에서 아뢰기를 『평안도 영변부寧邊府는 거진巨鎭이니 기녀 60명 두기를 청하옵니다』하니 따랐다는 등등의 기사가 《실록實錄》에 나타나니, 이 또한 세종 당시에 서북변진西北邊鎭에 모두 기녀를 두었다는 한 방증傍證이 되며, 그밖의 변읍邊邑에도 기녀를 두어 장사를 위안했다는 기록을 다음과 같이 예거해서 참고로 제공한다.

예종睿宗이 하교下敎하기를 『변방읍의 기녀는 계속 두고 내지內地의 기녀는 모두 폐지케 하라. 변방은 장사들이 집을 떠나서 오래도록 국경을 지키는 데 의복이 떨어지면 깁기가 어려우니 기녀를 폐지시킴은 옳지 못하다』 하였다.《實錄》

성종 8년(1477) 전교傳敎에서 『연변沿邊 고을의 장사들은 오래도록 수자리를 살기 때문에 여기女妓를 두어 위안케 할 것이며, 내지內地에는 없앨 것이라.』 이 의논 중 어떤 대신은 『만약에 내지의 기생을 없애면 경기京妓가 궐석闕席이 있을 때 보충할 수 없으니, 성교聖敎를 받들 수 없을 것으로 생각되옵니다』 하였다.《實錄》

중종中宗 37년(1542) 2월 을미乙未에 전하殿下께서 조강朝講하였다. 참찬관參贊官 김광준金光準이 아뢰기를 『여기女妓는 변장邊將을 위해서 있기도 하고, 또 내연內宴에서도 쓰이기 때문에 외방外方에서 세공歲貢으로 바치는 것입니다』 운운하였다.《實錄》

【4】 군郡에 기생을 두고 사신을 접대하다

상고해 보면, 여악女樂으로 외국 사신을 연대宴待하는 것은 고려시대부터 이미 행하여졌다. 송나라 사신 유규劉逵가 시골 창녀의 꾸민 모양새를 보고 하夏·은殷·주周 3대의 제도가 오히려 존속되는 것이라 탄식하고, 또 외국 사신 접대 때 산대희山臺戲[80]를 베풀어서 제공했는데, 산대희는 산붕山棚[81]을 설치해서 백 가지 희롱을 베푸는 것으로 곧 여악도 그 속에 포함된다. 이 몇 가지만 보아도 증명되는 것이니, 조선조 이래로 계승하고 또 답습해서 외사外使와 내사內使에 여기女妓를 썼던 기록이 있어 서적으로서 참고한다.

(1) 명나라 사신 접대에서 기녀를 쓰는 예

◉ 문종文宗 즉위 경오庚午(1450)에 중추원사中樞院使 박연朴堧이 상소上疏하기를 『연석宴席에 여악을 사용치 않음은 예도禮度이옵니다. 세종 때에 사신 단목례端木禮가 와서 여악을 보고 깊이 잘못되었다 해서 허락치 않았고, 지난 봄에 사신 예겸倪謙·사마순司馬恂 등이 밤에 여악의 모임을 보고 이것은 이풍夷風[82)]이라 하였사오니 예의의 방국邦國으로서 스스로 욕되게 하는 것이옵니다. 태종太宗께서도 이 일을 부끄러워해서 사신을 위한 연향宴享에는 사용치 못하게 했으며, 세종께서도 선왕의 뜻을 잇고 또 체험해서 회례會禮 때 여악을 쓰지 않고 이웃나라 사신 접대의 연회에도 남악男樂을 사용했사옵니다. 이것은 우리나라에는 옛부터 없었던 당연한 예禮이며 유속流俗을 바꾸고 풍속을 옮기는 장거壯擧라 할 수 있는데, 사신使臣 연향宴享에 다시 변경시키는 것은 천진天眞함이 없을 뿐 아니라 오량吳良이 황탐荒耽해서 사명使命을 욕되게 하고, 풍속을 오손汚損시킨 것을 전하께서 친히 보셨사옵니다. 세종께서도 그 수치를 씻기 위해 그 폐단을 없애려 해도 누대累代의 유풍遺風에 사로잡혀 개작을 거듭한 바 있습니다. 지금 성주聖主께서 즉위한 초기에 구습舊習을 혁신하고 다시 새롭게 하옵는데, 원하옵건대 성상聖上께서 제재制裁하옵소서.』

이에 영의정 하연河演과 우찬성右贊成 정본鄭苯과 좌참찬左參贊 정갑손鄭甲孫은 여악을 사용치 말라 하고, 우의정 남지南智는 『동남童男의 남악은 계승하기가 어렵고 또 사용한 지가 오래되었으니 어찌 예겸倪謙의 일언一言으로 인해 급히 폐지할 수 있습니까. 예조의 관습도감慣習都監으로 하여 다시 의논키를 청하옵니다』 하였다.

좌찬성左贊成 김종서金宗瑞는 『여악은 예가 아니기 때문에 지금까지 공연公宴에는 사용치 않았습니다. 우리나라에서 사신의 연회 때마다 순환적으로 지금까지 써온 것은 쓸 만한 악樂이 없었기 때문입니다. 따라서 공연公宴에서 여악을 쓰지 않는 것이 예의에 합당하긴 하나, 급히 개혁하기는 어려운 일이므로 예관禮官으로 하여 숙의熟議케 해서 거짓으로 잠깐 정하십시오』 하였다.《燃藜室記述》

◉ 단종端宗 원년 계유癸酉(1453) 정월 기묘己卯에, 황해도 황주黃州 사람들이 그 주州의 폐단을 조목條目을 들어 진술했는데 그 중 하나가 『중국 사

신이 오면 해주와 안악安岳, 그리고 풍천豊川의 여기女妓들을 모아서 연향宴享을 하니 본주의 기녀를 없애는 것이 좋을 듯하옵니다. 또 안주安州의 예에 따라 산붕山棚 놀이는 베풀지 말 것을 애절하나이다』였다.《實錄》

◉ 예종睿宗이 하교하기를, 변읍邊邑의 기녀는 그대로 두고 내지內地의 기녀를 혁파革罷시키는 것을 의논해서 하되, 명나라 사신이 올 때 변방의 기녀를 도성에 모으게 되니 내지內地의 기녀가 없으면 변읍에서 멀리 소집하는 불편이 있다고 하였다.《實錄》

(2) 왜倭 · 야인野人의 연향宴享에도 여악女樂을 사용하다

권발權撥의 일기 가운데 중종中宗 4년(1509) 기사 정월 27일조에, 전일의 예에 기녀가 자색과 재주가 있으면 이미 속신贖身이라도 왜인과 야인을 접대하는 연향宴享 및 진풍정進豊呈의 잔치는 옛제도에 의해서이다 하였다.

〔참조〕 왜 사신 접대에 여악을 잠폐暫廢하다.

선조宣祖 24년 신묘辛卯(1591)에, 전하께서 왜 사신 현소玄蘇를 접견할 때 사헌부 지평持平 정광적鄭光績이 아뢰기를『원방遠方의 사람을 접견하는 데는 예법을 보여주어야 하옵니다. 여악을 베풀면 제왕帝王이 여색女色을 멀리하는 도가 아니오니, 청하옵건대 해당 관청으로 하여 여기女妓 대신 남악男樂을 사용케 하십시오』하였다.《寄齋雜稿》

(3) 청淸의 사신使臣 접대시 방기房妓의 예

인조仁祖 병자丙子(1636) 지월至月[83]에, 한汗이 왕이라 칭하고 차호差胡를 보내면서 천사天使라 하고 그 글을 제制라 하고 또 칙유勅諭라 하고 삼공三公과 육경六卿 및 사대부 집과 서로 혼인을 하고, 또 미색의 시녀를 들여보내게 했는데 용골대龍骨大[84] 등이 이를 기화로 뇌물을 받는 등 기강이 문란해졌으며, 또 방기房妓를 강제로 상납하게 해서 바쳤다. 원접사遠接使 이경증李景曾이 이것을 막기 위해 많은 힘을 썼으며, 또 용골대龍骨大 등의 치욕致辱을 품계稟啓했으나 조정에서는 어찌할 수 없어 허락하였다. 이때부터 각읍의 기생을 날마다 방에 들어오게 했으며, 마음에 드는 기녀와 함께 다녔다. 도성에 도착해서는 의녀醫女와 무녀巫女를 들게 했는데(이뒤부터 우리나라에 출입하는 자는 이것이 예가 되었다) 조금이라도 말을 듣지 않는 기녀의 눈치가 보이면 대신大臣은 구타하기를 노예와 같이하고, 삼공三公 육경六卿

및 사대부士大夫 집과 열두 사람이 결혼하고 심양瀋陽으로 미리 통보했는데, 한汗이 멀리서 오는 폐단이 있다 하여 폐지시키고 각도의 기녀 10여 인을 선택해서 시녀로 보충시킨 다음 다시는 보내지 말라 하였다.《丙子錄》

◉《통문관지通文館志》 사대事大 칙사행勅使行 방기조房妓條에 이르기를, 황명시皇明時 조사詔使가 도성에 왔을 때 외연향外宴享에는 여악이 갖추어져 있고 숭덕崇德[85] 이후부터 방기가 있었다. 도성에는 의녀와 사창私娼으로 하고 연로沿路에서는 관기를 충당해서 큰 폐가 되었는데 계미癸未에 고쳤다.《倪謙鮮紀事》《備局謄錄》

◉ 인조 17년 기묘己卯(1639)에 헌부憲府에서 아뢰기를 『국가에서 관기를 마련하고 정부定夫를 금지해서 거느리지 못하게 하는 것은, 본래 사신과 빈객을 위로하고 기쁘게 하고자 하는 것이므로 오늘날 충당해서 구비하는 것은 진실로 옳은 일이옵니다. 소문을 들으니 도성에 있는 창류娼流는 본래 많지 않고, 또 사부私夫들이 숨겨두어 그 수를 파악하지 못하기 때문에 수색하는 일이 무녀巫女에까지 이르고 있습니다. 무녀는 창류娼流와는 달라 각 기생이 먼저 정한 지아비에게 시집을 갔는데 강제로 찾아내고 있으니, 이것은 남의 아내를 빼앗는 것과 비슷해서 그 해가 방리坊里까지 파급해서 경황이 수참愁慘하오니, 마땅히 서울 남쪽 근읍近邑의 관기를 선택해서 그 수를 충당하고 또 관기를 숨기면 그에 따른 처벌법을 엄하게 적용해서 뒷폐단을 근절시켜야 하옵니다』 하니 따랐다.《實錄》

◉ 원접사遠接使가 급히 와서 아뢰기를 『용강龍岡에 방기房妓 한 사람이 죽으니, 칙사勅使가 감사와 수령의 교유敎誘한 바라 해서 여러 가지 일에 대해서도 화를 내기를 거치지 않습니다』 했다.《實錄》

◉ 조경趙絅의 《용주유고龍州遺稿》 용강기龍岡妓에 이르기를 『용강기야, 너는 중화가 본관이 아니며 천비자賤婢子이다. 어릴 때부터 분으로 얼굴을 꾸미고 눈으로 사람을 끌어 마음으로 남자 부르기를 부끄러워하지 않았다. 찬란한 수레에 황제사皇帝使라 자칭할 때, 너는 호적胡敵의 그 추태에 달게 한 번 죽기도 했다. 너는 주周나라 왕실에 희강한姬姜漢 관진灌津의 소문을 듣지 못했구나. 갑제구문방甲第九門房 난간 속에 자라나서 때로 협성로夾城路를 출입할 때면, 기마노騎馬奴들의 질책叱責에 의해 행인들이 길을 피하고 앉아 있는 자는 일어나기도 했다. 지난 해 심양瀋陽의 일을 이야기하는데 몽용蒙茸[86]들이 우양시牛羊市(巾?)를 착복한 것을 많이 보았다 하니,

네 몸이 정결해서 낙장駱漿에 오염됨을 어찌 즐기지 않았던고. 남들은 말하기를, 주우朱愚도 너만 같지 못하다. 어찌 일생을 독서한 대장부도 사직社稷의 존망의 기로岐路에서는 오히려 몸을 아끼는데 너의 정절을 당시에는 알았는지 몰랐는지, 너의 뜻을 후세에는 슬퍼했는지 슬퍼하지 않았는지 돌아보지 않았으니 이륜彝倫을 지키면 원래 귀천과 남녀가 다를 바 없다. 내가 어찌 너를 기특하다 아니하겠는가. 너의 창倡은 예의지국禮儀之國에서 생장했고, 저들의 사자使者는 실상實相은 갈구羯狗의 무리들이다. 우마牛馬들의 풍속보다도 못하다 하니 미친 놈들의 비린내와 누린내를 어찌 가까이할 것인가. 이 생욕生辱을 면해서는 살 수 없으니 누의螻蟻[87]의 성명性命을 누가 다시 아껴서 애석哀惜해할 것인가. 용강기야, 이 마음이 형형熒熒해서 금석金石을 관통貫通하니 슬프다. 너 문희배文姬輩는 괜히 호가胡笳에 18박의 곡조를 짓는구나』 하였다.

《石泉閒遊》 金喜謙, 지본담채, 119.5×87.5㎝

제9장

군왕과 종친이 기생으로 즐거움을 삼다

고려高麗 때에는 충렬왕忠烈王과 충숙왕忠肅王 및 우왕禑王이 모두 기생을 가까이한 일이 있다. 조선조에는 성종대왕成宗大王과 연산군燕山君이 가장 기생을 사랑했으며, 종실宗室과 근친近親이 기생을 사랑하지 않은 이가 없었다. 조선조 이후로 종친되는 자는 성색聲色에 탐닉耽溺하여, 이것으로 자기의 본색本色을 가리워 큰 뜻이 없음을 보여주어 일종의 왕가王家의 풍습을 이루었으니, 대원군大院君 이하응李昰應 같은 이는 흥선군興宣君으로 있을 때에 기방妓坊에 출입하여 외입장 노릇을 하다가 뜻을 얻어 대권大權을 잡자, 기정妓政[1)]을 주관하여 미모의 기생을 가려 곁에 모시게 하여 이를 운현궁대령기생雲峴宮待令妓生이라 하여서, 모든 정령政令이 외입장이의 방식이 많았다. 평소의 습관이 그렇게 만든 것이다.

【1】 성종成宗이 기생을 좋아하다

성종이 매양 월산대군月山大君[2)]을 불러 궁중으로 들어오게 하여 곡연曲宴[3)]에 참례케 하고, 나가면 편지로 글을 주고받아 편지가 끊일 날이 없었으니 궁을 나가는 사람의 상자 속에는 흔히 편지가 들어 있었다고 한다. 글 사연 중에는『형은 무슨 일로 기생을 의성義城으로 보냈나? 그녀의 양금洋琴[4)] 소리와, 노래 소리가 멀리서 생각나오.』또는『친척의 은의恩義를 온전히 하려 가기佳妓를 불렀소. 의리는 비록 임금과 신하 사이지만 은정恩情은 형제요.』등등의 말이 있었다. 이것을 보더라도 임금이 항상 장난삼아 편지를 썼음을 알 수 있다.《謏聞瑣錄》

【2】 이선전관李宣傳官이 임금의 질투하는 바 되다

이공李公 충백忠伯이 말하기를, 대부大父의 이름은 빙砯으로 아우가 있었는데 이름을 아무[某]라고 하였다. 용자容姿가 천신天神과도 같아서 사람들이 옥인玉人으로 지목하였다. 길에 나서면 기생들이 다투어 쫓아왔기 때문에 낮에는 감히 거리에 나다니지 못하였다. 성종 때의 일이다. 진풍정進豊呈 잔치 자리에 관기官妓와 사창私倡이 뜰에 가득하였으나, 해가 다 가도록 모두 한 곳만을 주시하므로 성종이 괴이하게 여겨 시신侍臣에게 하문下問하였다. 시신이 대답하기를 『선전관宣傳官 이 아무개가 시신侍臣 반열班列[5]에 있기 때문입니다』 하였다. 어느 날 성종께서 편전便殿[6]에 계시고 시신이 입시入侍하였는데 이 아무개도 들어가 뫼시었다. 마침 한여름이어서 임금께서 소매 속에서 흰 접부채를 꺼내어 석 자 남짓한 명주를 매어 가지고 손으로 몇 번 흔들다가 시신에게 하문하기를 『이 부채를 누구에게 주랴』 하였다. 어떤 이는 정승을, 어떤 이는 예조판서 대제학大提學을 말하였다. 임금은 말없이 좌우를 둘러보다가 마침 이 아무개가 조금 멀리 있음을 보고 손을 들어 부채를 그 앞으로 던지면서 『네가 가져라』 하였다. 사람들이 그 은총을 영광스럽게 여겼다. 그러나 임금은 마음으로는 질투하여, 이 아무개는 몸을 마칠 때까지 벼슬을 얻지 못하여 직함이 선전관에 그쳤다.(車天輅의 《五山說林》)

【3】 연산군燕山君이 상산商山 기생妓生의 말을 받아들이다

◉ 윤기헌尹耆獻이 지은 글

빙조聘祖(妻祖父) 성세정成世貞은 청송聽松 선생의 숙부이다. 그는 일찍이 경상감사로 있을 때, 상산商山 기생을 사랑하여 첩실로 들여앉혔었다. 그러다 연산군 말년에 그녀를 궁중으로 불러들여 총애가 심했는데, 어느 날 임금이 기생에게 묻기를 『너는 성成 아무개가 보고 싶지 않느냐?』 하였다. 대답하기를 『어찌 그 같은 마음이 있으리까, 그가 감사로 있을 때에 신첩臣妾을 사랑하여 비록 첩으로 들여앉혔지만, 그의 사나운 아내를 두려워하여 서로 왕래하지 못하여서 신첩으로 하여 빈 방 안에서 외로이 지내게 했으니 한스럽기 그지없습니다』 하였다. 연산군이 말하기를 『그렇다면 죽이랴?』 하였다. 대답하기를 『곧 죽이지는 마소서. 반드시 사방의 먼 곳으로 귀양보내서 갖은 고초를 겪게 한 뒤에 죽이고 싶습니다』 하였다. 연산군이 웃으면서 그 말에 따라 세 번이나 이배移配시켜 거의 죽기에 이르렀는데 반정反正으로 죽음을 면하였다. 기생이 궁중을 나와 공公을 뵈오니, 공이 말하기를 『살려준 은혜는 머리로 신을 삼아도 갚기 어려우나 어찌 가까이할 수 있으랴』 하며, 예전에 살던 집과 종(노비)을 주었다. 또한 공의 맏아들 참판叅判 윤胤이 해마다 일정한 생계비를 주었다. 기생 또한 몸을 마칠 때까지 수절守節하였으며, 나이 여든 살이 넘도록 연산군 때의 일을 말하는데 매우 소상하였다.

【4】 양녕대군讓寧大君이 기생과 사랑에 빠지다

세종世宗 때에 신하들이 상소上疏를 올려 양녕대군讓寧大君(이름 제禔)의 죄를 논하기를 『동궁東宮에 있을 때에 태종太宗께서 평강平康 땅에서 강무講武[7]하셨는데, 예법에 마땅히 절하여 전송餞送해야 하는데도 병을 핑계로 사피辭避하고 몰래 금천衿川[8]으로 가서 사흘 동안 사냥하고 돌아왔으며, 또 기생을 사랑하여 병을 핑계로 잔치 자리에 모시려 하지 않았습니다. 광주廣州로 폐출廢出되어서도 또 담장을 넘어서 고을의 두 기생과 정을 통하였습니다』 하였다.《謏聞瑣錄》

【5】 수양대군首陽大君이 밤에 기생집에서 유숙留宿하다

세조世祖가 수양대군首陽大君으로 있을 때의 일이다. 열네 살 나이로 어느 기생 집에 유숙하는데 밤중에 기생 서방이 찾아와서 문을 두드렸다. 세조가 깜짝 놀라 일어나서, 발로 뒷벽을 차고 뚫고 나와 몸을 날려서 두어 길 되는 담을 넘고 1리쯤 달렸을 때 길가에 오래된 버드나무 한 그루가 있어 거기에 배를 붙이고 몸을 숨겼다. 뒤쫓던 자가 따라올 수 없게 되었고, 또 종적까지 잃게 되니 할 수 없이 투덜거리고 가버렸다. 조금 지난 뒤 한 노인이 문을 열고 나와 작은 다리 곁에서 오줌을 누고 나서 하늘의 별들을 쳐다보더니 이상스러운 듯 혼잣말로 『자미성紫微星이 버드나무 위에 머물고 있으니, 반드시 임금될 자가 이 버드나무에 몸을 의지한 형상이로다. 매우 괴이하도다』 하고 다시 문을 닫고 들어가 버렸다. 세조가 돌아와서 그 이튿날 알아보았더니 바로 관상감觀象監[9]에서 천문天文을 보는 자였다. 세조는 그 성명을 암기하면서 마음 속으로 혼자 기뻐하였다. 뒤에 왕위에 올라 탐문하였는데 이미 죽은 지 오래였다. 그 자손을 후하게 대우하였다.(車天輅의《五山說林》)

【6】 안평대군安平大君의 성기聲妓를 좋아하는 풍류風流

안평대군安平大君 용瑢(세종의 셋째아들)은 성기聲妓[10]를 좋아하였다. 대군大君의 호는 비해당匪懈堂으로, 단종端宗 계유癸酉(1453)에 강화도江華

島에 안치安置되었다가 사사賜死되었다.

◉ 성현成俔의《용재총화慵齋叢話》에 이르기를『대군은 학문을 좋아하고 시문에 능하였으며 서법書法이 기절하여 천하의 일인자가 되었다. 또 그림을 좋아하고 거문고와 비파 타는 솜씨도 뛰어났다. 성품이 부허황탄浮虛荒誕하여 옛것을 좋아하고 명승지를 탐방하기를 좋아하였다. 북문北門 밖에 무이정사武夷精舍를 세우고, 또 강호江湖에 담담정淡淡亭을 세워 만 권의 도서圖書를 간직하고 문사文士들을 초빙하여 12경시景詩 48영咏 등의 작품을 남겼다. 혹 등잔불을 돋우어 담론談論으로 밤을 새우기도 하고 달빛 아래 배를 띄워 놀기도 하고 연구聯句에 맞추어 시를 짓기도 하고, 혹 바둑·장기도 두고 음악 소리가 끊이지 아니하였으며 술 마시고 해학諧謔으로 흥을 돕기도 하였다. 한 시대의 명사들과 사귀어 놀았으며 무뢰잡배無賴雜輩까지도 찾아오는 이가 많았다. 장기·바둑의 판과 알은 모두 옥을 썼으며, 혹 금물로 글자를 써서 쓰기도 하였다. 사람을 시켜 가는 비단을 짜게 하여 그 위에 초서草書를 휘둘러 써서 달라는 사람이 있으면 그 자리에서 주었다. 모든 일을 하는 것이 이와 같았다』하였다.

【7】영천군永川君이 기생妓生을 작첩作妾하다

◉ 성현成俔의《용재총화》에 이르기를『영천군 정定은 효녕대군孝寧大君의 아들이며, 그의 부인은 우리 문중에서 들어갔기 때문에 친밀하게 상종相從하였다. 사람됨이 호걸스러워서 사물事物에 구속받지 않고 성품이 순박하고 근신하여 매사를 마음에 있는 대로 행하였으며, 시사詩思가 청신淸新하고 그림의 격조格調 또한 신기神奇했다. 평생을 두고 주색酒色에 탐닉했으며, 시골 기생이 처음으로 뽑혀 서울에 오면 곧 집으로 데려와서 화려한 의복을 만들어 빨리 성장盛裝하게 하였으며, 얼마 아니 되어 연소年少한 자리에 유혹받아 도망가도 다시 찾지 않았다. 그 때문에 평생에 작첩作妾한 것이 수를 셀 수 없었다』하였다.

◉ 이육李陸의《청파극담靑坡劇談》에『기녀 자동선紫洞仙이 재질과 용모가 뛰어났는데, 종실宗室 영천군永川君 정定이 첩으로 삼았다. 군은 처음에 청교아靑郊兒를 총애하다가 얼마 아니 되어 자동선紫洞仙에게로 사랑을 옮겼는데, 달성達城 서거정徐居正이 시를 지어주었다』라고 실려 있다.

【8】 파성령坡城令이 남원南原 기생과 사랑에 빠지다

종실 파성령坡城令이 남원 기생과 사랑에 빠져 있었다. 이별할 때 기생이 속여 말하기를 『한 번 이별한 뒤에 어찌 차마 구차히 태어나겠습니까, 차라리 뱀으로 화해서 낭군을 찾아가겠습니다』 하니 파성군이 믿었다고 하였다. 《松溪漫錄》

【9】 왕자王子의 창기娼妓

광해군光海君 신해辛亥(1611) 봄에 좌찬성左贊成 정인홍鄭仁弘이 차자箚子를 올려, 회재晦齋와 퇴계退溪 양선생이 왕자의 사랑하는 기생을 죽인 허물을 극언하여 훼방毁謗하니, 성균관 유생 이목李楘 등 5백여 명이 소疏를 올려 두 어진이를 신구伸救[11]하고 정인홍鄭仁弘이 두 선생을 무함誣陷한 죄를 진달하였다. 광해군이 크게 노하여 특명으로 소두疏頭하여 최유연崔有淵·이민구李敏求·한필기韓必起 등 세 사람을 금고禁錮[12]하고 정인홍의 유적儒籍[13]을 삭제하니, 재임齋任[14] 다섯 사람과 제생諸生이 모두 관館을 비우고 떠나갔다. 지봉芝峰 이수광李睟光이 지성균관사知成均館事로서 명을 받들고 효유曉諭하고자 관館 안에 이르러 시 한 수를 읊었다.

현가絃歌의 소리는 글 읽는 재사齋舍에 끊어지고
석양 지자 동풍만이 쓸쓸한 거리를 울리네.
부슬비 뜰에 내려 방초芳草는 푸르른데
석양빛 받으며 말 없이 빈 섬돌을 내려오네.
絃歌聲斷讀書齋　向晩東風響古街
微雨一庭芳草合　夕陽無語下空階.
《逸史奇聞》

제10장

봉명奉命한 사신이 기생으로 즐거움을 삼다

세종世宗 때에 기생을 폐지하자는 문제가 조정에서 나오자 찬성하는 이가 많았으나, 허조許稠 홀로 불가하다고 하여 이르기를 『만약 외방外方에 기생을 두지 않는다면 봉명奉命한 사신使臣이 남의 아내를 빼앗아서, 영웅호걸로 하여금 죄에 빠지게 할 염려가 있습니다』 하였다. 세종이 그 말을 옳게 여겨 마침내 기생을 폐지하지 않았다. 봉명奉命한 사신으로서 기생을 즐김이, 그 풍정風情과 의태意態가 최한량崔漢良과 정국형鄭國馨의 주고받는 말 속에 숨김 없이 나타나 있다.

【1】 최한량崔漢良이 봉명사신奉命使臣의 즐거움을 말하다

세조世祖가 재상宰相과 문무관료를 불러 치도治道를 강론講論하기를 한 달에 한 번 하는 것으로 상례常例를 삼았다. 하루는 임금이 오래도록 자리에 나오지 않으니, 신하들이 모두 경회루慶會樓 아래에 모여 명을 기다렸다. 최한량이 하품을 하면서 일어나며 말하기를 『오래도록 역마驛馬를 타지 못하니 회포가 답답하도다』 하니, 정국형鄭國馨이 말하기를 『그대는 봉사奉使[1)]하는 즐거움을 아는가?』 하였다. 최한량이 말하기를 『봉사奉使하는 즐거움이 비록 많으나 이별의 괴로움 또한 애끓는다. 봄바람 부는 좋은 시절에 준마駿馬를 타고 이름 있는 고을에 들어서면 낙락장송落落長松이 길 좌우에 늘어서서 십 리에 뻗쳐 있고, 반소매 달린 청의靑衣 입은 나장羅將[2)]이 둘씩 앞에서 길을 인도하여 피리 소리·나팔 소리가 아련히 울려 퍼진다. 말이 사납게 뛰어 달려서 멈추지 않으면 역부驛夫가 고삐를 잡고 간다. 대문 밖에 당도하면 머리를 쪽져 얹은 기생 수십 명이 길 왼쪽에 부복俯伏하여 있으며, 혹 머리를 들어서 쳐다보기도 한다. 나는 보고도 못 본 체하고 말을 내려 들어가서 상방上房에 들면 마음 속으로 묵념默念하기를 「오늘 밤엔 어떤 사람이 잠자리를 함께 해줄 건가?」 하고, 기생이 다과茶果를 담은 쟁반을 받들고 들어오면 또 생각하기를 「바로 이 사람이 아닐까?」 반신반의半信半疑하노라면 주관主官[3)]이 찾아와서 인사를 나누고 동헌東軒에 술자리가 벌어진다. 내가 일어나 술을 돌리고자 하면 기생이 술잔을 받들고 들어오는데, 그 용모가 추악하여 마음에 들지 않으면 분통이 터져 가슴이 답답하고 무료하며, 고을의 산천이 모두 무색無色하게 보이고 좌우의 사람들을 몽둥이질하여 내쫓고 싶어진다. 그러나 그 사람이 애교가 있고 아름다워서 마음에 들면, 주관主官의 거동이 모두 명관名官이 하는 것처럼 보이고 지붕 위의 까마귀마저도 예뻐 보인다. 며칠 묵노라면 낮에는 술에 취하고 밤에는 잠자리의 재미에 취하여 심신心身이 황홀해진다. 스스로 생각해 보기를 「너무 지나치게 쾌락을 누린다. 더 머물면 반드시 몸에 병이 생길 것이다」 하여 비로소 떠날 마음을 두게 된다. 기생은 내 팔을 베개삼아 베고 슬피 울어서 눈이 퉁퉁 붓고, 주관은 문 밖에 자리를 마련하고 이별의 노래가 울려 퍼지는 동안 내 소매를 당겨 술을 권하여 보내니, 나는 어찌할 수 없이 말을 타고 문을 나오는데 하늘을 쳐다보면 누렇게 보일 뿐 빛이 없다. 말 위에 혼곤히 잠들어 반은 깨어 있고 반은 술취한 몽롱한 상태에서, 그녀가 얼굴에 미소를 실어 표연飄然히 길가에 나앉은 것을 보고 눈을 뜨니 잔디밭이 앞에 있다. 그 사람이 또 길가에 앉아 있어서 다시 눈을 비비고 보니 이번에는 밤나무 숲이다. 귓가를 스치는 바람 소리 물 소리가 모두 음악 소리 노래 소리로 들린다. 날이 저물어 역사驛舍에 드니, 쥐 구멍에서 연기가 나오고 참새가 처마 끝에서 지저귄다. 무뚝뚝한 하인놈이 농 문을 열고 자리를 꺼내주어서, 나는 손으로 턱을 괴고 앉아 있노라면 만단萬端 시름을 어찌 이루 헤아리겠는가』 하였다. 국형이 말하기를 『그대는 봉사의 고락苦樂을 잘 아는도다. 그러나 남아男兒는 가는 곳마다 즐거움을 누릴 수 있거늘 하필 외방外方이랴?』 하였다. 이수남李壽男이 곁에서 말을 거들었다. 『나는 집무 시간을 마치면 벗들이 술을 마시며 노는 자리를 찾아간다. 얼굴이 예쁜 기생을 옆에 끼고 앉아 갖은 희롱을 하다가 밤이 깊으면 먼저 나와 기생을 데리고 집으로 돌아가거나 아는 사람의 집을 찾아간다. 비록 이부자리가 없더라도 두 사람이 옷을 벗고 함께 누우면 그 즐거움을 어찌 이루 형용하랴. 날마다 이와 같이하여서 사람을 바꾼다. 만약 불가佛家의 말대로 한다면, 내생來生에는 호곶壺串[4]의 숫말이 되어서 수십 필의 암말을 거느리고 마음껏 즐기는 것이 원이다』 하였다.《慵齋叢話》

【2】 채한림蔡翰林이 기생을 거절한 우스운 이야기

채세영蔡世英이 내한內翰으로서 포쇄별감曝曬別監[5]이 되어 전주全州에 내려가서 사책史冊을 볕에 쬐어 말리게 되었다. 선언宣言하기를 『대부大夫

(관료)가 왕명을 받들고 고을에 사신 가면 기생을 시켜 객사客舍에서 시침侍寢하게 하는데, 이는 매우 음란한 행실에 속하니 먼저 여러 읍에 글을 보내어 기녀를 시켜 빈관賓館에서 시중드는 일이 없게 하라』 하였다. 연로沿路의 각 고을이 모두 두려워하여 이르는 곳마다 여색女色이 접근하지 못하였다. 전주全州에 당도하였으나 계속되는 장마로 사고史庫의 문을 열지 못하고 여러 날 묵게 되자 무료無聊함을 견디지 못했다. 부윤府尹이 판관判官에게 이르기를 『연소한 사관史官이 오래도록 빈관賓館에 머물러 있는데도 명령이 엄하여서 여색을 들여보내지 못하니, 주인의 귀한 손님 대접하는 것이 어찌 이러하랴. 판관判官은 잘 주선해 주기 바란다』 하니 판관이 대답하고 물러갔다. 수기首妓[6]와 의논하고 부기府妓[7] 가운데 연소하고도 미색인 자를 가려 소복素服으로 단장시키니 용모가 더욱 아름다웠다. 절굿공이를 손에 쥐고 객사 가까운 곳에서 절구질을 하게 하는 한편, 채사蔡使를 시중드는 아이와 약속하기를 『한림翰林께서 반드시 네게 물을 것이니, 너는 대답하기를「관기官妓가 아니고 서울 재상宰相의 집 종으로서 친가親家에 다니러 왔다가 상喪을 당한 지 석 달이 되었습니다. 백 일의 기한이 다가오기 때문에 그대로 머물러 있습니다」하라』 하였다. 채한림은 소복한 계집이 객사의 행랑 곁에서 절구질을 하는데 용모가 절색임을 보고는 마음이 허전하기가 마치 무엇을 잃은 듯하였다. 시중드는 아이에게 묻기를 『저 절구질하는 계집이 바로 고을의 기생이냐?』『아닙니다. 서울 김 판서집 종인데 친상親喪을 당하여 머물러 있습니다.』『그렇다면 어느 때 상을 당했느냐?』『백 일이 가까웠습니다. 천인賤人은 백 일로 탈상脫喪을 하기 때문에 그날을 기다려서 돌아가려는 것입니다.』 채한림은 그날 밤 한잠도 못 자고 이튿날 아침에 아이에게 물었다. 『기생이 아니라면 너는 어찌하여 탕관蕩官에게 고하여서 비밀히 유인해 데려오게 하지 않았느냐?』『만약 임자가 있다면 일이 어려울까 합니다.』『그렇지만 시험삼아 말해 보도록 하고 다른 사람에게는 알리지 말라.』

아이가 달려가 탕관에게 고하여 객사로 유인해왔다. 이날부터 밤이면 오고 아침이면 돌아가곤 했으나 채한림은 아는 사람이 없으려니 했다. 어느 날 부府의 관원이 내한內翰을 위하여 잔치 자리를 벌였는데 기생들이 대거 참여하여 화려한 비단옷이 눈을 부셨으며, 지난 날의 소복 입은 계집도 윤이 흐르는 머리를 금비녀로 장식하고 거문고 뜯고 노래하는 대열에 섞여 있었다. 채한림은 비로소 속은 줄 알고 크게 놀랐다. 그러나 이때부터는 조금도 남의 눈치를 살피지 않고 밤낮으로 자리를 함께 하여 애정이 무르익었다.

공무公務를 마치고 돌아가게 되어 역정驛亭에서 그 기녀와 작별하게 되었는데, 눈물이 나오는 것을 억제하려 하나 두 눈에서 저절로 쏟아져 나와서 비록 남의 눈을 피하여 부지런히 닦아도 금할 수 없었다. 눈물을 참고 건물을 쳐다보면서 아이에게 묻기를 『이 집은 어느 해에 세운 것이냐?』 『아무 해에 세웠습니다.』 『그때의 부사는 누구인가?』 『아무입니다.』

채한림이 머리를 숙이고 탄식하기를 『아아! 인생이란 가련한 것이다. 그는 이미 죽었다』 하고 눈물을 펑펑 쏟아서 기생의 소매를 모두 적셨다. 고을 사람이 웃으면서 말을 전하기를 『채포쇄蔡曝曬의 눈물은 발이 매우 굵다』 하였다. 내가 일찍이 늙은 기생 노응향露凝香의 말을 들으니, 『객사에 묵은 관원으로서 기생을 보면 농짓거리하고 웃는 자는 변하기 어렵고, 기생을 보고 정색正色하는 자는 꺾이기 쉽다』 하였다.(柳夢寅의 《於于野談》)

〔참조〕 권응인權應仁의 《송계만록松溪漫錄》

정덕正德 연간(1506-1521)에 여러 고을의 기생을 폐지하였다. 한림 채세영이 성주星州에서 사서史書를 햇볕에 쬐어 말릴 때에 엄히 신칙申飭하여 기생들을 관사館舍에 접근하지 못하게 하였다. 이때의 목사牧使 김공우金公佑는 음관蔭官[8]으로 발신發身한 호걸스런 인사이다. 비밀히 기생 승두추勝杜秋를 시켜 밤마다 노래 부르면서 관사 앞을 지나게 했다. 한림이 작은 창문을 반쯤 열고 목을 늘이어 엿보고 나서 소리小吏[9]에게 물었다. 『저 여인은 누구인데 밤마다 이 앞을 지나가는가?』 『집이 담 밖에 있기 때문에 교방敎坊에 드나들려면 이곳을 지나게 마련입니다.』 기생이 이 말을 듣고 거짓 놀래어 달아나는 척하다가 일부러 땅바닥에 주저앉았다. 바라보니 자색姿色이 뛰어나고 옷차림이 선명하였다. 한림翰林이 비밀히 소리小吏를 시켜 그녀를 방 안으로 불러들이게 하였는데, 이때부터 밤이면 찾아오고 새벽이면 돌아가서 애정이 무르익었다. 조정으로 돌아가는 날 목사牧使가 성문 밖에 전별餞別[10]하는 술자리를 마련하고, 그 기생을 시켜 목사의 등 뒤에서 술 데우는 시늉을 하여 한림과 서로 마주보게 하였다. 그녀가 뚫어지게 한림을 바라보자 눈물이 뺨을 타고 흘러내리니, 한림이 자기 눈에서도 눈물이 흘러 떨어질까 두려워서 얼굴을 점점 위로 높이 쳐들다가 앞으로 숙이기만 하면 눈물이 비오듯하였다. 목사가 앞으로 다가와서 한림의 손을 잡고 말하기를

『내가 큰길가에 있는 이 고을로 온 지 이제 3년인데, 일찍이 눈물의 굵기가 포쇄관曝曬官만한 것이 없었다』 하며 손뼉을 치면서 한껏 즐겼다.

가정嘉靖 무오년戊午年에, 한림 고경진高景軫이 또한 설매향雪梅香을 사랑하여 이별하는데 눈물의 굵기가 채한림蔡翰林 못지 않았다.

신축년辛丑年에 한림 박희립朴希立이 관례에 따라 이 고을에 왔다가 서로 헤어질 때 내가 시를 지어주기를

> 갈림길에서 두 눈에 눈물나온다고 탓하지 마라.
> 채사蔡史와 고군高君은 눈물이 펑펑 쏟아졌다네.
> 臨岐莫怪淚雙垂　　蔡史高君是伐柯.

하였더니 한림이 크게 웃었다. 두추杜秋는 나이 80여 세로 만력萬曆 임오년壬午年(1582)에 죽었는데, 매양 사람들과 이야기를 하면서 문득 슬퍼하곤 하였다.

(이능화李能和가 말하기를, 유몽인柳夢寅은 승두추勝杜秋를 전주 기생이라 하고, 권응인權應仁은 성주星州 기생이라 하였으니 어느것이 옳은지 모르겠다. 두 설을 모두 그대로 둔다.)

【3】 이용헌李慵軒이 기생의 성명을 고쳐주다

이종준李宗準은 호가 용헌慵軒으로 풍류남아風流男兒라는 평판이 있었다. 일본 호송관護送官이 되어 동래東萊에 이르니, 나이 12,3세된 기생이 있었다. 그는 이 기생을 매우 사랑하여 이름을 방안아榜眼兒로 고쳐주고 이르기를 『네가 시집가기 전에 내가 다시 왕명王命을 받들어 이곳에 온다면, 반드시 너와 인연을 맺으리라. 이름을 고쳐줌은 그와 같은 뜻이다』 하였는데, 이 해에 북평사北評事의 임명을 받아 남북의 거리가 아득하게 멀어져 다시 가지 못하였다.《秋江冷話》

【4】 유어사柳御史가 홀로 자면서 시를 읊다

유운柳雲(己卯 名臣)은 성품이 호방豪放하여 마음이 사물에 구속받지 않

았다. 일찍이 충청도 어사가 되어 맨 먼저 공주公州로 들어갔다. 마음 속으로 틀림없이 기생을 들여보내서 천침薦枕하려니 하고 자리에 누워서 기다렸다. 주관州官[11]은 『어사는 다른 사객使客과는 다르다』 하며 그 서릿발 같은 위엄을 두려워하여 감히 기생을 들여보내지 못하고, 다만 통인通引[12]을 시켜 객사 마루 밑에서 밤을 지키게 했을 뿐이다. 어사는 밤새도록 기다렸으나 종시 사람의 발자취 소리조차 듣지 못하고, 그 이튿날 아침에 시 한 수를 병풍에 써놓고 가버렸다. 듣는 자가 모두 크게 웃었다. 시는 이러하였다.

공산公山의 원이 서릿발 같은 위엄을 두려워하누나.
어사御史의 풍정風情도 여색女色은 아네.
빈 방에 홀로 긴 밤 지새우니
남쪽으로 온 나그네 행색行色이 중[僧]보다 처량하도다.
公山太守㤼威稜　　御史風情識未曾
空館無人消永夜　　南來行色淡於僧.
《思齋摭言》

【5】 송복견宋福堅이 기생을 가까이하여 남의 웃음거리가 되다

명종明宗 3년(1548)인 무신년戊申年 3월 신축일辛丑日에 사헌부司憲府에서 아뢰기를 『지난 해 동지사冬至使 송복견宋福堅과 김언金漹이 모두 당상관堂上官의 식견識見이 있는 사람으로서 전대專對[13]하는 직임職任을 받았으니, 마땅히 근신해야 하는데도 외람되이 마바리에 실릴 정도의 많은 물건을 무역하여서 피폐 쇠잔衰殘한 역驛을 거듭 괴롭히고, 가고 올 때에 황음무도荒淫無度하여 사명使命을 욕되게 하였습니다. 요동遼東으로 돌아가서는 먼저 의주義州에 가서 관기官妓를 국경까지 대령케 하여 희롱을 자행하여 중국 사람에게 웃음거리가 된 것만도 나라의 체통을 손상함이 이미 극도에 이르렀거늘, 또 옥교屋轎에 타고 그 안에서 기녀妓女와 함께 앉아 노래하고 즐기기를 제 마음대로 하였으며, 평양에 당도하여서는 방탕하여 기생집에 드나들기를 예사로이 하면서도 부끄러운 줄 몰랐으니 파직하시기를 청합니다』 하니, 임금께서 그대로 따랐다.《實錄》

【6】 신상국申相國이 천안天安 기생을 사랑하다

상국 신용개申用漑가 병조판서兵曹判書로 있을 때, 호서湖西의 온천에 가 목욕하려고 천안 고을을 지나다가 관비官婢[14] 사덕四德과 사랑을 속삭였다. 관찰사觀察使 최숙생崔淑生이 사덕四德을 대신하여 장난삼아 글을 지어 신공申公에게 보냈는데 이르기를 『천안 고을의 관비 사덕은 삼가 두 번 절하고 병조판서 신상국 합하閤下[15]께 글을 올립니다. 하늘의 기운은 밑으로 내려오고 땅의 기운은 위로 올라가서 두 기운이 서로 어울리어 정액精液으로 변하니, 비록 존귀하고 비천卑賤한 신분은 다르다지만 감응感應은 차이가 없습니다. 상국 합하께서는 묘기妙技가 옛날 양유기養由基의 백보百步 밖에서 버들잎을 맞히는 활솜씨를 능가凌駕하고, 그 웅대함은 오동나무 수레바퀴를 방불케 합니다. 그 잘생긴 것은 뭇닭 중의 한 마리 학鶴 같고, 그 굳센 것은 사람 가운데 용龍 같습니다. 일찍부터 태평한 마을에서 마음껏 달리고 어지러이 온유향溫柔鄕을 드나드니 그 뛰어난 풍정風情을 어찌 이루 형용하리까. 아리따운 기생이 모두 따라옵니다. 동방洞房에서 춘정春情이 무르익으니 열두 난간에는 봄낮이 깁니다. 앵무배鸚鵡盃에 취흥醉興이 무르익고 원앙금침鴛鴦衾枕에 사랑하는 몸을 떼기 어렵습니다』 하였다.《海東雜錄》

제11장

일반 조관朝官이 기생으로 즐거움을 삼다

조선조 이래로 조정의 일반 관리들은 태평에 젖어 안일安逸을 일삼았다. 공적公的인 연회나 사사로운 자리에 기생이 없으면 즐겁지 않았다. 사인舍人[1] 벼슬을 하는 자가 기생을 끼고 풍류를 즐기고, 숙직하는 낭관郎官이 기생을 데리고 광화문光化門 밖에서 술을 마시고, 기로耆老[2]의 재상宰相이 사연賜宴[3]으로 장악원掌樂院 안에서 기생을 끼고 놀고, 예조禮曹의 당랑堂郎이 모두 경기京妓와 사통私通하고, 장악원의 관리가 강 위에서 기생을 데리고 놀고, 강사인姜舍人은 기생을 사랑하여 웃음거리가 되고, 노주서盧注書가 소천금笑千金을 주목注目하고, 허관인許官人은 진랑眞娘을 사랑했으니 …… 이 몇 가지 기록을 빌어서, 전반적으로 모두 그러했음을 알 수 있다.

【1】 숙직하는 낭관郎官[4]이 달밤에 기생을 끼고 놀다

이수광李睟光의《지봉유설芝峰類說》에 이르기를, 조종조祖宗朝에 육조六曹의 숙직하는 낭관이 달밤에 기생을 데리고 광화문 밖 길 위에 모여 밤새도록 술을 마시면서 떠들었다. 사간원司諫院의 관원 또한 곡회曲會[5]를 일삼아서 혹 기생을 끼고 숙직하므로 먼동이 틀 때면 사무를 맡은 아전이 반드시 뵙기를 청하였는데, 이는 옛사례를 따른 것이라 하였다.

【2】 예조禮曹의 당랑堂郎[6]이 모두 경기京妓와 사통私通하다

이육李陸의《청파극담青坡劇談》에, 예조禮曹의 당상관堂上官이 경기京妓와 사통私通하고 낭청郎廳에게 이르기를 『예조의 관료가 경기京妓와 사통한다면 물의物議가 어떨까?』 하니, 대답하기를 『외방外方에 비교한다면 예조의 당상堂上은 감사監司와 같고 낭청郎廳은 수령관首領官과 같습니다. 감사와 수령관은 모두 천침薦枕하는 기생이 있게 마련이니 무슨 물의가 있으리까. 다만 관습도감慣習都監의 관료는 수령守令과 같으니 사통할 수 없습니다』 하니, 당상堂上이 그렇다고 하였다 했다.

【3】 기로연耆老宴에 기악妓樂을 하사下賜하다

이덕형李德泂의《죽창한화竹窓閑話》에 따르면, 만력 신묘년辛卯年(1592)에 장악원에서 기로연耆老宴을 베풀었다. 정원政院에서 조종祖宗朝의 고사故事를 예로 들어서 입계入啓하니, 특별히 일등기악一等妓樂을 내리고 중사中使를 보내어 임금의 뜻을 전하고 술을 내렸다. 이때 정승政丞 김귀영金貴榮·심수경沈守慶, 지사知事 강섬姜暹, 동지同知 송찬목宋贊睦과 대사성大司成 이기李墍, 그리고 나의 장인되는 참판叅判 신담申湛이 미리 모여서 시축詩軸을 만들어 경사스런 자리를 빛내기로 하고 심정승沈政丞이 글제를 내서 시를 짓고 있었다. 내 장인이 일찍이 말하기를『기로연은 우리나라에 있어서 성대한 행사이니 기구器具와 음식이 화려하기 비할 데 없다』고 하였다. 그로부터 25년 뒤인 을묘년乙卯年에 또 기로연이 장악원에서 베풀어졌는데, 내가 도승지都承旨로서 중사中使와 함께 명을 받아 그 자리에 참례하였다. 이때에는 영의정 기자헌奇自獻이 시상時相[7]으로서 연회를 주도하였는데, 그는 기로는 아니었다. 판중추부사判中樞府事 한효순韓孝純·노직盧稷, 참찬參贊 윤승길尹承吉, 판서判書 이준李準, 지사知事 이시언李時彦이 자리에 있었다. 장막·병풍·족자簇子 등 기구器具와 등촉燈燭 채화綵花의 호화로움과 기악의 화려함과 찬품饌品의 풍성함이 사람의 눈을 부셔서 거의 인간 세상의 일이 아닌 것 같았다 하였다.

【4】 심사인沈舍人이 기생을 사랑하다

심순문沈順門이 강혼姜渾과 함께 사인舍人이 되어 한때 모두 사랑하는 기생이 있었다. 정붕鄭鵬이 경계하기를『빨리 버려서 뉘우침이 없게 하라』하였다.

혼渾은 곧 버렸으나 공公은 그 말에 따르지 않았다. 그뒤에 두 기생이 궁중으로 뽑혀 들어가서 은총을 입었으며, 공은 마침내 비명非命으로 죽었다.
(任輔臣의《丙辰丁巳錄》)

【5】 홍도령洪都令이 기생 유희兪姬를 사랑하다

정원政院의 고사故事에 모든 승지承旨는 도승지都承旨를 공경하여 감히 농담을 하지 못했으며 불경不敬한 자는 벌연罰宴[8]을 행하였다. 홍섬洪暹이 일찍이 기생 유희兪姬와 사통私通하였으며, 이때 유생 송강宋康은 유희와 애정이 깊었다. 섬이 도승지가 되고 이준경李浚慶이 동부승지同副承旨에 임명되기에 이르러 송강이 죽으니, 섬이 말하기를 『나와 같은 해, 같은 달, 같은 시에 태어났는데 이제 벌써 죽어서 궁달窮達이 같지 않으니 어찌 괴이하지 않으랴』 하였다. 준경이 말하기를 『도령공都令公도 유희兪姬를 사랑하고 송강宋康도 유희를 사랑했으니 사주四柱가 같은 것만 아니라 한 일도 같습니다』 하였다. 여러 승지承旨가 모두 서로 돌아보면서 실색失色하고 아전들도 매우 놀랐다. 전에 볼 수 없었던 변고라 하여 준경의 집에서 벌연을 행하기를 무릇 일곱 번 하고 나서야 그만두었다. 준경이 말하기를 『내가 이 일로 하여 가산家産을 모두 기울여 없앤다 하더라도 화제話題가 하도 좋으니 말하지 않을 수 없다』 하였다. 중고中古 이래로 기강이 퇴폐하여 옛풍속이 날로 무너져서 지금에 와서는 다시 옛날 세상의 일을 볼 수 없게 되었으니, 또한 세월의 변천을 이것으로 살필 수 있다.(柳夢寅의 《於于野談》)

【6】 악원樂院의 관료가 기생을 데리고 강 위에서 노닐다

성현成俔의 《용재총화慵齋叢話》에 이르기를 『성종成宗께서 처음으로 장악원掌樂院에 겸관兼官[9]을 두셨다. 내가 백인伯仁 기지耆之[10]와 함께 첨정僉正을 겸하고 임흥任興은 직장直長을 겸하였다. 흥은 어린시절부터 악을 배워 사죽絲竹에 정통하여 호걸로 이름이 세상에 알려져 있었다. 그 전장田庄이 양천陽川[11] 사이에 있었는데 강 위에 정자를 세웠다. 달 밝은 밤에 배를 타고 위의 한강漢江으로부터 아래의 조강祖江[12]에 이르는 사이를 혹 올라가기도 하고 혹 내려가기도 하면서, 흥興이 몸소 거문고를 타고 성기聲妓가 노래를 불러 화답하니 보는 자가 신선으로 생각했다』 하였다.

【7】 노주서盧注書가 마음으로 소천금笑千金을 사랑하다

영순군永順君 부溥는 광평대군廣平大君의 아들로서 예종睿宗 기축己丑(1469)에 익대공신翊戴功臣[13]에 올랐다. 부는 학문을 좋아하고 근신했으며 너그러운 도량이 있었다. 대내大內에서 가까이 뫼신 지 10여 년 동안 이간하는 말이 없었다. 하루는 내전內殿에 곡연曲宴이 베풀어져서 기악이 한참 자지러지게 연주되자, 영순군永順君이 주서注書 노반盧盼에게 묻기를 『오늘 당직하는 승지는 누가 되나?』 하였는데 이는 임금께 들어가서 아뢰려는 것이었다. 노반盧盼은 여러 기생 중에서 소천금笑千金이 재주 있음을 보고 마음에 기억하고 있었는데, 이때 와서 문득 대답하기를 『소천금입니다』 하였다. 그리고 군은 저도 모르게 『아뿔싸!』 하고 소리쳤다.《青坡劇談》

【8】 허조관許朝官[14]이 부기府妓를 원호援護하다

허균許筠이 이자민李子敏에게 보낸 글에 이르기를 『부기府妓 진랑眞娘은 내가 조운漕運을 독려할 때 사랑했으며, 그녀가 혜민국惠民局[15]에 출사出仕하여 또 음신音信을 통하고 있으니 내 딸과 다름없다. 그대는 어찌하여 독찰督察이 심한가. 《녹음서綠陰書》에 그대는 좋은 정취情趣를 적게 찾고 그녀의 괴로운 하소연을 듣는다면 사랑하는 정이 움직이리라 하였으니, 나를 위하여 좋은 정취 찾는 일을 늦추기 바란다. 오리[鴨]를 쫓지 말라. 원앙이 놀래리라』 하였다.《醒所覆瓿藁》

《平壤監司船遊図》(부분) 金弘道, 지본채색

제12장

방백과 수령이 기생으로 즐거움을 삼다

조선조의 제도는 각도의 감사監司가 군정軍政을 겸하여 관장하니, 감사의 아문衙門[1)]을 모두 감영監營[2)]이라고 하였다. 감영 안에는 반드시 기생 4,5백 명이 있었으며, 기생은 본래 관비官婢인 까닭에 관노官奴에 예속되어 예방비장禮房裨將이 주관하였다. 신임감사新任監司가 감영監營에 도임到任하는 날은, 기생 수백 명이 몸을 곱게 단장하고 화려한 옷차림으로 길 왼쪽에 엎드려 영접하며 감사로 부임하는 자는 이를 둘러보며 즐거워하였는데, 마치 제석천왕帝釋天王[3)]이 무수한 천녀天女에게 둘러싸여 있는 것 같았다. 석북石北 신광수申光洙의 《관서악부關西樂府》에 평안감사가 부임하여 향락享樂하는 일을 노래하기를

오월 긴 수풀에 녹음이 짙어
쌍가마 탄 권마성勸馬聲[4)] 십 리에 들리네.
영제교永濟橋머리에 기생 삼백 명은
황삼黃衫 차림으로 두 줄로 나누어 마중하네.
長林五月綠陰平　　十里雙轎勸馬聲
永濟橋頭三百妓　　黃衫分作兩行迎.

하였으며, 또 읊기를

행수기생行首妓生 기색을 훔쳐보길 잘해
수청기생守廳妓生을 두 교방 속에서 가리네.
붉은 비단 장막 속에 금비녀 열둘이 늘어섰는데
제일의 가인佳人은 일점홍一點紅인 것을.
行首偸看氣色工　　守廳別揀兩坊中
金釵十二紅綃帳　　第一佳人一點紅.
(기생의 우두머리를 행수기생行首妓生이라 하고, 우리의 풍습에서 천침薦枕하는 기생을 수청기생守廳妓生이라 한다.)

평안감영의 기속妓俗이 이와 같으니, 다른 도의 감영의 기속도 이와 같으

며 각 주군州郡의 기속妓俗도 역시 이와 같다.

감영의 기적妓籍에 올라 있는 기생은, 본래 모두 편발編髮[5]의 동기童妓로서 곧 아두丫頭[7]이다. 나이 13,4세가 되면 맨 처음으로 서방이 된 자가 댕기를 풀어 쪽을 만들고 비녀를 꽂아서 신부新婦처럼 꾸미는데, 세속에서는 〈머리 얹는다〉고 한다. 도내 각 고을 수령이 일이 있어 감영에 가서 연명延命[8]하면 감사가 동기童妓를 보내 천침薦枕하게 하고, 또 머리를 얹어주게 하니 수령된 자가 감히 봉행奉行하지 아니치 못하였다. 머리를 얹어주고 돈이나 비단으로 상賞을 내리면 그 기생집에서는 머리 얹은 연회宴會를 베풀어서 기생들을 먹였다.

【1】 함부림咸傅霖이 비밀히 전주全州 기생을 데리고 올라가다

함부림咸傅霖의 호는 난계蘭溪이며 강릉 사람인데 개국공신으로서 동원백東原伯에 봉하여지고 자헌대부資憲大夫로 팔도의 감사를 지냈으며, 시호諡號는 정평定平이다. 그는 젊은 시절에 화류花柳 사이에 놀았으나, 벼슬살이는 공경하고 삼갔으며 일을 당하면 남에게 은덕恩德을 베풀기 좋아하였다. 일찍이 전라감사로 있다가 대사헌大司憲에 임명되어 서울로 돌아가게 되었는데 전주 기생을 사랑하여 차마 떼어놓지 못했다. 비밀히 호패號牌를 주어서 밤을 타 남모르게 따라오게 하였다. 그 기생이 들어가 부윤府尹 이언李偃에게 하직을 고하였다. 언은 성품이 맑고 급하여 화내어 말하기를 『법관法官이 되어 어찌 기생을 데리고 가랴, 네 말이 거짓이로다』 하였다. 기생이 호패를 올리니 언이 침을 뱉으며 꾸짖기를 『나는 함 아무개를 기절氣節[8]이 있는 인사로 알았더니 참으로 하등한 사람이로다』 하였다.《慵齋叢話》

【2】 하호성河浩亭이 예천醴泉 기생 모두와 사통私通하다

하호정(이름은 윤崙, 조선조 개국공신)은 일찍이 예천군사醴泉郡事로 있을 때, 고을의 기생 모두와 사통하였었다. 도사都事[9]가 성적평정成績評定에 있어 하등下等에 두려 하자, 감사 김주金湊가 이를 말리면서 이르기를 『내가 일찍이 하河의 기상을 보았는데 오래도록 한 고을에 몸을 굽힐 자가 아니다』 하고 성적을 상등上等으로 하여 상부에 보고하였다.《慵齋叢話》

【3】 김아사金亞使가 순흥順興 기생을 희롱하여 웃음거리로 만들다

순흥은 고을이 작고 기생이 모질고 찬품饌品[10]이 박했다. 남지南智가 감사가 되고, 김문기金文起[11]가 아사亞使가 되고, 김국생金國生이 군수郡守로 있을 때였다. 어느 날 감사를 위하여 잔치를 베풀었는데 관기의 치마 빛깔은 연분홍이었고 군수의 코는 시뻘갰다. 아사가 말하기를 『기생의 치마는 색깔이 연하지만 주인의 코는 시뻘거니 첫째로 하례할 만하다』 하였다. 주인이 술을 돌리자 아사가 말하기를 『고을은 비록 적으나 종鐘은 크니 둘째로 하례할 만하다』 하였다. 국과 밥이 나오자 아사가 또 말하기를 『밥은 붉고 국물은 희니 세번째로 하례할 만하다』 하였다. 이렇게 해서 순흥의 〈세 가지 하례할 일〉이라는 말이 유행하였다.(權鼈의 《海東雜錄》)

【4】 남지정南止亭이 해서海西의 기생을 데리고 오다

지정止亭 남곤南袞[12]이 일찍이 해서의 관찰사로 있을 때 쌍이雙伊라는 기생을 사랑하였는데, 벼슬이 바뀌자 도성으로 데리고 와서 일가 사람의 집을 빌려 그곳에 살게 했다. 어느 날 친구들과 삼청동三淸洞에 모여 술을 마시며 회포를 풀기로 약속하고 기생(雙伊)이 사는 집에 들렀다가 모임에 갔다. 이이상李貳相[13]이 오다가 멀리서 지정이 기생집에서 나오는 것을 보고 그뒤를 좇아 모임에 왔다.

우리나라 풍속에 주법酒法이 있어 술을 돌리는 자가 손님마다 두 개의 술잔을 들어서 술을 권하고, 답배答盃[14]도 마찬가지로 하여 이것을 〈쌍雙〉이라고 이름했다. 지정이 병으로 술을 사양하자 기생이 술잔 하나를 들고 지나가니 좌우의 사람들이 말하기를 『공은 몹쓸 손님이로다, 어찌하여 한 잔을 든단 말인가』 하였다. 지정이 목소리를 높여서 『나는 벌써 쌍雙을 행하고 왔거늘 어찌하여 하나라고 말하는가』 하였다. 이상貳相이 웃으면서 『과연 공의 말대로다. 지금 쌍이 있는 곳으로부터 좇아온 것은 내가 직접 본 터이니, 그 쌍을 행한 것을 의심할 바 없다. 제군諸君은 책망하지 말라』 하니 사람들이 허리를 꺾었다.《思齋摭言》

【5】 이상국李相國이 연광정練光亭에서 잔치하기를 명하다

노저鷺渚 상국相國[15] 이양원李陽元의 자는 백춘伯春이며 완산完山 사람이다. 일찍이 평안감사가 되어 순행巡行 나갈 때에 부인에게 이르기를 『이곳의 연광정練光亭은 경치가 절승絶勝이니 서윤庶尹의 내실과 함께 한 번 가보도록 하시오. 이름 있는 정자에 가게 되면 기악妓樂이 없을 수 없소』하고, 다시 그 첩妾에게 이르기를 『네가 모시고 가라』하였다. 순행을 마치고 감영 으로 돌아와서는 부인은 서윤의 내실과 함께 어울렸고, 첩은 병을 핑계로 가지 않았다는 말을 듣고 마음으로 의심하여 집안 사람에게 힐문詰問한 바, 첩은 이날 거문고와 노래 잘하는 기생을 가려 다른 곳에서 혼자 즐겼다는 것을 알게 되었다. 이에 첩을 불러 『네가 가지 않는 것은 필시 여러 사람이 모인 자리에서 부인의 시자侍者가 되어 서윤의 내실에게 굽히기를 싫어한 것이라. 그리고 부인이 풍악을 잡히는데, 네가 어찌 감히 따로 모임을 가지랴. 이 같은 버릇이 커지면 반드시 내 집안을 어지럽히게 되리라』하고 곧 쫓아 버렸다.《公私見聞錄》

【6】 허유생許儒生이 부벽루浮碧樓에서 파흥破興하다

명종 때의 일이다. 하곡荷谷 허봉許篈[16]이 유생으로 있을 때에 같은 또래의 친구들과 함께 평양의 부벽루에서 노닐다가 마침 감사의 사위와 약속하여 누 위에서 크게 기악을 벌였다. 감사의 부인이 그 사위가 기생을 옆에 끼고 즐김을 원망하여 감사에게 청하여 영문營門[17] 군사를 보내 기생들을 모조리 잡아다 가두었다. 이에 하곡이 낭패하여 돌아와《봄에 부벽루에서 노닐다 春遊浮碧樓》라는 노래 한 편을 지어 비꼬았는데, 이 노래가 한때 세상을 휩쓸었다. 감사는 이 일로 해서 세상의 버림을 받았다.(李重煥의《八域誌》)

【7】 어느 안렴사按廉使가 기생에게 속아 욕을 보다

옛날에 한 재상宰相이 남도南道에 안렴사按廉使[18]로 갔는데, 성품이 단순하고 엄격하여 사적인 청탁이 행해지지 않아 모든 고을이 숙연했다. 화산花山에 사랑하는 기생이 있어 애정이 무르익었으나 겉으로는 담담하게 보였으며, 다른 기생들의 일을 보살피고 시중드는 것이 조금만 잘못되어도 가차없이 벌을 내려서 용서를 하지 않으니 기생들이 근심하였다. 사랑받는 계집이 기생들에게 뽐내며 말하기를 『내 장차 이 늙은 자를 욕보이리라.』『무슨 계교로 어떻게 욕보이려는가?』『벌주잔을 세숫대야로 하여 가득 술을 부어서 마시게 하여 욕보이리라.』『그대가 참말로 이와 같이 할 수 있다면 우리가 마땅히 술잔을 받들어 올려서 그대의 장수長壽를 빌리라.』『그대들은 보기만 하라』 하였다.

봄밤이 깊어 벽에 달이 비쳐 잠자던 눈을 뜨자 꽃 그림자가 창에 어른거렸다. 두 남녀는 원앙금침에 춘정을 마음껏 즐겼다. 문득 창 밖에서 가볍게 신 끄는 소리가 나며 여자의 가냘픈 기침 소리가 들리는데 기침 소리를 입 밖에 내다가는 도로 삼켜 버려서 마치 조심조심 방 안의 반응을 기다리는 것 같았다. 안렴사가 『나가서 보라』 하니 계집이 나갔다가 한참 만에 돌아와 문을 닫으면서 늙은 여편네가 어찌하여 미리 준비하지 않았단 말인가 하고, 입으로는 투덜거려 욕하면서 얼굴은 화난 것 같은 표정을 지었다. 안렴사가 문에서 맞이하면서 『무슨 말을 하느냐?』 하고 물었다. 계집이 머리를 숙여 수줍어하는 태도를 지으며 말하기를 『시골 노파가 아는 것이 없으니 족히 들려 드릴 것이 못 됩니다』 하였다. 굳이 물으니 천천히 대답하기를 『시골 풍속이 봄가을이면 반드시 무당巫堂을 시켜 신께 제사드리고 이웃사람을 불러 음식을 나눕니다. 이제 가양주家釀酒[19]가 다행히도 향기로우나, 비록 사또의 입에는 맞지 않으시겠지만 이처럼 좋은 밤 적적한 때에 아전들은 모두 흩어지고 아무도 아는 이 없으니 한 잔 술을 드려서 작은 정성을 표하고 싶다 하옵니다. 그 뜻은 진심에서 나온 것이지만 외람되기에 꾸짖어 보냈습니다』 하였다. 안렴사가 말하기를 『너는 무엇을 그렇게도 꺼리느냐, 빨리 나가서 돌아오게 하라』 하였다. 계집은 겸손한 태도로 안렴사의 뜻을 더욱 굳히고 나서 거짓으로 밖으로 나가서 불러오는 시늉을 하고, 이어 목소리를 낮추어 말하기를 『노파가 가지고 온 것은 함지박뿐, 술을 따를 그릇이 없습니다. 깊은 밤이라 그릇은 모두 부엌에 있으니, 술잔을 찾으려다 자는 사람들이 모두 깨어 일어나면 이목耳目이 번다煩多해질 터입니다. 다만 새로 마련한 세숫대야가 탁자 위에 놓여 있는데 그렇게 더럽지는 않은 듯하오나, 그것은 불공不恭한 것 같으니 어찌하리까』 하였다. 안렴사가 기쁜 듯이 말하기를 『질동이에 막걸리는 시골 들판의 풍미風味이다. 놋그릇 같은 것은 질동이에 비하면 사치스럽다』 하고 세숫대야에 술을 따라 올리게 하였다. 두 잔을 마시고 나서 말하기를 『옥동서玉東西나 금파라金叵羅[20]보다 훨씬 좋다』 하고, 이어서 낮은 목소리로 『이 일을 누설하지 말라』 하였다. 이는 사랑하는 계집이 꾸며낸 계책으로, 기생들이 모두 모여 벽에 귀를 붙이고 숨죽여 엿듣는다는 것을 그는 까맣게 모르고 있었다.

그 고을의 원이 일을 잘못하여 견책을 받고 성적 보고에서 하하下下의 평점을 받게 되었다. 원이 그 계집을 불러 말하기를 『만일 그대의 힘을 빌린다면 어려움을 해결할 수 있을 터 어찌 감히 온 집안의 재산을 바쳐서라도 수고에 보답하지 않으랴』 하니, 사례하기를 『삼가 성심을 다하겠습니다』 하였다. 성적 평가를 의논하는 밤에 계집이 창틈으로 엿들으니 하下의 서열에 두려 했다. 계집은 병풍과 휘장 사이에서 갑자기 신음 소리를 내며 가슴이 아파 숨이 끊어지는 시늉을 하였다. 안렴사가 뒷간에 가는 것처럼 하고 곧 달려가서 기생의 등을 어루만지며 말하기를 『무슨 병이길래 그처럼 급하단 말이냐?』 하였다. 계집이 화를 내어 말하기를 『병이 아닙니다. 우리 고을 원의 원통함을 가슴 아파하는 것입니다. 일찍이 옛말에 그 사람을 사랑하는 자는 그 집 지붕 위의 까마귀도 사랑한다고 하였습니다. 하물며 우리 원님은 아랫사람 대하기를 한결같이 인덕仁德으로 하였습니다. 이 천한 계집을 위하여 좀 용서해 주실 수 없으리까』 하고, 이어 안렴사의 귀에다 입을 붙이고 속삭이기를 『일이 위태롭게 되었다가 다시 풀린다면 천한 이 몸의 생계가 여기에 달렸습니다. 천첩賤妾이 다행히도 사랑하심을 입었는데 어찌 뒷날 편안하게 살아가게 하는 은혜를 베풀지 않으리까?』 하니, 안렴사가 한동안 생각해 보고 나서 『이미 보좌관들과 의논한 것을 어찌하랴』 하였다. 계집이 한편으로는 울고 한편으로는 아양을 떨면서 두 다리를 들어 안렴사의 두 어깨에 얹고 다시 이를 오므려 목을 조르면서 『이것으로 이 늙은이의 목에 형틀을 채우리라』 하니, 안렴사가 웃으면서 『그 옥으로 된 형틀이 보통이 아니로다』 하고 응낙하고 나와서 중중中中으로 고쳤다. (金安老의 《龍泉談寂記》)

이능화李能和가 말하기를, 우리나라 속담에 〈베개 밑 송사訟事가 가장 물리치기 어렵다〉 했는데, 이는 곧 안렴사를 가리키는 것이리라.

【8】 민감사閔監司가 기생을 보냈다가 탄핵彈劾을 받다

이긍익李肯翊의 《연려실기술燃藜室記述》에 숙종肅宗 정사년丁巳年(1677) 이조판서 민점閔點의 집에 경사스러운 잔치가 있었는데, 함경감사 민암閔黯과 평안감사 민종도閔宗道가 관기를 실어보냈다. 이 일로 공론이 자자했으며, 사헌부에서는 논죄하여 고신告身[21]을 빼앗기를 청하였다. 이에 영상 허적許積이 차자箚子[22]를 올리기를 『민종도는 신의 척질戚姪로서 신에게 글을 배운 자입니다. 지난 봄에 글을 보내어 신에게 묻기를 가군家君[23]이 나이 많아 환갑이 가까웠으니, 노래 부르는 기생 몇 사람을 보내 흥을 도울까 하는데 일에 해가 되지 않겠습니까 하기에, 아들로서 부형父兄을 즐겁게 하는 것은 못할 바가 아닐 것이라고 답했습니다. 종도宗道의 무리가 이를 단행했으며, 이 일이 말썽이 되어 마침내 견책譴責과 면직免職의 벌을 입게 되었으니 신의 마음이 부끄럽기 그지없습니다』 하였노라는 기록이 있다.(이때에 우상右相 허목許穆의 계청啓請으로 실정을 조사하여 죄를 정하였다.)

【9】 이종사李從事가 기생으로 하여 죽음을 면하다

사람들이 이르기를, 죽고 사는 것은 명命이 있다 하였으니 사람이 하지 않고도 절로 되는 것이 이것이다. 이민구李敏求[24]가 도원수都元帥의 종사從事가 되어 관서 지방에 있을 때에 정주定州 기생을 사랑하여 그 정이 매우 두터웠다. 여러 고을을 순행한 뒤 열병閱兵하게 되어 기생과 날짜를 정하여 병영에서 만나기로 하였다. 구성龜城에 당도하여 기생이 벌써 지름길로 가산嘉山으로 갔다는 말을 듣고, 그리움을 견디지 못하여 다시 가산길로 들어섰다. 5리도 채 가지 아니하여 이괄李适(이때 평안병사平安兵使로 있었음)이 모반하여 급히 사자使者를 보내 구성부사龜城府使 한명연韓明璉을 협박하여 함께 일을 도모하였다. 그리하여 한명연을 잡으러 온 금부도사禁府都事와 선전관宣傳官을 죽여 버렸다. 이민구李敏求가 예정대로 길을 가서 한 번 식사를 마칠 정도의 시간만 지체했어도 이괄에게 죽음을 당하였을 것이다.《燃藜室記述》

【10】 유柳 · 이李 · 정丁 제씨諸氏가 기생의 폐단을 논하다

◉ 유형원柳馨遠의 《반계수록磻溪隨錄》에 『오늘날 관아官衙에서 음란한

창녀를 길러 사객使客[25]이 오면, 얼굴을 단장하고 옷차림을 화려하게 하여 기다리게 했다가 술을 따라 권하고 음악을 연주하여 흥을 돋우니 이름하여 방기房妓라 한다. 이러하여 정에 끌려 색욕에 빠져서 정사政事를 해치고 풍속을 손상하여 본심本心을 잃은 자가 수를 셀 수 없다. 오늘의 왕명을 받들어 관부官府에 사신 오는 자가 비록 사대부라 이름하나 유연流連[26]을 면치 못하는 이가 많고, 사사로운 일로 시골에 온 나그네는 비록 어리석은 무리라 하더라도 오래도록 나그네로 있으면서 기생을 범하는 자가 드물게 있으니, 세勢가 그렇게 만드는 것이다. 근래의 일만 보아도 경선京選[27]이 끝나기 전에는 사부士夫가 황음荒淫하여 기생의 무리와 다름없다가도 끝나면 폐단이 곧 그쳤으며, 근년近年의 진풍정進豊呈 때에도 임시로 시골 기생을 불러올려서 조정의 벼슬아치가 기생을 다투어 서로 욕하고 싸우는 자가 많으니 그 득실得失을 징험徵驗할 수 있다. 그리고 저들도 사람인데 웃사람이 인륜의 도리를 가르치지 않고 문적文籍에 올려 기생을 만들어 남편을 얻지 못하게 하고 서방을 얻으면 곧 처벌하니, 이것이 대체 무슨 법도인가』 하였다.

◉ 이긍익李肯翊의《연려실기술燃藜室記述》평론平論에 이르기를『팔로八路의 주군州郡에 창기가 있으므로 해서 간사한 백성이 사문私門을 통하여 정령政令[28]을 더럽히는 자가 많고, 연소한 자제로서 몸을 망치고 본성本性을 잃은 자의 수를 셀 수 없으며, 가는 곳마다 관장官長된 자가 음란을 일삼아 취태를 드러내면서도 뻔뻔하여 부끄러움을 모른다. 나라에서 음란을 방지하는 정사政事가 지극히 엄격하다. 비록 비복婢僕의 무리라도 이 같은 음란에 쏠리는 제도가 있다면 이것은 풍속을 해쳐 무너뜨리는 일이 되는데도, 하물며 관장官長을 지방에 보내는 것은 정사政事에 힘써서 백성을 잘 다스리는 것인데, 이것으로 정사政事를 어지럽히고 처신處身을 잃은 단서를 만드니 어찌 괴이하지 않으랴. 양민의 부녀로서 음간淫奸한 자는 마땅히 엄히 다스려서 폐단을 막아야 하는데도 도리어 창기娼妓에 빠져서 더욱 그 음행淫行을 조장하니, 음란을 금하여 풍속을 바로잡는 뜻이 어디에 있는가. 이 일은 국초國初에는 없었던 것인데, 연산군燕山君이 황음荒淫을 일삼던 때에 그릇된 법규를 이루었다. 중종中宗 이후에 연산군의 잘못된 정령政令을 폐지하였지만, 공경公卿 이하가 이것을 즐겨서 버리지 아니하니 한스럽다』 하였다.

◉ 정약용丁若鏞의《목민심서牧民心書》에 이르기를『창기가 음란을 일삼

는 것은 삼대三代 성왕聖王의 풍속은 아니다. 후세로 내려와 오랑캐 풍속이 점점 중국으로 전하여 마침내 우리나라에까지 미치게 되었다. 민목民牧[29] 된 자는 결코 창기를 가까이해서는 안 된다. 한 번 가까이하면 한 가지 정사政事와 한 가지 명령이 모두 의심과 비방을 받아서, 비록 공명정대公明正大한 처사라도 반드시 여알女謁[30]에게 의심을 두게 되니 어찌 답답하지 않으랴. 매양 본다면 졸렬·순박하여 몸가짐을 극히 삼가던 인사가, 처음 기녀를 가까이하면 고혹蠱惑함이 더욱 깊어서 자리 속에서 속삭이는 말을 금석金石처럼 믿고, 그녀들은 만나는 사람마다 정을 주어서 사람의 본성本性을 찾아볼 수 없고, 또 따로 정랑情郎[31]을 두어서 사소些小한 말도 누설하지 않는 것이 없음을 알지 못한다. 한밤에 베개 밑에서 주고받는 말이 아침이면 벌써 온 성 안에 쫙 퍼지고 다시 사방으로 전해진다. 평생에 단정한 인사가 한번에 바보가 되는데 어찌 자중自重하지 않겠는가. 무릇 기생은 요물妖物이니 가까이해서는 안 되고, 초하루와 보름의 점고點考[32] 이외는 안에 들어오지 못하게 해야 하며, 자제와 친한 벗은 더욱 엄하게 접근을 막아야 한다. 만약 엄하게 금한다면 설사 범犯하는 일이 있어도 극히 방탕한 지경에는 이르지 않는다. 발각되더라도 여러 사람 앞에서 꾸짖거나 욕하지 말고 밀실密室로 데리고 가서 법금法禁을 범한 일을 나무라고, 이튿날 말(馬)을 주고 행장을 차려서 곧 돌아가게 하여 정사政事를 어지럽히고 법을 파괴하는 일이 없도록 하는 것이 가장 좋은 방법이다』 하였다.

제13장

조관朝官이 기생을 첩으로 삼다

조선조에 기녀妓女를 둔 것은 관비官婢로 선상選上[1]하여 가르치는 것인데, 그 목적은 내전內殿의 여악女樂과 외사外使[2]의 잔치와 접대에 있었다. 그러나 기생이 재예才藝가 이루어지면 토호土豪[3]가 가려서 차지하고 조관朝官이 첩으로 삼았으니, 이 일이 법금法禁에 속하여 때때로 문제가 되었지만 그 풍속이 변하지 아니하여 예나 이제나 마찬가지이다.

【1】 명종明宗 때 조관朝官이 기첩妓妾을 두다

명종 3년 무신戊申(1548) 5월 무자戊子에 헌부憲府[4]에서 아뢰기를『나라에서 공신을 후대厚待하여 은전恩典을 내림과 총신寵信의 융숭함이 조종祖宗 이래로 오늘날과 같은 때가 없으니, 공신된 자는 성은聖恩의 끝없음을 감격하여 마음을 다하여 보답함이 옳거든, 아직도 사욕에 매임을 면치 못하여 폐해를 끼치는 일이 매우 많습니다. 외방外方 여기女妓 가운데 재예才藝를 이룬 자를 다투어 서로 골라 차지하여 심하면 한 고을에서 4,5명에 이르고, 또 토호들이 기생을 관장하는 관원에게 여러 가지로 청탁하여 공신의 집에 선물로 바치기도 하고, 스스로 차지하여 첩으로 삼으니 노비의 수가 적어져 공역供役[5]을 하기 어렵고, 응대應對에 민첩하고 생계가 조금 넉넉한 자는 모두 취하여 남김이 없어서 쇠잔한 고을로 하여금 날로 조폐凋弊하여 장차 폐읍이 되려 합니다. 모두 쇄환刷還하여 함부로 차지하는 폐단을 막으소서』하니, 답하기를『이미 내보낸 노비를 만약 빼앗아 돌아오게 한다면 일이 시끄러울 것 같다. 그렇기 때문에 허락하지 않는다』하였다.《實錄》

◉ 명종明宗 4년 기유己酉(1549) 8월 을묘乙卯에 대사헌大司憲 진복창陳復昌이 아뢰기를『대사간大司諫 윤인서尹仁恕는 이미 속신贖身한 기첩이 있고, 또 경기京妓를 축첩畜妾하였습니다. 신臣이 면대面對하여 꾸짖기를 이미 속신贖身한 첩이 있는데다, 또 경기京妓를 첩으로 삼은 것은 너무 지나치지 않는가? 하니, 윤인서가 듣지 않을 뿐 아니라 도리어 의심하고 미워하는 마음을 가졌습니다』하였다.《實錄》

【2】 인조仁祖 때 사부私夫[6]가 기첩을 두다

인조仁祖 7년 을묘乙卯(1629)에 사헌부에서 아뢰기를 『국가에서 관기官妓를 두고 그 서방을 두는 것을 금하고 사적으로 첩을 삼지 못하게 하는 것은, 본디 사객使客을 위안하고 기쁘게 하려는 것으로서 오늘날 방기房妓[7]를 충원하여 대비함은 진실로 안 될 것이 없습니다. 들으니 도성에 있는 기생은 본디 수가 많지 않은데다 또 사부私夫가 숨기고 있어 그 수를 채울 수 없습니다』 하였다. (《實錄》의 《妓夫章》에도 보임)

【3】 영종英宗 때 조관朝官이 기첩을 두다

◉ 영종英宗 5년 기유己酉(1729) 3월 신미辛未에 사헌부司憲府에서 아뢰기를 『기생첩을 두는 것은 국법이 지엄하온데 근일에 조신朝臣이 법금法禁을 범하고 축첩畜妾하여 말썽이 많으니, 해당 부府[8]로 하여 기한을 정해 독려하여 돌아오도록 하기를 청합니다』 하였다. 답하기를 아뢴 대로 하라 하였다.《實錄》

◉ 영종 15년 기미己未(1739) 정월 계축癸丑 밤에 소대召對[9]하고 임금이 말하기를 『전번에 풍원豊原(조현명趙顯命을 가리킴)이 감영 기생을 쇄환하는 일로 진달陳達하였는데, 염치廉恥를 진작振作하는 방법에 있어서도 이를 막지 않을 수 없다. 들으니 상의원尙衣院과 내의원內醫院에 속해 있는 벼슬아치도 축첩畜妾한 자가 많다고 하니, 이 폐단이 어찌 감영 기생에 그치랴』 하였다. 참찬관叅贊官 이중경李重慶이 아뢰기를 『관기官妓를 축첩하는 일은 진실로 잘못입니다. 그러나 나이 많은 뒤에 결혼한 것도 쇄환을 면치 못한다면 불쌍합니다』 하니, 임금이 말하기를 『자녀를 생산한 자는 논하지 말라』 하였다.《實錄》

◉ 영종 45년 기축己丑(1769) 정월 무진戊辰에, 경조京兆[10]에게 명하여 『사부士夫로서 축첩한 자를 수색하여 아뢰라』 하였다. 처음에 사인士人 김기장金基長이 진연進宴이 있을 때에 의녀를 그 집에 숨겼는데, 혜민서惠民署[11] 제조提調 정형복鄭亨復이 찾아내어 옥에 가두었다. 이때에 죄가 가벼운 죄수들을 방면하라는 명을 내려서, 임금이 죄수의 문안文案을 가져다 보니 그 속에 의녀의 이름이 들어 있었으므로 크게 놀랐다. 곧 전교傳敎하기를 『선상選上하는 기생을 조명朝命[12]을 기다려 즉시 보내는 것은, 종신宗臣[13]

이나 무신武臣의 혹란惑亂[14]을 금하려는 것이다. 이제 보니 선비의 의관을 한 자도 기생을 축첩하고 있다. 유생이 이 같으니 하물며 진신搢紳이랴. 진신이 선도하고 사인士人이 이를 본받고, 사부士夫와 서인庶人이 이에 따른다면 혜민서·상의원·공조工遭 등에서 사역시킬 사람이 없게 될 것이다. 신칙申飭하려 한다면 마땅히 먼저 그 현저顯著한 자부터 하여야 한다. 김기장金基長은 특히 볼기를 때려 귀양보내는 율律을 시행하라』하고, 이어 경조京兆에 명하여 기생을 첩으로 삼은 자를 수색하게 하였다. 신칙申飭하는 교서敎書를 거듭 내려 독촉하니 이 일을 맡은 자가 두려워하여 사방으로 나가 수색 체포하였다.

밤 삼경三更에 왕이 건명문建明門에 납시어 기생을 축첩한 자를 잡아들이게 하여 조관朝官과 유생儒生은 혹 벼슬을 강등시키고 혹 추방하였으며, 무인武人이나 중인中人 또는 서민은 곤장棍杖을 때리고, 또 그밖의 형벌을 가하기도 하였다. 여러 군문軍門 각사各司의 관료 및 하례下隷가 이로 인하여 죄를 얻은 자가 매우 많았다. 또 명하여 5부五部의 관원을 남간南間[15]에 가두게 했으니 기생을 축첩한 자의 자수自首가 적었기 때문이다.

기사己巳에 옥당玉堂 이득복李得福 등 여섯 사람이 연명聯名하여 소疏를 올렸는데, 그 대략이『어젯밤 건명문에 납신 거조擧措는 그 정도가 지나치고, 남간南間에 가둠은 또한 마땅한 율법律法이 아닙니다』하였다. 왕이 말하기를『이번의 처사는 극히 온당한 것이다. 내가 무슨 지나침이 있단 말인가』하고, 대신大臣에게 명하여 당상관堂上官 이상의 벼슬아치를 모아 인견引見하고, 감히 들을 수 없다는 하교下敎를 거듭 내렸다. 대신과 여러 신하가 번갈아 아뢰어서 성난 감정을 풀어 드리고, 또 약을 드실 것을 청하여 마음이 조금 누그러졌다. 이어 웃으면서 묻기를『경卿들도 축첩한 일이 있는가?』하였다. 모두 대답하기를『있습니다』하였다. 드디어 기한을 정하여 금하기를 명하고 조관朝官은 모두 자수하게 하였다. 그리고 경조京兆 5부의 기생 일로 하여 죄를 입은 자는 모두 용서하기로 명하였다.

경오庚午에 왕이 상참常參[16]을 행하고, 경조京兆의 기생을 축첩한 자의 자수한 초기草記를 읽게 하였다.

임신壬申에 왕이 건명문建明門에 납시어 기생을 축첩한 자를 잡아다가 크게 처분을 내렸다.

신미辛未에 왕이 건명문建明門에 납시어 이득복李得福의 소疏에 이름이 올라 있는, 홍수보洪秀輔·조재준趙載俊·홍경안洪景顔·홍찬해洪纘海 등 네 사람의 산배散配[17]를 명하였다. 또 5부의 관원을 잡아들여서 각각 형벌을 더한 뒤에 산배하였는데, 이것은 기생을 축첩한 사람을 수색하였을 때 체포한 수가 적었기 때문이다. 또 엄지嚴旨[18]를 거듭 내려 1백 명의 수를 채워 체포하라는 명에 따라 경조 5부에서 사람을 사방으로 보내어 탐문하고 체포케 하였다. 때때로 계문啓聞[19]하고, 그 이름이 조적朝籍[20]에 올라 있는 자는 절도絶島에 정배定配하는데 배도압송倍道押送케 하고, 판윤判尹 서명신徐命臣과 좌윤左尹 김종정金鍾正은 직산현稷山縣에 내치니 기생을 축첩한 자를 조사하여 진상을 밝히는 일을 지체한 때문이다.《實錄》

《雙劍對舞》 申潤福, 지본담채, 28.2×35.2㎝

제14장

조관朝官이 기생을 두고 다투다

조선조 이래로 조정의 벼슬아치들이 기생으로 즐거움을 삼아 기첩妓妾을 쟁탈하기까지에 이르렀다. 세종世宗 때에 예조판서禮曹判書 김하金何는 종실宗室 재상宰相과 함께 기생을 두고 다투는 싸움을 벌였으며, 성종成宗 때 재상 이영근李永根·이곤李坤 두 사람 또한 기생 한 사람을 놓고 다투었으며, 명종明宗 때에 임백령林百齡이 윤임尹任과 기생 옥매향玉梅香을 두고 다투었으며, 또 성씨成氏 재상宰相이 유씨柳氏 조관朝官과 더불어 기생을 두고 다툰 일이 있었다. 모두 기록으로 남아 있으니 아래에 열거하여 싣는다.

【1】 김하金何가 종실宗室과 기생을 두고 다투다

김하金何는 연안延安 사람으로 벼슬이 예조판서禮曹判書 대제학大提學에 이르렀고, 시호는 정선靖宣이다. 통역通譯을 잘해서 세종의 총애가 깊었다. 판서로 있을 때 녹명아鹿鳴兒라는 기생을 좋아하였다. 또한 종실宗室 재상宰相과 안씨 성을 가진 도승지都承旨도 그녀를 사랑해서 서로 다투어 논쟁을 벌이기에 이르렀다. 종실 재상이 주장하기를 『그녀는 내가 먼저 사랑했다』 하니, 임금께서 사람을 보내서 유시諭示하기를 『너는 나라에 있어도 그만 없어도 그만인 사람이지만, 김하金何는 다른 사람이 못하는 일을 하니 이 사람은 없어서는 안 될 인물이다. 그리고 김하는 아들이 없다. 너는 그 기녀妓女로 첩삼는 일을 단념하라. 네가 만일 그 일로 다툰다면 마땅히 너를 벌하리라』 하시었다. 또 도승지都承旨를 시켜 김하金何에게 선지宣旨하기를 『너는 그 기녀妓女를 첩으로 삼겠는가?』 하시니, 김공金公이 더듬더듬 대답하였다. 뒤에 김공이 복服을 입고 있는 몸으로 창녀娼女의 집에 갔다. 사헌부司憲府에서 이를 적발하여 죄를 논하였다. 임금께서 죄를 용서하면서 말씀하시기를 『그 창녀는 내가 준 것이다. 더 죄를 논하지 말라』 하시었다. 비록 변변치 않은 재주(통역하는)라도 아끼고 장려하심이 이와 같으셨다.《謏聞瑣綠》

【2】 두 이씨李氏와 한 기녀妓女

성종成宗 때 재상宰相 이영근李永根과 이곤李坤 두 사람이 다같이 한 기생과 정을 통하고 서로 빼앗으려 들었다. 언관言官[1]이 논죄하여 파직을 청한 지 여러 날이 되었는데도 임금께서 끝내 윤허允許하지 않으셨다. 두 사람이 다같이 대궐로 들어가 임금을 뵙고 자신을 변명하여 서로의 허물을 상대방에게 돌렸다. 임금께서 말씀하시기를 『옛부터 사대부士大夫가 처첩妻妾을 가지고 다투는 것은 말기末期의 현상이다. 나는 차마 이 시대를 쇠퇴하는 세상으로 만들고 싶지는 않다. 내가 대각臺閣[2]의 의논에 따르지 않은 것은 결코 경卿들이 죄가 없어서가 아니니 물러가서 스스로 반성하라』 하시었다. 《松窩雜記》

【3】 임백령林百齡과 윤임尹任이 기생 옥매향玉梅香을 두고 다투다

명종明宗 때 을사사화乙巳士禍가 일어났다. 처음에 이기李芑가 병조판서兵曹判書의 천망薦望[3]에 올랐는데 유관柳灌이 이를 막았다. 임백령은 윤임과 함께 기생 옥매향을 두고 다툰 일이 있었다. 임백령이 옥매향에게 사주使嗾하여 윤임을 무고誣告해서 무복誣服케 하고 성번成蕃으로 증인을 삼았다. 대궐 뜰에서 국문鞠問이 벌어졌다. 추관推官 허자許磁가 임백령과 농을 주고받았다. 윤임의 기첩妓妾 옥매향은 옥에 갇혀 있었는데, 허자가 임백령을 향해서 말하기를 『그녀를 영감께 보내 드리리다』 하였다. 듣는 자가 모두 분개하였다.《幽憤錄》

【4】 성수사成水使가 임천林川 기생을 탈취해 가다

유씨柳氏 성을 가진 늙은 조관朝官이 임천林川 원으로 있을 때 한 기생을 사랑하였다. 내아內衙로 불러들여서 밖으로 내보내지 않고 몹시 사랑하였다. 성씨成氏 재상宰相이 이때 본도의 수사水使가 되어 내려가서 그 말을 전해 듣고 마음으로 빼앗을 생각을 하였다. 임천으로 가서 동헌東軒[4]에 들어가 앉기가 무섭게 먼저 그 기생을 물었다. 모두들 염병을 앓아서 거의 죽게 되었다고 대답하였다. 성공成公이 불러올 것을 강요하여 형장刑杖[5]으로 위협하기에 이르렀다. 아전이 괴로움을 견디지 못해서 내아內衙로 들어가 이 일을 호소하였다. 유씨柳氏가 할 수 없이 기생을 내보냈다. 기생은 흐트러진 머리, 때묻은 얼굴에 누더기옷을 걸치고 맨발로 성수사成水使를 뵈었다. 성이 방 안으로 불러들인 다음 늙은 기생을 시켜 얼굴을 씻기고 머리를 빗기고 옷을 갈아입히도록 했다. 그랬더니 용자容姿가 여러 기생보다 뛰어났다. 곧 기생과 정을 통한 뒤 말에 태워 가지고 병영兵營으로 돌아갔다. 유柳는 뜻밖에 기생을 빼앗기게 되었지만, 그 기생을 찾아 돌아올 묘안妙案이 없었다. 급하게 급창及唱[6]을 시켜 가는 길 뒤에서 부르게 하였다.『아무개야, 네 어미가 죽었다.』성成이 기생에게 말하기를『네 어미가 죽었다고 하는데도 너는 어찌 돌아가지 않느냐?』하니, 기생이 웃으면서 말하기를『첩의 어미는 죽지 않았습니다』하였다. 다른 날 기생이 조용히 성에게 말하기를『첩이 비록 고을 내아에 있긴 했었지만 본의가 아니었습니다. 조관朝官이 고을에 올 때마다 가슴 두근거리고 기대를 걸었었는데, 이제 다행히도 상국相國과 인연을 맺어 형장刑杖의 괴로움을 면케 되었으니 실로 재생再生의 은인恩人이십니다』하였다.《靑坡劇談》

제15장

기첩을 두면 반드시 뒷문으로 들어오는 사람이 있다

세상에서 기첩을 두는 자는 고대광실高臺廣室을 마련하여 거처하게 하고, 비단옷을 입히고 고량진미膏粱珍味를 먹이고, 금옥金玉과 주보珠寶로 그 머리를 장식하게 하고, 화류자개花柳紫介로 가구를 사치스럽게 한다. 그리고 며칠에 한 번씩 와서 같이 밥상을 대하고 밤에는 한자리에서 데리고 잔다. 그 즐거움이 진진해서 마치 천궁天宮에 있는 것만 같다. 그러나 첩노릇하는 기생에게는 반드시 정부情夫가 있어서 날이 어둡기를 기다려 뒷문으로 맞아들인다. 예를 들어서 늙은이가 소첩少妾을 두면 그 정부가 있음을 알고도 눈을 감아서 묻지 않는 경우가 있다. 이것을 〈후문개방後門開放〉이라고 한다. 청장년靑壯年이 기첩을 두면 흔히 뒷문으로 들어오는 사람과 충돌을 일으킨다. 용서하면 사정파의事情罷議(우리 속담에 남편과 아내가 합의이혼하는 것을 사정파의라고 한다)하고, 화가 나면 칼을 가지고 맞서게 된다.

【1】 조사朝士의 사랑하는 기생을 의관醫官이 진맥診脈하다

내금위內禁衛 한 사람이 조사朝士의 사랑하는 기생과 사통私通하였다. 어느 날 두 사람이 정사情事를 벌여서 그 즐거움이 절정에 이르렀을 때에 조사朝士가 졸지에 들이닥쳤다. 본남편의 목소리임을 듣고 내금위가 곧 관대冠帶를 갖추고 문 밖에서 허리를 굽혔다. 조사가 말하기를 『너는 무엇하는 자이냐?』 하였다. 대답하기를 『의관醫官이온데, 정원政院[1]의 관원이 낭자께서 몸이 불편하시다는 말을 듣고 명을 보내셨기로 이렇게 왔습니다』 하였다. 조사朝士가 크게 기뻐하며 기생의 맥을 진찰케 하고 술을 함께 하고서 크게 취한 뒤에 돌아갔다. 아마도 기생이 병이 있을 때에는 조사朝士가 정원政院에서 의원을 청했던 것 같다. 간부奸夫를 시켜 의관醫官으로 꾸며대게 했으니, 이것도 사람을 속이는 데서 그 방법을 얻었다고 하겠다.(權應仁의 《松溪漫錄》)

【2】 남감사南監司의 사랑하는 기생이 손가락을 끊어서 맹세하다

유몽인柳夢寅의 《어우야담於于野談》에는 다음과 같이 실려 있다.

남곤南袞이 감사監司가 되어 사랑하는 기생이 있었다. 어느 날 달빛은 대낮 같고 객사客舍의 하인들은 모두 잠들었는데, 감사가 기생과 함께 뜰을 거닐다가 묻기를 『너의 집은 어디에 있느냐?』 하였다. 기생이 손가락으로 가리키면서 『저 홍살문 밖 길이 나 있는 사립문 있는 집입니다. 술이 준비되어 있고 밤중이라 알 사람도 없으니 사또께서 함께 가셔서 술을 드시는 것도 즐거운 일이 아니겠습니까?』 하였다. 곤袞이 이 말에 쾌히 허락하고 남모르게 손을 잡고 갔다.

기생이 그 어미를 시켜 비밀리에 고을 원에게 이 소식을 전하게 한 뒤, 마치 자기 집에서 장만한 것처럼 해서 술을 극진히 대접하고 한껏 즐겼다. 그리고 곤袞이 몹시 취해 잠이 들자, 기생은 집안 사람을 시켜 자리를 가지고 창을 겹겹이 둘러쳐서 아침 햇빛이 안으로 새어들지 못하게 하였다. 남곤은 코를 드르렁드르렁 골며 깊이 잠들었다. 해가 높게 떠올랐으며 아전들이 모두 사립문 밖에서 기다렸다. 남곤이 놀라 일어나서 밖으로 나가려 했으나 이미 한낮이었다. 나오지도 들어가지도 못하는 난처한 지경에 놓였다. 크게 부끄러워서 병이라 핑계하고 돌아갔으나, 남곤은 그 기생을 그리워하며 잊지 못하였다. 고을 원이 치장해서 올려보내니, 곤이 그녀를 첩으로 삼았다.

하루는 술에 취해서 집으로 들어가는데 어떤 남자가 뒷문으로 빠져 나갔다. 남곤이 놀라서 기생에게 묻기를 『뒷문으로 나가는 나그네는 누구인가?』 하였다. 기생이 겉으로 놀라는 체하며 눈물을 흘리면서 말하기를 『영감께서 나를 미워하신다면 버리셔도 좋고 죄를 주셔도 좋습니다. 뒷문의 나그네란 무슨 말씀입니까?』 하고 작은 칼을 뽑아서 손가락 위를 내리쳤다. 손가락 하나가 칼날의 움직임과 동시에 땅바닥으로 떨어졌다. 곤이 깜짝 놀라 말하기를 『창녀娼女가 두 가지 마음을 가지는 것이 족히 나무랄 것은 못 된다. 그 잘못을 가리우려 하여 다른 사람이 차마 하지 못하는 짓을 해서야 되겠는가』 하고 소매를 떨쳐 돌아갔다. 이튿날 기생을 쫓아 버렸다.

【3】 김병사金兵使의 기첩妓妾이 무쉬武倅에게 정情을 두다

인조仁朝 무자년戊子年(1648)에, 무신武臣 김모金某가 평안병사平安兵使로 있을 때 가까이하는 기생이 있어 사랑을 독차지하였다. 기생은 일찍이 무쉬武倅[2] 정호신鄭好信에게 정을 두어 잊지 못하였다. 정호신이 공무公務를 띠고 병영兵營으로 오면 기생이 틈을 노려 남모르게 나아가서 만나 정을 통하였다. 이 일을 병사에게 밀고한 자가 있었다. 병사가 기생을 불러서 힐문하니 기생은 부인하며 칼을 들어 손가락을 찍어 맹세하기에 이르렀다. 호신好信이 이 말을 듣고 분노하여 말하기를 『이것은 요물이다. 내가 숨길 수 없다』 하고 병사兵使에게 뵙기를 청하여 사실을 낱낱이 고해서 중죄로 다스렸다. 사람들이 모두 통쾌하게 생각하였다.(鄭在崙의 《東平錄》)

【4】 늙은 황해감사黃海監司의 기첩妓妾이 부사府使와 밀통하다

매화梅花는 곡산谷山 기생으로 용모가 극히 아름다웠다. 어떤 노재상老宰相이 황해감사가 되어 관내를 순행巡行하다가 그 고을에 이르러 그녀를 보고 사랑하여 감영監營으로 데리고 가서 곁에 두었는데, 그 총애가 비할 데 없었다. 이때 한 명사名士가 곡산부사谷山府使로 와서 해주海州 감영監營으로 가 감사를 찾아뵈었다. 이 자리에서 잠깐 그 기녀妓女의 미모를 보고 마음으로 사모하여 그 어미를 불러서 재물을 후히 주었다. 이처럼 하기를 여러 달 해서 그 환심을 사기에 힘썼다. 기생어미가 이상스럽게 여겨서 이처럼 돌봐주는 까닭을 물으니 부사가 대답하기를 『너는 비록 늙었지만 본시 명기名妓이기 때문에 친하려는 것일 뿐 다른 뜻은 없다』 하였다.

어느 날 늙은 기생이 또 까닭을 물었다. 부사가 이번에는 바른 대로 말하였다. 『내가 해주 감영에서 네 딸을 만나보고 사랑하는 마음이 생기고 잊혀지지 않아서 거의 병이 날 지경이다. 네가 만일 데리고 와서 한 번 만나게 해준다면 죽어도 한이 없겠다』 하였다. 늙은 기생이 웃으면서 말하기를 『그것은 극히 쉬운 일입니다. 왜 진작 말씀하지 않으셨습니까. 곧 데려오겠습니다』 하고, 집으로 돌아가 그 딸에게 편지 한 장을 써보냈다. 그 글에 이르기를 『내 병들어 죽게 되었다. 너를 보지 못하면 죽어도 눈을 감지 못하겠다. 빨리 와서 마지막으로 만나보도록 하라』 하였다. 매화가 편지를 보고 울면서 감사에게 고告하여 말미를 얻어 돌아가 어미의 병을 보게 해주기를 청하였다. 감사가 이를 허락하고 재물을 후하게 보냈다.

매화가 돌아가서 그 어미를 만났다. 어미가 사실을 말하고 매화를 데리고 부아府衙로 들어갔다. 부사는 이제 서른 남짓한 젊은 나이에 풍모風貌가 준수俊秀하였다. 감사의 늙어 주름진 얼굴에 비한다면 마치 신선과 범인凡人

같은 차이였다. 매화도 부사를 한 번 보고 사랑하는 감정이 싹텄다. 이날로부터 잠자리를 함께 해서 환락의 정이 무르익었다. 한 달을 지내고 보니 말미를 받은 기한이 차서 돌아가야 했다. 매화가 해주를 향해 떠나려 하니 부사가 차마 손을 놓지 못하면서 말하기를 『이번에 헤어지면 앞으로 다시 만날 기약이 없다. 어떻게 하면 좋단 말이냐?』 하니, 매화가 눈물을 흘리면서 『첩이 이미 사또께 몸을 허락했습니다. 이번에 가면 몸이 벗어날 계교가 있사오니 멀지 않아 다시 좌우로 뫼시게 될 것입니다』 하고, 곧 길을 떠나서 해주에 도착하여 감사를 뵈오니 감사가 그 어미의 환병이 어떤지를 물었다. 대답하기를 『병세가 위중했었는데 다행히도 좋은 의원을 만나서 이제 차도가 있습니다』 하였다. 그리고는 여전히 감사를 뫼셨다. 10여 일 뒤 매화가 갑자기 병이 나서 침식寢食을 모두 폐하고 신음하면서 나날을 보냈다. 감사가 여러 가지 약으로 시험했으나 효험이 없었다. 자리에 누운 지 10일 만에 별안간 벌떡 일어나더니 흐트러진 머리, 때묻은 얼굴로 발을 구르고 손뼉을 치며 소리를 질러댔다. 혹 웃기도 하고 혹 울기도 하며 혹 감사의 이름을 부르며 욕하기도 하였다. 사람이 이를 만류하면 발길로 걷어차기도 하고 물어뜯기도 해서 접근할 수가 없었다. 곧 미친 병이라, 감사가 놀라 두려워해서 그 집으로 돌려보내 버렸다. 거짓으로 미쳤던 것이다. 집에 이르자마자 병은 씻은 듯이 나았다. 곧 부아로 들어가 부사를 보고 사실대로 고하였다. 그리고 골방에 머물러 있으면서 애정이 더욱 두터워졌다.

감사가 이 같은 사실을 들어서 알고 있었다. 뒤에 부사가 가서 감사를 뵈오니, 감사가 묻기를 『내 수청守廳 들던 곡산 기생이 병이 있어 집으로 돌아갔는데 요사이 좀 어떤가, 그대는 혹 불러보지 않았는가?』 하였다. 대답하기를 『병이 좀 나았다고 합니다. 그러나 하관下官이 어찌 감히 감영監營의 수청기생을 불러볼 수 있겠습니까?』 하였다. 감사가 냉소하며 말하기를 『그대는 나를 위해서 잘 지키도록 하라』 하였다. 부사는 감사가 이미 사실을 알고 있음을 알아차렸다. 그래서 휴가를 청해 도성으로 올라가 어느 간관諫官을 사주하여 감사를 탄핵해서 파직시키고, 여전히 매화와 동거하다가 벼슬이 바뀌면서 도성으로 데리고 올라갔다. 병신년丙申年 옥사獄事가 일어나자 전 곡산부사가 연루되어 옥에 갇히게 되었다. 그 아내가 매화에게 말하기를 『주인께서 이제 이 지경에 이르렀다. 나는 마음에 결정한 바가 있다. 너는 아직도 연소하니 구태여 여기에 있을 필요가 없다. 고향 집으로 돌아가도록 하라』 하니, 매화도 울면서 대답하기를 『천첩賤妾도 오래도록 주인의 은총을 받았습니다. 이제 환란을 당했다고 해서 어찌 차마 돌아가겠습니까? 죽음이 있을 따름입니다』 하였다. 부사가 형장刑杖을 맞고 죽으니 그 아내도 스스로 목매어 죽었다. 매화는 부인의 시체를 습염襲殮하고, 또 부사의 시체를 인도받아서 예禮를 다하여 선영先塋 밑에 합장合葬하였다. 그리고 나서 그 또한 무덤 곁에서 스스로 목숨을 끊어 뒤를 따랐다.《溪西野談》

【5】 윤사문尹斯文이 기생을 따라 춤추다

사문 윤통尹統이 익살을 잘 부리고 말을 잘해서 언제나 사람 속이기를 일삼아 하였다. 집이 영남嶺南에 있었는데 매양 각 고을을 두루 찾아다녔다. 한 고을에 이르러서 기생과 한 방에 있었는데 한 아전이 왔다갔다 하면서 기생에게 쉬지 않고 눈짓을 하였다. 선생은 딴생각이 있음을 알아차렸다. 밤중이 되자 코를 크게 골면서 자는 시늉을 했다. 기생은 깊이 잠든 것으로 생각하여 살며시 방문을 열고 나갔다. 선생은 남모르게 뒤를 따라 나섰다. 아전이 창 밖에서 기다리고 있다가 기생의 손을 잡고 갔다. 기생이 말하기를 『달은 밝고 아무도 보는 이 없으니 춤이나 춰보는 것이 어떨까』 하더니, 이어 둘이서 춤을 추기 시작했다. 선생이 보니 또 한 아전이 처마 밑에 누워서 잠을 자고 있었다. 곧 그 보릿짚 모자를 벗겨 머리를 가리우고 가 그 곁에서 춤을 추었다. 아전이 『이제 우리 두 사람이 즐겁게 노니는데 너는 도대체 누구냐?』 물었다. 선생이 말하기를 『나는 동상방東上房의 나그네이다. 두 사람이 같이 춤추는 것을 보고 몹시 부러워 와서 흥을 돕는 것이다』 하였다. 아전이 황공해하며 사죄하였다.《慵齋叢話》

【6】 박충간朴忠侃의 사랑하는 기생이 사사로이 녹사錄事를 사랑하다

국가가 태평할 때에는 향리鄕吏가 모두 제나립濟羅笠을 착용하였다. 제나립濟羅笠이란 백제·신라 때의 방립方笠[3]을 말한다. 유순兪洵이 사통私通하는 여자가 있었는데 바로 향리의 아내였다. 순이 그 방으로 잠입했을 때 그의 아내가 몽둥이를 가지고 따라 들어갔다. 순이 벽에 제나립이 걸려 있음을 보고 재빨리 그것을 벗겨 머리에 쓰고 밖으로 나가 땅에 엎드렸다. 순의 아내가 향리로 알고 창황하여 달아났다.

박충간에게 사랑하는 기생이 있었는데 기생이 녹사錄事와 사통하였다. 녹사는 평상시에 평정건平頂巾[4]을 썼는데 깜박 잊어버리고 평정건을 그대로 벽에 걸어두었다. 충간이 밤을 타서 기생집에 들어가 자고 아침 일찍이 예궐詣闕을 하는데, 아직 날이 밝지 않아서 잘못하여 평정건으로 바꾸어 쓰고 대궐 앞에 이르렀다. 하인下人이 쳐다보고 의심하였다. 충간이 깜짝 놀라 말에서 내려 민가民家로 들어가 버렸다. 이때에 말하기를 좋아하는 자가 시를 지었는데 이르기를

> 유순의 아내는 검은 방립을 두려워하고
> 충간의 종놈은 평정관平頂冠을 의심하네.
> 兪洵妻畏黑方笠　　忠侃奴疑平頂冠.

하였다. 이때의 사람들이 모두 절창絶唱이라고 하였다.《於于野談》

【7】 김명원金命元이 담장을 넘어서 기생을 좇다

경림부원군慶林府院君 김명원金命元이 젊은 시절에 호탕하여 화류계花柳界에서 놀기를 좋아하였다. 그가 사랑하는 기생이 종실宗室 어떤 사람의 첩이 되었다. 아직도 애정이 가셔지지 않아서 야음夜陰을 타 담을 넘어서 상종相從하였다. 종실이 이 일을 알고 어느 날 밤 요소要所에 사람을 매복埋伏시켰다가 붙잡았다. 밧줄로 결박짓고 힘껏 구타하고자 하였다. 이때 공公의 형 경원慶元이 장령掌令으로 있었다. 아우가 화를 당하고 있다는 소식을 듣고 급히 그 집으로 달려갔다. 대문이 이미 굳게 닫혀 있어서 들어갈 수 없었다. 장령이 문지기를 꾸짖어 물리치고 문을 박차고 들어갔다. 그리고 크게 소리치기를 『나는 장령 김경원입니다. 내 아우가 기운이 호탕하고 몸가짐이 신칙하지 않아서 이제 공에게 득죄得罪했으니 비록 죽어도 아까울 것이 없습니다. 그러나 내 아우는 재주나 학문이 무리에서 뛰어나 앞으로 크게 쓰일 날이 있을 것입니다. 공께서 어찌 일개 아녀자로 해서 한 인재를 죽이시려는 것입니까?』 하였다. 종실이 곧 댓돌로 내려와서 사과한 뒤 그 결박을 풀고 술을 내와 후히 대접해서 보냈다.《海東逸話》

《聽琴賞蓮》 申潤福, 지본담채, 28.2×35.2㎝

제16장

국휼國恤에 기생을 데리고 노는 일을 법으로 금하다

조선조의 제도에는, 국상國喪을 당했을 때에 나라 사람들이 기생을 데리고 노는 일을 금했다. 태조太祖 때 한림翰林 금극화琴克和는 기생과 정을 통한 일로 해서 폐족廢族의 율律이 적용되었으며, 성종成宗의 상喪에 전라감사 이극돈李克墩이 기생을 데리고 다녔다가 사관史官 김일손金馹孫이 이 일을 사실대로 사초史草에 올리자, 이것으로 인해 원한을 품었다. 뒤에 사림士林이 혹화酷禍를 입게 된 것이 이극돈의 짓이다. 광해군光海君 때 승문저작承文著作 임건林健이 왕명을 받들고 사신으로 서도西道에 가서 국휼國恤도 생각 않고 기생을 데리고 놀아 죄를 입었다.

지나간 고종高宗 을미년乙未年(1895) 민후閔后의 상喪 때 새로이 복제服制를 마련하여 일반 국민은 6년 동안 복상服喪하게 했다. 6년 동안 음악을 듣고 기생을 데리고 노는 일이 일체 허용되지 않았는데, 이것으로 당시 사회의 적막상寂寞相을 말하지 않아도 알 수 있다. 올 병인년丙寅年(1926) 융희황제隆熙皇帝의 상喪에는 3일에 한해서 연락宴樂을 허락하지 않았으니, 이 두 가지 일만으로도 고금시의古今時宜의 변천을 엿볼 수 있다.

【1】 금극화琴克和가 기생과 사통私通했다가 폐족廢族의 형벌을 받다

금극화琴克和는 태조太祖 계유년癸酉年(1393)에 문과文科에 올라 청환淸宦[1]을 역임했으며, 아들 이영以詠도 한림翰林이었다. 태종太宗의 국휼國恤에 기생과 통정한 죄로 폐족의 형벌을 받았다.《公私漫錄》

【2】 이극돈李克墩이 기생을 말에 태우고 다녀서 역사의 기록을 더럽히다

김일손金馹孫은 김종직金宗直에게서 배웠다. 이극돈李克墩이 일찍이 전라감사가 되어 성종成宗의 상喪에 도성에 가서 곡哭하지 않고 기생을 말에 태워 데리고 다니자, 김일손이 그 일을 사초史草[2]에 실었다. 이극돈이 사사로이 고쳐주기를 청했으나 김일손이 이 말에 따르지 않았다. 그 때문에 원한을 품었다.《國朝記事》

【3】 임건林健이 기생을 데리고 놀다가 파직당하다

광해군光海君 원년 기유己酉(1609) 8월 신해辛亥에 사헌부司憲府에서 아뢰기를 『승문저작承文著作 임건林健이 국휼國恤 초에 사신으로 서도西道에 가서 공공연하게 기생을 끼고 놀아 보고 듣는 자들이 경악을 금치 못했습니다. 파직을 명하시기를 청합니다』 하였다. 비답批答하기를 『아뢴 대로 하라』 하였다.《光海君日記》

《年少踏青》 申潤福, 지본담채, 28.2×35.2㎝

제17장

교생校生·조랑曹郞이 창녀를 데리고 노는 해괴한 풍속

조관朝官이 창녀娼女의 집에서 자고, 유생儒生이 기생을 데리고 노는 것은 사람이 성인聖人이 아닌 바에야 어찌 이를 이루 다 책責하겠는가. 그렇지만 육조六曹의 숙직宿直하는 낭관郞官이 궁문宮門 밖 큰길 위에서 기생을 끼고 다니면서 이것을 태평의 기상이라 자랑하고, 향교鄕校에서 학문을 닦는 유생이 문묘文廟의 재사齋舍에서 기생을 데리고 놀면서 풍류남아風流男兒의 운치 있는 일로 여긴다. 이 같은 해괴한 습속習俗은 나라의 기강紀綱을 문란케 하는 것으로 실증을 열거해서 참고하고자 한다.

【1】 향교鄕校의 유생儒生이 재사齋舍에서 창녀娼女를 끼고 놀다

성종成宗 때 사람 김종직金宗直의《점필재집佔畢齋集》에『난蘭과 대[竹] 두 족자는 진주향교 교방敎坊에서 진사賑使인 우찬성右贊成 윤필상尹弼商에게 바친 것이라』하였다.

청풍암清風巖 바위 밑에 난초의 향기 맑아
누가 황화皇華[1] 위해 심어 놓았던가.
몸을 단정히 함은 군자君子의 행실이라
세상의 뭇꽃은 하례下隸의 차지일세.
清風巖下國香回　　誰爲皇華一倂裁
標致從來君子行　　世間花卉摠輿臺.

연미燕尾와 용추龍雛로 홍장紅粧을 짝해
누가 고절苦節과 유방幽芳을 안단 말인가.
자세히 보니 기화원琪花苑에서 왔구려
맑은 구경거리가 진실로 묘당廟堂에 둘 만하네.
燕尾龍雛伴靘粧　　誰知苦節與幽芳
細看來自琪花苑　　清玩眞堪著廟堂.

김종직이 밀양향교密陽鄕校 제자들에게 준 글에 이르기를『들으니 교방의 창녀를 사람들이 각각이 차지하여 재사齋舍에서 데리고 자기도 하고, 또 혹 서로 훔치는 자도 있다고 한다. 그리고 석존釋尊의 음복飮福과 사장師長의 생일 축하 등으로 잔치가 베풀어지는 날에, 명륜당明倫堂 위에서 기악妓樂이 베풀어지며, 학도學徒들이 기생들 속에 섞이어 음탕한 노래와 춤으로 희롱하고 접근하여 갖은 추태를 부려서 밤에서 낮까지 계속된다고 한다. 스승의 자리에 있는 자도 습관에 젖어서 그것이 당연한 것처럼 생각하여 조금도 탓하지 않고 얼버무려서 금하지 않을 뿐만 아니라, 따라서 함께 술취하여 벌거벗는 자가 왕왕 있다고 한다. 슬프다. 이것이 풍속과 교화敎化를 해친 큰 실마리이다. 대체로 재齋라고 하는 것은 놓여진 마음을 거두는 것이고, 명륜明倫이라는 것은 인륜人倫을 강론講論하여 밝히는 것이다. 이것(재齋·명륜明倫)을 가지고 이름으로 했음이 어찌 까닭이 없는 것이랴? 이제 음란을 행하고 노래하고 떠드는 곳으로 만들었으니, 이것은 또한 신성함을 모독하는 것이 아니겠는가. 선왕先王의 사람을 가르침에는 열세 살이면 악樂을 배우고 시詩를 외우고 작勺을 추었으며, 성동成童이 되면 상象을 추고 스무 살에 대하大夏를 추었다. 이렇게 해서 봄여름에 예禮와 악樂을 가르쳤으니, 이것이 모두 마음을 바르게 하고 인륜人倫을 밝힌 도구인 것이다. 어찌 일찍이 세속남녀世俗男女가 서로 즐겨서 금수禽獸와 같은 행실을 하는 것을 가지고 악으로 삼았겠는가. 정성鄭聲[2]을 버리라 했음은 부자夫子(공자)께서 안연顔淵의 나라 다스리는 물음에 대한 답이었다. 이제 정위상복鄭衞桑濮[3]의 요사스럽고 고혹蠱惑하는 소리를 성인聖人의 사당祠堂 곁에서 행함이 옳단 말인가』 하였다.

【2】 육조六曹의 낭관郞官이 노상路上에서 기생을 데리고 놀다

역대왕조歷代王朝에서 육조六曹의 숙직하는 낭관郞官들이 달밤에 각각 창기倡妓들을 데리고 광화문 밖 노상路上에 모여 시詩·주酒와 노래를 일삼아 밤새도록 마시고 떠드니, 이것을 태평한 시대의 일이라고 하였다. 육조만이 그런 것이 아니다. 궁성宮城 안에 있는 관원官員들도 옳지 않은 모임을 일삼아서 입직入直하는 날 밤에는 반드시 기생을 데리고 잔다. 먼동이 틀 때에 사무를 맡은 아전이 창 밖에 서서 아침 문안을 하는 것은 미인美人을 빨리 내보내게 하려는 것이다. 그뒤 세상 인심이 점점 훈박해지고 법금法禁이

엄해져서 육조六曹의 당직하는 풍속이 일변하고 궁성宮城 안에서의 야음夜飮도 폐지되었다. 그러나 숙직하는 날 밤에 사무를 맡은 아전이 뵙기를 청하는 것은 옛사례가 그대로 남아 있다.(李墍의《松窩雜說》)

【3】 영전재랑影殿齋郎이 재실齋室에 기생을 동반하다

정재륜鄭在崙의《동평록東平錄》에『경기전慶基殿은 전주성全州城 안에 있으니 태조太祖의 영정影幀을 봉안한 곳이다. 인조의 계해반정癸亥反正(1623) 이후 원元 정승 두표斗杓가 정사공신靖社功臣으로서 방백方伯이 되어, 영전재랑影殿齋郎이 기생을 불러 별당別堂에서 함께 자는 것을 보고, 그 집 별당을 헐어서 공지로 만들었다. 그뒤 연소한 재랑이 집을 떠나 객지에 와 있었는데 쓸쓸함을 이기지 못하면 기생집에 가서 자기도 하고, 또 재실齋室로 몰래 데리고 와서 잤다』는 기록이 실려 있다.

제18장

명기생名妓生과 명유생名儒生

옛날 우리 조선사회에서는 유림儒林은 양반의 지위로서 조정朝廷 관료의 모종밭이 되었으며, 기생은 천인賤人의 계급으로서 희첩姬妾의 모종밭이 되었다. 오늘 두편蠹編을 읽다가도 내일 용문龍門에 올라 수레를 타고, 마부를 내세우고 주머니에는 황금을 가지고 있는 것이 유계儒界의 떳떳한 일이다. 오늘 청루青樓에 있다가 내일 심궁深宮으로 들어가 마마媽媽라 호칭하고(속칭 관인官人의 첩을 마마라고 한다) 의복과 음식이 풍부하며 비복婢僕을 부리는데, 나합羅閤과 같은 것은(나합은 철종哲宗 때 김정승 좌근左根의 첩으로서 나주 기생으로 김의 첩이 되었다. 그 세력이 충천하여 세칭 부르기를 나합이라 하였다) 기계妓界에 떳떳이 보는 일이다. 유생이 기생과 접촉한 기담이문奇談異聞이 종종 있으니 아래에 기록한다.

【1】 노식盧植이 고기를 장만하여 기생에게 먹이다

유생儒生 6,7인이 과거 기일이 가까이 되자 동작銅雀 강변 정자에서 공부를 하였는데, 그 가운데 예조좌랑禮曹佐郎이 된 친구가 있었다. 한 유생이 희롱하면서 말하기를『우리들이 강사江舍에 나와 있으니 풍경은 비록 좋으나 남자들만 있으니 즐거움이 없다. 모름지기 명기名妓를 가려 우리에게 천침薦枕[1]케 하는 것이 어떠냐?』하니, 예랑禮郎이『좋도다』하였다. 이튿날 유생들이 강정江亭에 앉아서 강가를 바라보니 20여 명의 아름다운 기생이 배를 타고 건너왔다. 예조좌랑이 보낸 것이다. 유생들이 서로 밀의密議하기를『앞서 말은 희롱한 말인데도 기생이 오는 것을 모두 허락하고서 10보 가까이 왔는데도 술 한 잔 위로가 없으면 우리들에게 심히 부끄러울 것이니 쌀을 거두어서 밥을 해주자』하였다.

그러나 밥을 지을 사환을 부르니 사환이 없었다. 이때 중년 젊은이가 그 일을 맡으니 노식盧植이었다. 반찬을 장만하는 데 소어蘇魚[2] 10여 마리가 있었다. 몰래 주방 뒤로 나가서 고기를 장만하였다. 한 기생이 그것을 엿보고 와서 여러 기생에게 말하여 박수를 치면서 크게 웃으니 웃는 소리가 집안에 가득하였다. 그러자 식植이 부끄러워 달아나 버렸다.

뒷날 식이 장원급제壯元及第해서 청포青袍를 입고, 계화桂花를 꽂고, 쌍개雙蓋를 벌리고, 홍패紅牌를 펴고, 여러 악공樂工에게 악樂을 잡히고 장악원掌樂院 앞길을 지나는데 이날이 악을 시험하는 날이었다. 여러 기생이 모여서 이 빛나는 광경을 구경하다가 크게 놀라 말하기를 『저 신래新來(새로 등과登科하는 자)는 강정江亭에서 소어蘇魚를 장만하던 자가 아니냐?』 하며 돌아보고 기뻐하니, 식植이 부끄러워서 말 채찍을 빨리 치며 지나갔다.

【2】 고제봉高霽峰이 공주公州 기생을 얻다

제봉霽峰 고경명高敬命이 어릴 때 그 아버지가 공주公州 방백方伯으로 있으면서 안 어린 기생과 비밀리에 정을 나누었다. 뒤에 정시庭試에 응시하였다가 아버지의 병환 소식을 듣고, 방榜을 기다리지 않고 급히 돌아오다가 점심 때쯤 되어서 기생집을 지나는데 기생이 방백의 아들을 곁눈질하였다. 해 그림자가 질 무렵이라서 외출을 허락하지 않았다. 공이 기모妓母를 불러 계교를 꾸며서 밖으로 나가는데 기생이 공의 옷을 붙들고 울면서 놓아주지 않았다. 기생의 공을 사랑하는 정이 깊었기 때문이다. 공이 심히 민망해서 강하게 뿌리치고 돌아 들어가니, 때에 영중營中(우리 말에 감사監司 아문衙門을 감영監營이라 함) 잔치를 베풀었는데 기생을 급히 찾았으나, 기생이 오히려 강하게 뿌리치며 들어가지 않았다. 공이 한 율의 시를 써서 기생에게 보냈으며, 감사는 화를 내서 장차 형벌을 내리려고 하였다. 기생이 그 실정을 울면서 호소하였다.

말은 강변에 서 있는데 이별은 더디고
버드나무 가지는 미움만 낳네.
임과의 인연은 박한데 새로운 자태 머금었고
탕자蕩子의 깊은 정 뒷날의 기약 묻네.
복사꽃, 오얏꽃 떨어지니 한식절이고
자고새 날아가니 석양인 것을.
강남의 이슬비에 봄 물결 푸르고
손에 꺾어든 꽃으로 생각에 잠기네.
立馬江頭別故遲　　生憎楊柳最高枝
佳人緣薄含新態　　蕩子情深問後期

桃李落來寒食節　　鷓鴣飛去夕陽時
江南雨歇春波綠　　手折蘋花有所思.

감사가 크게 놀라서 급히 공을 불렀으나 이미 떠나 버렸다. 뒤를 좇아 효가리孝家里에 이르러 공을 찾아왔다. 감사가 말하기를 『늙은이의 병은 근심하지 않아도 된다. 내가 사신을 보내서 2일내에 탐문해서 찾아올 터이니 너는 여기서 머물거라.』 이때도 잔치가 아직 파하지 않고 무르익었다. 밤이 깊어서 관인館人이 문을 두드리면서 공을 찾았다. 과연 장원급제하였다. 곧 성대히 방榜을 갖추어서 보내고 친병親病의 문안 또한 탐지하여 오게 하였다. 급제해서 돌아오는 길에 다시 영중營中으로 불러들여 잔치를 크게 베풀고 그 기생을 공에게 주었다.

【3】 권경유權景裕가 계략을 써서 옥부향玉膚香을 취하다

권경유의 자는 군요君饒이며 유순정柳順汀의 자는 지옹智翁으로서 소년시절부터 재명才名이 있었다. 일찍이 산방山房에서 공부를 하였는데 한 소년이 스님에게 글을 배우고 있었다. 권權과 유柳가 소년에게 묻기를 『너의 이름이 무엇이냐?』 또 묻기를 『너의 얼굴이 아름다운데 너의 누나는 있느냐?』 소년이 대답하기를 『누나가 있는데 나주羅州 기생으로 이름은 옥부향玉膚香이며, 아명兒名은 덕조德鳥로서 얼굴이 아름답기로는 고을에서 첫째가는데 어릴 때 도성 교방敎坊에 뽑혀 들어가서 명성이 있습니다』 하였다. 두 사람이 정을 이기지 못하여 약속하면서 말하기를 『우리 두 사람 가운데 과거에 먼저 오른 사람이 부향을 취하리라』 하고, 또 소년에게 물어서 나주 고향집에 꽃과 나무, 시내와 돌의 종류가 어디 있다는 것을 마음 속으로 기억하여 두었다. 그뒤 2,3년이 지나 권과 유 두 사람이 함께 과거에 올랐는데, 유순정은 평안도 평사評事가 되었고 권경유는 한림翰林이 되었다. 한림이 잔치를 하는데 가기歌妓 중에서 옥부향을 보고 말하기를 『네가 나를 아느냐?』 향이 말하기를 『알지 못하겠습니다.』 권이 속여서 말하기를 『네가 나주에 있을 때, 포의布衣[3]인 나에게 통판通判[4] 아무가 너와 더불어 천침케 해서 내가 너희집에서 수일간 머물렀느니라. 너의 어머니 이름은 아무이고, 할머니 이름은 아무이고, 아우 이름은 아무이며, 문 앞에 나무가 몇 그루 있고, 꽃이 몇 그루 있고, 시내가 어디 있으며 돌이 어디 있지 않느냐』 하고 모두 잊지 않고 말한 다음, 다시 『네가 나와 작별하면서 첩이 다행히 경기京妓로 뽑혀가고, 낭군이 또 과거에 오르면 다시 일생 동안 재합再合할 것입니다고 한 말을 너는 잊었느냐?』 하였다. 향이 기이하게 여겨 오랫동안 얼굴을 우러러보다가 탄식하면서 말하기를 『한림翰林의 말씀이 지성이옵니다. 제가 어릴 때 뵈었기 때문에 분별하지 못했는데, 이 일은 분명하옵니다만 첩은 동쪽 집 장랑張郎과 서쪽 집 이랑李郎 사이에서 그만 잊었습니다』 하면서 흐느껴 울었다. 이날 밤 약속이 이루어졌다. 사림士林에 이 말이 전해져 신기하게 여겼다.《秋江冷話》

【4】 가난한 서생書生이 소홍분굴笑紅粉窟을 취하다

경성의 가난한 서생이 평양을 지나는데 평양은 홍분紅粉[5]의 굴 속이다. 부윤府尹이 관생館生[6]을 객사客舍에 안내하고 명기名妓로 문안케 하였다.

서생은 침구가 없어 추웠다. 노복奴僕을 불러 나가라고 하더니 다시 불러서 아름다운 이불을 구해오라고 하였다. 노복이 한쪽이 떨어진 도포를 가지고 왔다. 서생이 도포를 뒤집어서 도포 양쪽 소매로 양쪽 발을 덮고 누우면서 말하기를 『이는 아름다운 이불이구나』 하며, 또 노복에게 명해서 벽이 차니 벽을 가릴 요를 관에 가서 얻어오라고 하였다. 그리고는 요를 뒤덮고 몸을 엎치락뒤치락 두세 번 계속하다가 화를 내면서 꾸짖기를 『참으로 어리석은 노복이로다, 나가라』 하였다.

이에 요를 덮고 잠을 자니 평양 기생이 지금도 기담奇談이라고 한다.《於于野談》

【5】 노옥계盧玉溪가 선천宣川 기생에게 힘입다

옥계玉溪 노진盧禛은 남원南原에 살았는데, 일찍이 아버지를 여의고 집이 가난하였다. 장성하였으나 장가 갈 곳이 없었다.

그 당숙堂叔이 무관武官으로서 선천宣川 수령으로 가 있을 때이다. 옥계의 모친이 혼수를 마련할 돈을 선천에 가서 좀 얻어오라고 권했다. 옥계는 편발編髮[7]로 걸어서 선천宣川에 도착하였으나, 문지기가 저지하여 들어갈 수가 없어 노상路上에서 방황하다가 지나가던 한 동기童妓를 만났다. 동기는 길을 가다가 멈춰서서 한참 동안 그를 살펴본 다음 『상공相公[8]은 어디에서 오십니까?』고 물었다. 옥계가 사실대로 이야기를 하니, 기생이 말하기를 『내 집이 아무 마을 몇 번째 집으로 거리가 멀지 않으니 상공은 내 집에 오셔서 쉬십시오』 하였다.

옥계가 허락을 하고 다시 관문으로 간신히 들어가서 그 당숙을 뵈옵고 여기까지 온 유래를 말하였다. 당숙이 얼굴을 찡그리고 말하기를 『부임한 지도 얼마 아니 되었는데, 관채官債가 산처럼 싸여 있으니 민망하다』 하고 심히 쌀쌀하게 대하였다. 옥계가 고별告別하고 문을 나서서 곧바로 기생집을 찾으니, 기생이 반갑게 맞이하였다. 그 어머니를 시켜 정성껏 저녁상을 차려주고 그날 밤 함께 동침同寢하였다. 기생이 말하기를 『제가 보기로는 수령의 생각이 심히 좁으니 비록 지친至親 사이긴 하지만 혼수를 도와주지는 않을 것입니다. 제가 공의 기골氣骨을 보니 앞으로 현달할 상입니다. 어찌 걸객乞客의 행색으로 돌아가셔서야 되겠습니까? 저에게 은전銀錢 5백 냥이 있으니 다시 관아官衙에 들어갈 것 없이 이곳에서 며칠 쉬다가 그것을 가지고 돌아가는 것이 옳을 듯합니다』 하니, 옥계가 불가不可하다 하고 말하기를 『잠깐 한 번 다녀온 후 가지 않으면 당숙께서 꾸짖지 않겠는가?』 물었다. 기생이 말하기를 『공은 비록 지친至親의 정을 가지고 있으나 지친을 어찌 의지하겠습니까? 만약 오래도록 머물게 되면 그 사람에게 괴로움만 입히게 되고, 돌아갈 때라야 불과 수십 금을 줄 터인데 장차 어찌 쓰겠습니까? 바로 이곳을 떠나십시오』 하였다.

옥계가 수 일 동안 머무르는데 낮에는 관에 들어가서 당숙을 뵙고 밤에는 기생집에서 잠을 잤다. 어느 날 밤에 기생이 등잔불 아래에서 행장을 준비하고 은자銀子를 꺼내서 주머니 속에 넣었다. 새벽이 되자 외양간에서 말 한 필을 끌어내어 행장을 말 위에 싣고 재촉해서 보내며 말하기를 『상공相公은 10년내에 크게 귀인貴人이 될 터이니, 그때까지 몸을 깨끗이하고 기다리겠니다. 만나는 곳은 노상에서 뵈올 것이니 몸을 보중하십시오』 하고 눈물을 흘리면서 문 밖까지 나와 송별하였다. 옥계는 부득이 당숙을 뵙지 못하고 떠나왔다. 그리고 집으로 돌아와서 그 기생이 준 은전으로 장가를 들고 살림을 이루어 의식衣食이 구차하지 않았다. 이어 공부를 해서 4,5년 뒤에 드디어 과거에 올라 임금님의 은총을 받았으며, 얼마 뒤 관서관찰사關西觀察使

로 나아가서 곧바로 선천宣川 기생집을 방문하였다. 기생은 보이지 않고 기생 어머니가 집에 홀로 있다가 옥계의 얼굴을 알아보고 소매를 잡고 울면서 말하기를 『내 딸은 그대를 보낸 날로 이 어미를 버리고 도망쳐서 어느곳에 있는지 알지 못한 것이 이미 몇 년이 지나가, 이 늙은 몸이 밤낮으로 생각에 싸여 눈물이 마를 때가 없소』 하였다. 옥계가 망연자실茫然自失해서 『내가 이곳에 온 것은 오로지 은인恩人을 만나기 위함인데 지금 그림자마저 없으니 쓸개가 떨어지는 것 같다. 내 기필코 그 자취를 찾아내리라』 하고, 다시 묻기를 『딸이 한 번 떠난 뒤 그 안부를 아직 듣지 못했는가』 하니, 그 어미가 『얼마 전에 성천成川 경내 산사山寺에 있다는 말을 들었으나, 그 얼굴을 보지 못했으니 풍문으로 전해진 말을 어찌 믿을 수 있겠는가. 이 늙은 몸이 쇠약해서 기운도 없고 또 남자가 없어 찾아가지도 못한 형편이니』 하며 탄식했다.

옥계가 이 말을 듣고서 곧바로 성천成川 경내의 한 사찰을 방문하여 세심히 찾았으나 형영形影이 없었다. 다시 다른 한 사찰을 찾았는데 사찰 뒤에 높은 절벽이 있고, 그 위에 조그만 암자가 있었다. 험준해서 발을 붙일 곳이 없었다. 옥계가 간신히 절벽을 타고 올라가서 세 승도僧徒에게 물었다. 약 4,5년 전에 20세쯤 되어 보이는 한 여인이 약간의 은전銀錢을 불전佛前에 헌납하고 불좌佛座의 탁상 아래 엎드려서 얼굴과 머리를 가리고 아침·저녁 밥상을 혈창穴窓으로 들여보내고 대소변 때만 잠시 나왔다가 들어가는데, 이렇게 한 지 1년이 되었으며 소승小僧 모두는 생불보살生佛菩薩로 생각하고 감히 가까이하지 못하였다고 하였다. 옥계가 바로 그 기생임을 알고 곧 수좌首座 스님을 시켜 창을 가리고 말을 전하기를 『남원南原에 노도령盧都令이 지금 낭자娘子를 찾아왔으니 문을 열고 맞이해 보지 않겠느냐』고 하였다. 여인이 그 스님에게 『노도령이 왔으면 등과登科를 했는가 하지 않았는가?』고 묻자, 옥계가 『등과해서 수의繡衣를 입고 이곳에 왔다』 하니, 여인이 말하기를 『해가 쌓이도록 이곳에서 자취를 감추고 괴로움을 견딘 것은 모두 낭군을 위해서이니, 어찌 기쁘게 맞이하지 않겠습니까마는 몇 년 동안에 얼굴이 귀형鬼形[9]이 되어 낭군을 보기 어려우니 저에게 10여 일의 여유를 주시면 첩이 다시 세수하고 화장을 해서, 본얼굴로 돌아간 뒤에 뵈옵는 것이 좋을 듯하옵니다』 하였다. 옥계가 그 말을 따라 10여 일을 머물렀더니 여인이 화장을 하고 곱게 꾸며 나와 뵈니, 서로 손잡고 희비喜悲가 한데 어

우러졌다. 스님 또한 그 내력을 알고 난 다음 감탄해 마지않았다.

어사御史가 본부로 와서 가마와 말을 선천宣川에 보내 그 어미와 만나보게 하고, 어머니의 말씀을 들은 뒤에 사람과 말을 보내 데려와서 종신토록 함께 살면서 서로 사랑하였다.《溪西野談》

【6】 심일송沈一松과 기생 일타홍一朶紅

일송一松 심희수沈喜壽가 일찍이 아버지를 여의고 배우지 못해서 총각 때부터 호탕하여 밤마다 청루青樓에 드나들었으며, 공자公子 왕손王孫의 연회에서 무동舞童과 가희歌姬의 모임에 이르기까지 가지 않는 곳이 없었다. 쑥대머리에 다 해어진 옷을 입고도 조금도 부끄러워함이 없어서, 사람들은 모두 미친 이라고 눈길을 돌렸다.

하루는 고을 수령이 부임한 잔치 자리에서 잡된 기생의 무리 가운데서 침을 뱉고 욕설을 해도 돌아보지 않았으며 쫓아내어도 가지 않았다. 그 기생 가운데 소녀 명기名妓 일타홍一朶紅이 있었다. 금산錦山에서 올라왔는데 용모와 가무歌舞가 당대에 독보적이었다. 심동沈童이 그 이름을 사모해서 일타홍의 곁에 앉아 있어도 홍紅이 싫어하지 않고, 눈길을 보내면서 그 동정을 살핀 다음 살며시 일어나 심동을 손짓으로 불러냈다. 심동이 따라 일어났다. 홍이 귓속말로 조용조용히 묻기를『그대의 집은 어디에 있소?』하니, 심동沈童이 아무 마을 몇 번째 집이라고 자세하게 일렀다. 홍紅이 말하기를『그대 먼저 가 계십시오. 첩이 곧 뒤따라갈 것이니, 가서 기다리십시오. 첩을 믿으십시오』하니, 심동이 크게 기뻐하며 집으로 돌아가 청소를 깨끗이하고 기다렸다. 날이 저물기 전에 홍이 과연 약속대로 찾아왔다. 심동이 기쁨을 이기지 못하여 무릎을 맞대고 서로 말을 주고받았다.

한 어린 여종(童婢)이 안에서 나오다 그 광경을 보고 돌아가 모부인에게 아뢰었다. 부인이 그 아들이 방탕한 것을 근심하여 불러서 꾸짖고자 하였다. 홍이 급히 동비童婢를 불러서 말하기를,『내가 들어가서 대부인을 뵈오리라』하였다. 이에 심동이 그 말을 따라 어린 여종을 불러서 안내케 하였다. 홍이 들어가 섬돌 아래에서 절하며 말하기를『저는 금산錦山에서 새로 온 기생 일타홍一朶紅으로서, 오늘 아무 재상宰相 집의 잔치 자리에서 귀댁 공자公子를 뵈었는데, 사람들은 모두 광동狂童으로 보았으나 이 천첩賤妾의 어리석은 소견으로는 크게 귀인이 될 기상임을 알았습니다. 그러나 그 기상이 크게 엉성해서 이른바 색 가운데 아귀(色中餓鬼)입니다. 지금 만약 억제하지 못하면 사람으로서의 가치를 이루지 못할 것이오니 바른 길로 인도해 보겠습니다. 첩이 오늘부터 공자公子로 하여 춤추고 노래하는 화류의 장소에 발을 끊게 하고, 붓과 먹과 약간의 서적을 마련해서 성취의 길이 있게 하고자 할 것이온데 부인의 뜻은 어떠하옵니까. 첩이 정욕情欲이 있어 이 말을 한다면, 어찌하여 가난한 과부의 집 광동狂童을 취하겠습니까? 첩이 비록 곁에 모시고자 하나, 정情을 받아들여 손상케 하지 않을 것이오니 이것만은 심려치 마십시오.』 부인이 말하기를 『내 아이가 어려서 아버지를 여의고 학업을 돌보지 않고 방탕한 일에만 온 힘을 기울이니 이 늙은 몸이 제지할 수 없어 마음 속으로 밤낮 괴로워하였는데, 지금 좋은 바람이 불어서 너 같은 가인佳人을 보내와 내 집의 광동狂童을 성취시키기만 한다면 이 은혜 클 것이니 내가 어찌 혐오하고 의심하겠느냐. 그러나 내 집이 너무 가난해서 조석朝夕으로 끼니를 잇기 어려우니 너는 호사스러운 기녀妓女로 굶주리고 추운 것을 참고 견딜 수 있겠는가.』 홍이 말하기를 『이것은 조금도 혐오스러울 것이 없사오니 만에 하나라도 염려 마십시오』 하였다.

드디어 그날부터 창루娼樓에 발을 끊고 심씨 집에 은신해서 유월 무더운 계절에도 시종 게을리하지 않고 해가 솟으면 책을 끼고 이웃집으로 가서 배우고 돌아온 뒤에는 책상머리에 앉아서 저녁에서 새벽까지 과업課業을 부지런히 시키는데, 그 과정課程을 엄하게 세워서 조금이라도 태만한 뜻이 있으면 변색變色을 짓고 작별하고 가버리겠다는 뜻으로 두려움을 주었다. 그럴 때마다 심동이 사랑을 두려워해서 공부에 게을리하지 않았다.

곧 혼인할 때가 되자, 심동이 홍紅 때문에 아내를 취하고자 하지 않았다. 홍이 그 뜻을 알고 힐책하면서 엄하게 꾸짖기를 『그대는 명가名家의 자제로 앞길이 만리나 같은데, 어찌하여 천한 창녀娼女로 하여 대륜大倫을 폐하고자 하옵니까. 첩은 결코 하지 않을 터이니, 첩 때문에 패가망신할 것이라면 이제 그만 돌아가겠습니다』 하자 심동이 부득이 아내를 취하니, 홍이 말을 화해롭게 하고 공경하고 또 조심조심해서 노부인과 같이 섬기고, 날짜를 정해서 4,5일에 한 차례 내실內室로 들게 하였다. 날마다 그 방에 허락을 받고 들어갔으며, 혹 약속을 그르치게 되면 문을 닫고 받아들이지 않았다. 이와 같이 한 지가 수 년이 되었다.

심생沈生이 배움을 싫어하는 마음이 전보다 더하였다. 하루는 책을 던지면서 홍에게 기대어 말하기를『너는 비록 부지런히 배움을 권하나 내가 하기 싫은데 어찌하겠는가』하니, 홍이 그 태만한 마음의 도度가 입으로 다투어서는 안 될 것임을 알고, 심생이 외출한 틈을 타서 노부인에게 아뢰기를『낭군이 책 읽기를 싫어하는 증세가 요즈음 들어 더욱 심하니, 첩이 비록 정성을 다하나 이 또한 어찌할 수 없으니 이제 이렇게 사의辭意를 아뢰옵니다. 첩이 이렇게 하는 것은 격려의 계책이오니 비록 이 문을 나가나 어찌 영원히 오지 않겠습니까. 등과登科의 소식을 들으면 곧 이곳으로 돌아올 것입니다』하고서 일어나 절하며 작별을 고하니, 부인이 손을 잡고 울면서『네가 내 집에 와서 패륜아에게 엄한 스승을 얻은 듯 다행히 배움을 일깨운 것은 모두 너의 힘인데, 지금 책 읽는 것을 싫어한다면 어찌하겠는가』고 묻자, 홍이 말하기를『첩이 목석木石이 아닐진대 어찌 이별의 괴로움을 알지 못하겠습니까? 그러나 다만 한 가지 조건이 있으니 낭군께서 첩의 이 말을 듣고 과거에 오른 뒤에 다시 만나길 약속하면, 반드시 분발해서 배움에 힘쓸 것이니 멀면 6,7년이며 가까우면 4,5년 사이입니다. 그동안 첩은 몸을 깨끗이하고 등과登科할 것을 기다릴 터이니 다행히 이 뜻으로 낭군이 널리 알려지는 것이 소망이옵니다』하고는, 개연히 나와서 내권內眷이 없는 노재상老宰相의 집을 찾아가서 노재상을 뵈옵고 말씀드리기를『집이 화를 입어 의탁할 곳이 없으니 원하옵건대 소녀를 비복婢僕으로 써주시면 정성을 다해서 옷이며 주식酒食을 삼가해 드리겠습니다』하였다. 노재老宰가 보니 단아하고 곱고 총명하고 지혜가 있어 보여 가련히 여겨 허락하였다. 홍紅이 그날부터 부엌의 반찬 등을 극진히 마련하여 식성에 맞게 해드리니, 노재가 더욱 기애奇愛해서 말하기를『이 늙은이가 팔자가 궁박했으나 다행히 너를 얻어 음식과 의복이 입과 몸에 맞으니 지금은 의뢰할 곳이 있고, 너 또한 정성을 다하고 내 마음 또한 허락하니 이제 부녀父女의 정을 맺는 것이 옳도다』하고, 이때부터 내실內室에 거처케 하며 딸이라 불렀다.

심생沈生이 집에 돌아와서 보니 홍이 없었다. 괴이하게 생각해서 물으니, 그 어머니가 이별할 때의 말을 전하고 꾸짖어 말하기를『네가 배움을 싫어해서 그 지경이 되었으니 장차 무슨 면목으로 이 세상에 설 것이냐. 네가 과거에 오를 기약을 했으니, 그 사람됨이 반드시 식언食言은 없을 것이다. 네가 만약 과거에 오르지 못하면, 이 몸은 다시 만날 기약이 없으니 네 마음대로 하라』 하였다.

심생沈生이 듣고 망연자실해서 수 일 동안 도성 안팎을 찾아다녀 봐도 종적이 없었다. 이에 마음 속으로 『내가 한 여자를 버리는 것을 보는 것이니 무슨 면목으로 사람을 대하겠는가. 이미 과거에 오른 뒤 만나기로 약속을 했으니 내 마땅히 과거 공부를 열심히 해서 그 사람을 이곳에서 꼭 만나리라. 만약 과거에 오르지 못해서 약속을 못 지키면 살아서 무엇하겠는가』 하고, 드디어 문을 닫고 친구를 사절하고서 밤낮으로 공부를 하여 수 년이 되어 등과登科하였다.

심생이 휴가를 얻어 먼저 그 집으로 찾아갔다. 노재는 심생의 부집父執[10] 이었다. 길 옆을 지나다가 배알하니 노재가 기쁘게 맞이하였다. 그가 머물면서 고금古今을 이야기하는데 안에서 상床을 차려왔다. 심공沈公이 찬품饌品과 잔을 보고 추연히 변색變色을 하니 노재상이 괴이하게 여겨 물었다. 이에 홍紅의 시말始末을 말하고 시생侍生이 각고로 과업科業을 해서 등과登科한 것도 오로지 고인故人과 서로 만나기 위해서이며, 지금 찬품을 보니 홍의 솜씨가 완연하므로 상심傷心이 되어 그런다고 하였다. 노재가 나이와 그 모양을 묻고 말하기를 『나에게 한 양녀養女가 있는데 어느곳에서 온 지는 알지 못하나 이 여자가 아닌가』 하니, 이 말이 미처 끝나기도 전에 갑자기 한 가인이 뒷창문으로 들어와서 신은新恩[11]을 안고 통곡하였다. 신은이 일어나 노재老宰에게 절하고 말하기를 『이 여인을 시생에게 보내주십시오』 하니, 노재상이 말하기를 『내가 죽어가는 나이에 다행히 이 여인을 얻어서 내 목숨을 의지했는데, 만약 지금 보내면 이 노부老夫는 좌우의 손을 잃은 것과 같으니 심히 난처한 일이나 다만 서로 만난 것이 기이하고, 또 서로 사랑하는 것이 이와 같으니 내가 어찌 허락하지 않겠는가』 하였다.

신은新恩이 일어나 절하고 거듭 사례하였다. 이때에 이미 날이 어두워지자 홍기紅妓를 말에 태우고 횃불을 들고 길을 인도하여 문에 들어서면서 『홍랑紅娘이 왔습니다』 하고 외쳤다.

그러자 모부인母夫人이 기쁨을 이기지 못하여 중문中門 밖까지 나와서 홍랑의 손을 잡고 섬돌 위로 올라 당우堂宇에 오르면서 기쁨이 넘쳐 어찌할 줄을 몰라하였다.

심沈이 뒤에 천관랑天官郞[12]이 되었다. 하루 저녁에는 홍이 옷깃을 여미고 말하기를 『첩의 한 실마리 같은 마음의 정성은 오로지 공의 성취를 위해서 다른 것은 미처 생각하지 못했습니다. 내 고향의 부모 안부를 알지 못했으니, 이는 첩이 밤낮으로 마음을 치는 것이옵니다. 공이 지금은 마땅히 그곳에 갈 수 있으니, 다행히 첩을 위해서 금산錦山 수령으로 가셔서 첩의 부모를 생전生前에 만나뵈오면 한이 없겠습니다』 하였다.

심沈이 말하기를 『이 일은 쉬운 일이다』 하고 그 군郡으로 보내줄 것을 소疏를 올려, 드디어 금산錦山 수령으로 부임한 그날로 홍의 부모 안부를 물었는데 편안하였다. 3일이 지난 뒤에 홍이 관아의 부엌에서 주찬酒饌을 성대히 차린 후 본가로 가서 부모를 뵈옵고, 또 친척을 모아놓고 3일 동안 큰 잔치를 베풀고, 또 의복에 쓰이는 물건을 풍부하게 마련하여 부모에게 보내드리고 말하기를 『관부官府는 사실私室과 다르고 관가의 식솔은 더욱이 다른 사람과 같지 않으니, 부모나 형제가 빈번하게 출입하면 사람들의 말이 관정官政의 누累가 될 것이오니, 이 소녀가 관아에 들어온 뒤에 바깥에 잘 나가지 않는 것 또한 빈번하지 않게 하기 위해서이오니, 제가 도성에 있는 것으로 헤아리시고 서로 자주 왕래 상통하지 마시고 안과 밖의 구분을 엄히 하십시오』 하였다.

절을 하고 물러나온 뒤 한번도 외부와 서로 통하지 않은 지 반 년이 지났다. 하루는 여종(婢子)이 소실小室의 말로 밖에 나가 뵈옵기를 청했으나 공무公務가 바빠서 나오지 않자, 비자婢子가 다시 뵈옵기를 청하여 공이 괴이하게 여겨 내실內室로 들어가서 물었다. 홍이 새옷을 갈아입고 머리를 잘 다듬어 빗고 슬픈 얼굴로 말하기를 『첩이 오늘 공과 영원히 이별하고 먼 곳으로 가고자 하오니, 원컨대 공은 몸을 보중하여 오래도록 부귀를 누리시고 첩에 대한 생각은 하지 마십시오. 첩의 유해遺骸는 공의 선영先塋 아래 묻히는 것이 소원이옵니다』 하였다.

말이 끝나자 갑자기 죽으니 공이 통곡하면서 말하기를 『내가 밖에 나가는 것은 다만 홍랑紅娘의 연고 때문이니, 지금 이렇게 죽으니 내가 어찌 홀로 머물겠는가』 하고 스스로 벼슬을 옮길 것을 청하고 영구靈柩가 떠나는데 금강錦江까지 동행하였다. 그리고

가을비는 금강에서 명정을 적시니
이는 바로 가인佳人의 이별하는 눈물인 것을.
錦江秋雨銘旌濕　　疑是佳人泣別時.

하는 애도시哀悼詩를 지었다.《溪西野談》

【7】 김우항金宇杭이 궁도窮途[13]에서 기생을 만나다

상국相國 김우항金宇杭이 나이 48세에 이르러서도 포의布衣인 채 집에 있었는데, 가도家道는 떨어지고 집 또한 황폐해져서 달팽이 집과 같았으며, 생계 또한 거미와 같아서 조석의 끼니를 잇지 못했고 의복 또한 완전한 것이 없었다.

딸이 다섯 있었는데 나이가 차서 시집 보낼 때가 되었으나 마땅한 곳이 나타나지 않다가, 깨끗하고 가난한 한 선비가 청혼을 해서 일이 이루어지게 되었다. 공公이 생각해 보니 몸밖에는 보낼 물건이 없었으며, 또 친척이 없어 하소연해 볼 곳도 없었다. 화장품이라도 어떻게 마련해 보낼 수 없을까 하고 매일 밤마다 탄식을 하다가 침식寢食을 폐한 지 순삭旬朔[14]이 되었는데, 갑자기 친척 중 한 무관武官이 현재 단천부사端川府使로 있는 것이 기억났다. 지극히 부끄러운 일이긴 해도 어찌할 수 없는지라, 그곳에 가서 얼마의 전재錢財를 얻어 올 수밖에 없다고 생각했다. 이에 간곡히 노자路資를 얻고 망아지를 빌려 한 창두蒼頭[15]를 데리고 노숙풍찬露宿風餐하면서 1천여 리나 되는 단천읍端川邑에 이르러서 문을 두드리고 뵈옵기를 청했으나, 문지기[閽吏]가 저지하면서 말하기를 『함부로 들어가는 것을 금하는 것은 관의 명령 때문에 그런 것이니 감히 들어가서는 안 된다』고 하였다. 공이 여러 차례 꾸짖어도 끝내 들어주지 않아 서로 마주보고 있는 사이에 저녁 때가 되어 여관에서 자고, 이튿날 아침 또 가서 소리쳤으나 역시 들어가지 못하자 공이 분함을 참지 못해서 그만 돌아가려고 하였으나 마음으로 내켰던 일을 중지할 수가 없었다. 야숙夜宿을 할 여관을 얻고 낮에는 관문官門에 나가서 들어가기를 청한 지 한 달이 지나도록 들어갈 틈을 얻지 못하였다. 노자[盤纏]가 다 떨어져서 여관 주인에게 빌리고자 하니, 주인이 공의 승마乘馬를 전당잡히자 공의 근심과 고민이 방망이로 가슴을 찧는 것 같았으며 이제는 가지도 오지도 못하는 지경이었다. 주인이 그 사정을 알고 말하기를 『내일 아침에 관부官府에서 수령이 나와 사창社倉에 가서 친히 조미糶米를 점검할 것이니, 점포 앞길에 나가 길 왼쪽에서 얼굴을 한 번 보는 것이 어떻겠는가』 하였다. 이튿날 아침 공이 그 말에 따라 그곳에 가니 수령이 나오고 있었다. 아전이 꾸짖으며 수령을 옹호하였다. 공이 급히 소리를 질러 부르기를 『내가 이곳에서 오래도록 머물렀노라.』 수령이 머리를 들어 말하기를 『무슨 연고냐?』 공이 그 까닭을 자세히 이야기하는 데 말이 채 끝나기도 전에 사군使君이 말하기를 『공사公事가 있어 말을 들을 사이가 없으니 집에 가서 기다리라』 하고 돌아보면서 한 아전에게 이르기를 『네가 동각東閣으로 안내해서 내가 돌아올 때까지 기다리게 하라』 하였다.

공은 곧 공당公堂에 이르러 저녁이 되도록 기다렸으나 저녁상이 들어오지 않아 배고픔을 참을 수 없었다. 저녁이 늦어서야 사군使君이 돌아왔다. 공이 말하기를 『내가 종일토록 음식을 먹지 못해 정신이 혼미하니, 원컨대 밥이나 한 술 주어 창자를 채우게 해달라』 하니, 사군이 『술과 안주를 가지고 오라』 하였다. 그러자 얼마 안 되어 관官의 예쁜 계집이 조그만 술병과 미역 한 조각을 가지고 와서 강제로 술을 권했다. 공이 하루 종일을 굶어서 처음부터 생각하기를 『미주美酒와 비육肥肉을 가지고 오리니 크게 한 잔 하고 지금까지 버림받았던 말들을 모두 하리라』 생각했는데, 이것을 보고 노기怒氣가 등등해서 급히 일어나다가 상을 차서 자리에 엎지르고 사군使君에게 이르기를 『사람 대하는 것을 이렇게는 할 수 없도다』 하니, 사군使君이 또 화를 내어 말하기를 『나는 너보다 항렬이 높고, 또 내가 먹이고자 하는 것을 어찌 감히 이와 같이하느냐?』 하고 급히 노복奴僕에게 명해서 공을 문 밖으로 쫓아내고, 또 이방吏房을 불러 말하기를 『이 경내에 괴귀怪鬼한 자를 잠재우는 것을 허락하는 자가 있으면 혹독한 형벌을 가할 것을 명하노라』 하였다.

공이 분해서 주점酒店으로 돌아가니 주인이 문에서 들어오지 못하게 하고 말도 저당잡혀 버렸다. 공이 어떻게 할 수 없어 노복奴僕과 함께 또 다른 주점으로 가니 전과 같았다. 무려 백여 곳을 다녀도 다 그러하였다. 날은 어두워지는데 또 비까지 오고 있었다. 드디어 한 읍에 도착하니 궁한 곳이 있었는데 숲 사이에 으슥한 곳이 있고 그 곁에는 구멍이 있고 중간에는 석문席門[16]이 있었다. 바로 피혜장皮鞋匠[17]이 사는 곳이었다. 공이 장인匠人에게 말하기를 『날은 저물고 갈 길이 멀어서 그러니 하룻밤만 쉬게 해달라』고 하였다. 장인 또한 거절하지 않았다. 대개 이런 움집은 다른 집과 다르기 때문에 명령이 여기까지 미치지 않았다. 공이 앉자 비가 그치기 시작했으며 2경二

更[18]이 가까워오자 구름이 걷히고 달빛이 수정처럼 맑게 빛나서 석문席門에까지 들어와 사람에게 비치니 티끌 하나 없이 깨끗하였다.

공이 배는 고프고 심신이 산란한데다가, 또 분하고 한스러워 눈을 떴다가는 감을 수가 없었는데 갑자기 발자국 소리가 점점 가까이 들리더니 문 밖에 와서 뚝 그쳤다. 공이 고개를 들어보니 한 여자가 있는데 얼굴이 수려하고 눈썹이 검고 눈동자가 맑았다. 문을 두드리면서 『이 움집에 혹시 떠돌이 나그네가 머물러 있지 않습니까?』고 물었다.

공이 태수太守가 보낸 사환인가 의심하여 장인匠人을 불러 비밀히 물으니, 여인이 눈을 찡긋하고 말하기를 『저를 묻는 것입니까?』하고 곧바로 문으로 들어오니 공이 피할 곳이 없었다. 여인이 공을 가리키면서 『이분이로군, 겁내지 마십시오』하였다. 공이 여기 온 까닭을 물으니, 여인이 말하기를 『첩은 읍내의 술 파는 기생입니다. 태수太守가 매양 보리술과 미역으로 술을 마시게 하니 첩은 일찍부터 재물에 인색하여 사람을 가볍게 여기는 것을 증오하고 질투하였습니다. 그러나 이렇게 접대받고도 모두 달게 마셨는데 이런 자들은 모두 천한 장부들로서 남자다운 패기가 없는 자들입니다. 오늘 상공相公이 비록 굶주리고 피곤한 몸인데도 일어나서 상床을 차버리니 가히 비범함을 알 수 있었습니다. 그런 지기志氣로써 어찌 부귀富貴를 두려워하겠습니까!』하였다.

공이 제삼 사례하였다.

다시 두 가닥으로 머리를 땋은 한 소녀가 옷칠을 한 합盒을 싣고 왔다. 기생이 곧 그것을 공 앞에 놓았다. 밥과 국과 식혜 등 정성껏 마련한 음식이었다. 수저를 들고 순식간에 탐식耽食한 후 지극히 고맙다는 인사를 하면서 그 고마움을 가슴에 새겼다. 기생이 말하기를 『모시고 이야기를 하고자 하니 청하옵건대, 잠시 저희 집으로 가셔서 그 정곡情曲이나 펴보는 것이 어떻겠습니까?』하였다.

공이 기생의 말에 따라 그 집에 이르니 푸른 창에 붉은 문이며 벽마다 분장을 하고 당률唐律을 벽에 걸었으며, 골동품이 가득 쌓여 있고 놋화로에는 용유龍乳가 타고 있으며, 향기가 사방에 가득하고 등촉이 휘황하고 무늬로 수놓은 것이 찬란하였다. 기생은 공에게 그림을 수놓은 방석에 앉게 하고 정담情談을 토로하는데, 기생이 묻기를 『천 리나 오셔서 부탁하는 그 일은 무엇입니까?』하였다.

공이 자세히 말하니 기생이 얼굴을 찡그리면서 가련한 빛을 띠었다. 밤에 잠자리에 드는데 기생과 한 이불 속에서 자고 날이 밝자 기생이 먼저 일어나 상자 속에서 새옷을 한 벌 공에게 내어주어 공이 사양하지 않고 입으니 몸이 편안하였다. 공이 연모의 정이 있어 갈 줄 모르고 체류한 지가 두어 달이 되었다. 기생이 깨우치면서 말하기를 『어찌 오래도록 이곳에 있습니까?』 공이 말하기를 『집안을 모르는 것은 아니나 처자는 추위와 굶주림에 시달리고, 어린 것들은 누렇게 떠서 나를 기다리나 오지 않고 있음을 내 또한 깊이 생각하고 있지만, 빈 손으로 가서 식구들을 볼 면목이 없어 가고자 하나 실제로 풀멸구[靑蚨] 하나 없으니, 천 리 밖에서 목표를 이룰 수 있겠는가. 가고자 하나 가진 것 없으니 나가지 못하는 것이오』 하였다.

기생이 말하기를 『대장부는 당세當世에 힘을 쓰는 것인데 밖에서 침륜沈淪해서 허송세월을 보내십니까? 옛사람이 뽕나무 아래에서 도모했다고 하니, 첩이 비록 여자이긴 하나 어찌 생각이 없겠습니까? 돈은 첩이 좀 모아놓은 것이 있습니다』 하고 위안하니, 공이 기뻐하였다. 날이 밝자 말 두 필이 밖에서 울었다. 공이 물으니 기생이 말하기를 『상공이 갖추어야 할 말입니다.』 공이 감히 사례하지 못하니 기생이 말하기를 『한 필은 공이 타고 갈 말이고, 또 한 필은 첩이 마련한 옷가지를 싣고 갈 말입니다』 하고 두 짝의 꽃광주리에 고운 베와 표피貂皮·고운 다리[月子], 그리고 은화銀貨를 넣어 뒷수레에 실었다. 공이 그 의로움에 감동하고 정을 느껴 눈물로 이별하고 권권한 연정戀情을 잊지 못하였다.

집에 돌아와서 그 물건으로 혼수를 마련해서 성혼成婚시키고, 그해 가을에 과거에 급제하여 옥당玉堂에 들어가서 청릉靑綾[19]을 입었다. 숙종조肅宗朝에 곧은 유신儒臣으로 알려졌는데 상감의 급한 부름을 받고 입시하였다.

임금께서 이르기를 『지금 북도北道는 한재旱災와 수재水災가 겹쳐 황폐한데다가 거리가 멀어 조정의 법이 행해지지 않고 있으며, 수재守宰는 재물을 탐해서 백성들에게 횡포가 심하니 네가 어사御史로 나가 고을을 잠행하여 옳고 그른 것을 모두 기록해서 내 명에 어긋나지 않게 하라』 하였다.

공이 황공하게 명을 받들고 곧 떨어진 옷을 입고 미복잠행微服潛行으로 관서지방關西地方으로 들어가서 촌집으로 다니면서 걸식을 하고 정치 업적을 형찰詗察[20]하였는데, 하루는 날이 저물어 단천端川에 이르러 옛은혜를 못 잊어 먼저 기생집을 방문하여 그 뜻을 관찰하고 속이려고 하였다. 이에

문 앞에 다다라서 부르기를 『밥 한 그릇 빌기를 청하오니 밥이 없으면 돈 한 푼만 줍쇼』 하고 두 번 정도 외쳤을 때, 기생이 창문 사이로 듣고 놀라 기뻐서 헝크러진 머리를 매만지지도 않고, 분주히 하당下堂으로 내려오는데 미처 신도 신지 않고 공을 보자 팔을 끌고 들어가서 말하기를 『무슨 연고입니까?』 공이 길게 탄식하면서 말하기를 『말로 다할 수 없네. 그대와 이별한 뒤 돌아가는 길에 투아偸兒[21]를 만나서 돈과 말을 모두 빼앗기고 처자 보기가 부끄러워 집으로 돌아가지 못하고, 길에서 떠돌아다니면서 얻어먹으며 연명을 해오니 가히 의탁할 곳이 없었네. 멀고 먼 이 세상에 오직 의지할 자는 자네밖에 또 있겠는가. 다시 돌아와서 소란을 피우니 감히 들어가지 못하고 부르짖고 있네.』 기생이 말하기를 『분주히 여러 곳을 다녀서 몹시 배가 고플 터이니 식사부터 해야지요』 하고 저녁상을 차려서 공과 함께 한 상에서 식사를 하고, 식사가 끝나자 기생이 새옷을 한 벌 내주면서 말하기를 『제가 공을 위해서 지은 것으로, 나는 기러기와 숨는 물고기처럼 공을 신뢰한 지가 오래되어 오히려 의지하지 않고 보냈더니 뜻하지 않은 오늘의 작은 정성이옵니다』 하였다.

공이 남루한 옷을 벗어서 높은 곳에 묶어두었다. 기생이 말하기를 『다 떨어진 삼베옷에 다시 입지도 못할 것을 어디에 쓰려고 하십니까?』 하고 창 밖으로 던져 버렸다. 공이 급히 하당下堂으로 내려가 가지고 돌아왔다. 기생이 또 빼앗아 던졌다. 공이 다시 주워왔다. 이렇게 하기를 세 번이나 거듭하였다. 기생이 오래도록 공을 주시하다가 정색을 하고 말하기를 『첩은 오직 정성으로 낭군을 맞이하였는데 낭군은 거짓으로 꾸미고 차린 뜻이 무엇이오?』 공이 깜짝 놀라면서 말하기를 『무슨 말이냐?』 기생이 말하기를 『공이 새옷을 입었는데도 고심혈성苦心血誠으로 폐의幣衣를 버리지 못하는 것은 앞으로 쓰일 곳이 있어 그러는 것이니 어찌 수의繡衣가 아닙니까?』 하고 소매를 뿌리치고 일어났다. 공이 웃으면서 만류하고 『내가 등과登科해서 관직에 올라 너를 만나니 어찌 속이겠는가. 나는 어사御史이다』 라고 하였다. 기생이 곧 마음이 풀어져서 말하기를 『장차 본군 태수太守는 어찌되오?』 공이 말하기를 『나로서는 가장 난처하다. 태수의 탐학으로 백성들을 병들게 한 것은 글로써 기록하기 어렵다. 내가 만약 숨겨진 과오를 찾아내서 쫓아낸다면 이것은 돈목敦睦의 풍風이 없는 것이며, 만약 은폐해서 숨기고 보호하면 국사國事를 구휼하지 않는 것이니 어찌하면 좋소?』 기생이 말하기를 『만약 상주

上奏를 철회해서 법을 저버리면 사람들은 공에게 탐학과 축적에서 온 분노가 피어날 것이며 공은 자멸하게 될 것이니, 공이 몰래 태수를 만나 죄려罪戾[22]를 여러 개 들어 효유하고 보내면 그 가운데 두 가지를 얻는 것이니 이 방법이 어떻습니까?』 하였다.

공이 말하기를 『내가 많은 허물을 졌도다』 하고 기생은 부르고 공은 붓을 잡고 태수의 불법不法을 조목조목 들었는데 창고에 곡식이 없는 것, 백성들의 재물을 탐닉한 것 등을 들어 모두 기록한 다음 그날 밤 기생의 안내로 동각東閣으로 비밀리에 들어가니, 태수가 앉아 있다가 공을 보고 크게 놀라서 석갈釋褐[23]임을 알고 몸을 떨고 일어나면서 말하기를 『귀가貴駕가 어찌 이곳에 왔는가?』 공이 말하기를 『내가 명을 받들고 북쪽에 와서 귀부貴府에 도착해 몰래 와서 배알하니 별일 없이 편안한가.』

태수가 황급히 허리를 굽혀 절을 하는데 손과 다리를 벌벌 떨고 있었다. 공이 말하기를 『귀부에 와서 정치의 업적을 형탐詗探했는데 원망의 소리가 길에 쌓인 것을 들었으니, 피차 불행은 말로써 다할 수 없거니와 패정悖政을 알지 못하고 이에 이르렀는가.』

태수가 겁을 먹고 말을 제대로 잇지 못하면서 말하기를 『원컨대 죄의 종류를 듣겠노라.』

공이 기록한 죄상을 보이니 태수가 말하기를 『명증明證이 있으니 밝힐 여지가 없다. 원컨대 사또[使道]는 한 친척의 의를 생각해서 큰 죄나 면케 하는 것이 어떻겠는가?』

공이 말하기를 『내가 어찌 함부로 입을 열어서 공을 폐고廢錮에 빠뜨릴 수 있겠는가. 그러나 내가 안렴按廉의 무거운 임무를 띠고 일읍一邑의 백성을 위해서 왔으니, 내 사의私誼로서의 인연은 옳지 않으나 이 고초苦楚를 받아들이니 날이 밝으면 사의辭意를 표하고 곧바로 돌아가라. 그렇지 않으면 봉고封庫[24]하리라.』 태수太守가 사례하기를 『공의 너그러운 아량은 마르는 풀잎에 봄을 오게 하고, 마르는 뼈에 살을 찌게 하는 것이니 감히 명을 어기겠는가.』

공이 동헌에서 나왔다. 이튿날 아침 태수가 과연 병을 핑계하고 고향으로 돌아갔다.

공이 기생에게 말하기를 『내가 곧 가야 하나 너에게 돌아와서 거듭 금옥金屋의 인연을 쌓았으니, 어찌 옥당玉堂의 한 사람으로 맑은 물과 같이 목숙

苜蓿[25] 난간闌干에 여현藜莧[26]이 충분하지 않으니 만약 너로 하여금 배가 고파 울게 하는 어려움이 있다면, 이것은 곧 나의 책임이니 앞으로 더욱 힘을 써 높이 되어 만나게 될 날이 있을 것이다.』 기생이 말하기를 『첩이 어찌 상공相公의 누를 끼치겠습니까? 마땅히 그 뜻을 받들겠습니다』 하였다.

공이 일을 마치고 도성으로 돌아왔다.

하루는 영서瀛署에서 당직을 보았는데, 그때에 숙종이 춘추春秋가 완만晼晩해서 눈에 백태가 껴서 앞날을 예측하기 어려웠다. 매일 밤마다 궁궐을 지키는 신하들을 불러 한담閒談을 즐겨 고금古今을 헤아리며, 또 민간에서의 속된 말에 이르기까지 모두 수용하였다. 제신諸臣이 각각 그 들은 말들을 모두 아뢰었다. 다음으로 공의 차례가 되었다. 공이 말을 하지 않자, 왕이 재촉하기를 『공은 북방의 안렴사로 다녀왔는데 반드시 이야기가 있을 것이니 모두 말하오.』 이에 공이 말하기를 『비천한 몸이 감히 진부한 것을 말씀드리려니 차마 하지 못하겠습니다.』 왕이 말하기를 『군신君臣의 사이는 집에서는 부자父子와 같으니 무슨 말인들 못하겠소.』 공이 단천端川의 이야기를 조목조목 들어서 말을 하는데 도혈陶穴에서 기생을 만나 음식을 제공받는 대목에서 왕이 죽각竹角의 작은 부채를 들어 거듭 어상御床을 치고, 다음으로 말을 준비해서 보내는 대목에 와서는 두드려서 부챗살이 몇 개 부러지고, 다시 폐의幣衣를 소중히 여겨 어사御史임을 알았을 때에는 부채가 모두 부서져 버렸다. 마지막으로 밤에 태수太守를 보고 그 치적을 효유하고 기생과 다음 약속을 했을 때에는 왕이 승지承旨를 급히 불러서 『단천부端川府의 주기酒妓 아무를 유신儒臣 김우항의 집으로 근일近日내에 데려오고 곧바로 아뢰어라』 하였다.

북백北伯이 성교聖敎에 의해 돈과 폐백을 후하게 그 기생집으로 보내고 기생을 공의 집으로 보내니, 기생이 공과 그 부인을 엄군嚴君처럼 섬기고 비복婢僕을 부려도 하나같이 믿음으로 하고, 일에 있어서는 게으름이 없었으며, 공이 조정에서 처신하는 데도 기생의 도움이 많았다.(李羲準의《溪西野談》)

《練光亭宴會図》(부분)

제19장

천객遷客과 소인騷人의 기생을 대하는 정情

천객遷客[1]·소인騷人[2]은 사방을 둘러보아도 친척이 없는 멀리 떨어진 지역에서 갖가지 방법으로 의지한다. 한 몸에서 그림자가 서로 따르고 맑은 가을 하늘의 달을 보면 상심傷心하는 빛이 되고, 긴긴 밤에 빗소리를 들으면 단장의 소리로 들린다. 강주사마江州司馬는 비파 타는 여인을 만나 슬픈 회포에 젖고, 동파거사東坡居士는 춘몽春夢의 노파에게 애정을 주었다. 또 임서하任西河는 기적妓籍을 열람하고 그 재명才名을 밝혔고, 김하담金荷潭은 북방 기생에게 남아를 얻었고, 윤고산尹孤山은 예랑禮娘의 방문에 감탄하였으며, 한청원韓靑原이 옛날 옥기玉妓와 놀았던 것을 회억回憶하는 것은 모두 귀양갔을 때 원객遠客의 일이다. 그 정과 처지가 어찌 같겠는가.

【1】 임서하任西河가 기적妓籍을 열람하다

임서하任西河 원준元濬(성종 때 사람)은 총명이 뛰어났다. 일찍이 밀양密陽에 귀양가 있을 때, 관찰사(朴氏)가 그의 기억을 시험하고자 기생의 기적을 열람시키니 무려 5백 인이나 되었다. 공을 한 번 만나보게 한 뒤에 기적妓籍을 가리고(병풍 뒤에 두고) 불러들이라고 하니 한 사람도 빠뜨리지 않고 차례대로 불러들였다. 박공朴公이 탄복하였다.《陽江雜話》

【2】 김하담金荷潭이 북방 기생을 받아들이다

김하담金荷潭 시양時讓이 종성鍾城으로 귀양가서 북관北關 기생을 얻었는데, 방환放還되어 나올 때 생남生男해서 데리고 와 정병正兵에 소속시키고 해마다 군포軍布를 바쳤다. 사람들이 말하기를 『재상宰相의 아들은 법으로는 충군充軍이 되지 않는데 자진해서 군포軍布를 바치는 것은 어찌된 것이오.』 하담이 말하기를 『북기北妓는 본토本土를 떠나서는 얻지 못하는 것이 국법國法인데, 나는 범법犯法을 하고 데리고 왔으며 또 아들을 낳아 따르게 했으니 마음이 항상 불안하였다. 그래서 군적軍籍에 올리고 군포軍布를 바치는 것이니 이른바 내 죄의 연속이다』 하니 듣는 자가 감탄하였다.(鄭在崙의 《東平錄》)

【3】 윤고산尹孤山이 예랑禮娘에게 감탄하다

◉윤선도尹善道(현종顯宗 때 사람)의《고산유고孤山遺稿》에, 홍헌洪獻[3]에서 예禮·승勝 두 낭자(예순禮順·승례勝禮 두 기생)에게 주다 하고 이르기를『거듭 찾아왔건만 그때나 다름없어 이 마음 누가 알아주랴. 낭자가 벌써 저 세상으로 갔으니 내 어리석음 논할 이 없네 重來如一時 心事有誰知 娘子忽焉沒 無人論我癡』하였다.

이첨爾瞻(성은 李)의 시대에 내가 소疏를 올려 그 죄를 논하고 정원政院·삼사三司[4]·관학館學[5]이 함께 얽어맬 것을 주장했으나 멀리 유배가는 것으로 그쳤으며, 지금은 정원·삼사·관학이 모두 죽여야 한다고 하니 이것이 일변一變이며, 그때 내 나이 30세였는데 지금은 74세이니 이것이 이변二變이며, 그때 홍헌洪獻에 도착하니 조랑趙娘이 하루 저녁에 세 번이나 와서 위로했는데 지금은 구원九原[6] 사람이 되었으니 이것이 삼변三變이며, 그때 내가 엄정嚴程을 생각해서 날마다 갑절이나 걸었는데 지금은 기력이 쇠약하고 마음으로 어그러진 일이 있으니 이것이 사변四變이며, 그때 금오랑金吾郎 및 이졸吏卒이 내가 쇠약함을 근심해서 매양 천천히 걸으라고 권하더니, 지금은 금오랑과 이졸이 매양 앞에서 못 견디게 구니 이것이 오변五變이며, 그때 지주地主가 멀리 가는 것을 긍휼矜恤히 여겼는데 지금은 2,3인밖에는 서로 만나지 않으니 이것이 육변六變이다. 그러므로 세상에서 변하지 않는 물체가 하나도 없는데 다만 홀로 있는 산과 바다는 옛날과 같으니 영인令人[7]이 슬퍼하였다.

조랑趙娘에게 두 딸이 있었는데 장녀長女는 예순禮順으로 기미생己未生이고 차녀次女는 승례勝禮로서 을축생乙丑生이다. 이 두 낭자가 은근히 찾아와서 정성껏 마음 쓰는 것이 앞서 그 어미가 손님에게 다정하게 대하던 모습이 완연하다. 나기羅綺[8]의 유類가 약간의 변화에 능하다고 누가 자주 말했던가. 그 옛정은 산과 바다 같은 데가 있으니, 믿음은 성인聖人의 법을 떨어뜨리지 않는 훈화에서 비롯된 것이다. 내가 이에 느껴서 앞서 운韻을 다시 써서 도道가 다하지 않았다는 것을 뒤에 밝힌다. 경자庚子 5월 26일 과객過客.

◉ 홍헌洪獻 의기義妓 조생趙生 첩帖뒤에 제하다. 용주龍州(判書 趙絅).

표모漂母의 회음淮陰에서의 밥과 정의녀貞義女의 단지 안에 든 간장으로 오원伍員의 굶주림을 구한 것을 천고千古의 의열義烈이라고 세상에서는 칭한다. 그러나 왕손王孫의 슬픔뿐이며 장부가 몸을 빠져 나와 도망하는 것뿐이니 무릇 꾸짖을 때가 있고 조용할 때가 있다. 홍헌洪獻 기생과 윤적객尹謫客[9] 같겠는가. 윤尹은 남쪽 선비이며 기생은 북쪽 태생이다. 새나 바람이 아니고 말과 소로서는 서로 미치지 못했을 것이니 그림자와 그 소리가 아득히 생각남을 가히 알 것이며, 또 벗으로서의 의기義氣를 서로 느끼게 될 것이며 밤마다 꿈에 그 영혼이 더불어 만날 것이다. 그러면 선비로서 만나지 못해 번뇌하고 괴로워했을 것이다. 이것은 옛날의 절개와 협기의 풍風이며 덕德을 좋아하고 의義를 생각하는 것은 천성天性에 바탕을 둔 것으로서 남녀 사이에 인색함이 없는 것이다. 표모漂母와 정의녀貞義女는 족히 장대하다고 볼 수 있으나, 이 기생은 악기를 다루는 북관北關의 한 읍에서 태어나서 그곳에서 늙어도 천객遷客이나 던져지는 북쪽에 있는 것이 어찌 한스럽겠는가마는 사사로이 술을 가지고 귀양살이하는 곳으로 보내는 것은 오직 백사白沙 이상국李相國[10]과 고산孤山 윤참의尹叅議뿐이다. 기생 또한 이李·두杜(李白·杜甫)의 이름 알지 않는가. 사람들은 조생趙生이 여사女史가 아니라고 하는데 나는 믿지 않는다.(백사白沙는 오성부원군鰲城府院君 이항복李恒福으로 광해군光海君 때 북청北青으로 귀양간 바 있다.)

【4】 한청원韓青原이 옥기玉妓를 품다

기생 옥향玉香이 젊었을 때 청원위青原尉 한경록韓景祿이 곁눈질하였다. 문정왕후文定王后가 금오金吾[11]에 명하여 청원위를 잡아 국치鞫治[12]하여 의주義州로 귀양보냈다.

황정욱黃廷彧이 시를 지었다.

신릉군信陵君[13]이 호방하게 놀 때에
심양潯陽[14]엔 도道가 없어 거문고 소리로 위로하네.
압록강에 한 번 떨어져 가는 길 없으니
세간에는 미인을 원망하네.
信陵豪貴狎遊時　　不道潯陽撫瑟悲

一落鴨江無去路　　世間寧獨怨蛾眉.

이 시는 의미가 없진 않으나 다만 염체奩體에는 가깝지 않으며, 또 심양의 비파琵琶의 일을 거문고로써 위로한다 하니 편안하지 못하고 두렵기만 하다. 《芝峰類說》

《浮碧樓宴會図》(부분)

제20장

유학자와 기생

옛날 남송南宋의 학자 정명도程明道와 이천伊川 형제 두 사람이 잔치에 함께 갔는데 기생이 잔에 술을 따르고 있었다. 이천은 기생을 좋아하지 않았고 명도는 태연하였다. 이튿날 이천이 그 일을 다시 제시하자 명도가 말하기를 『어제 자리에서 내 마음에는 기생이 없었는데 오늘 집에서는 자네 마음 가운데 기생이 있네』 하였다. 이 까닭을 보면 명도의 함양涵養한 공이 이천伊川을 10배나 이긴 것이다. 조선조 이래로 유학자 여러 선생이 기생과 접촉한 일이 있다. 이 가운데 화담花潭 선생 서경덕徐敬德이 송도松都 명물名物 황진이黃眞伊와 토정土亭 선생 이지함李之菡이 제주기濟洲妓와 동주소선東州笑仙 성제원成悌元이 서원기西原妓 춘절春節에게 마음이 움직이지 않았으니, 그 철석 같은 간장은 광평廣平에 비유되며 함양한 공부는 명도明道를 사양하지 않는다.

【1】 김점필金佔畢이 기생을 물리치다

김종직金宗直의 《점필재집佔畢齋集》에, 야노현冶爐縣[1] 사의동簑衣洞에 이르니 합천교관狹川敎官 최종복崔宗復이 기생 영감당詠甘棠을 보내와 점필재가 시로써 물리친 기록이 보인다.

번뇌하는 나그네의 혼 무산巫山으로 향하게 하지 마오.
소인騷人은 오직 수양의 문만 바라볼 뿐일세.
이월 동풍에 해당화 아직 이르니
남쪽을 두루 도는 사자使者 헌軒에 잠시 쉬었노라.
莫向巫山惱客魂　　騷人只是望修門
東風二月棠花早　　留憩周南使者軒.

【2】 조정암趙靜菴이 사람을 꾸짖다

항재恒齋 유운柳雲(己卯 名臣)이 호방해서 누구에게나 구속을 받지 않았다. 하루는 크게 취해서 기생과 함께 유람하는 데 수레를 타고 떠나고자 하였다. 정암靜菴 조광조趙光祖가 듣고 곧 가서 크게 꾸짖었다. 운雲이 빙그레 웃으면서 말하기를 『큰 꿩은 성황城隍이 먹는 것이라, 저가 비록 창류娼類이긴 하나 나를 능히 업신여기겠는가?』 광조光祖가 또한 웃으면서 말하기를 『종룡從龍(유운柳雲의 자字이다)은 얻기 어려운 선비이긴 하나, 다만 호색好色을 징계하지 못하는 것을 경계한다』 하였다.《黨籍補》

【3】 김하서金河西가 기생을 보고도 움직이지 않다

김인후金麟厚의 호는 하서河西로서 장성長城에서 태어났다. 정축년丁丑年에 상국相國 조원기趙元紀가 호남안찰사湖南按察使로 있을 때 공의 나이 8세였다. 조상국은 공을 보고 남다른 데가 있어 무릎 위에 앉혀 놓고 사랑스러워하였다. 상국이 연구聯句를 부르기를

완산完山[2]에서 이틀 밤을 머물면서
이원梨園의 풍경을 포식했노라.
信宿完山　　飽梨園之風景.

하자, 공이 응답하기를

풍패豊沛[3]에 체류해서
매정梅亭의 달빛에 싫증을 느꼈노라.
滯留豊沛　　饜梅亭之月色.

하였다. 또 시부詩賦를 짓게 하자, 구구句句마다 사람을 놀라게 하였다. 상국相國이 장성에 기재奇才가 났다 하고 천하문장天下文章이라는 제목을 붙여 한 도道의 유생들에게 짓게 하고, 또 그 기량器量을 시험하기 위해 관기官妓를 시켜 교방敎坊으로 가서 악기를 가져와 타라 하니, 관현악 소리가 진동하였고 기생의 복장이 현란해도 동요되지 않았으며, 여러 유생들은 둘러서서 찬탄讚歎하면서 흥분하였으나 공은 신색神色이 자약自若하였다.《海東名臣傳》

【4】 이회재李晦齋에게 기생에게서 얻은 아들이 있다

회재晦齋 선생 이언적李彦迪이 경주 기생을 곁눈질하여 두어 달 만에 잉태시켰는데, 선생이 경성京城으로 가고 조병사曹兵使 윤손潤孫이 그 기생을 차지하여 아기를 낳았다. 조병사曹兵使가 자기 아들이라 해서 몹시 사랑하여 이름을 옥강玉剛이라 하였으나, 그 문중門中에서는 모두 이씨의 아들임을 알고 있었다. 조공曹公이 죽은 뒤에 배다른 어머니가 나타나 서로 빈척擯斥을 사자 한집에 살면서 다른 방을 썼다. 남명南冥 조징군曹徵君(이름은 식植)은 조씨曹氏 문중의 어른으로 신주神主에 징군의 명에 의해 강剛이란 이름을 쓰지 않았다. 옥강이 그 어머니에게 울면서 까닭을 물으니, 그 어머니가 실제 이야기를 하였다. 때에 회재 선생이 강계江界에 귀양가 있었는데 옥강이 귀양간 곳을 찾아가니, 선생이 이름을 전인全仁이라 고쳐 주었다. 조공이 3년 복服을 입으니 대개 이와 같다.(權應仁의 《松溪漫錄》)

【5】 이율곡李栗谷이 기생에게 시를 지어주다

최입崔岦의《간역집簡易集》에 실린, 율곡공의 운을 빌린 황주黃州 기생 유지柳枝의 권축 가운데 있는 절구絶句 2수는 모두 자신의 일을 읊은 시이다.

고운 아가씨에게 어떻게 글을 표현하나
마주앉아 웃으니 함박 웃음 나오네.
詎將文字重纖娥　　一笑前頭當笑多.

선생의 의로움에 감동되오.
새화장해도 거울은 다시 보지 말 것을.
最是先生名義感　　新粧不復攬菱華.

율곡이 원접사遠接使가 되어 황주黃州에 이르자 주사主使가 한 기생을 천침薦枕케 하였는데, 이름이 유지柳枝로서 재주와 자태가 출중하였다. 율곡이 말하기를 『너의 자태를 보니 가히 사랑스럽구나. 다만 내 사사로운 것으로서 마땅히 내 집에서 함께 거느려야 옳으나, 이는 심히 무거운 일이므로 하지 못하노라』 하고 드디어 물리쳤다.

후에 해주海州에서 거하는데 유지柳枝가 밤을 틈타 멀리서 찾아왔다. 율곡이 유지사柳枝詞를 지어 펴보이면서 물리치는 뜻을 밝혔으며 끝내 더럽힌 바가 없었다. 잠야潛冶가 논한 것은 비록 이와 같으나, 신재愼齋의 말은 잠야의 말과 서로 반대되니 어느것이 정론正論인지 알 수 없다.《南溪集》

◉ 율곡이 해주관찰사海州觀察使가 되어 황주를 순시하다가 유지柳枝와 천침薦枕하였다. 선생이 시를 지어주었다.

연약한 체질에 머리를 살짝 숙이고도
눈짓을 보내지 않네.
허공에 들리는 건 파도 소리요.
운우雲雨는 꿈이 아닌 것을.
오로지 응하는 것은 너의 긴 이름(柳枝)으로
침방은 열었으나 내가 쇠약한 것을.
국향國香은 정해진 주인 없으나
시들어 가는 것이 가련키만 하다.
弱質愁低首　　秋波不肯回
空聞波濤曲　　未夢雲雨臺
爾長名應擅　　吾衰閤已開
國香無定主　　零落可憐哉.

그뒤 원접사遠接使로 황주에 이르렀는데 유지柳枝가 곁에 있었으나 한 번도 가까이하지 않았다.

계미년癸未年에 일이 있어 황주에 이르니 유지柳枝가 소사蕭寺에서 송별했으며, 율곡이 강촌江村으로 돌아오자 밤에 사람이 문을 두드렸는데 유지柳枝였다. 말하기를『공의 의로운 이름을 사람들이 모두 앙모仰慕하는데, 하물며 방기房妓라 해서 찾아오지 못합니까. 색色을 보고도 무심하면 진실로 섬기기 어려우며 뒷날을 기약하기 어렵습니다. 그래서 멀리서 왔습니다』 하니, 선생이 드디어 1절을 지었다.

아름답고 가냘픈 한 선녀

십 년을 서로 알면서 의태意態도 많았던 것을.
내 간장이 목석이 아닐세.
나이 많아 분화芬華[4])를 사양하는 것일세.
天姿綽約一仙娥　　十載相知意態多
不是吳兒腸木石　　只緣年老謝芬華.

이듬해 선생이 하세下世하니, 유지柳枝가 분곡奔哭하고 삼 년 동안 복을 입었다.《南溪見聞錄》

【6】 박간재朴艮齋가 관서關西 기생에게 불변不變하다

박응남朴應男의 호는 간재艮齋이다.(명종明宗 때 사람) 공은 어려서 이소履素 이중호李仲虎에게 글을 배워 청직淸直하고 쉬려淬勵했으며 자립해서 남에게 굽히지 않았다. 평생 동안 색色에는 담연淡然했다. 일찍이 말하기를 『내 비록 서자西子[5])가 앞에 있어도 뜻이 없다』 하였다.

관서關西 지방의 사신으로 갔는데 방백方伯이 방기房妓를 보내 맞이하였으나 같은 곳에서 한 달이 지나도록 그 뜻이 변하지 않았다.《藥坡漫錄》

【7】 성우계成牛溪가 정송강鄭松江이 관기官妓를 사랑하는 것을 꾸짖다

이희령李希齡(영조英祖 때 사람)의 《약파만록藥坡漫錄》 정철전鄭澈(호 송강松江)傳에 이르기를, 공이 일찍이 외방外方의 관기官妓를 사랑하여 집에서 거느렸는데 하루는 우계牛溪(성혼成渾)가 글을 보내 꾸짖었다. 공이 곧 노복奴僕에게 말을 준비하라고 명해서 보지 않고 내보냈다.《芝村集》

【8】 이동악李東岳이 기생에게 시를 지어주다

이안눌李安訥(호 동악東岳)은 선조宣祖 때 등과登科해서 벼슬이 예조판서禮曹判書에 이르렀다. 공이 일찍이 군郡에 있으면서 기생에게 시를 지어주었다.

술잔 앞에서 옷감 주는 것을 괴이하게 생각 마라,
이 늙은이 아직 소년의 마음이 있는 것을.
가을 하늘 달 밝은 밤 고향을 생각하는데
한 곡조의 맑은 노래는 만금萬金의 값인 것을.
莫怪樽前贈素衿　老夫寧有少年心
秋天月白思鄕夜　一曲淸歌直萬金.
《遺聞》

【9】 임백호林白湖가 부채에 시를 써서 기생에게 주다

임제林悌의 호는 백호白湖로서 선조宣祖 때 등과登科하였다. 백호가 일찍이 부채 위에 제시題詩를 써서 기생에게 주었다.

한겨울 부채 준 것 괴이하게 생각 마라.
너는 지금 젊음을 알고 있는가.
깊은 밤 생각하면 가슴에 불이 타
홀로 유월의 뜨거움을 이길 것이다.
莫怪隆冬贈扇枝　爾今年少豈能知
相思半夜胸生火　獨勝炎蒸六月時.
《記聞》

【10】 서화담徐花潭이 기생을 대해서도 굽히지 않다

가정嘉靖[6]초에 송도松都 명기名妓 황진이黃眞伊가 있었는데, 여자 중 그 류類 가운네서 사뭇 용김하었다. 화담처사花潭處士 서경덕徐敬德이 벼슬을 하지 않고 속세俗世에 초연超然하고 학문에 정수精粹하다는 말을 듣고 시험하기 위해 조대絛帶[7]를 매고 책을 가지고 가서 절하면서 말하기를 『남자는 가죽띠를 매고 여자는 실띠를 맨다고 첩은 들었습니다. 첩이 또한 배움의 뜻을 세워 실띠를 매고 왔으니 선생은 훈계하셔서 뉘우치게 하소서』 하였다.

진이가 밤을 타 서로 가까이해서 마등摩登이 아난阿難을 어루만지는 것과 같이한 지 여러 날이 되어도 화담은 작은 굽힘도 없었다.《於于野談》

【11】 이토정李土亭이 제주 기생을 멀리하다

이지함李之菡의 호는 토정土亭이다. 공이 아들과 조카를 가르치는 데 가장 경계할 것은 여색女色이라고 하였다. 항상 말하기를 『이를 엄하게 하지 않으면 나머지는 족히 볼 것이 없다』 하였다.

일찍이 제주濟州에 들어가니 주관州官이 토정의 이름을 듣고 객관客館에 맞아들인 다음, 미기美妓를 가려 천침薦枕케 하고 그 기생에게 창고 곡식을 가리키면서 이르기를 『네가 만약 이군李君을 사랑에 빠지게 한다면 저 창고의 곡식을 상으로 주리라』 하였다.

기생이 그의 사람됨을 다르게 생각해서 어지럽게 하고자 했으나 공이 끝까지 더럽힘을 입지 않으니 주관州官이 더욱 공경해서 토정을 중하게 여겼다.《海東名臣傳》

【12】 정한강鄭寒岡이 영천永川 기생을 버리다

정구鄭逑(호 한강寒岡)가 영천永川의 권춘란權春蘭(호 회곡晦谷)을 방문하였는데 관기官妓로서 화명花名이라는 자가 있었다. 정이 잘라 말해서 가라고 명하였다. 공이 그 뜻을 물으니 말하기를 『사람이 유혹되기 쉬운 것은 색色과 같은 것이다. 그러므로 이름을 더럽힐까 싶어 가라고 하였노라』 하였다.

권공이 말하기를 『내 마음의 주主가 있으면 남위南威[8]와 서시西施가 있어도 변하지 않는 것이니, 그 이름을 빌려서 어찌 두려워하는가. 부府의 밝은 정치는 억말抑末이다』라고 하였다. 정鄭이 그 말에 감복感服하였다.《燃藜室記述》

【13】 성동주成東州가 서원西原 기생을 범하지 않다

명종明宗 때 유일遺逸 성제원成悌元의 호는 동주소선東州笑仙으로 대제학大提學 석용石瑢의 후예이다. 유일로 천거되어 보은현감報恩縣監에 배수拜授되었다.

공이 일찍이 명산名山을 유람할 때 서원西原을 지나는데 주州의 목사牧使가 시중드는 아이 춘절春節에게 명하여 따라가라고 하였다. 공이 원근遠近을 두루 다니면서 함께 노닐었다. 달은 밝은데 시종始終 한 침상에 있어도 범하지 않았다. 공이 산을 유람할 때 산의 절경絶景을 보면 그림을 그리고, 또 부시賦詩를 부쳐 여러 폭을 그렸다. 산에서 내려왔을 때는 수십 폭이 되었다. 공이 기생에게 이르기를 『내가 너를 범하지 않았는데도 사람들은 반드시 나에게 곁눈질했을 것이라고 말할 것이나, 너를 돌아보지 않았으니 너에게 이로운 것은 이 종이에 있다. 사람들에게 보이면 나를 잊지 않을 것이며, 또 너를 긍휼히 여길 것이다』 하였다.

임진왜란壬辰倭亂 뒤 경자년庚子年에, 성감찰成監察 □이 청주목사淸州牧使와 술자리에 모여서 이 이야기를 듣고 좌우의 노기老妓에게 물어 그 기생이 아직 죽지 않았다는 것을 알고, 청주목사가 불러 보니 나이가 이미 여든이었다. 그 노기는 성감찰에게 이분이 공의 형의 손임을 들어서 안다 하고 눈물을 쏟으면서 말하기를 『오늘을 생각하지 못했는데 동주東州의 손자를 보게 되었구나. 비록 한 번 곁눈질한 사랑이나 어찌 차마 저버리겠는가』 하였다.

종신토록 마음을 고쳐먹지 않고 서화書畫로 첩帖을 만들어 보이니, 제공諸公들이 이 첩을 보고 상을 후하게 주어서 여기에 힘입어 자활資活하였으나 난리중에 그 첩을 잃어버렸다.《魯西日記》

【14】 송인수宋麟壽가 부안扶安 기생과 더불다

명종明宗 때 송인수宋麟壽가 호남湖南 방백方伯이 되어, 남평南平 수재守宰 유희춘柳希春과 무장茂長 수재 백인걸白仁傑과 서로 만나 즐겼다. 공이 부안 기생을 돌아보고 마음 속으로 더욱 간절해서 수행隨行케 하고 매양 유柳와 백白을 불러 함께 놀아서 도道 사람들은 이들을 삼차비三差備라 하였다.

공이 임기가 차서 떠날 때 송별하기 위해서 유·백 두 수재守宰와 기생이 왔다. 공이 말하기를 『내가 이 기생의 교묘하고 민첩함을 심히 사랑해서 일 년 동안 자리를 같이했으나 어지럽히지 않았던 것은 실로 죽기가 두려웠음이다』 하니, 기생이 곧 앞에 있는 여러 무덤을 손으로 가리키면서 말하기를 『과연 그렇습니다. 저 잇닿아 있는 무덤은 다 알고 있는 저의 지아비 무

덤입니다』 하니 좌석이 껄껄 웃었다.(許筠 撰《惺翁識小錄》

【15】 김농암金農巖이 기생이 손잡는 것을 허락하다

농암農巖 김창협金昌協은 색色을 좋아하지 않았다. 관서관찰사關西觀察使로 있을 때 자못 자색姿色이 뛰어난 기생이 많았다. 대개 그에게 사랑을 얻고자 원했지만 한 번도 돌아보거나 곁눈질하지 않았다. 그 기생 가운데 계향桂香이란 자가 시짓는 재주가 있었다. 작은 뜻으로나마 유혹을 해보아도 되지 않았다. 임기를 마치고 떠날 때 향이 소회所懷를 말하니 공이 마지 못해서 손잡는 것을 허락하고, 한삼汗衫으로 손을 가리고 내미니 김계향金桂香이 문득 한 구句를 읊었다.

시심詩心 없는 저 사객使客 채색彩色에는 장님이요,
색色을 멀리하는 저 남자 부귀富貴한 중일세.
無詩使客丹青瞽　　遠色男兒富貴僧.

술로써 한스럽게 전송하고 끝내 뜻을 얻지 못하고 죽으니 그 매몰埋沒됨이 이와 같다.《陽江雜話》

【16】 한감사韓監司가 기생을 범하지 않다

다산茶山 정약용丁若鏞의 《목민심서牧民心書》에 기생 폐지를 논한 조항에 이르기를, 한지韓祉가 감사監司가 되어 기생 수십 명을 한 방에 두고도 범하지 않자 모든 비복婢僕들도 감히 소홀히 여기지 않았다. 하루는 침착하게 묻기를 『오래도록 객지에 있었는데 곁눈질한 바가 있는가』 정중히 말하니, 웃으면서 말하기를 『내 스스로 경계하는 것이지 사람을 막는 것이 어찌 옳겠는가. 다만 잡되게 어지럽힘이 없을 뿐이다. 그러나 색色을 참는다는 것은 지극히 어려운 일이 아니던가. 내가 일찍이 호서관찰사湖西觀察使가 되어 토지 점검을 위한 유림儒林 전체의 모임 때 청주淸州에 머물렀는데, 기생 중에 봉매縫梅란 자가 있어 재색才色이 유난히 뛰어났다. 항상 곁에 있었는데 3일째 되는 밤에는 졸음이 와 기지개를 켜면서 발을 쭉 펴니 갑자기 사람의 살갗이 닿아 물으니 봉매縫梅라고 하였다. 봉매가 말하기를 「주관主官이 저에게 명하시기를, 유혹하지 않으면 앞으로 큰 죄를 주신다 하시기에 부끄러움을 무릅쓰고 잠입해 들어왔습니다」 하니, 내가 말하기를 「이런 일은 쉬운 일이다」 하고 곧 나의 명에 의해 이불 속으로 들어와서 무릇 13일간 동침을 해도 끝내 어지럽히지 않았다. 일을 마치고 돌아가는데 매梅가 울어 내가 「아직도 정이 남아 있는가?」고 물으니, 매가 말하기를 「어찌 정이 있겠습니까? 다만 관계가 없었기 때문에 우는 것입니다」 하였다. 또 주관이 희롱기를 「매는 더러운 이름을 영원히 장래에까지 끼쳤고, 사군使君[9]은 백세토록 빛나는 명예를 남겼다」 하였노라』고 하였다.

《舟遊清江》 申潤福, 지본담채, 28.2×35.2㎝

제21장

반역한 장수가 기생을 사랑하다

예로부터 영웅호걸은 재물을 탐하고 여색女色을 좋아하는 자가 많다. 명明나라 말기에 오삼계吳三桂가 진원원陳圓圓을 사랑하고, 고려 때 최충헌崔忠獻이 자운선紫雲仙을 사랑한 것이 그 좋은 예이다. 조선 세조世祖 때 이징옥李澄玉[1]이 육진六鎭[2]을 진수鎭守하다가 반란을 일으켜서 대금황제大金皇帝라고 일컬었다. 징옥에게 기첩妓妾이 있었는데, 그 아들이 그녀를 황후皇后라고 일컬었다. 이징옥과 동시에 이시애李施愛라는 자가 길주吉州에서 반란을 일으켰다가 패하여 달아날 때 기생을 데리고 갔다.

순조純祖 때 홍경래洪景來[3]가 관서關西[4]에서 반란을 일으켰다. 안주병사安州兵使에게 격서檄書[5]를 보냈는데 이르기를 『병영兵營 안에 있는 미모의 기녀가 비록 그대에게 정을 허락하고 있으나, 역시 관서의 소산所産이니 어찌 한 배[舟] 안의 적이 아님을 알 수 있겠는가』 하였다.

【1】 대금황제大金皇帝 이징옥李澄玉에게 기생妓生 황후皇后가 있었다

이징옥은 양산梁山 사람으로 무용武勇이 절륜하였다. 처음에 부거책富居柵을 지키면서 여러 번 전공戰功을 세워 위명威名이 크게 진동하였는데, 중국 사람과 북쪽 오랑캐가 다같이 두려워하였다. 5진을 설치할 때 더욱 공로가 컸다. 김종서金宗瑞[6]가 도성으로 돌아갈 때 이징옥을 천거하여 자기를 대신케 하려 하였다. 세종世宗께서 이징옥을 함길도절제사咸吉道節制使에 임명하였다. 김종서가 죽은 뒤 세조世祖가 비밀리에 박호문朴好文을 보내어 이징옥을 대신케 하니, 징옥이 의심하여 호문을 죽이고 휘하의 병마를 이끌고 반란을 일으켰다. 스스로 대금황제大金皇帝라 칭하고 오국성五國城에 도읍을 정하니 야인野人들이 모두 복종하였다.(《類編征西錄》 및 《五山說林》) 어느 날 밤 이징옥의 사랑하는 첩이 외출하자, 징옥의 아들 진進이 말하기를 『황후皇后의 거둥擧動(제왕帝王이 대궐 밖에 나가는 것을 거동이라 했다)을 성대히 하지 않을 수 없다』 하였다. 듣는 자가 모두 이[齒]를 드러내어 냉소冷笑하였다.《太平閑話》

【2】 이시애李施愛가 패하여 달아나면서 기생을 데리고 가다

세조 13년 정해丁亥(1467)에 이시애가 반란을 일으켰다. 시애는 길주吉州 사람으로 회령부사會寧府使를 지내고 친상親喪을 당하여 집에 있다가 아우 시합施合과 더불어 반란을 획책하였다. 본도本道 절도사節度使가 여러 진영鎭營의 장수들과 함께 모반謀反한다고 거짓 소문을 퍼뜨리고 기회를 엿보았다. 때마침 절도사節度使 강효문康孝文이 길주吉州에 이르렀다. 시합施合의 첩실되는 계집이 고을의 기녀妓女로서 효문孝文의 방에서 자다가 문을 열어서 이시애의 무리를 맞아들였다. 시애는 효문孝文과 길주목사 설□신薛□新을 죽이고 고을에 웅거해서 반기叛旗를 들었다.

조정에서 허종許琮을 본도 절도사에 임명하고, 강순康純·어유소魚有沼·남이南怡를 대장으로 삼아 토벌케 하였다. 시애의 반군과 함께 홍원洪原과 북청北靑에서 싸웠는데 반군이 크게 무너졌다. 시애가 패하여 길주吉州로 돌아가서 기녀妓女와 재화財貨를 싣고 오랑캐 땅으로 들어가려 하였다. 그 고을 사람 별시위別侍衛 허유례許惟禮가 적의 무리인 이주李珠·황생黃生·이운로李雲露 등을 설득하여 시애와 시합을 사로잡아 와서 항복케 했다. 시애와 시합을 군진軍陣 앞에서 목 베어 도성으로 올려보냈다.《燃藜室記述》

【3】 홍경래洪景來가 격문檄文으로 관서關西 기생을 격동시키다

조선이 개국한 이래로 서북 지방 사람들을 등한히 하여서 벼슬이 문관文官은 지평持平·장령掌令에 지나지 않았고, 무관武官은 첨사僉使·만호萬戶에 지나지 않았다. 사회적인 대우는 서북 사람들을 얕보아서 선비로 인정하지 않았다. 서북 사람들은 이 같은 차별적인 대우에 통한痛恨해서 뼈에 사무쳤다. 순조조純祖朝에 이르러 외척外戚이 권세를 잡았는데 이름하여 세도世道라고 했다. 이에 용강龍岡 사람 홍경래洪景來가 효웅梟雄[7]의 재주로써 불평을 품고 관서에서 반기를 들었다. 이씨조선을 타도하려는 것이었다. 홍경래는 실로 조선 유일의 정치혁명의 대사상가大思想家였다. 안주병사安州兵使 이해우李海愚에게 보낸 격문에 이르기를『병영 안에 있는 미모의 기생은 비록 그대에게 정을 허락하고 있으나, 역시 관서의 소산이니 어찌 한 배안에 적이 아님을 알 수 있겠는가』하였으니, 그 뼈에 사무치는 깊은 원한을 이것으로서 입증立證할 수 있다. 이에 격서檄書 전문을 기록하여 참고하고

자 한다.

◉ 홍경래洪景來 격문檄文

(순조純祖 신미辛未(1811) 12월 22일. 내가 양산현감梁山縣監 이희원李熙元과 교유하다가 책 한 권을 사들였는데 책 속에 이 격문이 있기에 깊이 간직하였다.)

평서대원수平西大元帥는 급하게 격문을 돌린다. 우리 관서 지방의 부로父老와 공사公私의 천인賤人은 모두 이 격문을 보라. 대체로 관서는 기성箕聖의 옛강역疆域이요, 단군檀君의 본고장으로서 의관衣冠이 우아하고 문물文物이 빛났다. 일찍이 임진란壬辰亂에는 재조再造의 공로[8]가 있었고, 정묘丁卯의 변에는 양무공襄武公이 충의忠義를 다했다. 돈암遯菴의 학문과 월포月浦의 재능才能 또한 우리 서쪽 땅에서 났다. 그런데도 조정에서 서토西土를 버리는 것은 분토糞土와 다름없으며, 심지어 권문세가의 노비에 이르기까지도 서토의 사람을 보면 반드시 평안도 놈이라 하니 서토 사람들이 어찌 억울하고 원통하지 않겠는가. 만약 급한 시기를 당하면 반드시 서토 사람의 힘을 빌렸고, 과거 때를 당하면 서토 사람의 글을 빌렸다. 4백 년을 내려오면서 서토 사람이 조정을 저버린 일이 무엇이 있었단 말인가.

이제 어리신 왕이 위에 계시고 권간權奸이 날로 세력을 떨치고 있다. 김조순金祖淳·박종경朴宗慶 같은 무리가 나라의 정권을 잡으려 하니 어지신 하늘이 재앙을 내리시어, 겨울에는 천둥치고 여름에 지진地震이 일어나서 거의 태평한 때가 없었다. 이로 말미암아 흉년이 들어서 굶어죽은 시체가 길 위에 널리고 노약老弱이 도탄塗炭에 빠져서 백성의 멸망이 경각에 달려 있다.

무슨 다행이라 할까. 세상을 건질 성인聖人이 청천강淸川江 북쪽 선천宣川 검산劍山 일월봉日月峯 및 군왕포君王浦 위 가야동伽倻洞 홍의도紅衣島에 나시니, 나시면서 신령神靈의 덕이 있으셨다. 다섯 살에 신승神僧을 따라 중국으로 들어가셨고 이미 성장하여 강계부江界府 관할인 옛4군의 여연閭延 땅에 은거하셨다. 5년 동안에 명明나라의 세신世臣과 유손遺孫을 통솔하시어 철기鐵騎가 십만이다. 드디어 우리나라를 바로잡을 뜻이 계시다. 관서의 땅은 우리나라의 발상지이다.[豊沛] 차마 이를 유린하지 못하여 먼저 관서의 호걸들로 하여 군사를 일으켜 백성을 건지게 하시니, 정의의 깃발이 이르는 곳마다 살아나지 않음이 없다. 이에 격문을 보내어 깨우치노니, 여러 고을의 수령들은 동요하지 말고 성문을 활짝 열어 우리 군대를 맞이하라. 만약 어리석게 항거하는 자가 있으면 마땅히 철기鐵騎 5천을 가지고 도륙하여 남김이 없을 것이다. 마땅히 속히 명을 받들어 거행토록 하라.

이 격문은 안주병사安州兵使 · 우후虞候 · 목사牧使 · 숙천부사肅川府使 · 순안현령順安縣令 · 평양감사平壤監司 · 중군中軍 · 서윤庶尹 · 강서현령江西縣令 · 용강현령龍岡縣令 · 삼화부사三和府使 · 함종부사咸從府使 · 증산현령甑山縣令 · 영유현령永柔縣令에게 내린다.

대원수大元帥는 수결을 두고 인印을 찍는다. 선천부사宣川府使 김익순金益淳에게는 항복문서를 받고, 관인官印과 병부兵符를 빼앗은 뒤 부민富民의 재물을 수탈한 죄를 적용하여 엄히 감옥에 가두었으며, 곽산군수郭山郡守 이영식李永植과 정주목사定州牧使 이근주李近胄는 관인과 병부를 버리고 달아났으며, 가산군수嘉山郡守 정시鄭蓍는 탐람貪濫한 죄로 관인과 병부를 빼앗은 뒤 곧 참斬해 버렸으며, 박천군수博川郡守 임성고任聖皐는 관고官庫의 전곡錢穀을 범용犯用[9]한 죄로 관인과 병부를 빼앗은 뒤 엄히 감옥에 가두었다. 만약 격문을 전하지 않는 고을이 있다면 군대가 이르는 날에 그 고을의 수교首校[10]와 수리首吏[11]는 군율軍律에 의해 처단할 것이다.

또 안주병사 이해우李海愚에게 전령傳令하노니 굴 안에 사는 자는 비 올 것을 알고, 둥우리에 깃드는 자는 바람 불 것을 안다. 사람으로서 천시天時를 알지 못하는 자를 사람이라고 이를 수 있겠는가. 굴에 살고 둥우리에 깃드는 자보다도 하등하며 어리석은 자이다. 그대의 이름은 해우海愚가 아니라 바로 하우下愚이다. 자객을 보내서 은밀히 해치려드니 이는 우물 안 개구리가 날뛰는 격이다. 그대는 공손자양公孫子陽을 본받으려는 것인가. 자객을 보내려면 같은 지위의 사람을 보내지 않고 장하帳下의 무명소졸無名小卒을 보내서 이처럼 누설을 본단 말인가. 장하의 소졸 또한 우리 관서 백성이니 어찌 성의를 기울여 마음을 다하겠는가. 전대린全大麟 · 이인배李仁培 등을 할 수 없이 참형斬刑에 처하였다. 만약 음모를 하려면 관서 사람을 보내지 말라. 그리고 성을 굳게 지켜서 명에 항거하려 한다면 진영陣營 안이나 성벽 위에 관서 백성을 배치하지 말고, 곧 자신의 처첩妻妾 자제, 노비를 모아서 대오隊伍를 편성하고 힘을 합칠 것이다.

그대는 세록世祿의 신하이고, 지방을 지키는 장수이다. 염치가 있어서 비록 천명天命과 인심이 돌아가는 바를 안다 하더라도 도의적으로 볼 때 성을 나와 무릎을 꿇을 수 없는 것이니, 우리의 대군이 성을 점령하는 날에 그대의 명예를 이루어 줄 것이다. 근일近日에 가산군수嘉山郡守 정시鄭蓍와 박천군수博川郡守 임성고任聖皐·정주목사定州牧使 이근주李近冑·곽산군수郭山郡守 이영식李永植·선천부사宣川府使 김익순金益淳·철산부사鐵山府使 이장겸李章謙·용천부사龍川府使 권수權琇·의주부윤義州府尹 조흥진趙興鎭·삭주부사朔州府使 윤민동尹敏東은 우리 군대를 멀리서만 바라보고도 귀순歸順하였다. 이 무리들이 비록 천명과 인심이 돌아가는 바를 알았다고 하지만 그대에게는 죄인이다. 성을 지킬 때에 관서 사람을 물리치고 심복의 사람을 쓰면 성이 무너지지 않을 것 같지만, 하늘과 사람이 다함께 토벌하는 바이니 이들도 또 이처럼 와해되었다. 굳이 감석甘石을 기다려서 천상天象[12]을 보며, 무함巫咸을 불러서 점칠 것이 있겠는가. 병영 안에 있는 미모의 기녀妓女가 비록 그대에게 정을 허락하고 있으나, 역시 관서의 소산이니 어찌 한 배 안의 적이 아님을 알 수 있겠는가. 백상루百祥樓[13] 아래에서 칼을 잡고 활을 당기는 병사 또한 관서 출신이니 어찌 한집 속의 이단자異端者가 아님을 아랴. 그렇다면 그대는 마음 속에 무슨 대책이 있기에 그처럼 창검槍劍의 수풀 속에 우뚝 홀로 앉아 있는 것인가? 그대의 머리가 몸에서 떨어질 날이 박두했는데도 어찌 살피지 못하는가. 이처럼 알게 깨우치는 것이니 살려거든 살고, 죽으려거든 죽으라. 이것은 내가 사리事理를 밝혀서 알리는 것이다.

平西大元帥 爲急急馳檄事 我關西父老公私之賤 咸聽此檄 蓋關西 箕聖古域 壇君舊窟 衣冠炦濟 文物炳烺 粤在壬辰之亂 己有再造之功 又於丁卯之變 先輸襄武之忠 有知遯菴之學 月浦之才 又是產於西土 而朝廷之等棄西土 不異糞土 甚至於權門奴婢 見西土之人 則必曰平漢 其爲西土者 豈不冤抑哉 若當緩急 則必賴西土之力 且當科時 則必籍西土之文 四百年來 西人有何負於朝廷哉 見今冲王 在上權奸日熾 如金祖淳朴宗慶輩竊弄國柄 仁天降災 冬雷地震 殆無虛歲 由此大無荐臻 餓殍載道 老弱塗炭 生民盡劉 幾乎在卽 何幸濟世之聖人 誕降于淸北宣川劒山日月峯下君王浦上伽倻洞紅衣島 生而神靈 五歲隨神僧入中國 旣長隱居于江界四郡地閭延五載 統領皇明之世臣遺孫 鐵騎十萬 遂有澄淸東國之志 而維此關西 卽豊沛故鄕 不忍蹙踏 先使關西之豪傑輩 起兵救民 義旗所到 莫不徯蘇 玆以檄文先諭列府郡侯 切勿撓動 洞開城門 以迎我師 若有蠢爾頑拒者 當以鐵騎五千 蹙之無遺矣 宜速請命擧行宜當者 右檄下安州兵使·虞候·牧使·肅川府使·順安縣令·平壤監司·中軍庶尹·江西縣令·龍岡縣令·三和府使·咸從府使·甑山縣令·永柔縣令 大元帥著押踏印 宣川府使金益淳 受降書 奪印符後 推用富民錢罪嚴囚

郭山郡守李永植 定州牧使李近胄 棄印符逃走 嘉山郡守鄭著 貪濫罪 奪印符處斬 博川郡守任聖皐 以庫錢犯用罪 奪印符嚴囚 此檄文 若有稽傳之邑 則兵到之日 該邑首校鄕 斷當軍律施行事 又傳令安州兵使李海愚曰 穴者知雨 巢者知風 以人不知天時者 可謂人乎 穴者巢者之下 愚也 子名 非海愚 正是下愚也 遣刺客陰害 井蛙之所跳梁 而子欲學公孫子陽乎 欲遣刺客 何不遣同朝之人 乃遣帳下小卒 如是見洩也 帳下之卒 亦吾關西之民 豈有致誠盡心哉 全大麟・李仁培等 不得已處斬 如有陰謀 勿遣關西之人 且欲堅壁抗命 營內城上 勿置關西之民 卽招自家之妻妾子弟奴婢 編伍同心可也 子則世祿之臣 外閫之將 廉恥所在 雖知天命人心 不可城下之盟 大軍拔城之日 請遂子大夫之名 近日嘉山郡守鄭著 博川郡守任聖皐 定州牧使李近胄 郭山郡守李永植 宣川府使金益淳 鐵山府使李章謙 龍川府使權琇 義州府尹趙興鎭 朔州府使尹敏東 遽然從風 此輩雖知天命人心 子大夫之罪人也 假令守城之時 却關西之人 納世祿之臣 則固當不解 而天人共諭 世祿之輩 猶此瓦解 何必待甘石而觀天 招巫咸而筮人乎 顧瞻細柳營中 曲眉豊頰之妓 雖是被中之情 此乃關西之産 安知非舟中之敵乎 百祥樓下 擁劒彎弓之士 此亦關西之産 安知非轂下之羌乎 然則子大夫 有何胸中之甲 而兀然獨坐於萬刃之中 首級之落 日已久矣 何不自諒也 以此知悉 欲生則生 欲死則死 春秋拔旆投衡之敎也.

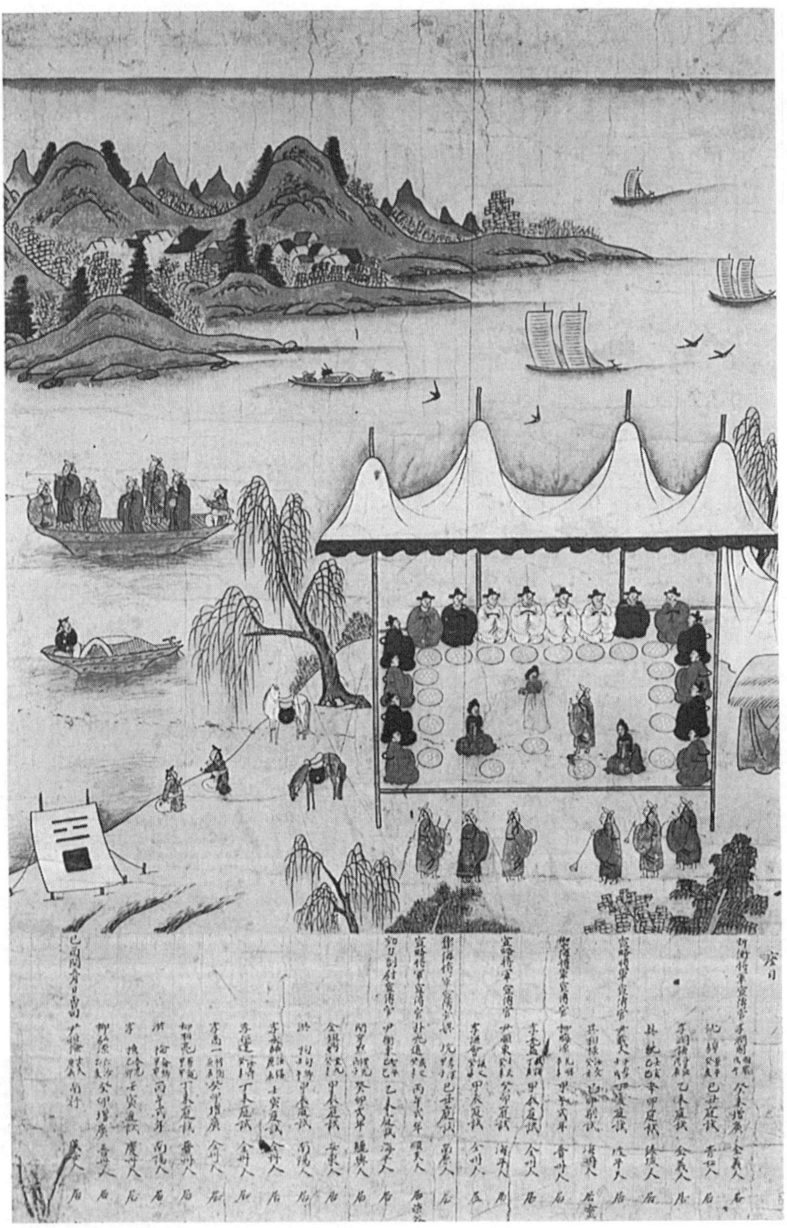

《宣傳官宴會図》 지본채색, 115×74.3㎝

제22장

상객商客이 기생을 사랑하다

우리 조선은 곳곳에 기생이 있다. 그리고 기생과 함께 흥겹게 놀고 즐긴 풍류風流의 이야기는 오직 공자公子·조관朝官·사성使星[1] 및 선비 사이에 있을 뿐이고, 상객商客이 기생과 놀아나는 일은 극히 드물다. 유몽인柳夢寅의《어우야담於于野談》에 실린〈올공금팔자兀孔金八字〉라는 일단의 기사가 바로 그것이다. 이제 그것과 극히 흡사한 것들이 있어 기록하는 바이다.

【1】 생강 장수가 신세身世를 한탄하는 시를 읊다

남쪽 출신의 상인 한 사람이 배에 생강을 싣고 평양으로 팔러 갔다가 기생에게 유혹당하여 지닌 돈을 모두 탕진해 버리고, 마침내 기생에게 쫓겨나는 신세가 되었다. 한탄을 금치 못하여 시 한 수를 읊었다.

멀리서 보면 죽은 말馬 눈깔 같고
가까이서 보면 고름이 흐르는 종기 같네.
두 볼에 이빨 하나 없는데도
한 배[船]의 생강을 모두 먹어 버렸네.
遠看似馬目　　近視如濃瘡
兩頰無一齒　　能食一船薑.

【2】 불 때는 자가 다른 사람을 비웃어 말하다

어떤 상인이 역시 평양으로 가서 물건을 팔아 몇 갑절의 이익을 보았다. 그러나 그 또한 기생에게 유혹당하여 앞서 말한 생강 장수의 신세가 되고, 마침내 기생집의 고용인雇傭人이 되어 방에 불을 지펴주고 식은밥을 얻어 먹었다. 하루는 한 상인이 그 집으로 와서 기생을 끼고 노는 것을 보고 손가락질하면서 비웃어 말하기를『불 땔 놈이 또 왔군』하였다.

【3】 올공금팔자兀孔金八字

《어우야담於于野談》에 이르기를 속담俗談에 올공금팔자라는 말이 있는데, 올공금兀孔金이란 것은 장고杖鼓의 용구철龍駒鐵을 말한다. 팔자八字는 음양사주로서 옛날 전주의 한 상인이 배에 생강을 가득 싣고 평양 대동강에 닻을 내렸다. 생강은 남쪽 지방에서 나는 귀한 물건으로 관서 지방에서만 생산되지 않는다. 그 값이 매우 비싸서 한 배의 물건이 1천 필의 포목布木과 1천 석의 곡식에 해당하였다. 평양의 이름난 기생으로서 이를 욕심내는 자가 많았다. 한 요염한 계집이 그 상인을 유혹하여 인연을 맺고 불과 몇 해 동안에 한 배의 물건을 모두 먹어치우고는 그 상인을 멀리해서 배척하였다. 상인이 집으로 돌아가려 하나 빈손으로 돌아가면 마을 사람이나 친척을 대할 면목이 없어 돌아가지 못하고 그 기생집에 머물면서 고용살이를 하였다. 땔나무를 해오는 등 손발이 닳도록 일해서 누더기옷과 식은밥을 얻어먹으면서 연명하였다. 그 기생은 다른 남자와 비단금침 속에서 원앙의 꿈에 무르녹는데, 그 상인은 부엌바닥에서 몸을 웅크리고 불을 때서 방을 따스하게 해주어야 했다. 그 괴로움을 어찌 견디랴. 하루는 작별을 고하고 돌아가려니 기생이 노자路資를 주려 하나 한 말 쌀이나 한 치의 천도 주기 아까웠다. 하여 집안의 먼지가 켜켜이 앉은 쓸모없는 물건을 찾아보니 장고의 올공금 열여섯 개가 가장 낡아서 쓸모없어 보였다. 기생이 이것을 상인에게 내주면서 말하기를 『가다가 이것으로 쌀이나 바꿔 양식을 마련하도록 하라』 하였다. 상인이 기뻐서 받아 가지고 울면서 하직하고 돌아가다가 길 위에서 올공금을 모래흙에 닦아보니 까맣게 윤이 나서 볼 만하였다. 마음 속으로 이상스럽게 여겼다. 황강黃岡 시장에 이르러서 이를 팔려 하니 값이 점점 올라서 백만에 이르렀다. 식자識者가 이를 의심하여 자세히 살펴보고 말하기를 『이는 오금烏金이다. 황금에 비해서 값이 십 배나 된다』 하였다. 전주에 이르러 백만금에 팔았다. 상인은 옛날의 사업을 복구했을 뿐만 아니라, 졸지에 우리나라의 갑부甲富가 되었다. 사람들이 오금장자烏金長者라고 불렀으니, 속담의 이른바 〈올공금팔자〉가 바로 이것이다.

《妓房無事》 申潤福, 지본담채, 28.2×35.2㎝

제23장

어리석은 남자의 짝사랑

(속어俗語에 남녀가 서로 즐기고 사랑하는 것을 연애戀愛라 하고, 한쪽이 냉담한 것을 짝사랑[隻愛]이라 한다.)

살아서는 함께 살고 죽어서는 함께 묻히고, 천상天上에 있으면 함께 나는 새가 되기를 원하고, 지상地上에 있으면 같은 나뭇가지가 되기를 바라는 것은 연애할 때 맹세하는 말이다. 이 연애문제가 근래에 많이 유행하는데 탕자蕩子와 가인佳人이 서로 연모하고 사랑하는데[我戀爾愛] 가을에는 헤어지고 봄이 되면 서로 사귀며, 주머니에 돈이 다 떨어져 빈털터리가 되어 미봉彌縫하기가 어려웠다. 이 같은 사정에 어찌 이별이 없겠는가. 깊으면 정사情死하고 가벼우면 머리를 깎는 것이 고금古今 화류계花柳界의 다소 도행桃杏의 정이다. 산을 두고 맹세하고서 약속을 배반한 충주 기생의 냉정한 답이며,[1절] 이빨을 빼주었다가 돌려달라는 것은 계림鷄林 창기娼妓의 웃음거리이다.[8절] 족대足臺에 신의信義가 없는 것은 신문충申文忠의 아랑의 보람이 돌아온 것이고,[2절] 부채를 버리지 않는 것은 이지사李知事의 치정痴情의 웃음거리다.[5절] 광문廣文이 시를 잘 지어 작대雀帶로써 어리석은 나그네를 읊고,[3절] 파성坡城이 눈물을 흘리면서 죽은 뱀에게 제사지낸 것은 사람을 믿었기 때문이다.[4절] 병사兵使의 소매를 잡게 한 것은 등 뒤에서 그 어미가 얼굴을 가리고 가르친 것이며,[6절] 평양 기생이 수건을 두는 것은 내일 아침 멀리 갈 사람이 있음을 알 수 있다.[7절]

지금 속담俗談에 8절과 서로 같은 것은, 소위 배비장타령裵裨將打令(속어俗語에 이르기를 가곡歌曲을 타령打令이라고 한다)이 이것이다.

옛날에 배씨裵氏라는 성을 가진 자가 있었는데, 평양감사의 비장裨將이 되어(막료幕僚를 비장裨將이라고 한다) 평양에 도착해서 한 기생을 사랑하다 이별하고 돌아올 때 이빨을 뽑아주고 서로 맹세를 잊지 않았다는데, 후에 약속을 배반했다는 소식을 듣고 사람을 보내 이빨을 찾으니 기생이 상자를 가지고 나와 열자 이빨이 그릇 가득 담겨 한 되 가까이나 되었다. 기생이 웃으면서 말하기를『배비장의 이빨도 이 가운데 있으니 군君이 알아서 찾아가라』하였다. 또 6절과 서로 같은 것이 있으니, 속전俗傳에 평양 기생이 관행慣行에 따라 송별하는데 괴로워 울려고 하여도 눈물이 안 나오자 수건에 물을 적셔 볕에 살짝 말려 송별할 때 수건으로 눈을 문질러 눈물이 나온 것처럼 하였다.

【1】 산山을 두고 맹세하고서 약속을 배반한 충주忠州 기생의 냉정한 답

전목全穆이 충주忠州 기생 금란金蘭을 사랑하였다. 목이 경성으로 향할 때 란에게 훈계하기를 『사내일랑은 만나지 말고 조심하여라』 하니, 란이 말하기를 『월악月岳(충주에 있는 높은 산)이 무너질지언정 내 마음이 변함이 있으리까』 하였다.

뒤에 란蘭이 단월斷月 역승驛丞을 사랑하였다. 목穆이 시를 지어 보내니 이러하였다.

들으니, 네가 단월 역승驛丞을 사랑해서
밤이 깊으면 역을 향해 분주히 달리도다.
어느 때든가 세모 방망이를 가지고 가서
마음으로 약속한 월악月岳이 무너졌느냐고 묻겠노라.
聞汝偏憐斷月丞　　夜深常向驛奔騰
何時手執三稜杖　　歸問心期月岳崩.

이에 란蘭이 화답和答하는 시를 지었다.

북에는 전군全君 남에는 역승驛丞이 있으니
첩의 마음 정할 곳 없어 구름에서 노니는 것을
만약 맹세해서 산이 변한다면
월악月岳이 지금 몇 번째 무너졌겠소.
北有全君南有丞　　妾心無定似雲騰
若將盟誓山如變　　月岳于今幾度崩.
《慵齋叢話》

【2】 족대足臺에 신의信義가 없는 것은 신문충申文忠의 아량

신문충공申文忠公 숙주叔舟가 호남湖南에 사신으로 갔을 때 한 기생이 있어 재모才貌가 뛰어났다. 공이 자못 정을 주었다. 이별을 맞아 희롱하는 말로 기생에게 이르기를 『나에게 무엇을 주겠는가. 도물賭物[1]은 사람을 생각케 하니, 그 사모하는 사람의 도물을 나에게 줌이 어떠한고』 하니, 기생이 차고 있던 족대足臺를 풀어서 공에게 주었다. 그리고 신서信書를 가지고 있다가 공에게 드리니, 그 제서題書 뒤에 이르기를

한 짝의 족대足臺는 일찍이 차다가 버리지만
가무할 때는 속으로 님을 생각하네.
一隻足臺曾佩去　　擧床時復暗思君.

하였다. 공이 웃으면서 말하기를 『풍류걸사風流傑士는 한 빛깔로 된 것이 없도다』 하였다.

다른 해에 남주南州의 체찰사體察使로 다시 가니, 그 기생이 이웃 읍 수령의 총애를 받고 있었다. 그 수령은 공의 옛친구였다. 공이 그 기생과 함께 담소談笑하기를 전과 다름없이 하였으나 서로 가까이하지는 않았으며, 그 수령이 도차사원都差使員이 되어 밤낮으로 만나면서 옛이야기를 하여도 색色에 대한 말은 일체 하지 아니하니 사람들이 그 아량에 감복하였다.《靑坡劇談》

【3】 광문廣文[2]의 훌륭한 시, 작대雀帶로써 우객愚客을 읊다

성종成宗 때 한 환시宦侍가 명을 받고 호서湖西에서 돌아오니, 왕이 침착하게 백성들의 질고疾苦를 물은 다음 한사閒事를 물었다. 환시가 말하기를, 충주忠州에 한 한사寒士[3]가 있었는데 목사牧使의 손님으로 왔었습니다. 목사가 한 기생을 천침薦枕시켰는데, 그 한사는 기생을 사랑했으나 기생은 쌀쌀하기만 하였습니다. 이별을 하는데 그 한사가 울면서 이별을 하지 못했습니다. 이때 광문廣文이 자리하니, 그 나그네가 광문의 손을 잡았습니다. 기생에게 띠를 주고, 눈물을 흘리면서 광문에게 말하기를 『군이 내 이별의 한을 위로하지 못하는가』 하자, 광문이 부賦 1율을 짓기를

자줏빛 공작띠로 가는 허리 둘렀고
검은 칠한 장화獐靴는 발이 편안한 것을.

紫芝雀帶橫腰細　黑黍獐靴著足安.

하니, 그 사람이 그 시로 인해서 기생에게 말하기를 『원컨대 서로 잊을 수가 없다 하라』 하고, 이틀이 또 지나도 차마 이별을 못하니 보는 자들이 모두 속으로 웃었으나 그 사람은 돌아보지 않았습니다. 왕이 듣고 빙그레 웃었다.《五山說林》

【4】 파성군坡城君이 울면서 죽은 뱀에게 제사지내고, 참으로 믿을 사람이라 하다

종실宗室 파성령坡城令이 남원南原 기생과 사랑에 빠졌는데, 이별할 때 기생이 속이기를 『한번 이별한 뒤에 어찌 차마 구차히 살겠습니까, 차라리 뱀으로 화해서 낭군을 찾아가겠습니다』 하니, 파성坡城이 이 말을 믿었다.

사문斯文[4] 정희현鄭希賢 공이 이때 공주목사公州牧使로 있었는데, 그 말을 먼저 듣고 파성군이 공주에 도착하는 날에 큰 뱀을 잡아서 파성군이 앉을 자리 아래에 미리 두고 무릎을 대고 옮겨앉으니 뱀의 꼬리가 약간 보였다. 목사가 거짓으로 놀라는 척하면서 말하기를 『괴이하도다. 무슨 물건인고?』 하니, 파성이 탄식하면서 말하기를 『죽었구나, 죽었구나, 참으로 믿을 사람이로구나』 하고, 눈물로 옷깃을 적시고 짧은 도포(단오短襖)를 벗어 그 속에 싸서 객관客館 근방에 묻어 제사지내고 가니 듣는 자가 이를 드러내어 웃었다.(權應仁의《松溪漫錄》)

【5】 부채를 버리지 않는 이지사李知事의 치정痴情

지사知事 이자견李自堅이 기생 대가기待佳期를 사랑하였다.(待佳期는 기생 이름이다.) 일찍이 강원감사江原監司에 배수拜授되어 갈 때 기생이 한쪽이 떨어진 부채를 선물로 주었다. 일 년이 되어 돌아오는데 다른 부채로 바꾸지 않고 부챗살만 두어 개 붙은 부채를 가지고 돌아오니 듣는 자가 다투어 가며 웃었다. 대성大成이 이를 듣고 말하기를 『제군諸君은 웃지 마라. 이것이 진실로 중용中庸의 도道에 능한 것이니라』 하니, 사람들이 말하기를 『어찌해서 그런가?』 공이 말하기를 『하루 한 번이라도 선善(선扇[부채]과 음이 같음)을 얻자면 몸에서 떼지 않고 정성스럽게 해야 잃어버리지 않잖는가.』 듣는 자들이 절도絶倒하였다.《思齋摭言》

【6】 병사兵使의 소매를 잡도록 등 뒤에서 그 어미가 얼굴을 가리고 가르치다

한 병사兵使가 어린 기생을 몹시 사랑했다. 병영兵營의 일이 끝나면 기생을 찾곤 하였는데 임기가 차서 돌아가게 되었다.

기생과 함께 역정驛亭에서 이별하는데, 병사는 기생의 소매를 잡고 울어서 양소매가 모두 젖었는데도 기생은 눈물을 흘리지 않았다. 기생의 부모가 병사를 따라가 그 등 뒤에서 얼굴을 가리고 우는 것처럼 형용을 하면서 기생을 가르쳤으나, 기생이 너무 어려서 애교를 부릴 줄 몰라 눈물이 나오지 않았다. 그 부모가 손짓으로 기생을 불렀다. 기생이 나오자 부모가 훈계하기를 『너의 병사가 병영을 마치고 집으로 돌아가는데 너는 목석木石이냐? 어찌 눈물 한 방울도 없이 보내느냐?』 하면서 쥐어박으며 들여보내니 기생이 크게 울었다. 기생이 우는 것을 본 병사는 더욱 울면서 말하기를 『너는 울지 마라, 네가 울면 내가 더욱 슬퍼지니 울지 말아라』 하였다.《於于野談》

【7】 평양 기생이 수건을 두니 내일 아침 또 떠날 사람이 있다

이지온李之馧(호는 빈교貧郊, 인조仁祖 때 사람)이 기성箕城 가기歌妓에게 준 시가 있어 전한다.

말은 동문에 서 있는데 술통은 다 비었고
연광정練光亭에는 황혼이 깃드는 것을.
여럿 가운데서 차마 이별을 못해
몰래 아름다운 눈길에서 눈물만 뿌리네.
立馬東門盡一尊　　練光亭畔欲黃昏
衆中不敢分明別　　暗把秋波贈淚痕.

희롱하면서 관기官妓에게 주다
戱贈官妓

강 위에서 님 보내는데 눈물이 쏟아져
두어 척 수건의 향기가 모두 씻기네.
아직 한 끝은 젖은 곳 없으니
내일 아침 또 떠날 사람 있는 것을.
送君江上淚頻頻　　拭盡香羅數尺巾
留却一端無濕處　　明朝亦有遠行人.

【8】 이빨을 뽑아주었다가 돌려달라고 하니 계림鷄林 창기娼妓가 크게 웃다

계림에 한 미기美妓가 있었는데, 장안長安의 한 소년이 자못 정이 깊었다. 기생과 이별할 때 거침없이 울다가 소년이 전대를 풀어서 주었다. 기생이 사례하면서 말하기를 『원컨대 그대의 몸에 달린 물건을 얻고자 하옵니다』 하니, 소년이 이빨을 뽑아서 주고 도성으로 돌아갔는데 기생이 다른 남자를 취했다는 소식을 듣고 창두蒼頭를 급히 보내서 준 이빨을 돌려달라고 하였다.

기생이 손뼉을 치고 웃으면서 말하기를 『도문屠門[5]에서 죽이는 것을 경계하고 창가娼家의 예를 나무라는 것은 어리석음이 아니면 망령이로다』 하였다. 한 사람이 나무라는 시를 지어 전한다.

여기 은정恩情 박하다 하지 마라.
머리털 없고 이빨이 빠져도 수壽는 얻는 것을.
莫言這物恩情薄　　齒豁頭童得壽徵.
《滑稽傳》

《妓女》 劉運弘, 지본채색, 23.9×36.2㎝

제24장

대머리인 사나이는 기생이 싫어한다

무릇 화류계花柳界를 찾아서 기생을 끼고 재미를 보려면 반드시 나이가 젊어야 하고 얼굴이 훤칠하고 아름다워야 하고, 주머니에 돈이 많아서 미녀로 하여금 욕심이 나게 해야 하고 허리에 붉은 인수印綬[1]를 차서 그 위세가 사람을 움직여야 한다. 그런 뒤에야 기생과 더불어 놀면 상대해 주는 것이다. 만약 그렇지 못하면, 본장本章에 실린 두 절과 같이 대머리 사나이와 기생의 기사를 읽어본다면 대머리 사나이를 기생이 싫어함을 알 수 있다. 대머리 사나이를 기생이 싫어할 뿐 아니라, 수염이 많은 사나이 또한 싫어한다. 이것은 내가 친히 경험해서 아는 바이다. 내게 한 친구가 있는데 얼굴이 못생긴 것이 아니라 수염이 많았다. 하루는 술자리에서 평양 기생을 불러서 질탕하게 먹고 즐겼다. 내 친구가 술에 취해서 기생과 동침하려고 시도했으나 기생은 죽을 힘을 다해서 거절하였다. 그 까닭을 물으니 기생이 말하기를 『수염이 많기 때문입니다. 황금 백 냥을 준다 해도 원치 않습니다』 하였다. 이것 또한 기계妓界의 경험담이다.

【1】 대머리 사나이의 모자에 기생이 복숭아를 담다

옛날에 왕명을 받들고 내려온 사자의 머리가 대머리인 자가 있었는데 기녀妓女를 잠자리에 들게 하였다. 기녀는 사자使者가 공청公廳으로 시무視務하러 나간 틈을 타서 장난삼아 그가 쓴 모자에다 복숭아를 가득 담아 병풍 위에 걸어 놓았다. 사자使者가 들어와서 이것을 보고 노怒하여 꾸짖어 말하기를 『이것이 복숭아 담는 그릇이란 말이냐?』 하니, 기생이 말하기를 『그것은 수박[水瓜]을 담는 것입니다. 복숭아를 담는다고 무슨 해로울 것이 있겠습니까?』 하였다. 사신은 웃음을 참지 못해서 입에 물었던 밥을 내뿜었다. (權應仁의 《松溪漫錄》)

【2】 대머리 사나이가 기생을 희롱하여 노승老僧과 정을 통했다고 하다

그림을 잘 그리는 김지金禔가 늙어서 대머리가 되었다. 일찍이 홍주洪州[2]를 지나게 되었는데 고을 수령이 어린 기생을 시켜 동침케 하였다. 이튿날 아침에 세수할 때 대머리인 것을 부끄럽게 여겨 수기首妓에게 말하기를 『나는 지난 밤에 잘못하여 이 기생과 더불어 잤다. 오늘 들으니 이 기생은 늙은 중과 함께 잤다고 하니 이것은 매우 상서롭지 못한 일이다. 너도 들었느냐?』 했다. 수기首妓가 말하기를 『그것이 무슨 말씀이세요. 이것은 말을 전하는 자가 사람을 속인 것입니다』 하니, 어린 기생이 크게 화를 내었다. 김지가 말하기를 『너희들은 나를 속이지 말라. 내가 잘 알고 있다』 하니 어린 기생은 더욱 화를 내면서 눈물을 흘리기까지 하였다. 지禔가 관冠을 벗으면서 말하기를 『내 머리를 보라, 내가 바로 중이다』 하니, 어린 기생이 크게 기뻐하면서 웃었다. 대머리 사나이와 함께 잤다는 부끄러움도 저도 모르게 가셔 버린 것이다.(柳夢寅의《於于野談》)

관기官妓의 성장盛裝

제25장

기생으로서 잊을 수 없는 다섯 가지 자격

이희준李羲準의 《계서야담溪西野談》에, 평양에 한 기생이 있었는데 미모美貌와 가무歌舞로 이름이 한 세상을 떨쳤다. 스스로 말하기를 『사람을 많이 겪어 보았지만 잊을 수 없는 것이 두 가지가 있다. 하나는 얼굴이 아름다워서 잊을 수 없는 것이고, 하나는 얼굴이 추악해서 잊을 수 없는 것이다.』 그 미남자가 이별시를 지었으니

물은 방랑객과 같아서 쉬지 않고 흐르고
산은 가인佳人과도 같아서 정을 실어서 보내네.
은촉대 밝히고 때가 5경五更[1]이 되니 비단 휘장에 찬 기운 스며들어
울창한 숲의 비바람은 가을 소리네.
水如遠客流無住　　山似佳人送有情
銀燭五更羅幌冷　　滿林風雨作秋聲.

하였다. 그렇지만 내가 들은 바로는 속담에 기생이 잊기 어려운 것 다섯 가지가 있다. 맨 처음 남편이 잊기 어려운 것의 하나며, 뛰어나게 미남자인 것이 잊기 어려운 것의 둘이며, 정열적이고 씩씩한 것이 잊기 어려운 것의 셋이며, 돈이 많아서 잘 쓰는 것(기생들이 말하는 봉鳳)이 잊기 어려운 것의 넷이며, 추악해서 볼 수 없는 것이 잊기 어려운 것의 다섯이다. 자세히 생각하면 이 말이 매우 이치가 있다. 내가 말하는 다섯 가지 어려운 것 중, 그 첫째는 음양의 도를 알게 되어 마음 속에 깊이 새겨서 사라질 수 없는 것이며, 그 둘째는 그 남자가 비록 가난하더라도 기생들이 스스로 자원自願해서 몸을 바치려는 것이니 속어俗語에 이른바 화간和奸이 이것이다. 만약 둘째 자격의 소유자가 셋째 자격까지 겸해서 지녔다면 금상첨화錦上添花로서 고객이 될 수 있는 것이다. 넷째는 기생마다 바라는 바이다. 그러므로 속담에 『기생이 되어 남자에게 삿갓을 씌우지 못한다면 명기名妓가 아니다』(가산을 탕진한 까닭에 의관을 갖추지 못하므로 삿갓을 쓰기 때문이다) 하였다. 다섯째는 틀림없이 돈이 있는 자로서, 비록 본심은 아니지만 겉으로 애정이 있는 것처럼 꾸민다. 그리고는 생일生日이라서 술자리를 마련해야 하느니 전당典當잡힌 물건을 찾느니 점[巫卜]을 보느니 하는 등등 구실을 붙여 돈을 뜯어낸

다. 한 기생어미가 어린 기생에게 시험삼아 묻기를 『여기에 얼굴이 아름다우면서도 돈이 없는 자와 돈이 많으면서도 얼굴이 아름답지 못한 자가 있다면, 너는 어느것을 취하겠는가?』 하였다. 기생이 한참 만에 말하기를 『돈 많은 자를 취하겠습니다』 하였다. 기생어미가 꾸짖어 말하기를 『양심이 없는 천한 창부娼婦로다』 하였다. 이는 그 어린 기생이 기생어미에게 잘 보이기 위해서 꾸며대고 실지로 대답하지 않은 때문이다. 그 때문에 기생어미가 꾸짖은 것이다.

【1】 영산홍映山紅이 그 남편의 갑을甲乙을 정하다

성주星州 기생 영산홍映山紅이 일찍이 마음 속의 사람을 논했는데 수재秀才 이계열李繼悅을 으뜸으로 하였다. 그뒤에 어떤 조정의 인사가 영산홍과 정을 통하고 장난삼아 그 남편의 갑을을 정하게 하였다. 조사朝士[2]가 자진하여 붓을 잡았다. 영산홍이 말하기를 『먼저 이 아무개를 쓰고 다음에 아무개를 쓰고, 또 그 다음에 아무개를 쓰십시오』 하였다. 조사가 말하기를 『나도 그 서열에 들 수 없느냐?』 하니, 홍이 말하기를 『낭군님의 모습이 이 아무개와 비슷하시니 그 말미에 참여할 수 있습니다』 하였다. 조사朝士가 붓을 던져 버리고 손바닥을 매만졌다.(權應仁의 《松溪漫錄》)

【2】 자운아紫雲兒가 남편의 우열優劣을 가리다

손영숙孫永叔이 이조정랑吏曹正郎이 되어 왕명을 받들고, 호남에 옥사獄事를 다스리러 내려가서 나주羅州 기생 자운아紫雲兒를 사랑하였다. 운아는 도성에서 자라나 이원梨園 제일부에 속했으나 죄를 입어 나주로 귀양간 것이다. 영숙永叔은 사물에 어두운 선비이고 자운은 명기名妓였으니, 비록 관官의 위세威勢가 두려워서 시침侍寢은 하나 언제나 마음은 쾌하지 못했다. 하루는 유생儒生이 지은 시문을 가지고 와서 평가해 주기를 청하였다. 기생이 영숙에게 묻기를 『어떤 방법으로 우열을 가리는 것입니까?』 영숙이 대답하기를 『가장 뛰어난 것은 上上·上中·上下가 되고, 그 다음은 二上·二中·二下가 되고, 또 그 다음은 三上·三中·三下가 되고, 등수에 들어가지 않는 자는 次上·次中·次下가 되고, 가장 졸렬한 것은 更之更이 된다』 하였다.

얼마 아니 되어 영숙이 임무를 마치고 도성으로 돌아갔다. 조치규趙稚圭가 전주부윤全州府尹이 되어 나주羅州에 도착해서 자운아를 사랑하였다. 베갯머리에서 사랑을 속삭이다가 묻기를 『너는 많은 사람을 겪어왔는데 나 같은 사람은 몇 등이나 되겠는가?』 하였다. 자운아가 대답하기를 『영감께서는 겨우 三下에 드십니다』 하였다. 조가 묻기를 『그와 같은 평가법을 어디서 들었는가?』 자운아가 말하기를 『손영숙이 가르쳐 주었습니다.』 조가 다시 묻기를 『영숙은 몇 등급 정도되는 사람인가?』 자운아가 말하기를 『更之更입니다. 오직 군수郡守 정문창鄭文昌이 뛰어나서 2등에 드십니다』 하였다.

노희량盧希亮이 시를 지어 희롱하기를

호남에 사신가서 어찌 그다지도 황당한고.
이조정랑 손비장孫比長이 사북량絲北良이 된 것을
삼 년 동안 풍류로 사람들의 입에 오르내리니
이때에 정문창이 있는 줄 몰랐네.
湖南奉使孰荒唐　　吏部郎中絲北良
三載風流人膾炙　　不知時有鄭文昌.

하였는데, 이것은 당시唐詩를 모방한 것이다.

병신년丙申年 중시重試 때 손영숙의 책문策文이 장원壯元에 뽑혔다. 겸선兼善이 시관試官이 되어 글을 보내서 축하하였는데, 이르기를 『그대의 이번 책문은 1등의 제일이다. 지난날의 경지경更之更은 아니다』 하였다. 그뒤에 임금께서 학궁學宮[3]에 행차하시어 존사尊師의 예禮[4]를 거행하려고 할 때 손영숙이 예방승지禮房承旨가 되어 길에서 기지耆之를 만났다. 근심하는 빛이 표정에 나타나자 기지耆之가 말하기를 『자네는 어찌 그다지도 근심스러운가?』 영숙이 말하기를 『영산永山은 부처를 좋아하고 하동河東 또한 의논하는 자가 있다. 이 같은 성대한 일이 날짜가 이미 임박했는데도 경로更老가 갖추어지지 않고 있으니 이렇듯 근심하는 것이다.』 기지가 말하기를 『그것은 임금께서 대신과 함께 의논하실 일이다. 자네가 사사로이 근심할 일이 아니다. 만약 어찌할 수 없어서 사람을 선택하려 한다면 무엇이 어렵단 말인가』 하였다. 영숙이 낯빛을 고치고 그 사람을 물었다. 기지가 대답하기를 『파주 부원군坡州府院君 집 앞에 사는 첨정僉正 이삼경李三更이 곧 삼로三

老이다. 족하足下는 이미 자운에게 2경二更[5]의 논평을 받고 있는데, 또 세 사람에게 논평을 받는다면 5경五更이 될 것이다.』 듣는 자들이 모두 허리를 잡았다.

손영숙孫永叔이 사북량絲北良이라는 말을 듣게 된 것은 소시적에 생원시生員試에 응시應試하여 방榜이 나붙었는데, 이름을 알아볼 수 없을 정도로 흘려쓴 글씨였다. 영숙이 겁에 질려 말하기를 『방에 내 이름이 없구나』 하니, 한 친구가 손가락으로 가리키면서 말하기를 『저 몇째 줄이 바로 자네 이름일세』 했다. 그러자 영숙이 말하기를 『저것은 손비장孫比長이 아니고 사북량絲北良이다』 하였다. 지금까지 듣는 자가 이를 드러내고 웃었다.《慵齋叢話》

성장盛裝을 한 관기

제26장

사랑하는 사이에 헤어지는 괴로움

불가佛家의 말에 인생人生에는 여덟 가지 괴로움이 있다고 했는데, 애별리고愛別離苦가 그 하나를 차지하고 있다. 이는 사랑하는 남녀 사이에 이별의 괴로움이 있음을 말한다. 인연이 있어 남녀가 모이게 되면 서로 사랑하여 떨어지려 하지 않지만, 헤어지는 경우가 많은 것은 인생에서 흔히 있는 일로서 화류계花柳界에 이 같은 일이 더욱 많다. 고려高麗 때 시인 정지상鄭知常이 평양 기생을 위하여 송별시를 지었는데 이르기를

비 개인 언덕에는 풀빛 더욱 푸르른데
남포南浦에서 그대 보내니 이 마음 슬퍼지네.
대동강 물 어느 때나 다할까
이별의 눈물 해마다 푸른 물결에 더하리.
雨歇長堤草色多　　送君南浦動悲歌
大同江水何時盡　　別淚年年添綠波.

하였다. 덧붙여 오늘날 기생들 사이에 애창되는 시조時調가 있어 전한다.

친하지 않았던들 이별이 있을쏜가. 이별 없으면 그리움도 없어(初章)
그리우나 만날 수 없는 그리움은 애초에 정을 두지 않아 그리움 없는 것만 같지 못해(中章)
어쩌다 청춘이 이 일로 해서 백발白髮이 되누나.(終章)
不親이면 無別이오 無別이면 不相思라.
相思不見相思懷는 不如無情不相思라.
엇지타 靑春人生 이 일로 白髮.

이런 것들이 모두 사랑하다가 헤어지는 정에서 나온 시가詩歌들이다. 다음에 여러 사람의 상사相思의 시를 열거列擧해서 사실을 입증하겠다.

【1】 승평昇平 기생 벽옥碧玉

찬성贊成 박충좌朴忠佐가 승평昇平 고을에서 놀다가 기생 벽옥碧玉과 정이 두터워졌다. 훗날 승평 고을의 수령이 되어 다시 갔을 때 벽옥은 이미 세상을 떠나 버렸다. 이에 박충좌가 애도哀悼의 시 한 편을 지었다.

구십 포구에 조수潮水는 밀려오고
소나무 단풍나무는 옛모습 그대로일세.
이제 정기旌旗 앞세우고 지나가건만
누樓 위에는 이 행차 바라보는 이 없네.
九十浦口潮欲生　　碧松紅樹去年程
如今謾擁旌旗過　　樓上無人望此行.
《東人詩話》

【2】 서원西原 기생 일지홍一枝紅

정통正統 정사년丁巳年(1437)에 길창부원군吉昌府院君 권남權擥과 상당부원군上黨府阮君 한명회韓明澮와 김해공金海公 이문형李文炯 등 수십 명의 동지가 서원西原에서 노닐었는데, 기생 일지홍一枝紅은 길창부원군이 사랑하고, 은대월銀臺月은 김해공이 마음 속으로 사랑하였다. 몇 년 뒤에 길창부원군과 김해공이 다시 서원에서 노니는데 일지홍은 이미 세상을 떠나 버려였다. 김해공이 길창부원군의 마음을 헤아려 시 한 수를 읊었다.

지난 무오년에 놀던 일 생각하면
일지홍의 요염한 자태 선비의 간장 녹였지.
오늘 다시 오니 감개가 무량하나
가련하다 외로운 무덤 인간을 등졌구료.
憶昔來遊戊午年　　一枝紅艶惱儒仙
今日重遊還有感　　可憐孤塚隔寒烟.

19년 뒤에 김해공이 좌승지左承旨로서 승전乘傳[1]을 타고 서원을 지나게 되었다. 은대월이 아직도 건재하여 말술[斗酒]과 닭을 가지고 와서 은근하게 회포를 풀고, 즐거움을 극진히 한 다음 헤어졌다. 길창부원군이 이때에 정승이 되어 김해공의 말을 듣고 강중剛中(김수온金守溫의 자字)에게 전했다. 강중도 젊은 시절의 일을 말하였다. 강중이 젊은 시절에 서원 기생 봉황지鳳凰池와 함께 고을 북쪽 율봉역栗峯驛에서 이별을 슬퍼하였다. 누각 아래 작은 연못이 있고 연못에는 때마침 연꽃이 활짝 피어 있어 소년은 넋을 잃고 저도 모르게 연못으로 굴러떨어졌다. 7년 뒤에 다시 서원에 이르러서 보니 봉황지가 세상을 떠난 지 이미 두 해째였다. 감상에 젖어 역루驛樓에서 시 한 수를 읊었다.

밭두둑에 보리는 싹트고 매화는 시들어
강남에서 온 나그네 마음 절로 상하네.
작은 연못은 예나 다름없고 연꽃은 청초하건만
그때 술 권하던 사람 볼 수 없네.
隴麥初胎梅已仁　江南行客動傷神
小塘依舊荷花淨　不見當時勸酒人.

길창부원군이 웃으면서 말하기를, 서원은 본래 미인美人이 많은 곳이다. 김해金海가 전거傳車를 타고 고을로 달려가서 반갑게 앞을 가로막는 사람을 보게 되었으니 그 얼마나 영광스런 일인가. 나와 그대가 비록 서원에 이른다 하더라도 시에서 한탄한 그대로일 것이다. 김해와 같은 이 한이 어찌 이루어지랴. 옛사람이 말한 『정기旌旗 앞세우고 지나가건만 누樓 위에는 이 행차 바라보는 이 없네 謾擁旌旗過 樓上無人望此行』라는 시구는 나와 그대를 두고 한 말일 것이라』 하면서 손뼉을 치고 크게 웃었다.《東人詩話》

【3】 함부림咸傅霖이 역로驛路에서 기생과 헤어지다

관동關東의 아름다운 풍경은 천하에서 으뜸이다. 또 민심民心이 순후淳厚하고 정치가 간소簡素하여 정무政務에 시달림이 없었으므로 예로부터 이곳에 수령으로 오는 자는 흔히 저절로 풍류를 즐겼다. 동원군東原君 함부림咸傅霖이 정든 기생과 함께 방림역方林驛에서 헤어지게 되었다. 갈림길 위에서 연연戀戀한 회포를 금치 못하여 말고삐를 당겨 머뭇거리면서 차마 떠나가지 못하였다. 길 옆에 돌이 있었는데 돌을 제목으로 시를 읊었다.

너는 어느 때 생긴 돌인가
나는 지금 세상 사람이다.
이별의 괴로움을 알지 못한 채로
몇 봄이나 홀로 지났는가.
汝石何時石　　吾人今世人
不知離別苦　　獨立幾經春.

또한 약재若齋 김척金惕의 시에

깨끗한 강산은 내 마음과 함께 맑아
누대 이르는 곳마다 관현管絃의 소리일세.
만약 미인이 화장한 것 아니라면
누가 삼한三韓을 태평하다 이를쏜가.
瀟灑江山共我淸　　樓臺到處管絃聲
若非細馬馱紅粉　　誰謂三韓更太平.

하였다. 근일에 수령으로서 과만瓜滿[2)]이 되어 돌아가게 되었는데, 정든 사람과 함께 죽서루竹西樓에서 울며 헤어졌다. 혹은 시에 『조랑말에 붉은 것 바리로 실었으니 수령의 푸른 적삼 젖을까 의심 말라 細馬馱紅傳鉢在 莫嫌司馬濕靑衫』고도 하였다.《東人詩話》

【4】 김사문金斯文과 밀양密陽 기생

사문斯文 김□□이 왕명을 받들고 영남嶺南에 내려갔다. 경주에 도착하니 고을 사람이 한 기생을 바쳤다. 김이 그 기생을 데리고 불국사佛國寺로 갔다. 기생이 아직 나이 어려 남녀간의 정사情事를 알지 못했으므로 김의 요구를 완강히 거절하였다. 밤중에 도망쳤으나 간 곳을 알지 못했다. 아랫사람들이 모두 사나운 짐승들에게 물려간 것으로 의심하였다. 이튿날 찾아보니 맨발로 고을로 돌아간 것이다. 김은 마음이 섭섭했으나 어찌할 수 없었다. 밀양密陽에 이르러 평사評事[3)] 김계온金季昷을 만나 보고 겪은 일을 말하였다.

평사가 말하기를 『내가 데리고 있는 기생의 아우 가운데 대중래待重來라는 자가 있는데 자색姿色이 있고 성격 또한 정숙하니 내 그대를 위해서 중매하겠다』 하였다. 하루는 부사府使가 영남루嶺南樓에서 연회를 베풀었는데 기생들이 자리에 가득하였다. 그 중에 한 사람이 유난히 아름다웠다. 물어보니 평사가 중매한 사람이었다. 김의 눈길은 잠시도 그녀의 얼굴에서 떠나지 않았으며 마음을 기울였다. 상 위에 가득한 진수성찬珍羞盛饌도 맛을 몰랐다. 주인과 곁에 있는 손님들이 술을 올리니 김은 할 수 없이 일어나 잔을 받았다. 평사가 그 기생에게 술을 따라 권하게 하니, 김이 비로소 입을 열고 만족해하는 빛이 보였다.

이날 밤에 두 남녀는 망호대望湖臺에서 잠자리를 함께 하였다. 이때부터 애정이 깊어져 잠시도 서로 떠나지 않았다. 수십 일을 머물게 되자 부사府使는 그가 체류滯留하는 기간이 너무 오래된 것을 근심하여 영남루 위에서 전별하는 술자리를 마련하고 위로하였다. 김은 할 수 없이 길을 떠나야 했다. 기생과 둘이서 이별할 때 기생의 손을 꽉 잡고 목메어 했다. 한 역驛에 이르러 밤이 깊었는데도 잠을 이루지 못하고 뜰을 방황하였다. 울면서 역졸에게 이르기를 『차라리 이곳에서 죽을지언정 이대로 도성으로 돌아갈 수는 없다. 네가 나로 하여 그녀를 다시 만나게 해준다면 죽어도 여한이 없겠다』 하였다. 역졸이 가련하게 여겨 그 말에 따랐다. 김이 그 밤으로 수십 리 길을 달려서 이튿날 먼동이 틀 때에 밀양에 당도하였다. 부끄러워 부아府衙로 들어가지 못하고 은대銀帶[4]는 역졸에게 주고 평복으로 갈아입고 걸어서 마을로 들어섰다. 한 노파가 우물에서 물을 긷고 있었다. 김이 상비相非의 집을 물으니(상비는 대중래의 아명兒名이다) 노파가 말하기를 『바로 내 집이오』 하였다. 김이 말하기를 『그대는 나를 알겠는가.』 노파가 한동안 김을 주시하고 나서 말하기를 『알겠습니다. 당신은 바로 지난 가을 방납防納 때문에 왔던 분이 아니오?』 김이 돈주머니를 풀어서 노파에게 주면서 말하기를 『나는 방납 때문에 왔던 사람이 아니다. 나는 경차관敬差官이다. 가서 나의 말을 상비에게 전해 주기 바란다.』 노파가 말하기를 『상비는 방금 본남편 박생朴生과 함께 자리에 들어 있습니다. 가서 말할 수 없습니다.』 김이 말하기를 『내 비록 얼굴은 보지 못하더라도 목소리만 들어도 족하니 그대가 가서 내 뜻을 전해 준다면 후하게 보답하리라.』 노파가 집으로 달려가서 말했다. 기생이 머리를 흔들면서 말하기를 『심하다, 어찌 이 같은 지경에 이른단 말인가』 하였다. 박생朴生이 말하기를 『나도 그를 욕보일 줄 모르는 것은 아니나 그는 선생이고 나는 유생儒生이니 후진後進으로서 장자長者를 욕보일 수는 없다. 내가 자리를 피하리라』 하고 집을 나갔다. 김이 기생집으로 들어갔는데 관아에서 알고 비밀히 반찬과 양식을 보내주었다. 며칠을 머무르자 기생의 부모가 싫어해서 쫓아냈다. 두 사람이 대나무숲[竹林] 속으로 들어가서 서로 붙잡고 우니, 그 소리를 들은 이웃사람들이 다투어 술을 가지고 와서 바쳤다. 기생을 데리고 가려 하나 말 세 필만이 있을 뿐이다. 하나는 자기가 타고 하나는 행장을 실었으며 또 하나는 종자從者가 탔다. 마침내 종자의 말을 빼앗아 기생에게 궁전弓箭[5]을 가지고 타게 하고 종자는 걸어서 뒤를 따랐다. 신[靴]이 무거워서 걷기가 어려웠으므로 새끼로 신을 꿰어 말 목에 걸었다. 역驛으로 돌아오니 역졸이 모자를 벗어서 댓돌에 던지면서 말하기를 『내가 많은 사람을 겪어보았지만 이처럼 여색女色을 탐하는 자는 보지 못했다』 하였다.

도성으로 돌아온 지 며칠 아니 되어 김의 부인이 죽었다. 김이 선영先塋에 장사지내기 위해 영구를 싣고 밀양으로 향하였다. 유천역楡川驛에 이르러 시를 읊었다.

> 향풍香風이 고개 위의 매화에 불어와
> 꽃다운 소식 언제나 오려나 애태우네.
> 달은 응천凝川 삼십 리에 밝은데
> 가인佳人은 어느곳에서 다시 오길 기다리나.
> 香風吹入嶺頭梅　　芳信如今苦未回
> 月白凝川三十里　　玉人何處待重來.

감사 김상국金相國이 대중래待重來에게 애정을 쏟고 있었는데 김이 왔다는 말을 듣고 김에게 내주었다. 김은 대중래를 데리고 도성으로 돌아왔다. 곧 승지承旨에 올라서 벼슬이 높아지고 후한 녹을 받았다. 기생이 두 아들을 낳았으며, 마침내 정실부인正室夫人으로 올려졌다.《慵齋叢話》

【5】 안安 · 권權 두 선비가 충주忠州에서 기생과 헤어지다

안·권 두 선비가 충주로 향하여 떠날 때에 안安은 노씨盧氏의 집에서 청옥령靑玉纓[6]을 빌리고, 권權은 박씨의 집에서 자지대紫芝帶[7]를 빌렸다. 안의 별명은 연취鳶鷲이고, 권의 별명은 봉시관奉時官이다. 권은 언제나 수염을 쓰다듬기를 마지않았다.

충주忠州에 이르러서 안安은 기생 죽간매竹簡梅를 사랑하였고, 권은 기생 월하봉月下逢을 사랑하였다. 기생과 함께 네 고을[8]을 유람하면서 달포의 세월이 흘렀다. 달천撻川[9] 위에서 헤어지게 되었는데 서로 붙잡고 통곡을 하여 간장이 녹는 듯하였다. 선비[사문斯文] 금생琴生이 곁에 있다가 또한 눈물을 흘리면서 목메어 했으니, 지금 사람들이 그들이 앉았던 바위를 일컬어 〈교리석校理石〉이라 하였다. 선비 유공柳公이 시를 읊어 전한다.

고삐를 나란히 하여 화산華山을 떠나
예성蘂城[10]의 동쪽 길로 향했네.
자지박대紫芝朴帶 가는 허리에 두르고
청옥노영靑玉盧纓 얼굴에 닿아 서늘함을 느끼네.
대숲 사이에 날개를 편 목마른 보라매[鳶鷲]
달 아래 수염 쓰다듬는 봉시관奉時官
수순數旬에 걸친 운우雲雨의 즐거움 웃음꽃 피우고
풍류객은 사군의 절승絶勝을 보았네.
배 위의 두 사나이 이별의 눈물 뿌리는데
밭두덕에서 두 기생 노래 부르며 돌아가네.
금공琴公은 어느곳의 나그네길래
그처럼 이별의 괴로움을 함께 하였나.

並轡聯鑣發華山　　蘂城東指路漫漫
紫芝朴帶圍腰細　　靑玉盧纓照臉寒
張翅竹間臨渴鷲　　掀髯月下奉時官
數旬雲雨供人笑　　四郡風流絶勝觀
船上兩郎揮淚別　　陌頭雙妓放歌還
琴公何許客　　　　籧篨同作別離難.

《慵齋叢話》

【6】 남지정南止亭이 해주海州 기생을 사랑하다

지정止亭 남곤南袞이 황해감사黃海監司로 있을 때에 해주 기생을 사랑하였다. 벼슬이 바뀌어 도성으로 돌아올 때 금교역金郊驛에 이르러, 해주의 원이 그 기생을 데리고 역으로 뒤좇아와서 전별餞別해 줄 것으로 여겨 고대했으나 끝내 오지 않았다. 밤새도록 생각에 잠겨 잠을 이루지 못했다. 시 한 구절을 지어 벽 위에 썼다.

빈 뜰에서 나뭇잎 구르는 소리나니
지난 밤 신발 끄는 소리로 잘못 알고 마음 두근거렸네.
여관방 외로운 베개로 잠 못 이루는데
쇠잔衰殘한 등잔불이 어둡다가는 다시 밝아오네.
葉走空庭窣窣鳴　　誤驚前夜曳鞋聲
旅窓孤枕渾無寐　　半壁殘燈翳復明.

듣는 자가 염정艶情의 시로서는 표현이 극진해서 다른 사람이 미칠 수 없는 작품이라고 하였다.《思齋摭言》

【7】 조우암趙寓庵이 애기愛妓와 석별惜別하는 시를 지어주다

우암寓庵 조인규趙仁圭가 해서海西(황해도)의 원으로 있을 때, 사랑하는 기생과 헤어지는 사람이 있었다. 우암이 시 한 수를 지어주었다.

마음은 꽃을 향하는 나비와 같고
몸은 번방으로 가는 기러기 같네.
읍천泣川에 뿌린 이별의 저 눈물
바다를 향하여 동쪽으로 흐르네.
心似貪花蝶　　身如渡塞鴻
泣川添別淚　　流向海門東.

읍천泣川이란 시내 이름이다. 정호음鄭湖陰이 이 시를 보고 저도 모르게

무릎을 꿇고 말하기를『아랫구절이 더욱 힘이 있으며 문장 전체의 핵심이 여기에 있다』하였다.《松溪漫錄》

【8】나주羅州 기생이 백발白髮의 나그네를 사랑하다

옛날 나주목사羅州牧使에게 홍안백발紅顔白髮의 친한 나그네가 있어 이 고을을 지나가게 되었다. 목사가 유숙留宿케 하고 교방敎坊으로 하여금 꽃다운 나이의 아름다운 기생을 가려서 시침侍寢케 하였다. 열흘을 묵고 떠나갈 때 이별하는 자리에서 기생이 슬픔을 금치 못하여 차마 손을 놓지 못했으며 눈물이 흘러 옷깃을 적셨다. 여러 기생들이 조롱해서 말하기를『네가 일찍이 젊고 잘생긴 사내들과 이별했지만 이처럼 상심傷心하지는 않았는데, 이제 백발의 한 늙은이를 보내면서 어찌하여 이처럼 많은 눈물을 흘린단 말이냐?』하였다. 목사가 듣고 괴이하게 여겨 그 까닭을 물었다. 대답하기를『손님이 비록 칠십 노인이라 하지만 음식과 동작이 젊은이와 다름없었습니다. 허리 밑에 네모난 쇠주머니를 차고 있었는데 크기가 어린애 주먹만 했습니다. 저녁마다 한 주발(그릇)의 물에 담갔다가 새벽이면 그 물을 쇠주머니 속에 담아두고 날마다 쉬지 않고 마셨습니다. 여자를 다루는 것이 소장少壯의 남자와 다름없었습니다』하였다.《於于野談》

【9】강진천姜晋川이 은대선銀臺仙을 사랑하다

왕명王命을 받은 관리가 지방에 나가면 기생을 거느리고 있는 각 관청에서 기생을 천침薦枕시키는 것이 예例로 되어 있었다. 다만 감사監司는 풍기風紀를 맡은 관료이기 때문에 비록 본읍에서 기생을 천침시켜도 데리고 다니지 못하는 것이 또한 전례前例이다. 진천군晋川君 강혼姜渾이 영남 지방을 순찰할 때에 성주星州 기생 은대선銀臺仙을 사랑하였다. 하루는 성주로부터 여러 고을을 순시巡視하는 길에 대낮에 부상역扶桑驛에서 쉬었다. 역은 성주 관할이기 때문에 기생도 따라갔다. 날이 저무는데도 차마 헤어지지 못해서 역에서 잤다. 이튿날 아침에 시를 지어 은대선에게 주었다.

부상관扶桑館 안의 한 장소의 즐거움

자는 나그네 이불 없어 초가 다 탔네.
열두 무산巫山 새벽꿈에 도취되어
역루驛樓의 봄밤에 추위도 몰랐네.
扶桑館裏一場歡　　宿客無衾燭燼殘
十二巫山迷曉夢　　驛樓春夜不知寒.

모든 침구寢具를 이미 개령開寧으로 보내서 가져올 수 없었기 때문에 이부자리도 없이 하룻밤을 지샜던 것이다.

또 어떤 감사는 기생과 함께 상방上房에서 잤다. 새벽에 일어나 뒷간에 갔는데 종자從者가 밀고密告하기를『사또께서 일어나 나오신 뒤에 한 소년이 재빨리 방 안으로 들어가 기생을 범하고 나왔습니다. 참으로 해괴하옵니다』하였다. 감사가 웃으면서 말하기를『너는 더 말하지 말라. 그자의 것을 내가 빌려서 재미를 본 것이다. 본남편이 하는 일을 어찌 해괴하다고 하느냐』하였다. 진천군晋川君의 법도法度를 지키는 태도와 감사의 너그러운 도량이 다같이 어려운 것이라고 보겠다.《遣閒雜錄》

〔참조〕 어숙권魚叔權의《패관잡기稗官雜記》에 이르기를, 목계木溪 강혼姜渾이 일찍이 영남에 가서 성산星山 기생 은대선銀臺仙을 사랑하였다. 돌아올 때 부상역扶桑驛까지 말에 태워가지고 왔는데, 이미 침구를 가지고 먼저 지나가 버렸기 때문에 공公은 기생과 더불어 이불도 없이 역사驛舍에서 하룻밤을 자고 시를 지어주었다 한다.

부상관扶桑館 안의 한 장소의 즐거움
자는 나그네 이불 없어 초가 다 탔네
열두 무산巫山 새벽꿈에 도취되어
역루의 봄밤에 추위도 몰랐네.
扶桑館裏一場歡　　宿客無衾燭燼殘
十二巫山迷曉夢　　驛樓春夜不知寒.

그리고 또 읊기를

선녀 같은 저 모습 옥 같은 흰 살결에

새벽 창문 열고 거울 앞에서 눈썹 그리네.
묘주卯酒[11]에 거나하게 취하니 얼굴 붉어져
동풍이 살짝 스치니 검은 머리 흩날리네.
姑射仙人玉雪肌　　曉窓金鏡畫蛾眉
卯酒半酣紅入面　　東風吹鬢綠參差.

또 시를 지었으니 이르기를

머리 빗고 높은 누樓에 올라
섬섬옥지纖纖玉指로 쇠피리 부네.
만리관산萬里關山에 한 둥근 달
몇 줄기 맑은 눈물 흘러내리네.
雲鬢梳罷倚高樓　　鐵笛橫吹玉指柔
萬里關山一輪月　　數行淸淚落伊州.

하였다. 상주尙州에 이르러 비로소 헤어졌다. 공이 조령鳥嶺을 넘어 잠시 쉬다가, 도성에서 고향으로 돌아가는 성주星州 서생書生 여몸가라는 자를 만났다. 공이 쾌히 함께 술을 마시고 편지를 써서 기생에게 부쳤는데, 그 글에 이르기를 『내 낭자와 서로 일찍이 알지 못했는데, 이제 천 리 밖에서 신교神交[12]를 맺었으니 어찌 전생前生의 인연이 아니겠는가. 상산商山에서 헤어진 뒤 저물어 두메마을에 이르렀는데, 텅 비어 있는 객관客館이 쓸쓸도 한데 처마 끝에서 떨어지는 빗방울 소리는 처량하기만 하다. 등잔불 돋우어 홀로 앉아 있으니 외로운 그림자가 이리저리 흔들리는데, 이때의 정회情懷는 서글퍼서 말할 수가 없구료. 내일 아침 재를 넘으면 시냇물이 졸졸 흐르고 산새가 구슬피 지저귈 것이니 이 간장이 녹는 것만 같다. 그 정경情景이 어떨까? 비록 낭자의 옥피리 소리를 들어보려 한들 어찌 얻을 것인가』 하였다. 기생은 공의 시와 편지를 가지고 병풍을 만들었는데 공은 일찍부터 필재筆才가 있었다. 자획字畫이 조화를 이루어서 마치 용과 뱀이 움직이는 것 같았다. 남쪽으로 내려가는 선비로서 성주를 지나는 이들은 그 병풍을 구경하려 하지 않는 자가 없었으며, 따라서 이것으로 하여 수입이 있게 되었다.

〔참조〕 권응인權應仁의 《송계만록松溪漫錄》에 실린 기록은 이러하다.

진천군晋川君 강혼姜渾이 성주 기생 은대선을 사랑하여 시 3수를 지어주었는데, 그 둘째 수에 이르기를

선녀 같은 저 모습 옥 같은 흰 살결에
새벽 창문 열고 거울 앞에서 눈썹 그리네.
묘주卯酒에 거나하게 취하니 얼굴 붉어져
동풍이 살짝 스치니 검은 머리 흩날리네.
姑射仙姿玉雪肌　　曉窓金鏡畫蛾眉
卯酒半酣紅入面　　東風吹鬢綠參差.

하였다. 내가 그 기생을 만나보았을 때에는 이미 여든이 넘었다. 스스로 말하기를 『검은 머리 흩날리다가 이제는 흰 머리 흩날리네로 변했습니다』 하면서 하염없이 눈물을 흘렸다.

【10】 심청천沈聽泉이 이르는 곳마다에서 기생과 더불다

심수경沈守慶의 《견한잡록遣閒雜錄》에 이르기를, 가정嘉靖 신해년辛亥年(1551) 가을에 내가 이부랑吏部郎으로서 사명使命을 받들고 관서關西로 갔다가 기성箕城[13]의 기생 동정춘洞庭春과 애정이 있었다. 조정으로 돌아온 뒤 동정춘이 편지를 부쳐왔는데 이르기를 『님을 그리워하지만 뵈올 수 없으니 생이별의 그리움 견딜 수 없습니다. 차라리 죽어서 묘혈墓穴이라도 같이하려 하와 곧 선연동嬋娟洞으로 돌아갈 생각입니다』 하였다. 선연동은 평양 칠성문七星門 밖에 있는데 기생이 죽으면 모두 이곳에 묻힌다. 내가 장난삼아 시 한 수를 지어보냈다.

종이에 가득한 글 모두모두 맹세하는 말인데
스스로 다른 날 묘혈墓穴을 같이할 것을 기약하네.
장부의 한 번 죽음 면할 길 없어
마땅히 선연동 속의 넋이 되려네.
滿紙縱橫摠誓言　　自期他日共泉原
丈夫一死終離免　　當作嬋娟洞裏魂.

그리고 얼마 아니 되어 동정춘이 병들어 죽자, 내가 장난삼아 시 한 수를 지었으니 이르기를

살아 헤어져서는 그리운 회포 간절했는데
죽은 뒤에는 어찌해 소리도 없는가.
흉음凶音을 들었을 때 창자가 끊어지는 것만 같아
그대의 음성과 옛모습 되새기며 눈물 흘렸네.
서찰은 패수浿水[14]에서 몇 번 전해왔던가.
꿈 속에서도 기성箕城엘 다시 가보지 못했네.
선연동의 농담이 사실이 될 줄이야.
내 천원泉原의 옛맹세 저버린 것 부끄럽구료.
生別長含惻惻情　　那知死後忽呑聲
乍聞凶訃腸如裂　　細憶音容淚自傾
書札幾曾來浿水　　夢魂無復到箕城
嬋娟戱語還成讖　　愧我泉原負舊盟.

하였다. 친구들이 이 시를 보고 모두들 웃었다.

◉ 가정嘉靖 기미년己未年(1559) 봄에 내가 충청감사忠淸監司에 임명되어 호서湖西로 갔다. 참판參判 권응창權應昌이 또한 홍주목사洪州牧使가 되었으며, 그의 서제庶弟인 송계松溪 권응인權應仁이 따라왔다. 내가 홍주에 도착하던 날 송계가 교방敎坊의 가요로서 율시律詩 두 수를 지어올렸는데, 끝구에

인생은 남북 가릴 것 없이 뜻에 맞게 행동하는 것
선연동 안의 넋은 되지 마오.
人生適意無南北　　莫作嬋娟洞裏魂.

했으니 실로 의미가 있었다. 이때 내가 홍주洪州 기생 옥루선玉樓仙을 지극히 사랑하게 되었는데 송계의 시가 징험徵驗이 되었다. 내가 홍주로 가서 시 한 수를 지어주었는데, 즉

앉아서 동풍東風 향하니 남모르게 애타고
창 앞에 지저귀는 새 소리 견디기 어렵네.
이별의 시간 많고 만나는 시간 적은데 봄은 저물고
길은 멀고 편지는 드문데 날은 저물고.
은하수에 오작교 있다는 말 믿어지지 않아
무협巫峽에 구름 없다는 말 의심스럽네.
이 정회情懷 펴려 하니 또다시 쓸쓸해져
부질없이 쇠화로를 대하여 저녁별과 바꾸네.

坐向東風暗斷魂　　窓前啼鳥不堪聞
離多合小春將晩　　路遠書稀日欲曛
未信星橋曾有鵲　　却疑巫峽更無雲
此情欲寫還悁悵　　空對金爐換夕薰.

했다. 그밖에도 많은 시를 지어주어 시축詩軸[15]을 이루었다.

만력萬曆 계사년癸巳年(1593) 봄에 내가 홍주洪州에 이르러서 옥루선玉樓仙의 존몰存歿을 물었는데 아직도 시골 동네에 살아 있고, 시축도 그대로 간직하고 있다고 했다. 가져오게 해서 보고 발문跋文을 덧붙여서 돌려보냈다. 손꼽아 계산해 보니 기미년(1559)에서 계사년(1593)까지 35년의 세월이 지나갔다. 내 나이 78세인데 이처럼 먼 지방에 다시 오게 되었으니 다행스러운 일이라고 하겠다.《遣聞雜錄》

◉ 가정嘉靖 경신년庚申年(1560) 겨울에 전라감사全羅監司로 나갔는데, 신유년辛酉年(1561) 봄에 병으로 벼슬이 갈리고 전주全州에서 휴양하는 데, 금개今介라는 기생과 함께 달포를 지낸 바 나이 스물에 매우 총명하고 영리하였다. 전주를 떠나 돌아오는 날 한낮에 우정郵亭에서 몸을 쉬었다. 기생도 따라와서 송별하였다. 내가 시 한 수를 지어주었으니

한 봄을 병 가운데 보냈는데
이별을 생각하니 마음 서글퍼
베갯머리에서 몇 번이나 눈썹을 찡그렸던가.
술자리에서 부질없이 눈길 보냈던가.
객사客舍에서 실버들 보는 것이 괴로워

차마 양관陽關의 가곡歌曲[16]을 들을쏜가.
문 밖엔 해가 기우는데 아직도 떠나지 못해
좌중座中에서 누가 가장 마음이 어두운가.
一春都向病中過　　離思無端奈爾何
枕上幾回眉蹙黛　　酒邊空復眼橫波
愁着客舍千絲柳　　忍聽陽關一曲歌
門外日斜猶未發　　座間誰是暗然多.

하였다. 그로부터 20년 뒤 내가 첩妾을 잃었다. 금개今介가 전날의 애정을 되찾으려 해서 내가 허락하려 했으나 때마침 일이 있어서 뜻대로 되지 못하였다. 깨어진 거울이 다시 둥글게 되는 것 또한 운수가 있어야 되는 것인가. 《遣閒雜錄》

◉ 가정嘉靖 경술년庚戌年(1550) 봄 일이 있어 벼슬이 떨어지고 대구大邱의 임소로 백부伯父를 찾아가 뵈었다. 가야산에서 놀았다. 목사 조희曹禧는 내게 인척姻戚으로 웃어른이 되시는데 며칠 체류케 하고, 동기童妓 막종莫從으로 하여금 시중을 들게 하였다. 막종은 이팔二八의 꽃다운 나이였다. 장난으로 시를 지어주었다.

뛰어났네, 이원梨園에서 제일가는 미모
나그네되어 우연히 만났네.
다른 사람처럼 금석金石 같은 맹세 없어
그 많은 말들을 막종은 조심하네.
綽約梨園第一容　　客中今日偶相逢
靡他信誓堅金石　　萬語千言愼莫從.

그밖에도 많은 시를 지어주었다. 동배同輩의 사명을 띠고 남쪽으로 내려오는 자가 이 시를 보고 화답和答하는 시를 짓는 자가 많았다. 계해년癸亥年(1563) 봄에 본도 감사가 되어 성주에 이르러 물으니 뽑혀서 경적京籍에 올려져 도성으로 올라갔다고 하였다. 곧 내가 벼슬이 갈려 도성으로 갔을 때는 이미 기생도 시골로 돌아간 뒤였다. 서로 어긋남이 이와 같았으니 애석한 일이다. 얼마 아니 되어 병들어 죽었다. 권송계權松溪는 성주 사람으로 그 부음訃音을 전해오고 시를 지어 조상吊喪하였다. 내가 그 시운詩韻을 빌려서 시를 지었으니 이러하다.

늙어가면서 무심히 낙신洛神[17]을 생각해
미인의 모습 보이지 않고, 버선에선 티끌만 움직이네.
당년當年의 추억 간절한데
이제 그대의 부음에 놀라네.
아침비, 저녁구름, 옛꿈에 사로잡혀
무의舞衣와 부채는 누구에게 주었나.
성산星山의 번화함이 이로부터 줄어드리.
적막한 임풍루臨風樓에 상빈上賓으로 앉아 있네.
老去無心賦洛神　凌波不見襪生塵
當年謾憶初呈態　此日驚聞忽化身
暮雨朝雲迷舊夢　舞衫歌扇付何人
星山自此繁華減　寂寞臨風座上賓.
《遣閒雜錄》

【11】 송이암宋頤庵이 서원西原 기생에게 시詩를 지어주다

송이암宋頤庵(이름은 寅)이 서원西原 기생妓生에게 시를 지어주었다.

이별의 이 마당에 띠 풀어 옷을 남겨주리니
가는 허리 묶어서 한 줌으로 만들라.
몸맵시 더욱 날씬하게 만들어서
휘장 안에 이끌어 놓고 이불을 덮어주라.
臨分解帶當留衣　教束纖腰玉一圍
想得粧成增宛轉　被他牽執挽羅幃.

향염체香奩體의 시로는 그 표현이 잘 되어 있다.《松溪漫錄》

【12】 신판관申判官이 서경西京에서 기생과 작별하다

판관判官 신식申栻이 일찍이 서경西京에서 노닐다가 자비사慈悲寺에서 정든 기생과 이별하며 시를 지어주었다.

자비령慈悲嶺 아래 자비사에서
말 없이 서로 보며 말[馬]에 오르는 것이 더디네.
오늘 나그네 회포 어찌 이다지도 괴로운가.
역루驛樓엔 낙조落照가 깃드는데 홀로 길 떠나네.
慈悲嶺下慈悲寺　　脉脉相看上馬遲
今日客懷何處惡　　驛樓殘照獨登時.
《芝峰類說》

【13】 정호음鄭湖陰이 역정驛亭에서 기생과 이별하다

정운경鄭雲卿 사룡士龍이 일찍이 사명使命을 띠고 영남으로 내려가서, 창원昌原 기생을 사랑하게 되었다. 역정驛亭에서 이별하였는데 기둥 위 잘 보이지 않는 곳에 이별시 한 수를 썼다.

애타는 간장 마디마디 끊어졌네.
회산檜山[18]의 정든 칼날 날카롭기도 하네.
斷盡愁腸無一寸　　檜山情刃太銛尖.
《思齋摭言》

【14】 윤판서尹判書가 청주淸州 기생과 이별하다

판서判書 윤현尹鉉이 충청감사로 있을 때 청주淸州에 사랑했던 기생이 있었다. 뒤에 시를 지었는데 이러하다.

만나고 헤어지는 인생 무상無常함이 괴로워
그때의 눈물 참으며 슬픔 금치 못했네.
만약 꿈 속의 혼이 다니는 자취 있다면

서원성西原城 북쪽엔 길이 났으리.

人生離合苦無齊　　忍淚當時愴醉携
若使夢魂行有跡　　西原城北摠成蹊.

《芝峰類說》

【15】 백평사白評事가 관서關西 기생을 사랑하다

백광홍白光弘은 호남 사람으로 평안도 평사評事가 되었는데 자못 풍정風情이 있었다. 변방邊方의 기생을 사랑했다가 병을 얻어 도망쳐 돌아왔다. 뒤에 사람을 시켜《관서關西에서 놀던 시》를 보냈는데 이러하다.

그대는 백상루百祥樓 아래로 와서 보라.
응당 강남江南을 꿈꾸는 일이 있으리라.

君到百祥樓下見　　箅中應有夢江南.

그리고 얼마 아니 되어 죽었다. 대저 호걸인사로서 일개 아녀자에게 현혹되어 마음에 잊지 못하는 것이 이와 같았다. 10년에 한 번 양주揚州의 꿈을 깬 자와는 또 다르다. 지금까지도 관서의 기생들이 그 풍류를 사모하여 반드시 〈백서기白書記, 백서기〉 한다.《芝峰類說》

【16】 김모재金慕齋가 성산星山 기생에게 시詩를 지어주다

김안국金安國의 호는 모재慕齋로서 성산星山 기생 심향지沈香之에게 준 시는 이러하다.

얼굴이 곱고 추한 것, 인연이 있고 없음을 논하지 말라,
오래도록 함께 지낸다면 마음 끌리게 마련인 것을.

不論姸醜不論緣　　處久令人意自牽.

《松溪漫錄》

제27장

조선시대 인사의 향염시

모시毛詩 국풍國風에 정鄭나라와 위衛나라의 시는 남녀가 서로 좋아하는 내용이 많다. 그러나 공자孔子는 그 시를 빼버리지 않았다. 불경佛經인《화엄경華嚴經》에 이르기를『기생의 노래와 춤도 모두 그 일을 좋게 여기는 것은, 역시 중생衆生의 생활하는 방편에 따르는 것이기 때문이다』하였다. 대개 성인聖人의 사람을 가르침은 또한 깊은 뜻이 들어 있는 것이다. 문인文人의 시가 비록 많기는 하지만 향염시의 정만 같은 것이 없다. 남녀 사이에 연애戀愛의 깊은 정은 마음 속에서 우러나오는 것이다. 이것으로써 사람의 성정性情을 체험할 수 있고, 또 국풍國風과 민속民俗도 엿볼 수 있다. 그러므로 다음에 열거하여 참고하고자 한다.

◉ 조운흘趙云仡이 기생의 꿈을 제목으로 지어준 시.

조운흘趙云仡의 호는 석간石磵으로, 조선 초기에 강릉부사江陵府使가 되었는데 손님과 접촉하기를 좋아하지 않고 백성을 괴롭히지 않았으므로 지금까지도 청백리淸白吏로 일컬어진다. 그러나 괴벽한 일을 좋아해서 경포대鏡浦臺 현판에 쓴 시 같은 것들이 많았다.

하루는 기생들이 한자리에 모여서 서로 장난치며 웃고 지껄여댔다. 석간이 그 까닭을 묻자 한 기생이 대답하기를『첩이 사또를 모시고 동침同寢하는 꿈을 꾸었습니다. 그래서 지금 여러 동료들과 그 해몽解夢을 하고 있는 것입니다』하였다. 석간이 곧 붓을 잡아서 시를 썼다.

마음이 영검한 무소[靈犀] 같아서 뜻이 이미 통했으니
구태여 금침衾枕 함께 할 것 없다.
태수太守의 풍류 박하다고 하지 마라.
아름다운 여아女兒의 즐거움이 꿈 속에 드나드니.
心似靈犀意已通　　不須容易錦衾同
莫言太守風流薄　　出入佳兒吉夢中.
《輿地勝覽·江陵府條》

◉ 윤자운尹子雲이 기생의 이름으로 대구對句를 짓다.

윤자운尹子雲의 호는 낙한헌樂閒軒으로 윤회尹淮의 손자이다. 세종世宗 갑자년甲子年(1444)에 문과文科에 올랐으며, 좌익좌리공신佐翼佐理功臣 무송부원군茂松府院君이 되었다. 예종睿宗 기축년己丑年(1469)에 정승이 되어 영의정領議政에 이르렀으며, 시호는 문헌공文憲公이다. 공은 신숙주申叔舟의 처형이 되어 신숙주와 더불어 동시에 정승이 되었다. 일찍이 동년회同年會[1)]에서 신숙주가 시 한 구를 읊었다.

> 청안青眼[2)]의 친구가 모두 백발되었네.
> 青眼故人俱白髮.

그러자 윤공尹公이 즉석에서 대구對句하여 읊기를

> 백발의 어진 정승에겐 단심丹心뿐이네.
> 白頭賢相只丹心.

하였다. 신숙주가 무릎을 꿇고 탄복해서 말하기를 『내 형의 총명하고 민첩함에는 따라가지 못한다』 하였다. 숙주가 고부古阜의 기생 단심丹心을 사랑했기 때문에 이처럼 말한 것이다.《名臣錄》

◉ 성현成俔이 코가 빨간 기생을 조롱하다.

성현成俔의 《용재총화慵齋叢話》에 이르기를, 내가 동갑인 원수옹元壽翁과 함께 연경燕京으로 가게 되었다. 원수옹은 코가 붉다. 평양에 도착했는데 시침侍寢하는 기생도 코가 붉었다. 내가 시를 지어 이를 희롱하였다.

> 평양성 안의 삭풍朔風은 찬데
> 봄빛은 어찌하여 코끝에 올랐는가.
> 술 취한 뒤에는 한 쌍의 금귤金橘[3)]이 무르익고
> 술잔 앞에는 늦가을 단풍잎 두 잎새
> 장막 안에는 독특한 광영光影이 서로 비치니
> 객관客館의 풍정風情이 자못 쓸쓸하네.
> 나는 바른 말하고 그대는 이를 선전하라

그 명성 장안長安에 가득하리.

箕都城內朔風寒　　春色如何上鼻端
醉後一雙金橘爛　　樽前兩葉晩楓丹
帳中光影偏相照　　客裏風情慘不懽
我是直言君可立　　爲傳聲譽滿長安.

증산甑山에 오가립吳可立이라는 늙은이가 있어, 지나가는 나그네가 기생을 가까이하는 일이 있으면 만나는 사람마다 말을 하기 때문에 내가 이처럼 말한 것이다.

◉ 김종직金宗直의 《점필재집佔畢齋集》에, 야노현冶爐縣 사의동簑衣洞에 이르니 합천교관陜川敎官 최종복崔宗復이 기생 영감당詠甘棠을 보내와 점필재가 시詩를 지어 물리쳤다는 기록이 있다.

번뇌하는 나그네의 혼 무산巫山으로 향하게 하지 마오.
소인騷人은 오직 수양의 문만 바라볼 뿐일세.
이월 동풍에 해당화 아직 이르니
원동園東의 사자使者 헌軒에 잠시 쉬었노라.
莫向巫山惱客魂　　騷人只是望脩門
東風二月棠花早　　留憩園東使者軒.

진주 교방에서 관찰사 오백창吳伯昌에게 만강홍가곡을 지어서 바치다
晉州敎坊歌謠獻吳觀察使滿江紅

빼어난 뫼 맑은 물에 신선의 유적遺跡 있었는데
이제 또 높으신 어른의 화려한 면복冕服과 정절旌節[4]을 보네.
들에는 바람 일고
바다 위 경루瓊樓[5]에서는 신선을 부르네.
환락의 정이 이와 같으니
물 더욱 깊고 산 더욱 푸르네.
가을날은 맑고 가을밤은 고요해

기회는 놓치기 쉽고, 때는 얻기 어려워.
동방洞房은 아늑하고도 시원해
맑은 술잔에 밝은 달 떠 있네.
風岫菁川　　人道有神仙遺迹
今又見喬卿鳧服象先旌節.
原隰風聲馳　　海上瓊樓喚點點蓬萊籍.
便歡情如許　　水增深山增碧.
秋日淨秋宵寂　期易失時難得.
儘洞房清敞　　芳罇明月.
雲雨未排臺下夢　鴛鴦已暈機中織.
願星軒流瞧一霎兒娛今夕.

◉ 서거정徐居正《사가집四佳集》

기생을 물리치는 시운을 빌리다
次却妓詩韻

전배前輩의 풍류가 어찌 단정한가.
혹은 즐거움을 이기고 보기를 견딘 것을.
역사驛舍에서 하룻밤 지내면서 애태웠으니
미인의 웃음 소리에 삼 년 동안 간담이 서늘했네.
홍안紅顏에 기녀되어
거문고 배우느라 섬수纖手로 줄 튕기는 것이 가련하네.
목지牧之의 낙백落魄도 이름이 남아 있는데
하물며 평후平侯의 무쇠와 같은 간장肝腸이겠는가.
前輩風流豈一端　　或堪長笑亦堪觀
郵眼一夜魂應斷　　越笑三年膽已寒
頗信紅顏金縷惜　　從教錦瑟玉纖彈
牧之落魄名猶在　　何況平侯鐵作肝.

기생妓生을 물리치는 시운詩韻을 빌려서 크게 웃다

次却妓韻博笑

옛부터 현인달사賢人達士는 모두 미인을 사랑해
공자公子는 돌아올 때 걸음 가벼웠네.
무산巫山의 운우雲雨는 꿈으로 사라졌고
물가의 원앙새 부질없이 다정했네.
풍류란 즐거운 것 누가 머뭇거릴까
목지牧之의 낙백落魄 또한 이름이 있는 것을.
사신使臣의 높은 회포를 누가 따를 수 있으랴
광평廣平의 굳은 마음 매화 향기처럼 맑은 것을.
古來賢達惜娉婷　　公子歸來燕燕輕
雲雨巫山空復夢　　鴛鴦野渚漫多情
風流白也誰能躅　　落魄牧之亦有名
使節高懷誰得似　　廣平膓鐵抵梅淸.

◉신광한申光漢의《기재집企齋集》에 실린 만강홍滿江紅.

장난삼아 기생 만강홍滿江紅에게 노래를 지어 주었다. 우리나라 사람들이 말하기를『익재益齋(고려 이제현李齊賢의 호) 이외에는 가사歌詞를 지을 자가 없다』하기에 내가 시험삼아 지은 것이다.

봄빛이 명원名園에 가득한데
여기가 어느곳, 서산西山의 남록南麓인가.
꽃이 처음 피니 연약한 가지엔 신록新綠 깃드는데
일진동풍一陣東風이 비를 몰고 지나가네.
꽃다운 뜻을 누구에게 부칠까
울타리를 나와 시름에 잠기네.
꽃 피었다가 다시 짐을 슬퍼하는데
잔 가득 담은 술엔 붉은 기운 감돌고
강변의 저 길에는 푸른빛 이어지네.
만났다가 헤어지는 안타까운 이 마음
은근히 그대에게 오래 살길 비네.

어찌 차마 등잔 아래 약속 저버릴까
이별의 쓰라림 언젠가는 면치 못하리.
春滿名園　是何處西山南麓　正繁英初綻嫩條新綠.
一陣東風　吹雨過眼前　芳意知誰屬
出短籬愁絕　倩人看開還落.
盈盃酒紅侵玉　傍江路青遙續.
惜世間聚散幾人心曲　勸爾殷勤千萬壽
那忍負此燈前約　怨別離酸苦　定何時明朝隔.

기생을 물리치다(原州에서)
却妓

두릉杜陵의 원망하는 눈초리는 그 유래가 깊어
이날의 꽃 구경은 안개 속 같네.
풍정風情이 다한 것 아니라
홍장紅粧[6]이 백발의 늙은이에게는 어울리지 않네.
杜陵寒眼由來久　此日看花似霧中
不是風情今盡減　紅粧非合白頭翁.

◉ 임기지林耆之가 성산星山에서 노니는데 고을 원이 명기名妓로 하여금 천침薦枕케 하였다. 먼동이 트자 기생이 도망쳐 돌아갔다. 임기지林耆之가 시를 지어 읊었다.

아름다운 기녀 새벽 기다려 몸 피했지만
다시 부름받고 연석宴席에 나왔네.
장관長官의 엄한 호령 두려워 않고
길손과의 나쁜 인연 탓하기만 하네.
누樓에 올라서는 퉁소 부는 짝이 되지 않고
월궁月宮으로 달아나서 약藥 훔치는 신선되네.
청운루靑雲樓의 참 학사學士에게 말하노니
인자한 마음으로 부디 채찍일랑 쓰지 마오.

紅粧待曉貼金鈿　　爲被催呼上綺筵
不怕長官嚴號令　　謾嗔行客惡因緣
乘樓未作吹簫伴　　奔月還爲竊藥仙
寄語靑雲眞學士　　仁心不用示蒲鞭.
《芝峰類說》

◉ 간역簡易 최입崔岦이 평양 기생을 읊은 시.

배는 나루에 머물고 말발굽 소리 요란한데
작별하는 이때 초가楚歌[7]는 불러 무엇하리.
이 마당에 눈물 참기 어려워
해지고 바람 부니 파도만 이네.
蘭舟在渡馬聲多　　作別何須唱楚歌
自是令人難忍淚　　風吹落日水增波.

◉ 유근柳根이 송도松都 기생에게 시詩를 지어주다.
(유근柳根의 호는 서경西坰이며 선조宣祖 때 사람이다.)

거문고 끌어당겨 노래를 불러
지난날 서울에서 이름 높았네.
거울 속에서 봄빛이 쉽게 시들어
백발의 몸되어 야인野人의 집으로 떨어졌네.
瑤琴橫抱發纖歌　　宿昔京城價最多
春色易凋鸞鏡裏　　白頭流落野人家.

◉ 이정구李廷龜(호號는 월사月沙, 광해군光海君 때 사람)

노기老妓의 기성시箕城詩 권卷에 제題하다
次題老妓冠箕城詩卷

추억이 새로운 건 촛불 돋우고 잔치가 무르익을 때

잔들고 악왕사岳王詞를 노래하던 일.
지난날의 풍류 아직도 남아 있어
그때 일 말하면 눈물이 절로 흐르네.
最是華筵秉燭時　　把杯低唱岳王詞
風流舊態今猶在　　說到當年淚自垂.

◉ 유도柳塗(선조宣祖 때 사람)

절사節死한 기생을 애도哀悼하다
悼節死妓

서쪽을 정벌하던 장수는 모두 명경名卿들인데
사내로서 몇 사람이나 큰 군대 거느렸던가.
유일하게 한 낭자가 절의節義로 죽은 줄 알고 있으나
궁궐에서는 아직도 은전恩典을 내리지 않네.
征西諸將摠名卿　　幾箇男兒擁重兵
惟有女娘知死義　　九重曾不荷恩榮.

◉ 정사룡鄭士龍(중종中宗 때 사람)의 《호음잡고湖陰雜稿》에 실린 시.

금기琴妓 상림춘上林春이 찾아오다
琴妓上林春來訪

우의牛衣[8])를 벗기는 철이 되니 졸음이 오는데
네가 찾아왔으니 기뻐서 뛰쳐 일어나
달밤 서루西樓에 올라 거문고 타다가
밤 깊어 누웠으니 솔바람 소리 들려오네.
牛螘初除睡思濃　　儞來剛喜及高春
橫琴不盡西樓月　　臥聽淸風細入松.

◉ 조우암趙寓菴이 기생에게 준 시.

중국 사신이 왔을 때 호음湖陰(정사룡鄭士龍)과 우암寓菴(조인규趙仁圭)이 통군정統軍亭에서 술자리를 마련하고 통쾌하게 술을 마시며 시를 읊었다. 우암이 기생에게 시 한 수를 지어주었는데 이르기를

붉은 옷소매 움직이는 듯한 춤 사랑스럽고
검은 눈썹 모으면서 노래하는 것 운치 있네.
舞愛飜紅袖　　歌憐斂翠眉.

했다. 호음湖陰은 술에 취해서 더 글을 쓰지 못했다.《松溪漫錄》

◉ 윤탁연尹卓然(호는 중호重湖, 명종明宗 때 사람)

연경燕京의 면사面紗 미인美人에게 시를 지어주다
贈燕京面紗美人

길가는 것 수줍어 깃으로 얼굴 가리워
청야淸夜에 구름 헤치고 월화月華[9]를 드러냈네.
허리는 꿀벌 닮아 가늘기가 한 줌인데
비단치마에 석류꽃 수놓았네.
也羞行路護輕紗　　淸夜微雲露月華
約束蜂腰纖一掬　　羅裙新剪石榴花.

◉ 차천로車天輅(호는 오산五山, 선조宣祖 때 사람)

기생 송월松月에게 시를 지어주다
贈妓松月

제비가 주렴珠簾을 뚫고 들어와도 취해서 알지 못하고
달빛이 뜰에 가득하여 소나무 그림자 이루었네.
아침 노을은 양왕襄王의 꿈에 들어오지 않아
무산巫山 열두 봉 바라보며 시름에 잠기네.

燕透疎簾醉不知　　滿庭松月影參差
朝雲不入襄王夢　　十二巫山望更疑.

금랑琴娘 추향秋香에게 시를 지어주다
贈琴娘秋香

무산巫山 열두 봉이 꿈 속에서 쓸쓸해 보여
창가에선 외로운 등잔불만 깜박거리네.
손으로 옛곡조 골라서 노래하는 저 기생
봄 시름에 젖어 난간에 의지했네.
쌍쌍이 날아드는 저 제비 부러워
거울 속에 외로운 난새의 모습 가련도 하다.
연지臙脂 찍던 자리에서 옛흔적 찾아보니
이 빠진 모습 차마 볼 수 없네.
十二巫山夢裏寒　　半窓明滅一燈殘
手調舊曲歌金縷　　眉蹙春愁倚玉闌
却羨雙飛釵上燕　　更憐孤舞鏡中鸞
臙脂坡下尋遺跡　　履齒苔痕不忍看.

◉ 권필權韠(호는 석주石洲, 광해군光海君 때 사람)

기생의 죽음을 애도하는 시
悼妓詩

옥골玉骨을 땅에 묻어
금로金爐(香爐)에는 저녁 별이 비치네.
버들은 소소蘇小의 집 뜰에 서 있고
꽃은 설도薛濤의 무덤을 둘렀네.
진루秦樓의 한 시절의 꿈
외로운 혼은 초협楚峽의 구름처럼 떠도네.
해마다 언덕의 저 풀은

그대 살아 있을 때 춤을 배울 것을.

玉骨埋靈鎖　　金爐罷夕熏
柳藏蘇小宅　　花繞薛濤墳
一夢秦樓月　　孤魂楚峽雲
年年大堤草　　空學舞時裙.

◉이수광李睟光(호는 지봉芝峰, 광해군光海君 때 사람)의 무제無題 두 수.

옥진玉眞이라는 기생이 장안長安에서 매우 이름이 있었다. 꽃은 사나운 비에 날아가 버리고, 옥玉은 꽃다운 나이에 부서져 버렸다. 일을 벌이기를 좋아하는 인사들이 많은 시를 지어 애도哀悼하였다.

[一首]

이름난 꽃은 하룻밤 바람에 져버리고
봄빛 꿈 속에 사라져 비단 병풍만 남아 있네.
얼굴 하도 아름다워 인간으로 볼 수 없어
마땅히 항아姮娥[10]를 따라 월궁月宮[11]에서 놀아야지.

落盡名花一夜風　　夢中春色錦屛空
玉顏不是人間物　　應逐姮娥向月宮.

[二首]

눈[雪] 같은 살결이며 꽃 같은 얼굴에 옥 같은 그 마음
요염한 그 모습은 양태진楊太眞[12]이 분명한데
한 번 봉래산蓬萊山으로 떠나간 뒤 소식이 묘연하니
세간世間에서는 애끓어 하는 사람 많을 테지.

雪肌花臉玉爲神　　艶態分明後太眞
一去蓬山消息杳　　世間多少斷腸人.

◉ 성현成俔(호는 허백당虛白堂, 성종成宗 때 사람)

새로이 기생을 뽑는다
揀新妓

미인美人은 눈을 기쁘게 한다고 사람들은 말하지만
가을 국화 봄 난초 모두 특징 있다네.
재주뿐 아니라 색色도 겸해야지
물고기 눈과 구슬(明珠)을 혼동해선 안 되네.
人言悅目卽爲姝　　秋菊春蘭藻鑑殊
不獨取才兼取色　　却嫌魚目混明珠.

◉ 최경창崔慶昌(호는 고죽孤竹, 선조宣祖 때 사람)의 《기문총담記聞叢談》에 이르기를, 홍원기洪原妓 홍랑洪娘은 자색姿色이 있고 절의節義를 사랑하였다. 고죽孤竹 최경창崔慶昌이 북평사北評事로 있을 때에 홍랑을 사랑하였다. 최가 벼슬이 바뀌어 돌아가게 되자 홍랑이 쌍성雙城까지 따라가서 송별하였다. 최가 함관령咸關嶺에 도착했을 때 날은 어둡고 비까지 내려서 쓸쓸함을 이기지 못해 노래 한 장을 지어 홍랑에게 보냈다. 그뒤에 최가 병들었다는 소식을 듣고 홍랑이 그날로 길을 떠나 밤낮으로 7일 만에 도성에 도착하였으나, 나라의 법금法禁 때문에 체류滯留를 허락받지 못하였다. 최가 병이 쾌차한 뒤에 시를 지어 홍랑에게 보냈다.

맥맥히 서로 보았을 뿐, 사랑하는 그대에게 시를 보내네.
천애天涯의 그 먼 곳을 며칠 걸려 돌아갔나.
함관령咸關嶺 옛곡조일랑 노래하지 마라.
지금도 그 푸른 산은 운우雲雨에 가리워져 있으리.
相看脉脉贈幽蘭　　此去天涯幾日還
莫唱咸關舊時曲　　至今雲雨暗青山.

◉ 신흠申欽의 《상촌집象村集》에 실린 기첩妓帖에 제題한 시 네 수.

[一首]
꽃은 휘장을 가리우고 버들은 문을 가리워
중춘仲春의 봄 날씨에 간장이 녹네.
옆사람들 어찌 이 사랑의 괴로움을 알랴.

열 자의 청사青紗가 모두 눈물로 얼룩졌네.
花掩簾帷柳掩門　　仲春天氣自消魂
傍人那解相思苦　　十尺青綃盡淚痕.

[二首]
주렴珠簾은 날아갈 듯 화각畫閣을 가리우고
백화百花는 날아서 땅 위로 떨어지네.
방심芳心은 낭군郎君의 은정恩情이 끊어졌음을 알지 못하고
눈썹 그리면서 화장을 하네.
珠箔輕明掩畫堂　　百花飄盡燕泥香
芳心不識郎恩斷　　淡掃青蛾學世粧.

[三首]
오색五色이 영롱한 고삐 잡고 오화마五花馬에 올라
칠보七寶로 몸단장했으니 요염한 자태가 뛰어나네.
어젯밤 청루青樓의 공자公子의 모임에
술 흔적이 비단 장막을 얼룩졌네.
玲瓏玉轡五花駒　　七寶粧成艷態殊
昨夜青樓公子會　　酒痕猶暈絳羅帷.

[四首]
사람 대하면 말없이 급하게 머리 돌려
얼굴 가득히 미소 띠우며 애교 부리네.
양대陽臺의 꿈 이루고 싶지만
사객詞客[13]이 고당高唐[14]의 시를 가르칠까 두렵네.
對人無語轉頭忙　　淺笑輕嚬滿面粧
欲得陽臺成一夢　　恐教詞客賦高唐.

◉ 이안눌李安訥(호는 동악東岳, 인조仁祖 때 사람)

성천관成川館에서 장난삼아 노기老妓 옥부용玉芙蓉에게 시를 지어주다

成川館戱贈老妓玉芙蓉

자지봉紫芝峰에서 화선畫船을 준비하지만
요대瑤臺의 옛자취를 어디메로 찾아가나.
앉아서 가야금 한 곡조 들으니
백발白髮의 노기老妓 옥부용玉芙蓉의 솜씨일세.
畫船曾艤紫芝峰　　何處瑤臺訪故蹤
坐聽伽倻琴一曲　　白頭惟有玉芙蓉.

병사兵使가 술을 가지고 찾아왔다가 자리가 파하자 가기歌妓에게 시를 지어주다
兵使携酒來訪臨罷題贈歌妓

흰 모시 새 도포를 상자에 담아와
북쪽은 날이 차서 열어보지 않았네.
남아 있는 임기任期 동안 입을 날 없는 것 같아
가인歌人에게 주어 무의舞衣를 만들게 하려네.
술잔 앞에서 옷감 준다고 괴이쩍게 생각 마라.
늙은이가 어떻게 소시적 마음 있으리.
가을밤 달빛 아래 집 생각 간절한데
여인의 청아한 한 곡조가 천금보다 값 있네.
白紵新袍貯古函　　北來寒重未開緘
殘年試著終無日　　故贈歌人作舞衫
莫怪樽前贈素衿　　老翁寧有少時心
秋空月滿思歸夜　　一曲姸歌直萬金.

장난삼아 가기歌妓 승막수勝莫愁에게 시를 지어주다
戱贈歌妓勝莫愁

미인의 노래 한 곡조에 비단을 상으로 주니
절대가인絕代佳人 승막수勝莫愁일세.
저 하늘에는 푸른 구름 머물러 흩어지지 않는데

낙민루樂民樓에는 봄바람 가을달이 번갈아 찾아드네.
姸歌一曲錦纏頭　　絶代佳人勝莫愁
天外碧雲留不散　　春風秋月樂民樓.

평양平壤 노기老妓 설아雪娥에게 장난삼아 시를 지어주다
戱贈平壤老妓雪娥

발길이 서주西州에 이르니 사람들은 모두 비웃는데
빈발鬢髮[15]이 모두 옛모습 찾아볼 길 없네.
애닯다, 삼십 년 전 일들을
기성箕城의 늙은 설아雪娥와나 이야기해 볼까.
行到西州人共嗤　　鬢絲無復舊時姿
傷心三十年前事　　說與箕城老雪娥.

장난삼아 평양平壤의 병든 기생 계랑桂娘에게 시를 지어주다
戱贈平壤病妓桂娘

관서關西의 길은 병화兵火와 먼지로 뒤덮이고
패성浿城[16]의 생가笙歌[17]도 쓸쓸히 들리네.
십 년 만에 다시 오니 창자가 끊어질 듯하고
월아月娥의 머리엔 가을 서리 내리고 몸은 병들었네.
關路烟塵戰伐多　　浿城寥落舊笙歌
十年重到腸空斷　　霜髮秋官病月娥.

◉이은상李殷相(호는 동리東里, 효종孝宗 때 사람)

포구락抛毬樂을 보고
觀抛毬樂

기생이 두 패로 나뉘어 양편에 서서
채색彩色 장대가 높이 솟으면 공은 하늘로 나네.

붉은 입술 움직이고 두 눈은 빠르게 돌아가는데
윤기 흐르는 머리쪽이 자주 흔들리며 어깨 으쓱하네.
비단 베틀에 북 던지니 꽃무늬 움직이고
구슬[18]은 옥자玉子[19]를 떠나 과녁을 뚫고 나가네.
금술잔에 술 부으니 환성歡聲 일고
다투어 애교 부리고 자리 위로 나와 춤추네.
紅粉分曹列兩邊　　彩竿高處簇嬋姸
朱唇乍啓回雙眼　　翠髻頻擡聳一肩
梭擲錦機花影轉　　珠離玉子月心穿
金盃迭把歡聲動　　爭詫仙桃落舞筵.

◉ 김석주金錫胄(호는 식암息庵, 숙종肅宗 때 사람)

장난삼아 신안기新安妓 귀색貴色에게 시詩를 지어주다
(귀색貴色은 감사 이정영李正英이 지난해 가산군수嘉山郡守로 좌천되었을 때 사랑했던 기생임)
戱贈新安妓貴色

한 곡조 구슬픈 노래에
미인의 맑은 눈물이 비단 휘장을 적시네.
지금은 서로 좋다지만 저버리기를 잘해
서쪽 군사의 호위받으며 내 돌아가야지.
一曲悲歌金縷衣　　美人淸淚濕羅幃
歡今得意輕相負　　自擁西方千騎歸.

◉ 이사명李師命(숙종肅宗 때 사람, 벼슬은 병조판서兵曹判書에 이름)

기생의 부채에 제하다(혹은 노봉老峰 민정중閔鼎重의 시라고도 한다)
題妓扇

석류꽃 처음 피니 하루 해가 한 해와도 같아
매미 날개 같은 고운 나삼羅衫에 머리를 기우뚱하게 틀어얹었네.

즐기고 싶은 뜻 있어 옷이 점점 얇아지는데
좋은 인연 어찌 부채처럼 길이 둥글 수 있으랴.
가을이 오면 무뢰배들이 많이 찾아와
헤어진 뒤에는 허리와 다리가 가련하네.
또 다른 사람과 인생을 즐겨
새 곡조 가지고 새 줄(絃)을 즐기네.

榴花初綻日如年　　蟬翼羅衫擁髻偏
歡意已隨衣漸薄　　好緣那得扇長圓
秋來篋笥渾無賴　　別後腰肢任可憐
留與他人饒樂事　　且將新曲度新絃.

◉ 이흥윤李興閏이 금릉金陵 동기童妓 편면便面에게 시를 지어주다.

금릉관金陵館 밖에 버들가지 늘어져
봄 시름 머금어 아직 잎 피지 않았네.
행인行人에게 꺾일 것을 두려워해서
동풍東風과 봄비가 가지를 흔드네.

金陵館外柳千絲　　乍解春愁不展眉
恐被行人攀折早　　東風和雨鎖枝枝.

◉ 홍만종洪萬宗(호는 현묵玄默 또는 몽헌夢軒, 숙종肅宗·영조英祖 때 사람)

성천成川 기생에게 시를 지어주다
贈成川妓

언덕 서북쪽엔 풀이 아름답고
강루江樓엔 봄빛 가득하고 달빛 휘영청 밝네.
바람에 꽃잎은 술잔 위에 떨어지고
구름은 비를 몰아가서 시상詩想을 돕네.
가는 허리로 춤추니 초희楚姬의 모습이고
비파로 춘심春心을 돋우니 스스로 제齊나라를 택하네.

호탕한 홍취가 무르익어 취한 몸 부축하여 지나가
거리에서는 오히려 백동제白銅鞮를 노래하네.
大堤西北草萋萋　　春盡江樓月欲低
風送落花添酒算　　雲拖過雨促詩題
纖腰獻舞何多楚　　寶瑟挑心自擇齊
豪興已闌扶醉過　　滿街猶唱白銅鞮.

◉ 채팽윤蔡彭胤(숙종肅宗 때 사람)의 《희암집希菴集》에 실린 시.

감사監司가 순찰하며 그곳에 이르는 날에 고을 기생을 독려하여 마중하게 하고 지나간 뒤에는 돌려보냈다. 장난삼아 시 한 수를 짓다.

화롯가에서 잠든 보병步兵을 보고 웃지만
비 오고 구름 가는 것 아랑곳하지 않네.
호정湖亭의 버들에 봄빛 깃들어
부질없이 꾀꼬리만 우짖네.
一笑爐頭睡步兵　　雨來雲去不關情
湖亭柳色春無恙　　枉殺啼鶯四五聲.

◉ 윤선도尹善道의 《고산유고孤山遺稿》에 실린 시.

홍헌洪獻에서 예禮·승勝 두 낭자娘子에게 시를 지어주다.

거듭 찾아왔건만 그때나 다름없어
이 마음 누가 알아주랴.
낭자가 벌써 저 세상으로 갔으니
내 어리석음 논할 이 없네.
重來如一時　　心事有誰知
娘子忽焉沒　　無人論我癡.

◉ 권극중權克中(숙종肅宗 때 사람)의 《청하집青霞集》에 실린 두 수의 시.

기생을 구경하다

觀妓

[一首]
금물 칠한 고운 신발에 빨간 비단치마
눈썹 그리고 입술에 붉은 칠해 유행에 맞는 화장
장정완張淨婉이 다시 태어났다면 의심스러워
그렇지 않으면 두난향杜蘭香이 새로이 하강下降한 걸세.
연화보蓮花步를 타고 임금 계신 자리에 나와
어여쁜 입에서 나오는 노래 소리는 대모테를 울리네.
열 번 청조靑鳥를 날려 편지를 전했지만
부질없이 왕창王昌의 꿈만 애태웠네.
泥金寶屧絳霓裳　　淺黛輕朱時世粧
疑是更生張淨婉　　不然新降杜蘭香
蓮花步運龍鬚席　　桃葉歌驚玳瑁梁
靑鳥十回傳一信　　虛敎魂夢惱王昌.

[二首]
머리 돌려 맑은 눈동자를 쏘아보니
꽃다운 나이 16세 되었으니
요염한 자태는 소소소蘇小小와 같지만
춘심春心은 언제나 막수莫愁의 시름을 띠었네.
노래 소리는 대들보에 감돌고
치마 빛깔에서 때아닌 석류石榴를 보네.
만약 초대楚臺(陽臺)에서 거듭 꿈을 이룬다면
떠다니는 구름이 어찌 풍류를 차지하랴.
回頭盼眄射淸眸　　芳歲纔看二八遒
艶質比方蘇小小　　春心常帶莫愁愁
歌聲到處搖梁杳　　裙色非時見石榴
若使楚臺重有夢　　行雲那得擅風流.

또 기생 구경 세 수

又觀妓三首

화려한 옷차림에 얼굴엔 애교 담뿍 띠고
오기도 전에 비단 버선에 향기 먼저 맞네.
오늘 밤 난당蘭堂에서 밤 밝히리
초생달 빛과 눈길이 비단옷 위에 비치네.
嬌嬈顔色好衣裳　　未到先聞繡襪香
今日蘭堂定不夜　　眼波眉月照流黃.

육수六銖의 얇은 깁옷
두 볼은 붉어서 학정鶴頂[20]을 비웃네.
봉鳳을 이별하는 가곡歌曲을 부르니
대들보의 티끌이 촛대 앞에 어지럽게 떨어지네.
六銖衣著蟬衫薄　　雙臉丹偸鶴頂鮮
誠發一聲離鳳曲　　樑塵亂墜燭臺前.

태청太淸[21]의 집에서 참 신선 내려오니
난향蘭香이 아니면 녹화綠華임이 틀림없네.
준마駿馬나 명주明珠는 값 따지기 어렵고
부용芙蓉 작약芍藥은 꽃 피기를 부끄럽게 여기네.
眞仙來自太淸家　　不是蘭香定綠華
駿馬明珠難擬直　　芙蓉芍藥恥爲花.

◉ 오도일吳道一(숙종肅宗 때 사람)의 《서파집西坡集》에 실린 시.

완산完山의 노기老妓 향린香藺은 정상국鄭相國 지화知和가 소년 시절에 사랑했던 여인으로 도성의 여러분이 많은 시를 지어주어 권축卷軸을 이루었다. 시축詩軸 가운데 장난삼아 쓰다.

푸른 옷소매에 칠보七寶 무늬 시들었지만
아직도 지난날 향기 남아 있네.
백발의 정승政丞이 박정薄情해서

양대陽臺에서 다시 운우雲雨를 꿈꾸지 못하네.
翠袖凋殘七寶紋　　尙憐薌澤藹餘薰
白頭丞相情緣薄　　無復陽臺夢化雲.

청풍 한벽루
淸風寒碧樓

조란雕欄 열두 칸에 기생이 둘러 있는데
주렴珠簾 밖에는 봄 추위에 술기운 약해지네.
기생의 노래 한 곡조 끝나려 할 때
복숭아꽃 위에 달이 비치네.
雕欄十二妓成圍　　簾外春寒酒力微
一曲纖歌唱欲了　　小桃花畔月依依.

◉ 김창협金昌協(영조英祖 때 사람)의 《농암집農巖集》에 실린 시.

공주公州에 당도하여 노기老妓의 집에 가서 부서진 거문고가 벽에 걸려 있음을 보고 장난삼아 시詩를 짓다.

문 앞에는 금강錦江이 서쪽을 향해 흐르는데
왕년往年의 미기美妓는 이미 쇠잔한 것을.
길 위의 사군使君은 자주 사람 보내 안부를 묻고
성 안의 젊은이들은 여전히 찾아오네.
청아한 노래 소리 들을 일 없으니 꽃부채가 빛을 잃고
옷에 놓인 수繡 희미해지니 붉은 치마에 석류石榴가 어둡네.
거문고 소중히 싸서 벽에 걸어두고
사람을 만나도 타지를 않네.
門前錦水向西流　　十五羅敷與莫愁
陌上使君頻遣問　　城中年少舊依投
歌殘畫扇收明月　　繡折紅裙暗石榴
留取寶琴懸著壁　　逢人不復按伊州.

◉ 심염조沈念祖(호는 초연재蕉研齋인데 임금께서 함재涵齋라는 호를 내리셨다. 정종正宗 때 사람)

성천成川 기생에게 시를 지어주다
贈成川府妓

고당高唐의 신경神境, 성당盛唐[22]의 시,
선관仙館의 명화名花 요염한 한 떨기.
아침 구름이 내한內翰을 만났다고 말하지 말라.
노부老夫는 재주가 부족해서 기대期待에 맞기 어려워.
高唐神境盛唐詩　　仙館名花艶一枝
莫道朝雲逢內翰　　老夫才薄不堪期.

◉ 정약용丁若鏞(호는 다산茶山, 정종正宗 때 사람)

빗속의 두 기생
雨中兩妓

가인佳人이 금강錦江 서쪽에서 와
저녁 비 내리는 양대陽臺에 길을 잃지 않았네.
깁버선 한 켤레로 방초芳草의 길을 밟고
비단치마에는 꽃이 수없이 떨어져 있네.
까만 머리쪽이 기울어져 있음은 잠잔 때문이 아니며
구슬 같은 눈물이 뺨에 맺혀 있음은 운 때문 아닐세.
미간眉間엔 아직도 시름을 띠어
함께 앉아서 노래를 배우려는 걸세.
佳人來自錦江西　　暮雨陽臺路不迷
羅襪一雙芳草路　　錦裙千點落花泥
烏雲堆髻非緣睡　　珠淚凝腮不是啼
猶帶眉間愁濕色　　將爲幷坐學黃鸝.

◉ 신유한申維翰(숙종肅宗 때 사람)의 《청천집青泉集》에 실린 시.

기생 영매英梅에게 시를 지어주다(引도 아울러)
贈梅妓

월성月城 기생 영매英梅는 젊은 시절에 거문고를 잘 타고 노래와 춤에 능하여 이름이 있었다. 그러나 나와는 일찍이 자리를 같이하는 인연이 없었다. 그녀와 만나게 되어 나이를 물으니 서른아홉이라고 하였다. 머리를 빗어 정제하지 않고 옷이 초라했으니 만나는 것이 늦었음을 애석하게 생각하였다. 내 나이 육십이 되어 머리가 세고 이가 빠졌다. 이에 미녀美女를 멀리하고 거문고를 상 위에 버려두어서 먼지가 앉았다. 낭자가 소매로 먼지를 털고 줄을 골라 별안간 계림鷄林의 구보舊譜를 탔다. 소리가 매우 청아淸雅하였다. 내가 시를 지어서 행하行下를 대신하고 낭자를 시켜 노래하게 하였다. 그리고 말하기를 『너는 시를 배우지 않았으니 어찌 나의 소년 시절을 알겠는가』 하였다.

시든 꽃이 파리한 대[竹]와 어울려
늦은 풍경 어찌 이다지도 쓸쓸한가.
파리한 대는 아직도 봄이 그리운데
꽃 사랑하기를 그림 보듯하네.
바다와 산은 아득히 푸르러
시름에 젖어 앉아 있네.
무엇으로 이 마음 달랠까.
거문고 버려두어서 곡조도 잊었네.
낭자의 아름다운 뜻에 감격해
실을 갈아서 새줄을 만들었네.
초열흘 청명각淸明閣 위에서
거문고 소리 시냇물 위에 감도네.
대현大絃은 종을 울리는 듯
소현小絃은 옥을 부딪는 듯
밝은 달이 처마끝에 걸려
맑은 곡조 사방으로 울려 퍼지네.

일장一丈이나 되는 드높은 방 안에서
천녀天女가 천화天花를 흩어
꽃피울 수 있을까 물으니
낭자娘子가 나의 백발 보고 웃네.
낭자는 월성月城의 여자라
노래는 신라말을 쓰네.
꿈에 최아찬崔阿飡[23]을 보았는데
거문고 안고 가야산으로 들어갔다고.
누가 가야옹伽倻翁을 보내서
백발로 관사館舍에 앉아 있게 했나.
월아와 함께 배 띄우고
창강滄江에서 달 구경해.
술 마시면 취해야 하고
거문고 타면 소리 다하리.
시든 꽃과 파리한 대나무가
다같이 소년 시절을 그리워하네.
殘花映瘦竹　　晩景何蕭灑
瘦竹尙戀春　　愛花如見畫
海山鬱蒼茫　　愁人坐非嘯
何以洗吾心　　廢琴藏古調
感娘珍重意　　貿絲作新絃
十日淸明閣　　聲聲幽澗泉
大絃如鼓鐘　　小絃如戞玉
明月上高簷　　海山淸一曲
毗耶一丈室　　天女散天花
試問花著未　　娘笑儂鬢華
娘是月城女　　歌用新羅語
夢見崔阿飡　　抱琴伽倻去
誰遣伽倻翁　　白頭坐館舍
約娥理蘭舟　　弄月滄江夜
飮酒當盡醉　　鼓琴當盡聲

殘花與瘐竹　　共惜少年情.

◉ 채제공蔡濟恭(정종正宗 때 영의정)의 《번암집樊巖集》에 실린 시.

의주부윤義州府尹이 기생을 데리고 와서 풍악風樂을 즐겼으므로 옛날의 감회感懷가 깊어 장편長篇의 시詩를 짓다

灣尹携妓作樂 感念舊事 草成長句

선화당宣花堂은 높고도 넓어
한낮에 성대한 연회를 베풀었네.
사군使君은 내 객고客苦를 위안키 위해
술 권하고 노래 부르게 해서 긴 하루 보내네.
울긋불긋 비단옷으로 꽃밭 이루어
기생은 애교 띠면서 두 줄로 벌려섰네.
향기로운 바람 따라 움직이는데
피리 소리 북 소리는 하늘로 울려 퍼지네.
화고畫鼓는 춤추는 북채 받아서 울리고
공(毬)은 흐르는 별처럼 빠르게 날고 있네.
한 쌍의 어린 기생 몸이 가벼워
춤추는 검劍이 허공에 높아 여름에 눈 흩날리네.
이천 리 나그네 길 괴롭기도 하더니만
이 놀이 보는 순간 심신心神이 기뻐지네.
來宣之閣軒且豁　　亭午開筵勢秩秩
使君慰我久行役　　携酒徵歌消永日
輕羅疊縠紛威蕤　　兩行粉黛嬌成列
薌澤微微軟風度　　簫鼓轟轟寒雲裂
畫鼓輕受舞枹鳴　　香毬飄若流星疾
一雙少妓最輕身　　舞劍飛騰生夏雪
含莘茹苦二千里　　對此可以心神悅.

용만곡

龍灣曲

무기舞妓의 허리와 다리는 백설白雪처럼 가벼운데
술자리엔 달빛이 유난히도 밝네.
사또의 즐거운 웃음에 나그네 술 취하고
시절이 태평하니 순군巡軍은 오경五更을 알리네.
舞妓腰肢白雪輕　　華筵對酒月盈盈
使君歡笑行人醉　　無事巡軍報五更.

의검정 야연에서 박제가의 운을 빌리다
倚劍亭夜宴 次朴齊家韻

관산關山 길엔 가을이 깃들고
높은 누각樓閣엔 노을빛 가득하네.
교방敎坊에는 풍악이 있지만
이향異鄕의 소리임은 면치 못하네.
기생 몸단장에 향내 퍼지고
연못에 핀 꽃 아름답기도 하여라.
인생을 즐기는 이곳에서
외로운 나그네 회포란 금물禁物이지.
秋近關山道　　高樓多夕陰
非無敎坊樂　　終是異鄕音
妓飾薰香細　　塘華有燭深
不須行樂處　　怊悵遠遊心.

종이를 가지고 와서 글을 써달라는 기생이 있어 장난삼아 써주다(강릉에서 지음)
妓有奉牋求書者 戱草以贈

[其一]
강언덕에 화루畫樓를 세웠는데
늦은 봄 풀이 뜰을 메웠네.

봄이 오니 홍도紅桃 심은 것 뉘우쳐
꽃 피면 첩의 미모美貌를 시샘하겠지.
別起粧樓倚曲灣　　艶陽新卉滿庭間
春來悔種紅桃樹　　多事開花妬妾顔.

[其二]
들녘으로 나가서 난초를 캐네.
답청踏靑[24]하는 시절에는 날씨 아직 차다오.
원추리 찾아다니다가
벗들과 한나절의 즐김을 잃었네.
步出原頭薄采蘭　　踏靑時節屬微寒
無端爭得宜男草　　剛失同儕半日歡.

[其三]
춤 배우느라 봄 되면서 집에 있는 일 드물어
비단 향기는 교방敎坊의 꽃에 젖어 있네.
가련타, 악부樂府에는 다정한 곡조 많아
전계자야가前溪子夜歌를 부르는 것이 습관이 되었네.
學舞春來罕在家　　越羅香濕教坊花
可憐樂府多情曲　　慣唱前溪子夜歌.

[其四]
문 앞 방초주芳草洲[25]엔 해가 저물고
아름풀 뜯는 노래엔 이별의 시름 더하네.
응벽담凝碧潭 못가의 얄미운 버들은
님을 북쪽으로 태워갔던 배 매어두지 않았음이 한스럽네.
日暮門前芳草洲　　采菱歌曲動離愁
生憎凝碧潭邊柳　　未繫情人北去舟.

치성雉城에 동기童妓가 있어 키가 한 자 남짓했으나, 가야금을 잘 타서 고저장단高低長短이 음률에 맞았다. 그 나이를 물어보니 겨우 여덟 살이었다. 아래의 시를 써서 주었다.

단발머리에 키가 작아서
가야금의 반에도 미치지 못하네.
양손에 신기神技가 있어서
거문고 줄이 음률音律을 조화롭게 하네.
髧毛短短身　　不及倻琴半
雙手如有神　　瑤絃調急慢.

늦은 봄에 기생을 데리고 육각대六閣臺에 오르다(수원에서)
暮春携妓登六閣臺

쳐다보니 길이 멀리 뻗쳐 있어
각각 명원名園을 이루네.
기이하다 이곳의 풍속이여
모두 꽃을 가지고 울리네.
푸르스름한 남기嵐氣[26)]에 옷을 적시고
화창한 봄빛에 선경仙境은 아름답네.
이 늙은이도 쓸모 있어
가무歌舞로 태평성대 기리네.
仰視蒼蒼逕　　名園各自成
奇哉此地俗　　都是以花鳴
嵐翠衣裳潤　　韶光洞府明
老夫猶有用　　歌舞飾昇平.

이튿날 다방골 우사寓舍에서 기생을 데리고 노닐다
翌日茶坊寓舍携妓燕敖

북성北城의 홍興이 채 끝나지도 않아서
또 남쪽 마을에서 노니네.
백발 늙은 몸으로 놀이를 즐기니

뜬세상에 무슨 시름 있으리.
검무劍舞는 무지개를 그리고
기생의 목소리는 꾀꼬리 같네.
미리 화촉을 준비케 하여
좋은 밤을 또 함께 지내네.
未了北城興　　仍成南巷遊
白頭探勝事　　浮世有何愁
劍舞圍虹暈　　鶯聲讓妓喉
預教供畫燭　　良夜又堪留.

기악妓樂을 동반하여 방화수류정訪花隨柳亭에 오르다
率妓樂登訪花隨柳亭

붉은 빛 사다리가 반공 중에 떠 있어
화성華城에서 제일가는 승경勝景을 이루었네.
천상天上에도 이 같은 선경仙境 있는지 몰라
인간에서는 이 누樓에 오르기를 좋아하네.
용龍은 옥가玉駕의 지나심을 알아서 주춧돌을 받들어올리고
기생은 가벼운 몸을 날려 작은 배 위에 서 있네.
푸른 소나무 우로雨露에 젖어 있어
생성生成하는 은혜도 크다. 무엇으로 갚으리.
丹梯迢忽半空浮　　生色華城第一州
天上未知能有此　　人間方始好登樓
龍知駕過擎飛礎　　妓詑身輕立小舟
無恙青松偏雨露　　生成恩大若爲酬.

봉수당奉壽堂에서 진찬의進饌儀를 익히다
奉壽堂習進饌儀

풍악이 울려 퍼지는데 기생은 꽃같이 아름다워
채색주렴彩色珠簾이 봉수당奉壽堂에 높이 걸려 있네.

땅의 신령함이 성대聖代에 보효報效하고
하늘의 상서祥瑞를 내려 우리 왕을 기쁘게 하네.
남산南山 북두北斗 같은 끝없는 복록福祿 누리소서
금척金尺 요도瑤桃의 상서祥瑞 다함이 없으리.
오래오래 이것을 잡수시고
덕德을 기리는 속에 봄빛을 누리소서.
仙韶流動妓花香　　彩箈高褰奉壽堂
地效異靈供聖代　　天將瑞旭悅吾王
南山北斗無疆福　　金尺瑤桃不盡祥
惟願多年叨此食　　有聲詩裏畫春光.

◉조종저趙宗著(숙종肅宗 때 사람)의 《남악집南岳集》에 실린 시.

장성長城 금기琴妓 추향秋香의 손녀에게 주다
贈長城琴妓秋香女孫

내가 와서 향낭香娘을 찾았으나
사람도 사라지고 거문고도 사라졌네.
오직 손녀가 있어
백발로 아름다운 아가씨를 대했네.
我來訪香娘　　人亡琴亦亡
惟有女孫在　　白頭傳芬芳.

장난삼아 장성長城 금기琴妓 추성개秋聲介에게 시를 지어주다
戲贈長城琴妓秋聲介

노령蘆嶺이 비록 높다지만 대로大路는 평탄해
잠깐 동안 옛날의 장성長城을 말 타고 넘었네.
붉은 줄, 어여쁜 굴레의 역마驛馬가 나오면서
푸른 띠 비단옷 차림의 고을 기생이 맞이하네.
두메의 비는 멀리 가는 나그네를 머물지 못하게 하고

거문고 소리만이 쓸쓸하게 들리네.
이별의 노래 끝나자 바쁘게 떠나
무정無情한 것 같지만 다정한 것을.
蘆嶺雖高大路平　　片時馳過古長城
紅纓玉勒郵驂出　　翠帶羅衫郡妓迎
峽雨未能留遠客　　瑤琴只自怨秋聲
離歌纔了怱怱發　　似是無情却有情.

◉ 신광수申光洙의 《석북집石北集》에 실린 시.

전주全州 한벽당寒碧堂 12곡(석북石北은 정조正祖 때 사람)
全州寒碧堂十二曲

[一曲]
오늘이 멈추지 않고 내일이 와
내일 또 가면, 꽃 땅에 떨어지리.
인생이 얼마나 되나 백 년도 못 되는데
한벽당 안에서 취해나 보세.
今日不留來日至　　來日又去花滿地
人生幾何非百年　　寒碧堂中每一醉.

[二曲]
전라 사또가 새로이 도임到任해와서
한벽당 안에서 봄 구경하네.
묻노니 교방教坊에선 누가 제일인가
비단 병풍에 화촉 밝히고 밤에 데려오라.
全羅使道上營新　　寒碧堂中別看春
借問教坊誰第一　　錦屛紅燭夜來人.
(우리 풍속에 관청 아전이 관장을 사또라고 부른다.)

[三曲]

전주全州의 여아女兒가 남장男裝을 하고
한벽당 안에서 검무劍舞를 추네.
검광劍光의 움직임 보이나 보이질 않는데
머리 돌려보니 온 당堂 안엔 기운이 서릿발 같네.
全州兒女學男粧　　寒碧堂中劍舞長
看到瀏璃看不見　　滿堂回首氣如霜.

[四曲]
봄날 함께 어깨 가지런히 하며 가벼운 티끌 밟아
한벽당 안에서 풍악 익히네.
일제히 완산完山의 새 별곡別曲 부르는 것은
판관判官이 내일 수연壽筵 베풀기 때문이라오.
春城聯袂踏輕埃　　寒碧堂中習樂回
齊唱完山新別曲　　判官來日壽筵開.

[五曲]
분홍빛 비단이 유행에 맞아
서울식으로 치마 만들어 입었네.
화려한 연회宴會에 부름받고 수줍어
한벽당 안에서 대무對舞를 추네.
輕色紅綾時體宜　　裁成裙樣學京師
綺筵催上多羞澁　　寒碧堂中對舞筵.

[六曲]
한벽당 안의 여러 관행官行[27]
현신現身은 전례대로 첩자帖子[28] 올리네.
기생이 앞으로 와서 인사드리면
엽전葉錢 석 냥으로 인정 베푸네.
寒碧堂中各官行　　現身依例帖子呈
花柳着來紅踏印　　錢文參兩作人情.

[七曲]
한벽당 야연夜宴에서 집으로 돌아오니
송도松都 고객估客이 기다린 지 오랠세.
또 안전案前의 성화星火 같은 부름을 받아
사람 등지고 등잔 밑에서 비단옷 몸에 걸치네.
寒碧堂中夜宴歸　　松都估客到多時
又被案前催入直　　背人燈下着羅衣.
(우리 말에 관청의 아전이 관장官長을 안전案前이라 불렀다.)

[八曲]
한산韓山 세모시 배꽃같이 희어
가는 바늘로 소매 좁은 적삼 만들었네.
오월의 한벽당은
바람이 세차서 입을 수 없네.
韓山白苧梨花白　　削作雙針衫袖窄
寒碧堂中五月時　　風多力弱不堪著.

[九曲]
스무 살 관청 손님 얼굴이 옥 같아
은비녀 빼앗아 장난 일삼네.
한벽당에서 돌아가기 싫어
당堂에 가득한 달빛 사람을 머물게 하네.
二十衙客面如玉　　奪取銀釵多戲劇
寒碧堂中不肯歸　　滿堂明月要人宿.

[十曲]
중군中軍 영감 좁은 소매로
한벽당 안에서 쌍륙雙陸을 하네.
소년의 호기豪氣가 문관文官을 이겨
백금百金의 장도粧刀를 던져주네.
中營令監夾袖綠　　寒碧堂中賭雙陸

少年豪氣勝文官　　抛擲粧刀百金直.

[十一曲]
한벽당 앞 구비구비 흐르는 물
난간에 비치니 경치가 그림과 같네.
무단無端히 원앙의 떼에 돌을 던져
사또가 머리 돌려 화내게 하네.
寒碧堂前曲曲水　　欄干臨照如花人
無端打起鴛鴦隊　　賺得使君回首嗔.

[十二曲]
한벽당 안 연회 끝나는데
황화정黃花亭 북쪽엔 봄풀이 푸르네.
이곳에선 해마다 이별이 많아
님 맞고 님 보내기 해가 모자라네.
寒碧堂中罷宴曲　　黃花亭北春草綠
此地年年多別離　　送郎迎郎日不足.

(평양) 연광정練光亭에서 검무劍舞를 추는 기생 추강월秋江月에게 시를 지어주다
(平壤) 練光亭贈劍舞妓秋江月

푸른빛 전립戰笠에 붉은 바탕 치마 입어
서관西關에서 제일가는 검무랑劍舞娘일세.
해 떨어지니 어룡魚龍은 극포極浦로 오고
날 맑으니 풍우風雨가 없는 정자로 모이네.
아미蛾眉가 스치는 곳에 기운 얻고
나비처럼 춤추며 돌아가는 옷소매는 사람의 간장 녹이네.
다시 배로 내려와 한 곡조의 노래 부르고
물빛[水光]과 산색山色은 저 멀리에 맞닿았네.
青鬟戰笠紫羅裳　　第一西關劒舞娘
落日魚龍來極浦　　晴天風雨集虛堂

蛾眉顧眄能生氣　　珠袖飄回合斷腸
更下蘭舟歌一曲　　水光山色遠蒼蒼.

기생에게 줌
贈妓

열여섯 살 양가良家의 여자
올해 교방敎坊으로 들어갔네.
몸을 그르친 건 못 된 나그네 때문
눈물 뿌리며 신랑과 헤어졌네.
어려움 부끄러워 노래와 춤 배워
가난해도 옷 빌리지 않네.
박명薄命의 한恨 많은 것
사또의 명찰明察이 부족한 것일세.
十六良家子　　今年入敎坊
誤身由暴客　　揮淚去新郞
羞難學歌舞　　貧不借衣裳
薄命多生恨　　明官照未詳.

연광정에서 평양 기생에게 시를 지어주다
練光亭留贈浿江妓

[其一]
자욱한 안개 속에 누대樓臺는 솟아 있고 밑에는 물이 감도는데
석양夕陽의 길손이 노래 소리 듣네.
어느 때 다시 관서關西의 나그네되어
물 위에 배 띄워 물결 거슬러 올라갈까.
烟雨樓臺水岸多　　行人落日聽勞歌
何時更作關西客　　浮碧蘭舟逆上波.

[其二]

물가에서 홍장紅粧이 나그네 보내는데,
석양夕陽에 일제히 배에 오르는 노래 부르네.
외로운 배 물을 따라 장림長林에 가까우니
끝없는 봄빛 저 멀리엔 파도가 일렁이네.
臨水紅粧送多客　　夕陽齊唱上帆歌
孤舟欲下長林近　　極目春光生遠波.

의주義州 기생에게 시를 지어주다
贈義州妓

[其一]
관關 밖엔 해마다 봄이 돌아와
눈빛 같은 이화梨花는 누굴 위해 피나.
역정驛亭에 때로는 강남江南에서 오는 나그네 있어
쓸쓸히 붉은 난간에 의지하는데 달빛 비치네.
關外年年春自回　　梨花雪色爲誰開
驛亭時有江南客　　怊悵紅欄月色來.

[其二]
청천晴川에서 서쪽으로 가면 용만龍灣이 되는데
물이 용만에 이르면 하룻밤 안에 돌아오네.
오늘 미인과 헤어진 곳은
보통문普通門 밖 푸른 산일세.
晴川西去是龍灣　　水到龍灣一夜還
今日玉人相別處　　普通門外更青山.

평양 기생 송랑松娘에게 부치다
寄浿妓松娘

무산巫山에서 일찍이 인연 맺지 못하고
헤어진 뒤 지난 일 생각하니 애석하기 그지없네.

화려한 연석宴席에서 과실 훔쳐 상자에 담고
붉은 치마 차림으로 마름 따는 배 안에서 호탕하게 웃었네.
이젠 관하關河와 초楚나라도 천 리만큼 멀어지고
양주揚州에서 또 일 년의 세월 보냈네.
부벽루, 연광정 노닐던 곳엔
미인이 아직도 옛날의 시인 추억하고 있을까.
巫山曾不作因緣　　別後前遊細可憐
綺席偸分藏菓篋　　紅裙笑蕩採菱船
關河楚國今千里　　烟月揚州又一年
浮碧練光歌舞地　　玉人能憶舊詩仙.

(제주濟州에서) 생일을 맞이하였는데, 마침 춘분春分이었다. 주기州妓 녹벽綠璧이 문병問病하러 오면서 귤을 가져왔다. 시를 지어주어 이에 사례하다
(在濟州) 初度日 値春分 州妓綠璧 問病餉橘 以詩謝贈

영주瀛洲의 선녀는 머리에 윤이 흘러
봄날 백록白鹿을 타고 바다 위 정자로 내려왔네.
사또의 생일이란 말 듣고
남극노인성南極老人星을 따라왔네.
瀛洲仙子霧鬟青　　白鹿春騎下海亭
聞是使郎初度日　　摘來南極老人星.
(노인성은 춘분春分과 추분秋分에 대정해大靜海 바다 위에 나타난다고 한다.)

장난삼아 소기少妓 벽도월碧桃月에게 시를 지어주다
戱贈少妓碧桃月

영주산瀛洲山 아래 벽도화碧桃花는
요지瑤池[29] 아모阿母의 집에서 왔다고 한다.
정랑鄭郎이 동방삭東方朔[30]이 하던 일을 배워서
강남江南의 끝단 곳으로 귀양왔네.
瀛洲山下碧桃花　　來自瑤池阿母家

鄭郎偸學東方朔　　謫下江南天一涯.
(벽도월碧桃月은 정도사鄭都事 형珩의 사랑을 받고 있었으며, 정鄭은 이때에 해남海南에 귀양와 있었다.)

녹벽綠壁의 제자 월섬月蟾에게 시를 지어주다
贈綠壁弟子月蟾

소소蘇小의 집에서 춤 배우는 아가씨
어미[31] 따라 횡당橫塘까지 나그네 보내려 왔네.
나루터에 해지는데 상사곡相思曲 불러
내일 아침도 되지 않아 애끊어지리.
蘇小家中學舞娘　　隨孃送客到橫塘
津亭落日相思曲　　不待明朝已斷腸.
(월섬이 이때 상사곡相思曲을 불렀다.)

강릉기江陵妓 율단栗丹에게 시를 지어주다
江陵贈妓栗丹

붉은 입술 움직이지 않고 얼굴 바르게 해서
한밤에 청아한 노래 소리 떨리어 나오네.
경포호鏡浦湖의 놀잇배 천 년 뒤에는
홍장紅粧은 생각 많아 누굴 위해 돌아가나.
朱唇不動正嬌顔　　細發淸歌子夜間
鏡浦蘭舟千載後　　紅粧多意爲誰還.

춤을 구경하다
觀舞

황삼黃衫에 긴 소매로 너울너울 춤추는 모습
동풍東風에 간드러지게 움직이는 버들가지일세.
누가 한몸에 백 가지 모습 겸하라고 했나

화각畫閣엔 저녁 해가 걸려 있네.
黃衫長袂舞垂垂　　裊裊東風弱柳枝
誰使一身兼百態　　畫堂看到日斜時.

율아栗娥와 작별하다
別栗娥

가인佳人을 내게 보내왔지만 받기 어려워
백발의 몸 섭섭하게 발길 돌리네.
시를 붉은 치마폭에 써놓았으니
길이 경포대에서 따라 노닐 테지.
難得佳人送我盃　　白頭悄悵越中回
但將詩係紅裙在　　長似相隨鏡浦臺.

오십천五十川 다리머리에서 기생들과 작별하다
五十川橋頭別諸妓

험한 길 따라 억지로 죽서루竹西樓를 내려와
동쪽으로 와서 겨우 하룻밤을 놀았네.
오십천五十川[32] 냇가에서 기생들과 작별하고
잠시 말[馬] 멈추고 머리 돌려보네.
斜險強下竹西樓　　只得東來一夜遊
五十川邊諸別妓　　暫時停馬更回頭.

강릉 기생 율단栗丹을 생각하다
憶江陵妓栗丹

강릉성 밖에 가마를 멈추었을 때
미인이 말고삐 잡고 안타깝게 말하기를
해는 저무는데 앞길은 천 리나 되오.
지금 이 애끊는 회포를 누가 알리오.

江陵城外駐轎時　　草草佳人馬首辭
前路夕陽千里曲　　至今腸斷有誰知.

중대법당中臺法堂에서 해옥패가解玉珮歌를 듣는다
中臺法堂聽解玉珮歌

헤어질 때 미인이 달 아래서 노래하는데
섭섭한 듯 맑은 눈썹엔 이슬이 맺혔네.
가곡歌曲이 양관조陽關調를 넘어간다
내일 아침 기다림 없어 애끊으리.
臨別佳人月下歌　　秋眉漠漠帶烟波
餘音轉入陽關調　　不待明朝恨已多.

중대동구中臺洞口에 말을 멈추고 죽서竹西의 기생들과 작별하다
中臺洞口駐馬別竹西諸妓

중대동 밖 물은 동쪽으로 흐르는데
저녁 해는 반쯤 백령白嶺 고개 위에 걸렸네.
천 리 밖에 님 보내는 노래 소리 들으니
처음 죽서루에서의 헤어짐만 같지 못하네.
中臺洞外水東流　　一半斜陽白嶺頭
聞唱送君千里曲　　不如初別竹西樓.

영춘永春 기생 계화桂花에게 시를 지어주다
贈永春妓桂花

어여쁜 눈썹에 귀밑머리 흐트러져 있어
마음 속 맑은 회포 누가 알리.
천상天上의 계화桂花 뛰어난 향기 지니고 있는데
어찌 오래도록 진토塵土에 묻혀 있게 하리.
蛾眉不掃鬢雲垂　　一種淸懷誰得知

天上桂花香自別　　肯教塵土落多時.
(계화는 죄를 얻어 새로이 물 긷는 직책을 맡았기 때문에 하는 말이다.)

기생 초월楚月(寧越)에게 시를 지어주다
贈妓楚月(寧越)

이별의 곡조, 위로하는 노래에 두 가지 한恨 새로운데
백발 몸으로 영월 강가에 말 멈춰 세웠네.
애닯다, 헤어진 뒤 양대陽臺의 꿈을
또다시 뉘집에서 꿈꾸어 볼까.
영월 교방 제일의 가희歌姬와
놀잇배 함께 타고 노닐었네.
살구꽃 필 때 추억 간절하리.
금강錦江 정자 위에서 이 한恨을 어찌하나.
離曲勞歌兩恨新　　白頭亭馬越江濱
可憐別後陽臺夢　　留作誰家夢裏人
越絶坊中第一歌　　畫船同載使君多
山杏多時更相憶　　錦江亭上恨如何.

기생 행단杏丹에게 시를 지어주다
贈妓杏丹

실버들 같은 허리, 다리가 가냘파
애처롭다, 물가에 있는 행단의 집
돌아올 때 오직 상사相思의 씨앗을 남겼을 뿐인데
해마다 자라서 꽃을 활짝 피웠다네.
세 살 때 이미 버선을 만들었고
내 돌아올 때엔 초록색 배자를 지어 기념으로 주었네.
은바늘로 줄줄이 가늘게 누벼
마치 가인佳人의 이별의 눈물이 드리워진 것 같았네.
楊柳腰肢嫋嫋斜　　可憐丹杏水邊家

歸時只下相思種　留發年年滿樹花
三歲能縫白襪宜　綠褶成贈遠歸時
銀針細縷行行直　何似佳人別淚垂.

기생 월염越艶에게 지어주다
贈妓越艶

전에는 냇가에서 비단을 빨며
양주楊州 부모의 집을 그리워했네.
지금은 봄철 지나간 뒤 남의 꽃 신세되어
금강錦江의 모옥茅屋에서 생애生涯를 보내네.
前身解浣越溪紗　一夢楊州父母家
今似片花春盡後　錦江蘿屋寄生涯.

남원 가희歌姬 춘섬春蟾에게 시를 지어주다
贈南原歌姬春蟾

어사御史의 집에 붉은 석류꽃 있지만
미인이 어찌 석류꽃 같으랴.
오늘도 석류꽃 앞에서 한 번 웃지만
미인의 소식은 천애天涯에 끊어졌네.
紅石榴花御史家　美人何似石榴花
今日花前一笑後　美人消息是天涯.

싱도成都 기생 일지홍一枝紅에게 지어주다
贈成都妓一枝紅

미인은 어느 해 초궁楚宮을 떠났던가
후신後身의 이름을 일지홍이라 했네.
서생書生은 양왕襄王의 꿈을 이루지 않아
떠도는 구름을 바라볼 뿐일세.

무협巫峽[33]에 전해 내려오는 절묘한 가사歌詞
옛날 신녀神女가 시에 능했다는 말 못 들었네.
선루仙樓의 옛나그네 이제 백발이 성성한데
내가 온 때엔 왜 꽃을 피우지 않나.
구름 헤치고 선녀仙女가 무산巫山에 내려와
능라금수綾羅錦繡 사이에서 운우雲雨를 즐기네.
풍류를 이미 관서백關西伯에게 양보했으니
문장을 가지고 그대 대하기를 바랄 뿐일세.

環珮何年別楚宮　　後身名是一枝紅
書生不作襄王夢　　只有行雲入望中
巫峽流傳絕妙辭　　未聞神女昔能詩
仙樓舊客今頭白　　何不花開我到時
淩波仙襪降巫山　　雲雨綾羅錦繡間
風流已讓關西伯　　乞與花牋當玉顏.

관서악부서關西樂府序(略)

평양은 강산이 마치 담장淡粧한 미인과도 같아서 그 빼어난 풍경을 잊을 수 없다. 왕왕 꿈 속에서도 대동강 위의 배(舟) 안을 생각하게 된다. 번암상서樊巖尙書[34](채제공蔡濟恭)가 평안감사가 되어 갈 때에 장안長安의 사녀士女들이 시가詩歌를 지어 송별했으나, 나는 명命을 받들어 영릉寧陵[35] 제향祭享에 가서 아직 돌아오지 못했었다. 뒤에 평양에서 사람이 와서 시를 독촉했다. 번암은 나의 벗이다. 풍류와 문장이 족히 평양의 산천으로 더불어 서로 견줄 만하다. 나도 지난날의 흥취興趣가 움직임을 금치 못했다. 공公을 위해서 기쁘게 글을 지을 뜻이 있었다. 마치 백발의 숙장宿將이 십 년 동안 한가한 몸으로 버려져 있다가 별안간 변방으로 가서 금고金鼓 소리와 힘찬 말 울음 소리를 듣고서 활과 화살을 손에 잡아 떨쳐 일어나는 것 같은 웅장한 기개氣槪로 돌아갔다. 드디어 왕건궁王建宮의 가사체歌詞體를 본떠서 붓을 잡아 《관서악부關西樂府》를 지었다. 또 이름하여 《관서백사시행악사關西伯四時行樂詞》라고 했다. 여름철에 대한 것을 맨 앞에 둔 것은 번암樊巖이 관서로 부임하던 날이 바로 단오端午였기 때문이다.

무릇 서부西部(평양)의 승경勝景 속요俗謠, 흥망성쇠興亡盛衰의 자취, 충忠·

효孝·절節·협俠, 신선神仙의 동부洞府 사찰寺刹, 변방의 군비軍備, 누대樓臺와 선척船隻에서부터 여악女樂에 관한 일까지 갖추어 서술하지 않음이 없었으니 《서관지西關志》라고 이름할 수도 있다. 그러나 그 속에는 정염情艶에 관한 어휘, 여염閭閻에서 유행되는 상말[俚俗]이 들어 있어서 교양을 잃어 경박하다는 비방을 면치 못할까 두렵다. 백여덟 수로 되어 있음은 불가佛家에서 쓰는 염주念珠의 수를 상징한 것이다.

[其六]
오월 긴 수풀에 녹음이 짙어
쌍가마 탄 권마성 십 리에 들리네.
영제교永濟橋머리에 기생 삼백 명은
황삼黃衫 차림으로 두 줄로 나누어 마중하네.
長林五月綠陰平　　十里雙轎勸馬聲
永濟橋頭三百妓　　黃衫分作兩行迎.

[其十一]
어린 기생이 긴 소매로 다담상茶餤床 올림을 알려
은수저 가볍게 두세 번 들었네.
붉게 칠한 높은 다리 소반 물리고
예방비장禮房裨將 앞을 향해 나아가네.
曼聲小妓告茶餤　　銀箸輕輕下二三
擎退漆紅高足案　　禮房裨將向前監.

[其十四]
서안書案 앞에서 기생의 이름 불러
옷 여미고 자리로 나와 절하며 낮은 목소리로 대답하네.
곽분양郭汾陽[36] 집에서 봄 즐기는 야연夜宴에
몸단장 새롭게 한 기생들이 늘어선 모습 아름다워라.
書案前頭點妓名　　斂裙離次拜低聲
汾陽宅裏春宵宴　　燕飾新粧隊隊明.

[其十五]
처음 부르는 노래에 양태진楊太眞의 말이 나왔지만
지금은 마외역馬嵬驛에 한恨이 서리었네.
시조時調의 장단을 고르게 한 것은
장안長安에 이세춘李世春이 맡아서 했네.
初唱聞皆說太眞　　至今如恨馬嵬塵
一般時調排長短　　來自長安李世春.
(이세춘은 당시 노래를 잘 부르던 자이다.)

[其十六]
행수기생行首妓生 기색을 훔쳐보길 잘해
수청기생守廳妓生을 두 교방敎坊 속에서 가리네.
붉은 비단 장막 속에 금비녀 열둘이 늘어섰는데
제일의 가인佳人은 일점홍一點紅인 것을.
行首偸看氣色工　　守廳別揀兩坊中
金釵十二紅綃帳　　第一佳人一點紅.
(우리 풍속에 시침侍寢하는 기생을 수청기생守廳妓生이라고 한다.)

[其四十二]
가기歌妓가 도성의 진연進宴 때에는
유곽遊廓[37]의 주인을 잡네.
당의唐衣[38]에 산호수珊瑚穗를 찬
서로西路 기생의 장신구는 만전의 가치 지녔네.
京上歌娥進宴時　　主人皆是狹斜兒
唐衣盡佩珊瑚穗　　西路身裝直萬貲.

[其四十三]
성도成都의 어린 기생 일지홍一枝紅은
마음씨가 비단결 같고 말도 잘 알아들어
비마飛馬에 태워 가지고 삼백 리를 와
화려한 비단옷으로 몸을 쌌네.

成都小妓一枝紅　　錦繡心肝解語工
飛馬駄來三百里　　校書郎在綺羅中.

[其四十四]
은촛대 금술잔에 한밤에 기운 맑아
대들보 위로 울려 퍼지는 꾀꼬리 같은 목소리
지금은 백발의 가기歌妓이지만
일찍이 이원梨園에선 그 이름 첫손에 꼽혔지.
銀燭金樽子夜淸　　樑塵飛盡牧丹聲
如今白首琵琶女　　曾是梨園第一名.

[其四十五]
운모창雲母窓 안에서 잔치가 무르익어
어린 아가씨들 쌍쌍이 염불 외우네.
도화선桃花扇 들고 앞으로 뒤로 나아갔다 물러서며
저마다 얼굴에는 행하行下를 바라는 기색氣色일세.
雲母窓間曲宴深　　雙雙念佛少娘音
當前進退桃花扇　　面面生要施主金.

[其四十八]
바람이 붉은 난간 움직이니 비단 휘장 펄럭이고
교방敎坊의 새 악곡樂曲은 드높게 울려 퍼지네.
차례로 당堂에 올라 춤을 마치자
소동小童은 학鶴을 타고 선도仙桃 올리네.
風動朱闌錦幕高　　敎坊新樂沸嘈嘈
次第中堂呈舞了　　小童騎鶴獻仙桃.

[其五十一]
바람 가볍고 날 따뜻한데 노를 저어
미인을 배에 가득 싣고 물결 위를 가네.
홍장紅粧이 물에 비치니 눈이 부신데

몸을 앞뒤로 돌리면서 백화百花가 교태 부리네.
輕風暝日木蘭橈　　滿載靑娥逆浪遙
蕩醉紅粧明水底　　繞身前後百花嬌.

[其五十五]
푸른 잔디 높은 주춧돌 옛궁전에는
꽃 같은 궁녀들이 아름다움을 자랑했을 테지.
지금 대동강 위에서 봄놀이하는 기생들은
거둥길 위에서 춤싸움을 하네.
靑莎斷礎九梯宮　　宮女如花昔日紅
伊今浿上春遊妓　　鬪草抽黃輦路中.

[其八十]
선연동嬋娟洞 안에 풀이 무성해
한恨 많고 정情에 얽힌 저 무덤들.
부벽루浮碧樓 연광정練光亭 노니는 곳에서
지난날 비 뿌리고 구름 일으켰을 테지.
차일遮日 높이 친 강루江樓엔 백일장 펼쳐
석양夕陽에 누가 장원壯元에 뽑혔나.
목소리 고운 기생들 홍란紅欄에 의지해서
목청 길게 뽑아 이름 부르네.
嬋娟洞裏草如裙　　多恨多情今古墳
浮碧練光歌舞地　　昔年爲雨更爲雲
雲幕江樓白日場　　夕陽誰是壯元郞
紅欄百隊淸喉妓　　細調呼名故故長.

제28장

기녀의 지방적 특색

우리나라의 기녀妓女는 지방에 따라 각각 특기特技가 있다. 예를 들어서 영남의 기생은 광대廣大의 단가短歌를 잘 부른다. (우리나라 풍속에 창우倡優를 광대라고 일컫는다. 《고려사高麗史》의 국어조國語條를 고찰하면, 가면극假面劇에 종사하는 배우를 광대라고 하였다.) 평양 기생은 《관산융마關山戎馬》를 잘 부르고, 선천宣川 기생은 항장무項莊舞[1]를 잘 추는 등이다. 《대학大學》[2] 읽기를 좋아하는 자도 있고, 《출사표出師表》[3] 읽기를 좋아하는 자도 있으니, 이는 개인의 기능技能에 속하는 것이고, 일반적으로 모두 그런 것은 아니다. 다음에 그 예를 들어보겠다.

【1】 안동安東 기생이 《대학지도大學之道》를 외우다

주세붕周世鵬의 호는 신재新齋로서, 조선 명종明宗 때의 유학자儒學者이다. 대개 유학자는 이름이 있으니 만약 진부陳腐하지 않으면 실상이 없는 것이다. 하루는 주세붕이 안동 청량산清凉山에서 놀면서 기생을 동반하고 술을 마셨다. 취흥이 도도하게 되자 기생으로 하여금 《대학大學》을 외우게 해서 음악을 대신하였다. 대체로 기생이 《대학지도大學之道》를 외운다는 것은 예전에 들어보지 못했던 일이다. 그리고 주세붕이 아니고는 이처럼 할 수 없는 일이다.

주세붕의 《무릉잡고武陵雜稿》에 다음과 같이 기록되어 있다.

가정嘉靖 갑진甲辰(1544) 4월 보름날 청량산에서 놀았다. 어린 악공樂工을 시켜 자민루字民樓에 올라 피리를 불게 했더니, 그 소리가 맑아서 월궁月宮에 사무치는 것 같았다. 복주福州[4]의 기생 탁문아卓文兒는 나와 동갑이었다. 술 한 통을 마련해 가지고 와서 말하기를 『오늘 밤 노인어른께서 흥이 높으신 것 같고, 이 늙은 기생도 흥이 없지 않습니다』 하고 술을 권해서 크게 취하였다. 내가 말하기를 『만일 《대학大學》을 외우지 않는다면 방탕放蕩의 폐단을 면치 못할까 두렵다』 하고, 그녀로 하여금 《대학》을 외우게 하였다. 그녀의 마음이 안정을 얻게 되니, 나 때문에 이로움이 있었다면서 되풀이해서 외웠다. 예전의 느낌이 있었다.

【2】 관동關東과 도성의 기생이 《관동별곡關東別曲》을 노래하다

조선 선조宣祖 때에, 송강松江 정철鄭澈이 강원감사江原監司로 있을 당시 《관동별곡關東別曲》을 지었으며, 강계江界에 귀양가 있을 때에 《사미인곡思美人曲》과 《속미인곡續美人曲》을 지었다. 관동의 기생이 《관동별곡》을 즐겨 노래하니, 이는 송강이 곡을 만들어 관하管下[5] 여러 고을 기생들로 하여금 노래하게 한 것임을 추측해서 알 수 있다.

신익성申翊聖의 《악전당집樂全堂集》 유금강소기遊金剛小記에 다음과 같이 기록하고 있다.

> 양양부사襄陽府使가 나를 위하여 낙산사洛山寺 이화정梨花亭에서 술자리를 마련하였다. 술이 거나하게 되니 다시 자리를 의상대義湘臺로 옮겼다. 바다 저 멀리에서 몇 개의 검은 그림자가 나타났다. 고을 사람들이 말하기를 『고깃배가 온다』 하였다. 얼마 아니 되어 배가 와서 모래 언덕에 닻을 내렸다. 그리고 바다의 진미珍味를 바쳤다. 잔을 씻어서 통음痛飮하였다. 그 자리에 어린 기생이 송강상국松江相國의 《관동별곡關東別曲》을 노래하였는데, 소리가 매우 청아淸雅해서 듣는 이의 정신이 상쾌해졌다.

또 도성의 기생이 《관동별곡關東別曲》《사미인곡思美人曲》《속미인곡續美人曲》 등을 노래하는 자가 있어서 김석주金錫胄의 《식암집息庵集》에 기록된 바 있다. 그러나 오늘날에는 그와 같은 풍조가 이미 사라져 버렸다.

김석주의 《식암집息庵集》 동리東里 이상서李尙書 은상殷相 수석壽席에는 다음과 같이 실려 있다.

> 인간의 경사인 회갑날이 돌아와
> 동원東園에서 수연의 잔 가득 붓네.
> 무협巫峽의 두 송이 구름을 옮겨와
> 봉산곡蓬山曲을 추네.
> 관현管絃의 소리 청아하고
> 술에는 봄기운 감도네.
> 잔치 자리에서 내 먼저 일어나는 것 한스러워

창공倉公[6]을 재촉해서 약 먹으려네.

佳節人間重下元　東園壽醴復盈樽
移來巫峽雲雙朶　舞得蓬山曲一飜
暇日管絃今擬謝　餘春棋酒昔稱溫
當筵却恨吾先起　催約倉公嚼苦根.

이날 공의 집에서 두 기생이 일어나 춤추면서 일제히《관동별곡》을 불렀으니, 박자에 맞추어 움직이는 것이 매우 아름답게 보였다.

송옹松翁[7]의《사미인곡思美人曲》《속미인곡續美人曲》은 뜻이 깊어서 속된 기생들에겐 해득하기 어려운 것이다.

동악東岳 이안눌李安訥이 이른바『세상에서 오직 여인만이 안다』했음은 또한 부질없는 말이다. 그런데 이상서李尙書 집의 어린 기생이 홀로 능히 이 곡조를 부를 수 있었다. 내가 가곡을 듣고 느끼는 바 있어 앞의 시운詩韻을 빌어 시를 지어 동리공東里公에게 올리고 화답을 구하였다. 시는 아래와 같다.

송강이 어찌 홀로 이 가곡 지었을까.
그대의 맑은 노래 들으며 술잔 두드리네.
굴원屈原의 넋 천고에 깃들어
눈물 하염없이 흘러내리네.
시름이 옥우玉宇[8]에 감돌아
빛나는 잔치 자리에 흥을 돕네.
이 곡조曲調 길이 남기니
임금 사랑하는 뜻 간절하네.

永新那獨擅開元　聽爾淸歌拍酒樽
千古靈均心菀結　一聲何滿淚瀾飜
愁憐玉宇偏高冷　寵怯華筵欠久溫
此曲未應須斷絕　愛君難捨是情根.

【3】함흥咸興 기생이《출사표出師表》를 외우다

채제공蔡濟恭(조선 정조正祖 때 사람)의《번암집樊巖集》을 보면, 함흥 기생 중《출사표出師表》를 외우는 자가 있었다. 이것 또한 기생의 하나의 특기이다. 조선 기녀妓女의 세계에서 그러한 예를 찾아보기는 쉽지 않다.

《번암집》에 다음과 같이 기록되어 있다.

함흥 기생 가련可憐이 나이 84세에《출사표》와 옛사람의 시를 외웠는데 한 자도 틀리지 않았다. 그리고 또 외우는 사이사이에 말로 풀이했으니 모두 이치에 맞아서 사람을 깨우치기에 족했다. 사람들이 여협女俠으로 일컫는데 실로 마땅한 것이다. 그러나 내가 가련可憐을 칭찬하고 사랑하는 데에는 달리 느끼는 바가 있는 것이다. 이것은 가련과 나만이 알 뿐이다.

봄밤 외로운 여관에 앉아 있노라니
인경 울리고 거리는 고요하네,
비장할손 출사가出師歌 한 곡조
팔순 나이에도 호기豪氣가 사라지지 않았네.
春星孤館坐迢迢　　鍾罷街塵逡寂寥
悲壯出師歌一闋　　八旬豪氣未全消.

【4】영흥永興 기생이《용비어천가龍飛御天歌》를 부르다

함경도의 쌍성雙城은 지금의 영흥부永興府인데, 바로 조선을 창건한 이씨李氏의 발상지發祥地이다. 그러므로 앞내를 이름하여 용흥강龍興江이라 하였다. 그리고 부府의 기생이 노래하는《용비어천가龍飛御天歌》를 이름하여《여민락與民樂》이라고 하니, 추모하는 뜻이 들어 있는 것이다.

◉《번암집樊巖集》쌍성관雙城館에는 종조부從祖父 희암希庵 선생(蔡彭胤) 판상운板上韻을 빌린 시 한 수가 실려 있다.

용강의 실버들은 청파晴波에 흩어지고
변방의 호적 울리자 새벽이 지나가네.
번개처럼 흐르는 세월을 북두성은 전하는데
교방은 용비어천가를 모두 외우네.
해악海岳에 이어진 성은 굳게 잠겨 있는데

봄이 오니 느릅나무는 우로雨露에 젖네.
이제 미인의 소식은 멀어지니
꽃다운 향기 찾고자 하나 이 시름 어찌하나.
龍江垂柳散晴波　出塞鳴笳際曉過
斗極尙傳飛電夢　敎坊皆誦御天歌
城連海岳扃緘壯　春入枌楡雨露多
最是美人消息遠　芳華欲採奈愁何.

【5】 제주濟州 기녀의 말 달리는 재주

제주 기생은 예로부터 말 달리는 재주가 있었다. 제주도는 몽고蒙古 때부터 목장을 두어서 많은 말을 산출하였다. 그렇기 때문에 주州의 기생이 이 같은 재주를 가지고 있는 것이다. 이것 또한 풍토風土가 이처럼 만든 것이다.

◉ 신광수申光洙(호는 석북石北, 정조正祖 때 문인)의 《석북집石北集》에 《제주 기생의 말 달리는 것을 보다 濟州城觀妓走馬》라는 시가 실려 있다.

[其一]
남장男裝하고 말 달리는 제주의 아가씨,
연燕·조趙[9]의 풍류風流가 교방敎坊을 차지했네.
한 번 금채찍 들어 푸른 물결 가리키고
봄풀 자라난 석성石城 곁을 세 바퀴 도네.
다투어 집집의 귤나무 바라보며
곳곳에서 준마駿馬(騂騮)를 달리네.
기녀妓女를 훈련시켜 북방으로 보내
진작 무부武夫에게로 시집가게 하리.
南裝走馬濟州娘　燕趙風流滿敎坊
一擧金鞭滄海上　三回春草石城傍
爭朝橘柚家家巷　獨步騂騮處處場
敎著蛾眉北方去　千金早嫁羽林郞.

[其二]

물은 명월포明月浦가 깊고
봄빛은 등자성橙子城에 짙네.
관기官妓는 말을 잘 달리고
뱃사람은 고래를 두려워하지 않네.
문장은 풍토의 기록
화조花鳥의 운치韻致를 묘사했네.
해방海防을 맡은 영장營將이
때때로 찾아와 나그네 외로움을 위로하네.

池深明月浦　　春暗綠橙城
官妓能調馬　　船人不畏鯨
文章風土記　　花鳥月朝評
知海防營將　　時來慰客情.

(명월포明月浦는 진영鎭營의 이름이다. 제주성濟州城에는 등자橙子나무를 둘러 심었다. 그 때문에 등자성橙子城으로 불리기도 한다.)

【6】 의주義州 기생이 말을 달리고 검무劍舞를 추다

의주 기생은 말을 달리고 검무劍舞를 추는 재주가 있다. 국경의 수비를 맡은 중지重地이기 때문이다.

◉ 신광수申光洙의《석북집石北集》관서악부關西樂府 제93을 옮겨 실으면 다음과 같다.

위화도에 가을이 깊으니 풀과 나무가 시드는데
짐승 잡아 가지고 사냥에서 돌아온다.
수복繡服 요가鐃歌로 궁전弓箭 맨 기생은
모두 호마胡馬[10] 타고 성으로 들어오네.

威化深秋草樹平　　風毛雨血獵軍行
繡服鐃歌弓箭妓　　皆騎撻馬入州城.

◉김금원金錦園 여사는 시문을 잘했는데 참판參判 김덕희金德熙의 첩이다. 김이 의주부윤義州府尹이 되어 부임하니 금원이 따라갔다. 의주 경내에

이르러 눈으로 본 바를 기록하였다.

소곶관所串館에 이르렀다. 여기는 바로 의주 지경地境의 첫 역참驛站이며, 신구관新舊官을 보내고 맞이하는 곳이다. 온 부의 관속官屬 장교 아전·기생 들이 모두 와서 기다리고 있었다. 이튿날 길에 올랐는데 크게 위의威儀를 갖추었다. 깃발·창검과 군장복색軍裝服色이 경군문京軍門에 비해서 손색損色이 없었다. 기생이 전립氈笠을 쓰고 짧은 소매, 긴 옷자락으로 은안준마銀鞍駿馬에 높이 앉아 쌍쌍이 앞에서 인도하였다. 그 머리에 장식한 패물과 녹의홍상綠衣紅裳이 극히 사치스러웠다. 뿔피리 소리에 응하여 일제히 말에 올라서 군령軍令을 기다렸다. 의주부義州府는 국경을 수비하는 중지重地이므로 기녀에 이르기까지도 모두 말을 달리고 검술을 익혀서 신관新官이 도임할 때마다 이처럼 호화롭게 환영하는 것이다. 구경하는 자가 눈이 어지럽고 정신이 황홀함을 금치 못한다. 도임到任한 뒤에 망신루望宸樓에 올라서 시 한 수를 지었다.

용성龍城[11]의 누대에 올라 춘흥春興을 이기지 못하는데
강가의 버들, 물가의 꽃 곱고도 새로워라.
낮은 고요하고 관청은 한가한데 뜰에는 풀이 파릇하고
밤 깊어 달빛 비치니 자리엔 티끌 한 점 없네.
가벼운 옷소매, 외씨 같은 버선발로 투호投壺[12]를 즐기는 기생
금띠에 호박瑚珀 갓끈 달고 검劍을 어루만지는 장수
연산燕山 천 리 길에 꽃비가 내리는데
사신使臣은 물을 건너며 군은君恩을 기리네.
龍城畵角不勝春　　江柳江花色色新
晝靜官閒庭自草　　夜深月到座無塵
輕衫寶襪投壺妓　　金帶瑚纓撫劍賓
紅雨燕山千里路　　星軺來渡荷君恩.

◉ 통군정統軍亭 관개시거화조觀開市擧火條의 기록은 이러하다.

관현악管絃樂이 조화를 이루어 연주되니 구름 사이에서 선악仙樂이 들려옴을 의심한다. 기생의 노래 소리가 맑고도 찌렁찌렁해서 공중으로 울려 퍼진다. 쌍쌍

이 춤추니 버들 허리는 민첩하고 두 옷소매는 바람처럼 움직인다. 관서 지방의 물색物色과 가무歌舞 또한 족히 이름날 만하다. 그후 얼마 안 되어 포砲를 놓고 뿔피리를 부니 좌우에서 불을 올렸다. 강변의 각 둔屯에서 일제히 불을 올려 호응하니 마치 뭇별이 총총히 하늘에 모여 있는 것 같고, 복숭아 꽃잎이 맑은 강물 위로 흩어지는 것 같다. 누樓 위에서 북 소리·뿔피리 소리가 공중에 울려 퍼지니 마치 구름 밖에서 난새[鸞鳥]와 봉황이 화명和鳴하는 것 같으며, 물 속의 용龍이 휘파람 부는 것 같다. 이에 시 한 수를 짓는다.

관하關河의 승경勝景은 이 누각樓閣이 으뜸일세.
말은 울어 압강鴨江을 진압하네.
여섯 갈래의 길은 극포極浦로 통하고
수없는 산은 고을을 감쌌네.
명사明沙와 고목古木으로 둘리운 성첩城堞
짙은 안개, 쓸쓸한 구름, 북방의 가을일세.
부질없이 난간에 의지했을 뿐, 봉수대烽燧臺는 한가하고
강을 덮은 수화戍火는 태평을 누릴 방책일세.

關河形勝最斯樓　　馬耳靑來鎭鴨頭
六道星羅通極浦　　萬山棋置擁西州
晴沙古木中荒堞　　暝霧寒雲大漠秋
徙倚欄干烽點罷　　滿江戍火泰平籌.

어느새 달이 동쪽 고개 위에 올랐다. 밤이 이미 깊었다. 관아官衙로 돌아 기녀妓女의 말 달리는 법을 구경하였다. 백일원百一院은 압록강 동쪽에 있으며 평야는 광활하였다. 말 달리는 길의 폭이 백보百步가 넘었다. 기생들이 모두 군복을 차용하고 성장盛裝한 뒤 대열을 지어 섰다. 한 번 뿔피리를 불고 세 번 북 소리가 끝나자, 차례로 말에 올라타고 고삐를 잡아서 나는 듯이 달려서 궤도軌道 안으로 들어섰다. 동작이 털끝만한 착오도 없었다. 그 중에 경혜瓊惠라는 자가 있어 손으로 쌍검雙劍을 쥐고 춤추는데 민첩하기 마치 나는 제비 같았으니 진실로 장관壯觀을 이루었다. 여기는 서쪽 변방의 중진重鎭이라. 위씨衛氏·고씨高氏·왕씨王氏 이후로 그 풍속이 궁마弓馬를 숭상한 때문이다. 시를 지어본다.

사람의 화장과 말의 장식이 모두 화려해
누두樓頭에 서 있으니 대열마다 붉은빛일세.
북 소리 세 번 울린 뒤 동작이 나는 것 같고
꽃[13]들이 어지러이 날자 먼지 일으키네.
人粧馬飾共玲瓏　　立立樓頭隊隊紅
撾鼓三聲飛也似　　香塵無恙百花風.

【7】 평양平壤 기생이 《관산융마關山戎馬》를 잘 부르다

평양平壤 기생이 《관산융마關山戎馬》를 잘 불렀다. 그러나 다른 곳의 기생들은 이를 하지 못하였다. 관산융마關山戎馬라는 것은 조선 정조正祖 때 문인 석북石北 신광수申光洙가 지은 시로서 율시律詩와는 격조格調가 달랐다. 명明나라 왕세정王世貞(호는 감주弇州)이 이른바 『고려高麗 사람의 시를 나는 그것이 무슨 법에서 나온 것인지를 모르겠다』 한 것이 바로 이것이다. 시는 무릇 서른여섯 구로 되어 있다. 『악양루岳陽樓[14]에 올라서 관산융마關山戎馬를 탄식하다』라고 제했는데, 대체로 당唐나라 두보杜甫가 풍진風塵을 만나 표박飄泊하는 생활을 하면서 누樓에 올라 읊은 일을 서술한 칠언절구의 한시에다 토를 달아 부른 노래이다. 그 전편의 시를 아래에 싣는다.

악양루岳陽樓에 올라서 관산융마關山戎馬를 탄식하다
登岳陽樓歎關山戎馬(押樓字)

어룡魚龍은 잠잠하고 가을 강은 적막한데
사람들은 서풍西風 맞으며 중선루仲宣樓에 오르네.
날 저문 매화梅花 핀 들녘엔 피리 소리 들려오고
도죽桃竹[15]은 쇠잔한 나이에 백구白鷗 따라 노니네.
오, 만灣에 떨어지는 해, 난간에 의지하여 시름에 잠긴다.
어느 때나 북쪽의 전쟁이 끝날까.
꽃 피는 봄날 고향에 눈물 뿌리며 떠나고 나서
어느곳 강산江山인들 내게 시름 안겨주지 않으랴.
신포新蒲의 실버들은 굽이진 강언덕에 늘어서 있고

이슬에 젖은 단풍나무는 기주夔州의 물가에 서 있네.
청포靑袍 입고 만리선萬里船에 오르니
동정호洞庭湖는 하늘에 접하고 가을 물결 출렁이네.
끝없는 풀빛은 칠백 리에 펼쳐져 있어
옛부터 높은 누대는 호수 위에 떠 있네.
나뭇잎 떨어지니 가을 소리 완연하고
눈[眼]은 뚫어져라 청초靑草의 섬을 바라보네.
시야에 들어오는 풍광風光이 아름답지 않음이 없으나
불행히도 동남방에 방랑하는 신세되었네.
중원中原 몇 곳에는 싸움이 심하게 벌어지고 있는데
어진 신하는 먼저 천하를 근심하네.
청산靑山 백수白水에 과부가 슬피 울고
포도덩굴 씹으면서 호마胡馬가 울부짖네.
개원화조사開元花鳥使가 수령繡嶺에서 길 막혀
울면서 강남江南 홍두紅荳의 노래를 듣네.
서쪽 담의 오동梧桐도 대는 옛모습인데
남쪽 나라 집집이 가을 밤 다듬이질 소리에 흰 머리만 느네.
쓸쓸하게 외로운 배를 이역異域의 물에 띄워
만년晩年의 생애를 삼협三峽에서 보내네.
풍진風塵으로 형제자매의 눈물 마르고
강호江湖의 친지親知들에겐 글월조차 전할 길 없네.
하늘과 땅 사이에서 이 누樓가 드높아
어지러운 시대에 누 위에 올라서 초수楚囚[16]의 신세를 슬퍼하네.
서경西京의 만사萬事는 모두가 노름판
북으로 궁궐 바라보며 평안하신지
파릉巴陵의 봄 술에 아직도 취하지 않아
금낭錦囊 속엔 무심코 풍물을 거두어 넣네.

魚龍寞寂秋江冷　　人在西風仲宣樓
梅花萬國聽暮笛　　桃竹殘年隨白鷗
烏瀆落照倚檻恨　　直北兵塵何日休
春花故國濺淚後　　何處江山非我愁

新蒲細柳曲江岸　　玉露青楓夔子州
青袍一上萬里船　　洞庭如天波始秋
無邊草色七百里　　自古高樓湖上浮
秋聲乍倚落木天　　眼力初窮青草州
風烟非不滿目來　　不幸東南飄泊遊
中原幾處戰鼓多　　臣甫先爲天下憂
青山白水寡婦哭　　苜蓿葡萄胡馬啾
開元花鳥銷繡嶺　　泣聽江南紅荳謳
西垣梧竹舊拾遺　　楚戶霜砧餘白頭
蕭蕭孤棹泛百蠻　　暮年生涯三峽舟
風塵弟妹淚欲枯　　湖海親朋書不投
如萍天地此樓高　　亂代登臨悲楚囚
西京萬事奕棋場　　北望黃屋平安不
巴陵春酒不成醉　　錦囊無心風物收.

신석북申石北이 이 시를 지어서 사람들이 즐겨 노래하고 있다. 평양 기생 가운데 목단牧丹이라고 하는 자가 있어 맨 처음으로 이 시를 노래하였는데, 소리와 곡조가 매우 처량하고도 맑았다. 여러 기생이 이를 배워 점점 유행되어 오늘에 이르기까지 끊어지지 않는다. 그때에 석북이 단기丹妓[17]가 《관산융마關山戎馬》를 노래하는 것을 듣고 장난삼아 시 몇 수를 지어주었다.

평양 기생 목단牧丹이 이원梨園에 예속隸屬되었다는 말을 듣고, 장난삼아 시 세 수를 지어서 부치다
聞浿妓牧丹隸于梨園, 戲寄三首

[其一]
백발의 단희丹姬가 남경으로 들어와
청아한 노래 소리 사람들을 놀라게 하네.
연광정練光亭 위의 관산곡關山曲은
오늘밤에야 그 낯익은 소리 들어보리.
頭白丹姬入漢京　　清歌能使萬人驚

練光亭上關山曲　　今夜何因聽舊聲.

내가 관서關西에서 놀 때에 매양 단기丹妓를 데리고 산수山水 사이를 다녔다. 등잔 앞에서 달빛을 받으며 나의《관산융마關山戎馬》를 노래하였는데 그 소리가 구름에 사무쳤다.

［其二］
청류벽淸流壁 아래 목란주木蘭舟[18)]
마름 따는 노래 들으며 몇 번이나 놀았던가.
만호장안萬戶長安에 오늘 저녁 달은
유난히도 대동강大同江의 가을을 연상케 하네.
淸流壁下木蘭舟　　憶聽菱歌幾度遊
萬戶長安今夕月　　可憐猶似浿江秋.

［其三］
이원梨園은 남쪽으로 광통교廣通橋와 접해
선안仙顔은 지척에 있으나 약수弱水는 머네.
노래 소리 여전히 좋다는 말 듣지만
이제 얼굴은 시들었으리.
梨園南接廣通橋　　咫尺仙顔弱水遙
聽說歌聲依舊好　　祗令顔色到今凋.

【8】 북청北靑 기생의 말 달리는 재주

이유원李裕元의《임하필기林下筆記》에 이르기를『팔로八路에 있어 교방敎坊이 융성한 곳은 북청北靑만한 데가 없다. 노래와 춤이 모두 교사敎師가 있다. 그리고 그 풍속에 딸 셋을 낳으면 하나는 농가農家에 시집 보내고, 하나는 교방敎坊을 채우고, 또 하나는 무당으로 팔아 버린다. 그 때문에 기녀妓女의 수가 3,4백 명에 가깝다. 무당 또한 마찬가지이다. 비록 서울의 좌우 교방左右敎坊도 이를 당할 수는 없다』하였다. 지나간 고종高宗 갑오甲午(1894)에 내 선친先親께서 북청北靑으로 수령守令이 되어 가셨기 때문에 내가 되시고 따라가 보았는데, 과연 이공李公의 말과 같았다. 북청北靑에는 북병영北兵營이 있고 부아府衙가 있다. 따라서 병영기兵營妓가 있고 본부기本府妓가 있어서 이름과 적籍을 각각 달리하였다.

현종顯宗 때 사람 박장원朴長遠의《구당집久堂集》에 실린 기록은 대개 이러하였다.

노기老妓 경선慶仙이 북청北靑으로부터 와서 뵈었다. 경선은 바로 고故 이상국李相國이 귀양가 있을 때의 집주인 딸이었다. 열아홉, 스물 나이에 능히 전립戰笠을 쓰고 말을 달렸다. 이상국李相國께서 시를 지어주셨으니 그 문집文集 속에 아래의 시가 실려 있다. 경선은 올해 나이 73세라고 하였다.(이상국은 백사白沙 이항복李恒福을 말한다.)

네가 연소年少했을 때 말을 잘 타서
귀양살이하시던 오옹鰲翁의 시를 얻었네.
오늘 만나 옛일 말하면서
말 안장에 걸터앉으니 아직도 호기豪氣가 남아 있네.
爾曾年少能騎馬　　賭取鰲翁謫裏詩
此日相逢談昔事　　據鞍豪氣未全衰.

(이항복李恒福은 공신功臣으로 오성부원군鰲城府院君에 봉해졌으므로 오옹鰲翁으로 일컬음.)

내 생각으로는 북청北靑에 병영兵營이 있었기 때문에 교방敎坊에서도 말 달리는 재주를 기녀妓女에게 가르친 것 같다.

제29장

재모才貌와 이채異彩가 있는 명기

기생에는 자색姿色으로 이름난 자가 있고, 가무歌舞를 잘해서 이름난 자가 있고, 시사詩詞를 잘해서 이름난 자가 있고, 해학諧謔을 잘해서 이름난 자가 있고, 서화書畵를 잘해서 이름난 자가 있고, 신의信義를 지켜서 이름난 자가 있고, 자선慈善을 잘해서 이름난 자가 있으니 말하자면 모두 명기名妓인 것이다. 그러나 우리나라의 명기로서는 고려高麗 때에는 동인홍動人紅·우돌于咄이 있었고, 조선조에는 설매雪梅·홍장紅粧·자동선紫洞仙·소춘풍笑春風·상림춘上林春·관홍장冠紅粧·승이교勝二喬·옥매향玉梅香·성산월星山月·황진이黃眞伊·계생桂生·무운巫雲 및 만덕萬德 등이 있어 모두 무리에서 뛰어난 재주와 경국傾國[1]의 미모美貌가 있었다. 아래에 그들의 이야기를 실어 참고에 자資한다.

【1】 설매雪梅

배극렴裵克廉의 자는 양가量可로서 성주星州 사람이다. 고려 공민왕恭愍王 때 문과文科에 오르고 벼슬이 여러 번 올라서 문하좌시중門下左侍中에 이르렀으며, 청렴하고 공근恭謹하다는 평판이 있었다. 공양왕恭讓王 임신壬申 7월 16일에 극렴이 조준趙浚·정도전鄭道傳 등 대소신료大小臣僚와 무사武士(한량閒良) 및 기로耆老 들과 더불어 국새國璽를 받들고 태조太祖의 저택邸宅에 이르러 입을 모아 왕위에 오르기를 권하였다. 본조本祖(조선조)에 들어와 좌시중左侍中에 유임되고 순충분의좌명개국공신純忠奮義佐命開國功臣 1등훈一等勳에 임명되고, 보국성산백輔國星山伯에 진봉進封되었다. 《東國文獻錄抄》

태조가 개국開國하고 정부에서 재신宰臣에게 잔치를 베풀었는데 모두 전조前朝(고려)의 공신들이었다. 연회宴會에 참석한 기생 중에 설매雪梅라는 자가 있었는데 용모가 뛰어났으며, 특히 음행淫行을 좋아하였다. 배정승裵政丞이 술에 취하여 희롱하기를 『너는 아침에는 동쪽 집에서 먹고 밤에는 서쪽 집에서 잔다고 들었다. 그러니 노부老夫를 위하여 천침薦枕하라』 하였다. 설매가 말하기를 『동쪽 집에서 먹고 서쪽 집에서 자는 천한 기생의 몸을 가지고, 왕씨王氏를 섬겼다가 이씨李氏를 섬기는 정승을 시침侍寢하는 것이

또한 마땅하지 않겠습니까?』하니, 듣는 자가 모두 코가 시큰했다.《公私漫錄》

◉ 국초에 이원梨園의 설매가 악사樂詞를 잘 불렀다. 조문충공趙文忠公 준浚이 처음으로 정승이 되니 국가의 원로元老들이 서교西郊에서 연회를 베풀어 축하하였다. 술자리가 무르익기도 전에 문충공을 불러 대궐로 들어가게 되었다. 원로들이 술 한 잔을 전하고 설매로 하여금 악사樂詞를 부르게 하였다. 설매가 이같이 악사를 불렀다.

서원에서 꽃 구경하는 모임 끝나지도 않아서
임금의 부르심받아 또 궁중 연석에 나가네.
西園未罷看花會　　又被宣招宴上陽.

그러자 좌석에서 모두 가탄嘉歎하였다.

◉ 하문충공河文忠公 윤崙이 서도西都를 순찰할 때 도문都門 밖 장막에 고관高官들이 잔뜩 앉아 있었다. 설매가 다시 창하기를

그대에게 다시 나아와 한 잔 술 권하나
서도에서 양관으로 나오는 옛사람은 없네.
勸君更進一盃酒　　西出陽關無故人.

하니, 좌석에서 모두 칭찬하였다.(徐居正 撰《東人詩話》)

【2】 강릉江陵 기생 홍장紅粧

박충숙공朴忠肅公 신信이 젊은 시절에 명성이 있었다. 강원도 안렴사按廉使로 가서 강릉 기생 홍장紅粧을 사랑하여 애정이 무르익었다. 임기가 차서 돌아가게 되었는데 강릉부윤江陵府尹 조석간趙石磵 운흘云仡이 속여서 말하기를『홍장이 이미 죽었습니다』하니, 박공朴公이 슬픔에 잠겨 견딜 수 없어 하였다. 강릉부에는 경포대鏡浦臺가 있으니 관동 제일의 명승이다. 부윤府尹이 감사를 초청하여 경포대에서 노니는데 이보다 앞서 비밀리에 홍장에게 명하여 화려한 옷으로 꾸미게 하고, 화선畵船 한 척을 별도로 준비하였다. 그리고 수염과 눈썹이 하얗게 센 늙은 관원 한 사람을 가려서 의관衣冠

을 고상하게 꾸며 마치 처용處容 모양으로 하도록 하고, 홍장을 배에 태워 물 위를 떠다니게 하였다. 또한 배 위에는 채색 현판을 달고 그 위에 시를 쓰기를

신라성대의 늙은 안상安詳은
천 년의 풍류를 잊지 못하고,
안렴사가 경포호鏡浦湖에서 노닌다는 말 들었지만
홍장은 차마 배에 싣지 못하네.
新羅聖代老安詳　　千載風流尙未忘
聞說使華遊鏡浦　　蘭舟不忍載紅粧.

하였다. 천천히 노를 저어 포구浦口로 들어가서 모래톱 사이를 배회하며 관현사죽管絃絲竹의 풍류놀이가 청아淸雅하게 무르익으니 마치 공중에 떠 있는 것 같았다. 부윤이 안렴사按廉使에게 말하기를『이곳에는 신선이 놀던 자취가 남아 있고, 산 정상에는 차茶를 다리던 부뚜막이 남아 있습니다. 그리고 이곳에서 수십 리 거리되는 곳에 한송정寒松亭이 있으니, 정자에는 사선비四仙碑가 있으며 지금까지도 신선神仙이 왕래하고 있어서 꽃 피는 아침, 달 뜨는 저녁이면 사람이 혹 보기도 한다고 합니다. 그러나 바라볼 수는 있어도 접근할 수는 없다고 합니다』하였다. 산천이 이처럼 수려秀麗하고 풍치風致가 빼어났건만 박공朴公은 흥미를 잃고 눈물이 저도 모르게 흘러나왔다. 배가 순풍順風을 따라 어느새 눈 앞에 이르렀다. 노인이 노를 저어 배를 몰고 있으니 그 형용이 괴기怪奇했으며 배 안에서 흘러나오는 미인美人의 노래와 춤은 어여쁘고도 우아했다. 박공이 깜짝 놀라 말하기를『이는 틀림없이 신선이 하강下降한 것이라』하였다. 그러나 자세히 보니 바로 홍장이었다. 자리에 있는 사람들이 모두 손뼉을 치며 크게 웃었다. 마음껏 즐긴 뒤에 연회를 끝마쳤다. 뒤에 박공이 관동關東에 부친 시에 이르기를

젊은 시절 안렴사로 관동에 가서
경포대에서 노닐던 일 지금도 꿈에 들어오네.
대臺 밑에 배 또 띄우고 싶으나
아가씨들 늙었다고 비웃을까 두렵네.

少年時節按關東　　鏡浦淸流入夢中
臺下蘭舟思又泛　　却嫌紅粉笑衰翁.

하였다.《東人詩話》

【3】 자동선紫洞仙

기녀 자동선紫洞仙은 재질才質과 용모가 뭇사람 가운데 뛰어났다. 종실宗室의 영천군永川君 정定이 첩으로 맞이하였다. 영천군은 일찍이 청교아靑郊兒를 총애하다가 사랑을 자동선에게로 옮긴 것이다. 달성達城 서거정徐居正이 시를 지어 전송하기를

청교靑郊의 버들은 애태워서 푸르기만 하고
자동紫洞의 경치는 때를 만나 더욱 아름답네.
靑郊楊柳傷心碧　　紫洞烟霞滿意濃.

하였다. 영천군이 크게 기뻐하여 여러 사람 앞에서 이 시를 외우며 자랑하였다. 장한림張翰林 녕寧이 우리나라에 사신으로 와서 연회 때마다 반드시 말하기를 『자동선은 진실로 경국傾國의 자색姿色이다』 하였다. 뒤에 천사天使(중국 사신) 김식金湜이 제천정濟川亭에서 노니는데 아름다운 기생이 앞에 가득하였다. 묻기를 『장한림이 항상 귀국의 자동선의 미모를 말하는데 누구인가?』 하니, 예관禮官이 속여서 다른 기생을 가리켰다. 김이 말하기를 『아니다. 참말로 이 사람이라면 장공張公이 결코 그렇게 말하지 않았을 것이다』 하였다. 예관이 감히 숨기지 못하여 파발마를 보내어 자동선을 영천의 집에서 데려왔다. 김이 웃으며 말하기를 『참말로 그 사람이다』 하였다.《靑坡劇談》

【4】 영흥永興 기생 소춘풍笑春風

성종成宗이 항상 여러 신하들을 모아 잔치를 베풀었는데 반드시 여악女樂을 사용하였다. 하루는 소춘풍笑春風에게 명하여 술을 돌리게 하였다. 소춘

풍은 영흥永興 기생이었다. 술통이 있는 곳으로 가서 금술잔에 술을 부었다. 감히 임금 앞으로는 나아가지 못하고 영상領相 앞으로 갔다. 그리고 잔을 올리면서 노래를 불렀는데 이르기를,

순임금 계시건만
요임금이 바로 내 님인가 하노라.
舜雖在而不敢斥言　　若堯則正我好逑也.
(상신相臣에게 술을 권하는 노래)

하였다. 이때에 무신武臣이 병조판서兵曹判書로 있었는데, 『상신相臣에게 잔을 올린 뒤에는 마땅히 장신將臣에게 잔을 올릴 것이니 이번에는 술잔이 내게로 오리라』 생각하였다. 그러나 그 곁에 나라의 학문을 관장하는 대제학大提學이 있어 소춘풍이 그에게 다가가서 잔을 올리며 노래하기를

통고금通古今 달사리達事理하니 명철明哲한 군자君子라
어찌 버려두고 무부武夫에게로 갈 것인가.
通今博古 明哲君子 豈可遐棄 乃就無知 武夫也.

하였다. 그러자 병조판서는 노기怒氣가 등등하였다. 소춘풍이 이번에는 병판兵判에게 올리면서 노래하기를

앞말은 희롱이오, 내 말이 잘못이라
규규무부赳赳武夫를 어찌 따르지 않으리.
前言戲之耳 吾言乃誤也 赳赳武夫 那可不從也.

하였다. 이 세 노래는 모두 속요俗謠로서 이처럼 뜻을 풀이한 것이다. 이에 성종이 크게 기뻐하여 비단·명주·표범의 가죽(虎豹皮)·호초胡椒 등 많은 물건을 상으로 내리셨다. 소춘풍이 혼자 힘으로 운반할 수 없으므로 입시入侍했던 장사들이 거들어서 날라다 주었다. 이때부터 소춘풍의 이름이 온 나라를 덮었다.(車天輅 撰《五山說林》)

【5】 경기京妓 소춘풍笑春風

도성 기생 소춘풍笑春風이 미모美貌로써 그 이름이 한 세상을 덮었다. 사인士人 이수봉李秀葑이 몹시 사랑하였다. 색色이 쇠衰하자 최국광崔國光이 맞이하여 첩으로 삼았다. 병이 위독하자 최崔가 묻기를 『이제 네 병이 위중하니 회포를 말해 보아라』 하였다. 죽은 뒤의 일을 물으려는 것이다. 기생이 말하기를 『수봉秀葑이 보고 싶습니다』 하였다. 최崔가 묵묵히 대답이 없었다. 소춘풍이 죽으니 최가 선영先塋에 장사지냈다. 종실宗室 흥원군興原君이 또한 일찍이 소춘풍을 사랑해서 약속하기를 『내 너에게 후하게 해줄 것이 없다. 네가 죽으면 네 무덤 앞에 별도로 전奠을 차려서 내 뜻을 표하겠다』 하였다. 장례葬禮를 지낸 뒤에 흥원군이 제물祭物을 갖추어서 전奠을 차려 놓았다.(李陸의 《靑坡劇談》)

【6】 상림춘上林春

중종中宗 때 명기名妓 상림춘上林春이 거문고를 잘 탔다. 삼괴당三魁堂 신참판申參判 종호從濩가 그녀를 사랑했다. 그 집이 종루鐘樓 곁에 있었는데, 하루는 그 집 앞을 지나면서 시 한 수를 읊었다.

제오교第五橋머리에 버드나무 비스듬히 서 있고
한낮이 가까워 오자 날씨가 맑아지네.
대발[湘簾] 늘이고 앉은 저 여인 옥과 같아
대궐로 들어가는 문신文臣 걸음 늦추네.
第五橋頭烟柳斜　　晩來風日轉淸和
湘簾十二人如玉　　靑瑣詞臣信馬過.

일을 벌이기를 좋아하는 자가 이것을 그림으로 그리고, 그 시를 화제畫題로 썼다. 그뒤 정판부사鄭判府事 사룡士龍이 칠언율시七言律詩를 지어서 상림춘에게 보냈는데 이르기를

열세 살에 시를 배워

기생 가운데서 이름 얻었네.
널리 귀인貴人들과 놀아서 사랑받았고
음률音律에도 통하여 노래 소리 맑았네.
아리따운 꾀꼬리 비를 지나 꽃 사이로 날아
가는 빗방울은 시내에 떨어져 소리내며 흐르네.
재주는 백사마白司馬만 같지 못하니
어찌 상부商婦의 아름다운 이름 누릴까.
十三學得猗蘭操　　法部叢中見藝成
遍接貴遊連密席　　又通宮籍奏新聲
嬌鶯過雨花間滑　　細溜侵宵澗底鳴
才調不如白司馬　　豈能商婦壽佳名.

하였다. 우상右相 정순붕鄭順朋과 영상領相 홍언필洪彦弼, 우상右相 성세창成世昌, 좌상左相 김안국金安國, 좌상左相 신광한申光漢 등 여러분이 시를 지어 주어 거대한 시축詩軸을 이루었다. 수경守慶도 젊은 시절에 상림춘上林春을 볼 수 있었으며, 또한 시축詩軸 끝에 시 한 수를 실었는데 지금은 어느곳에 있는지 알지 못한다. 어린 여자가 천한 창기娼妓의 몸을 가지고 이처럼 이름 있는 분들의 시를 얻을 수 있었으니 기예技藝란 어찌 귀중한 것이 아니겠는가.(沈守慶의 《遣閒雜錄》)

【7】 경기京妓 관홍장冠紅粧

관홍장冠紅粧은 장안長安의 명기名妓이다. 사인舍人 한주韓澍(중종中宗 계사癸巳에 등과登科)가 맞이하여 첩으로 삼아 딸 하나를 낳았다. 을사사화乙巳士禍에 주澍가 죄를 입어 멀리 남해로 귀양갔으나, 관홍장이 신의를 지켜 혼자 살았다. 부유한 사람이나 조정朝廷의 인사들이 다투어 사랑을 호소했으나 이에 응하지 않았다. 오랜 세월이 흘러갔는데도 조정 의론은 주澍를 심하게 공격하였다. 관홍장이 어미를 거느리고 살면서 먹을 것이 없어 생활이 매우 곤궁하니 그 괴로움을 견딜 수 없었다. 이때에 이천군伊川君(성종成宗의 아들)이 매파媒婆를 시켜 구혼求婚하였다. 관홍장이 말하기를 『내 비록 창가娼家의 여자이기는 하나 이미 한사인韓舍人에게 몸을 허락했으니 다른 데로 갈 수 없습니다. 그러나 늙은 어미가 배고파하는 괴로움을 견딜 수 없어 우선 공자公子의 말에 따르겠습니다. 다만 한사인이 풀려서 돌아온다면 비록 나으리 댁에서 아홉 아들을 낳았다 하더라도 구애받지 않겠습니다. 이 약속이 이루어진 뒤에야 나으리의 말에 따르겠습니다』 하였다. 이천군이 응낙하여 『약속하겠다』 하였다. 관홍장이 20여 년 동안 이천군 집에 살면서 많은 자녀를 낳은 뒤에야 한주가 비로소 귀양이 풀려 돌아왔다. 관홍장이 이천군과 결별訣別하고 이천군과의 사이에 낳은 자녀들을 버리고 그 전집으로 돌아갔다. 먼저 그 딸을 시켜 길 위에서 맞이하게 하였다. 딸이 아버지를 위하여 옷과 버선을 만들어 가지고 갔으며, 또 어머니가 이천군을 버리고 돌아왔음을 말하니 주澍가 말하기를 『네 어미가 늙어서 망령들었단 말이냐? 내 어찌 감히 공자公子의 부실副室을 차지한단 말이냐, 다시 말하지 말라』 하였다. 딸이 주澍의 말을 그의 어머니에게 전하였다. 관홍장은 목을 놓아 크게 울었다. 이천군은 홍장을 나무라지 못하였다.

한주의 딸이 참판參判 홍인경洪仁鏡의 부실副室이 되었다. 그 혼인에 있어 이천군이 혼수를 마련하여 주어서 자기 딸과 다름없이 하였다. 이천군의 아들은 모두 수守(종실宗室에게 주는 벼슬)가 되고 자손이 현달顯達하였다.

【8】 진주晋州 기생 승이교勝二喬

진주에 승이교勝二喬라는 기생이 있었는데, 아명兒名은 억춘億春이라고 하였다. 마관馬官 김인갑金仁甲의 사랑을 받아 시를 배웠으니, 천성天性이 총명하여 시법詩法을 해득했으며 작품이 청려淸麗한 데가 있었다.

강양관江陽舘 안에 서풍西風이 일어나니
뒷산은 붉게 물들고 앞강은 맑아
사창紗窓에 달 밝으니 벌레 소리 목메어
외로운 베개 찬 이불에 잠 못 이루네.
江陽舘裏西風起　　後山欲醉前江淸
紗窓月白百蟲咽　　孤枕衾寒夢不成.

서풍西風이 옷깃을 나부껴

초췌한 모습 감상에 젖네.
연당蓮堂에 가을비 부슬부슬
이슬 맺힌 가지엔 매미 소리 목메이네.
추위에 놀란 기러기의 저 소리
쓸쓸한 산성山城을 넘어가누나.
님 그리는 꿈에서 깨어나 보니
가을 달빛이 창으로 비쳐드네.
西風吹衣裳　　衰容傷日月
蓮堂秋雨踈　　露枝寒蟬咽
霜鴈墮飛聲　　寂寞過山城
思君孤夢罷　　秋月照窓明.

이 같은 작품들을 본다면 정묘精妙함이 있다고 보겠다. 아직도 어리면서 이처럼 총명하니 만약 쉬지 않고 정진精進한다면 옥봉玉峰의 경지境地에 이르는 것도 어렵지 않다.(權應仁의《松溪漫錄》)

【9】평양平壤 기생 옥매향玉梅香

명종明宗 을사당적조乙巳黨籍條 윤임전尹任傳에 다음과 같이 실려 있다.
공公이 임백령林百齡과 함께 한 관청에 있으면서 창기娼妓 옥매향玉梅香(평양 기생으로 절색의 미인이었음)을 두고 서로 다투었다. 임백령이 옥매향을 두고 질투해서 공을 역모逆謀로 몰았으니, 을사사화의 화단禍端이 실로 여기에 있다. 공을 처형한 뒤에 처첩妻妾과 노비奴婢를 공신功臣들에게 나누어 주었는데, 백령이 옥매향을 차지해 노예로 삼아 복수의 뜻을 이루었다. 이것 때문에 세상 사람들이 더욱 그의 사독邪毒함을 분하게 여겼다.《幽憤錄》

【10】경기京妓 성산월星山月

민제인閔齊仁이 젊은 시절에 영특하고 뜻이 장했다. 《백마강부白馬江賦》를 짓고, 자부自負하여 선진先進에게 이에 대한 논평을 구하였는데 차중次中으로 평점評點하였다. 마음이 심히 불쾌하였다. 때는 봄철로 이르는 곳마다 꽃이 만발하였다. 성 남쪽으로 산책해서 숭례문崇禮門 누에 올라 《백마강부》를 소리 높여 외워 그 소리가 대들보를 울렸다. 이때 장안長安의 명기名妓 성산월星山月은 이팔二八 방년芳年의 미색美色이었다. 사인舍人의 뱃놀이에 참례하기 위해 성문을 나가다가 그 소리를 듣고 성루城樓로 올랐다. 한 연소한 선비가 외우는 것임을 보고 다가가서 말하기를 『어디 서생書生이신데 부賦를 읽는 소리가 이처럼 맑은 것입니까?』 했다. 제인이 말하기를 『이것은 내 자신이 지은 것으로서 마음 속으로 언제나 자부했던 것인데, 이제 선배에게 치욕을 당했기 때문에 한 번 다시 외워 보는 것이오』 했다. 성산월이 말하기를 『서생書生은 함께 말을 나누어 볼 만합니다. 나와 함께 누추한 우리집으로 돌아갑시다』 하였다. 제인이 말하기를 『사인舍人은 호령號令을 맡아서 매우 엄격하니 명령을 어겼다가 종아리나 맞게 되면 어떻게 하겠는가?』 하니, 대답하기를 『벌罰은 내게로 돌아오는 것입니다. 서생께서는 무슨 걱정을 하시는 것입니까?』 하였다. 마침내 남녀가 함께 돌아가서 사흘 동안 머물렀다. 제인齊仁에게 이르기를 『지난날 숭례문 문루門樓에서 읊던 부賦를 한 벌 써주십시오. 내 명사名士들이 모인 자리에서 자랑하겠습니다』 하였다. 그 부賦를 얻어 사인舍人이 베푼 연석宴席에서 발표하였다. 자리에 가득히 모여앉은 명사들이 일제히 소리를 내어 감탄하여 부채 꼭지가 모두 부서졌다. 그리고는 『너는 어디서 그와 같은 좋은 글을 얻어들었는가?』 하니, 성산월星山月이 사실대로 말하는데 『이것은 첩이 마음 속으로 사모하는 사람의 것입니다』 하였다. 이때부터 《백마강부白馬江賦》가 우리나라에서 크게 유행하였다. 처음에는 편篇 끝에 노래가 없었는데, 어떤 문사文士가 지어서 넣어주었다. 때마침 중원中原의 학사學士가 와 있어서 보고 탄복歎服하면서 말하기를 『애석하다, 이 노래는 부賦에 맞지 않는다. 이것이 없었던들 더욱 좋을 뻔했다』고 하였다.《於于野談》

【11】 송도松都 기생 황진이黃眞伊

진이眞伊는 송도松都의 명기名妓이다.

어미 현금玄琴이 매우 자색姿色이 있었다. 열여덟 살 때 병부교兵部橋 다리 밑에서 빨래를 하고 있었는데, 옷차림이 화려하고 얼굴이 잘난 한 남자가 다리 위에 서서 현금玄琴에게 눈길을 보내며 혹 웃기도 하고 혹 손가락으로 가리키기도 하니 현금의 마음이 움직였다. 그런데 그 사람이 문득 사라지고 보이지 않았다. 해가 서산으로 기울고 빨래하는 아낙네들이 모두 흩어졌다. 그러자 그 사람이 또다시 다리 위에 나타나 기둥에 기대어 노래를 불렀다. 노래를 끝내자 물을 청하였다. 현금이 표주박에 물을 떠서 바쳤다. 그 사람이 반쯤 마시고 나서 웃으면서 돌려준 다음 다시 말하기를 『그대도 시험 삼아 마셔보라』 하였다. 마셔보니 바로 술이었다. 현금이 놀라움을 금치 못하였다. 이로 인하여 두 남녀는 인연이 되어 정을 통하였다. 이렇게 해서 진랑眞娘이 태어났다. 진이는 용모와 재예才藝가 한 세상에서 뛰어났으며 노래 또한 절창絶唱이었다. 사람들이 선녀仙女라고 불렀다. 유수留守 송공宋公이 새로 부임하여 명절을 맞이하였는데, 아랫사람들이 부아府衙에서 간소하게 술자리를 베풀었다. 진랑眞娘이 자리에 나왔다. 용모가 지극히 아름답고 행동이 단아端雅하였다. 송공宋公은 풍류객風流客으로서 꽃 속에서 늙어왔다. 한 번 보고 벌써 범상凡常치 않는 계집임을 알았다. 좌우의 사람들을 돌아보고 말하기를 『이름이 결코 헛되이 얻어진 것이 아니로구나』 하였다. 송공宋公의 첩도 관서關西의 명물名物이었다. 문틈으로 엿보고 말하기를 『참으로 절색絶色이구나. 내 일이 글렀다』 하고 머리를 풀어헤치고 크게 소리 지르며 맨발로 자리로 뛰어들기를 여러 번 하였다. 여러 비자婢子들이 손을 붙들고 못하게 했지만 기세를 막을 수 없었다. 송공이 놀라 자리에서 일어나니 자리에 있던 사람들이 모두 물러갔다. 그후 송공이 그 어머니를 위하여 수연壽宴을 베풀었다. 도성에서 노래 잘하고, 춤 잘 추는 기생을 모두 불렀다. 이웃 고을의 수령과 높은 벼슬아치들이 자리를 메웠으며 기생들도 가득히 자리했다. 그야말로 꽃밭을 이루었다. 진랑眞娘은 얼굴에 분도 바르지 않고 담장淡粧으로 자리에 나왔으나 경국傾國의 미색美色이어서 광채가 사람을 움직였다. 밤이 늦도록 계속된 연회석상에서 여러 빈객賓客이 진랑眞娘의 재모才貌를 칭송하지 않는 자가 없었으나 송공宋公은 조금도 그런 기색氣色을 보이지 않았다. 발(簾) 안에서 엿보아 지난날처럼 변이 일어나는 것을 두려워하였기 때문이다. 술이 거나하게 되자 비로소 시비侍婢를 시켜 잔에 술을 가득 부어 진랑眞娘에게 권하여 마시게 하고, 다가와서 노래를 부르게 하였다. 진랑이 용모를 단정히 하고 노래를 불렀다. 노래 소리가 청아淸雅하고 여운餘韻이 남아 끊어지지 않았다. 고저高低 청탁淸濁이 절도에 맞아서 일반 창기娼妓에 비할 바가 아니었다. 송공宋公이 무릎을 치며 감탄하여 말하기를 『천재天才로다』 하였다. 악공樂工 엄수嚴守는 나이 일흔에 온 나라를 통틀어서 가야금의 명수名手였으며 또 음률에 정통하였다. 처음으로 진랑眞娘을 보고 말하기를 『선녀仙女로다』 했으며, 그 노래 소리를 듣고는 저도 모르게 놀라 일어나면서 말하기를 『이는 동부洞府(신선이 사는 곳)의 여운餘韻이다. 세상에 어찌 이 같은 목청이 있단 말인가』 하였다. 이때 중국 사신使臣이 본부本府로 들어오게 되자 원근遠近의 남녀 구경꾼들이 모여들어서 길 옆에 늘어섰다. 사신使臣 일행一行 가운데 한 사람이 진랑을 바라보고는 말을 채찍질하여 달래어 한동안 주시注視하다가 떠나갔는데, 객관客觀에 이르러 우리나라 통사通事에게 말하기를 『너희 나라에 천하天下 절색絶色이 있다』 하였다. 진랑眞娘이 비록 화류계花柳界에 몸을 담고 있으나 성품이 고결高潔하여 사치를 좋아하지 않았다. 관부官府의 술자리라 하더라도 머리를 빗어서 정제整齊하고, 옷을 고쳐입지 않았다. 또 음탕한 것을 좋아하지 아니하여 시정市井의 천한 무리는 비록 천금을 준다 해도 돌아다보지 않았으며, 문사文士들과 사귀어 놀기를 좋아했다. 문학을 좋아하여 당시唐詩를 즐겨 읽었다. 일찍이 화담花潭 선생을 사모하여 집으로 찾아가 뵈오면, 선생 또한 거절하지 않고 함께 웃으며 말을 주고받았으니 어찌 당대當代에 뛰어난 명기名妓가 아니겠는가.

내가 갑진년甲辰年에 어사御史가 되어 본부本府로 갔었다. 병화兵火를 겪은 지 얼마 아니 되어 관아官衙가 황폐하였다. 나를 남문南門 안 서리書吏 진복陳福의 집에 묵게 하였다. 복福의 아비 또한 늙은 아전으로서 진랑眞娘과 가까운 친척이 되었다. 나이 여든이 넘었는데도 정신이 좋아서 진랑眞娘의 일을 말할 때마다 마치 눈으로 보는 듯했다. 내가 묻기를 『진랑이 무슨 신기한 술법術法을 알아서 그와 같은 것인가』 했더니, 늙은이가 말하기를 『신기한 술법이란 모르는 일이지만 방 안에서 때로는 이상스러운 향기가 있이서 며칠이 되어도 가시지 않았습니다』 하였다. 내가 공사公事를 끝내지 못하여 여러 날 체류滯留하고 있었으므로 늙은이에게서 들은 것들을 이와 같이 기록하여 기담奇談으로서 천하에 알리는 바이다.(李德泂의 《松都記異》)

〔참조〕 유몽인柳夢寅의 《어우야담於于野談》에는 이렇게 실려 있다.

가정嘉靖 초에 송도松都의 명기名妓 가운데 황진이黃眞伊라는 자가 있었다. 여자들 중에서 뜻이 높고 협기俠氣가 있는 자였다. 화담처사花潭處士 서경덕徐敬德이 뜻이 고매高邁하여 벼슬하지 않고, 또 학문에 조예가 깊다는 말을 듣고 시험하기 위해 조대條帶를 허리에 두르고 책을 끼고서 찾아가 뵙고 말하기를『첩이 들으니 남자는 가죽띠를 두르고 여자는 실띠를 두른다고 했습니다. 첩은 학문에 뜻이 있어 실띠를 두르고 왔습니다』하였다. 선생이 훈계하고 가르쳤다. 진이眞伊가 밤을 타 선생의 몸에 접근하려 하여 마치 마등摩登이 아난존자阿難尊者에게 하는 것처럼 했다. 이같이 하기를 여러 날 했으나 화담은 종시 마음이 흔들리지 않았다. 한편 진이는 금강산金剛山이 천하명산天下名山임을 듣고 한 번 놀러 가려 하였으나 벗할 이가 없었다. 이때에 이생李生이라는 자가 있었으니 재상宰相의 아들이었다. 사람됨이 호방하고도 맑아서 함께 외방에서 놀기를 일삼았다. 그러던 어느 날 조용히 이생에게 이르기를『내가 들으니 중국 사람들도 우리나라에 와서 한 번 금강산 보기를 원한다고 했습니다. 하물며 본국에서 생장하여 선산仙山을 지척에 두고도 그 참모습을 보지 않을 수 있겠습니까. 이제 내가 우연히 선랑仙郞을 뵙게 되었으니 함께 산이나 유람하시지요. 갈건야복葛巾野服 차림으로 승경勝景을 샅샅이 찾아본 뒤에 돌아오면 또한 즐겁지 않겠습니까』하였다. 그리하여 이생李生으로 하여금 하인을 대동하지 말고 베옷과 초립草笠 차림으로 양식 보따리를 몸소 등에 짊어지게 했다. 그리고 진이는 송라松蘿를 쓰고 베적삼에 무명치마를 입고서 죽장망혜竹杖芒鞋[2)]로 뒤를 따라 나섰다. 금강산으로 들어가 아무리 깊은 곳이라도 가지 않은 곳이 없었다. 절을 찾아다니며 걸식乞食하기도 하고, 혹 몸을 팔아 중에게서 양식을 얻기도 했으나 이생李生은 탓하지 않았다. 두 사람이 여러 날을 두고 산 속을 다녀서 기갈飢渴에 피로까지 겹쳐서 옛날의 모습을 찾아볼 길이 없게 되었다. 한 곳에 이르니 선비 십여 명이 시내 위 송림松林 사이에서 술자리를 벌이고 있었다. 진이가 나아가 절을 하니, 선비가 묻기를『너도 술을 마실 줄 아는가?』하고 술을 권하였다. 사양치 않고 술잔을 잡고 노래를 하니, 노래 소리가 맑고도 높아서 산골짜기에 메아리쳤다. 선비들이 매우 의아하고 신기하게 여겨서 음식을 권하자, 진이가 말하기를『첩이 데리고 온 하인이 있어 매우 굶주린 지경이오니 남은 술과 음식을 나누어 주시기 바랍니다』하고 이생李生을 불러 술과 고기를 먹였다. 그후 두 사람이 길이 헷갈려서 서로 찾지 못하고 헤매다가 한 해도 더 지난 뒤에 누더기옷과 때묻은 얼굴로 돌아오자 동네 사람들이 보고 모두 크게 놀랐다.

선전관宣傳官 이사종李士宗은 노래를 잘 불렀다. 일찍이 황진이와 더불어 노닐고자 천수원天壽院 냇가에 말을 매놓고 관冠을 벗어 배(腹) 위에 올려 두고 누워서 목청을 돋우어 노래 몇 곡曲을 불렀다. 진이眞伊가 이상스럽게 여겨 말을 원의 집에 매놓고, 엿듣고 말하기를 『이 노래가 매우 이상스럽다. 결코 보통 가객歌客이 아니다. 내 들으니 도성에 풍류객風流客 이사종李士宗이라는 사람이 있어서 당대의 절창絕唱이라고 하였다. 이 사람이 틀림없이 그 사람이다』 하고 사람을 시켜 알아보게 했는데 과연 이사종이었다. 진이가 자리를 옮겨 사종에게로 가까이 가서 예禮를 베풀고 집으로 데리고 와서 며칠을 머물게 하였다. 그리고 말하기를 『당신과 육 년 동안 동거同居하겠습니다』 하였다. 이튿날 가재도구家財道具와 삼 년 동안 먹고 쓸 것을 가지고 사종士宗의 집으로 들어갔다. 삼 년 동안 이사종의 도움을 조금도 받지 않고 두 집 생활을 꾸려 나갔다. 삼 년이 지난 뒤 이사종이 진이의 집 식구를 먹이기를, 진이가 사종의 집 식구를 먹일 때와 같이했다. 이처럼 해서 또 삼 년이 지나갔다. 그러자 진이가 『약속한 기한을 이미 마쳤습니다』 하고 작별하고서 떠나갔다. 진이가 병들어 죽을 때에 집 식구에게 이르기를 『내 살았을 때 번화한 것을 싫어했으니, 죽은 뒤에 나를 산에 장사지내지 말고 큰길 곁에 묻어달라』 하였다. 지금도 송도松都의 큰길 곁에 진이眞伊의 무덤이 있다. 당시 임자순林子順이 평안도사平安都事가 되어 제문祭文을 지어 진이를 제사지내 주었다고 해서 조정朝廷의 비평을 받았다.

〔참조〕 허균許筠이 찬撰한 《성옹지소록惺翁識小錄》에는 다음과 같이 말하고 있다.

공헌왕恭憲王 때에 사인士人으로서 이언방李彦邦이라는 자가 있었는데 노래를 잘하였으며, 목소리가 청아하여 사람들이 감히 언방과 더불어 재주를 비교하지 못했다. 일찍이 최득비崔得霏가 여자의 노래를 불러서 만좌滿座가 모두 감탄하였다. 서경西京에서 노닐 때 감사監司가 교방기생教坊妓生 2백 명을 불러 늘어앉게 하고 노래를 잘하고 못하는 것을 가리지 않고 행수기생行首妓生으로부터 동기童妓에 이르기까지 모두 노래를 부르게 하였다. 그리고 노래를 부를 때마다 언방彦邦이 이에 화창和唱했는데 번번이 선창先唱하는 계집의 목소리와 꼭 같았다.

송도松都의 창기娼妓 진랑眞娘이 그의 노래 잘한다는 소문을 듣고 그 집으로 찾아가니, 언방이 거짓으로 그의 아우라 하고 진이를 맞이하였다. 그리고서 『가형家兄은 비록 집에 없지만 나도 능히 노래를 할 줄 안다』 하고 노래 한 곡을 불렀다. 그러자 진랑眞郞이 그의 손을 잡으며 『나를 속이지 마세요. 이 세상에 어찌 이 같은 목소리가 있겠습니까? 그대가 바로 그분이십니다. 면구綿駒 진청秦青인들 이에다 더할 수 있겠습니까』 하였다.

진랑眞娘은 개성開城 맹녀盲女의 딸이다. 성품이 활달하여 남자와 같았으며 거문고를 잘 타고 노래를 잘 불렀다. 일찍이 산수山水 사이에서 노닐어 금강산에서부터 태백산太白山 지리산을 거쳐 금성錦城(나주羅州)에 이르니 고을 원이 본도本道의 감사監司를 환영하는 연회宴會를 베풀고 있었다. 기생이 자리에 가득 앉아 있었는데 진랑眞娘이 해진 옷 때묻은 얼굴로 자리에 나와서, 이[虱]를 잡고 난 후 거문고를 타고 노래를 부르면서도 조금도 부끄러워하는 기색이 없었다. 기생들이 모두 기가 질렸다. 평생에 화담花潭 선생의 사람됨을 사모하여 반드시 거문고와 술을 가지고 화담을 찾아가서 마음껏 즐기고 돌아오곤 하였다. 언제나 말하기를 『지족노선사知足老禪師가 삼십 년 동안 면벽面壁했지만 또한 내게 짓밟힌 바 되었다. 오직 화담 선생만은 접근하기를 여러 해에 걸쳤지만 종시 어지럽지 않았으니 이는 참으로 성인聖人이다』 하였다. 죽음에 임하여 집안 사람에게 명하기를 『삼가 울지 말고 장례葬禮에는 음악을 가지고 인도하라』 하였다. 오늘날에 이르기까지도 노래하는 자가 그녀가 지은 것을 노래하고 있으니, 또한 이인異人이 아니겠는가. 진랑眞娘이 언제나 화담에게 여쭙기를 『송도松都에 삼절三絶이 있습니다』 하였다. 선생이 물으니 대답하기를 『박연폭포朴淵瀑布, 화담花潭 선생, 그리고 소첩小妾입니다』 하였다. 선생이 웃었다. 이것이 비록 농담이라고 하겠으나 또한 이치가 없지 않다. 송도는 산수山水가 아름답고 인재를 배출하고 있다. 화담의 이학理學은 우리나라에서 가장 높은 경지境地에 이르렀고, 한석봉韓石峰의 필법筆法은 이름이 나라 안에 진동한다. 그리고 근래에는 차씨車氏(車天輅) 부자형제가 나서 또한 이름 높다. 그리고 진랑眞娘도 여성 중의 걸출傑出이다. 그렇다면 그것이 망령된 말이 아님을 알겠다.

【12】 부안扶安 기생 계생桂生

부안기扶安妓 계생桂生은 시에 뛰어났으며 노래를 잘하고, 거문고도 잘 탔으며, 호를 매창梅窓이라고 하였다. 뽑혀서 도성으로 올라오니 귀한 집 자제들이 다투어 초청하여 함께 노닐었다 하루는 유사문柳斯文 도塗(선조 때 사람)가 찾아갔는데 한량閑良으로 자부하는 김金가와 최崔가 두 사람이 자리에 먼저 와 있었다. 계생이 나와서 술을 대접하였다. 술이 거나해지자 세 사람이 일제히 시선을 계생桂生에게로 보내며 욕망의 꽃을 보냈다. 계생이 웃으면서 조건을 내세웠다. 『여러분들께서 각각 풍류장시風流場詩를 읊어 흥을 돕도록 하시오.』

옥 같은 흰 팔은 뭇사람의 베개
붉은 입술은 뭇님의 향기.
네 몸이 잘 드는 칼도 아닌데
어찌 그다지도 군센 창자 끊나.
玉臂千人枕　　丹唇萬口香
爾身非利劍　　何遽斷剛腸.

또 외우기를

(다리는) 삼경三更 달빛 아래 춤추고
(이불은) 한바탕 바람 일으키네.
이때의 무한한 (즐거움)
오직 두 사람만이 같이 있네.
□舞三更月　　□生一陣風
此時無限□　　惟有兩人同.

이러한 시는 천한 노예나 교군꾼 들이 외우는 것으로서 족히 귀를 기울일 것이 없었다. 계생이 이번에는 『만약 이제까지 들어보지 못했던 시를 외워서 내 마음에 드는 것이 있으면 그와 함께 즐길 것입니다』 하였다. 세 사람이 일제히 『좋다』고 응낙하였다. 김생金生이 김명원金命元의 칠언절구七言絶句를 읊었다.

밤 삼경三更 창 밖에 부슬비 내릴 때
두 사람 마음 두 사람만이 아네.
환락의 정 아직 흡족치 않아 날이 새는데

나삼羅衫 소매 잡고 다음 기회 묻네.
窓外三更細雨時　　兩人心事兩人知
歡情未洽天將曉　　更把羅衫問後期.

최생崔生이 그뒤를 이어서 심희수沈喜壽의 칠언절구를 읊었다.

몸 껴안고 사창紗窓[3]을 향하여 희롱을 쉬지 않네.
반은 교태를 부리며 반은 수줍음을 머금어
낮은 목소리로 가만히 사랑하는 자 물으니
손으로 금비녀 매만지며 머리 끄덕이네.
抱向紗窓弄未休　　半含嬌態半含羞
低聲暗問相思否　　手整金釵乍點頭.

그러자 계생이 말하기를 『앞의 시는 너무 졸렬하고, 뒤의 시는 약간 묘합니다. 그러나 솜씨가 모두 낮아서 족히 들을 만한 것이 못 됩니다. 무릇 율律이라는 것은 시의 정교精巧한 것이고, 칠언절구七言絶句는 운율韻律과 의취意趣가 모두 어렵습니다. 나는 마땅히 그 어려우면서도 정묘精妙한 것을 취하겠습니다』 하고 정자당鄭子當의 칠언율시七言律詩를 읊었다.

나이 겨우 열다섯의 아름다운 아가씨
이름이 장안의 제일로 들리네.
탕자蕩子의 은정恩情은 깊이가 바다 같고
화장花長[4]의 위령威令은 엄하기 서리 같네.
난창蘭窓[5]에 해 늦으니 아침 화장 급하고
송현松峴에 바람 거세어 저녁 걸음 바쁘네.
헤어지는 때가 많고 만나는 일 드물어
양대陽臺의 운우雲雨가 양왕襄王[6]의 넋을 불사르네.
年纔十五窕窈娘　　名聞長安第一場
蕩子恩情深似海　　花長威令嚴如霜
蘭窓日晏朝粧急　　松峴風高夕履忙
相別每多相見少　　陽臺雲雨惱襄王.

최崔가 말하기를『이 시가 비록 좋기는 하나 이것보다 더 좋은 것이 있다』하고, 이어서 고제봉高霽峰의《말은 강변에 서 있는데 이별은 더디고 立馬沙頭別故遲》라는 시를 읊었다.

말은 강변에 서 있는데 이별은 더디고
버드나무 가지는 미움만 낳네.
임과의 인연은 박한데 새로운 자태 머금었고
탕자蕩子의 깊은 정 뒷날의 기약 묻네.
복사꽃, 오얏꽃 떨어지니 한식절이고
자고새 날아가니 석양인 것을.
강남의 이슬비에 봄 물결 푸르고
손에 꺾어든 꽃으로 생각에 잠기네.
立馬沙頭別故遲　生憎楊柳最高枝
佳人緣薄含新態　蕩子情深問後期
桃李落來寒食節　鷓鴣飛去夕陽時
江南雨歇春波綠　手折蘋花有所思.

이에 계생이 말하기를『이 시는 참으로 노위魯衛 이하의 시입니다. 비록 맑은 빛과 풍운風韻이 있기는 하지만 역시 사람의 마음을 움직이기에는 부족합니다』하였다. 그리고 유생柳生을 돌아보고 말하기를『당신께서는 외우는 시가 없습니까?』하였다. 유柳가 말하기를『나는 글을 외우는 것은 없다. 다만 여자의 몸을 잘 다루는 재주가 있을 뿐이다』하니 계생이 미소를 지었다. 최가 화내어 말하기를『그대가 비록 좋은 재주를 가졌다지만 오늘은 시詩를 가지고 다투는 것이다』하였다. 김생金生이 매우 자만自慢하는 빛이 있었다. 좌우를 돌아보며 말하기를『한 율시律詩가 모든 시를 압도할 것이다』하고 정지승鄭之升의 칠언율시七言律詩를 드높이 읊었다.

가을 밤이 새기 쉬워 길다고 말 마오.
재촉하여 등불 앞에서 비단치마 벗기네.
한 눈 지그시 떠서 묘미妙味에 잠기는데

두 음陰이 어울리자 땀에서 향내나네.
□은 청개구리 같아서 숨 거칠고
□은 잠자리가 바쁘게 물을 찍는 듯
굳셈을 언제나 마음으로 자부해
애정의 얕고 깊음을 아가씨에게 묻네.

秋宵易曙莫言長　　促向燈前解繡裳
獨眼微開睛味氣　　兩□纔合汗生香
□如螻蟈飜波急　　□似蜻蜓點水忙
強健向來心自負　　愛娘深淺問娘娘.

계생이 읊어보고 마음에 든다고 했다. 유생柳生이 말하기를 『그대들이 외우는 것은 모두 진부陳腐한 것들이다. 족히 눈에 뜨일 만한 것이 없다. 내 새로이 한 율시律詩를 지어서 오늘의 자리 위에 기록을 세우겠다』 하고 계생桂生으로 하여금 운자韻字를 내게 해서 즉석卽席에서 읊었다.

봄이 깊으니 호방한 사나이의 의기意氣가 드높아
비취 이불 속에서 좋은 인연을 맺네.

□□□□□□□　　□□□□□□□
□□□□□□□　　□□□□□□□
□□□□□□□　　□□□□□□□
深春豪士氣昻然　　翡翠□中結好緣
□□□□□□□　　□□□□□□□
□□□□□□□　　□□□□□□□
□□□□□□□　　□□□□□□□

계생이 감탄해서 말하기를 『높으신 어른께서 이처럼 누추한 곳에 왕림하실 줄 몰랐습니다. 사모한 지 오래되었는데 오늘에야 다행히 만나게 되었습니다』 하고 술잔에 술을 가득 부어 올렸다. 그리고 나서 말하기를 『그 가치가 어찌 천금千金에 그치겠습니까. 아까 여러분께서 읊으신 것들은 한 잔의 냉수冷水의 가치도 없는 것입니다』 하니 김金·최崔는 모두 무안해서 자리에서 물러갔다.(洪奉事 金宗 著《續古今笑叢》)

【13】 안악安岳 기생 선향仙香

조종저趙宗著(숙종肅宗 때 사람)는 《남악집南岳集》에서 다음과 같이 말하고 있다.

안악安岳 기생 선향仙香이 젊었을 때에 노래 잘 부르기로 장안長安에서 이름이 있었다. 일이 있어서 고향으로 돌려보냈다가 이번에 두 분 대비大妃께 진연進宴이 있어 뽑혀서 서울로 올라왔다. 학동鶴洞으로 나를 찾아왔는데 용모가 초췌하고 노래 소리가 거칠어서 옛날의 미모美貌와 묘음妙音을 찾아볼 수 없었다. 괴이하게 여겨서 물었더니 옷깃을 여미고 천천히 노래 부르는 목구멍을 가리키며 말하기를 『이것 때문에 추방당하여 궁벽한 시골로 떨어지는 신세가 되고, 생활이 궁핍하여 다시 가곡歌曲을 익히지 못했던 것입니다』 하면서 슬퍼해 마지않았다. 돌아보면 사정이 이것과 서로 비슷한 적이 있다. 나는 문자文字 때문에 옥당玉堂에 얽매인 몸이 되어 아직도 벗어나지 못하여 답답해서 병이 들었다. 나는 옥당玉堂을 감옥처럼 보는데 그녀는 고향을 귀양살이로 생각하고 있으니 또한 이상스러운 일이다. 어찌 조화造化의 장난이 아니겠는가. 이름으로 인한 재앙은 피차彼此가 마찬가지이다. 장난삼아 시 한 수를 기증한다.

나는 문장을 탓하는데 그대는 노래를 탓해
명성名聲이란 옛부터 일에 어긋남이 많네.
옥당玉堂은 뇌옥牢獄이 되고
고향은 귀양살이를 만드네.
가난하면 춤을 팔게 되니 박명薄命을 한탄하고
병들면 고을살이를 비니 궁窮한 운명을 어쩌나.
내가 만약 수령되어 나가고 그대 도성으로 돌아오면
그대는 내 이 노래 부르면서 마냥 즐거워하겠지.

我怨文詞君怨歌　　聲名從古喜蹉跎
玉堂變作牢囚地　　故里翻成竄逐科
貧賣舞衫嗟薄命　　病祈州紱奈窮魔
我如出守君歸洛　　君唱吾詞樂幾何.

【14】 강계江界 기생 무운巫雲

무운巫雲은 강계의 기생으로 자색姿色과 재예才藝가 한 세상에 뛰어났다. 경성 사람 성진사成進士라는 자가 우연히 강계에 왔다가 함께 자게 되어 애정이 무르익었다. 성진사가 경성으로 돌아가게 되자 서로 연연戀戀하여 차마 놓지 못했다. 무운이 성생成生을 보낸 뒤로 마음이 그리로만 쏠려서 다른 뜻이 없었다. 두 다리에 쑥으로 뜸질하여 상처를 만들고 악질惡疾이 있음을 핑계삼아 강계로 오는 벼슬아치에게 접근하지 못하도록 하였다.

대장大將 이경무李敬懋가 강계부江界府에 부임하여 무운을 불러보고 가까이하려 하였다. 무운巫雲이 옷을 풀고 상처난 곳을 보이면서 말하기를 『첩에게는 악질이 있습니다. 어찌 감히 가까이하겠습니까?』 하였다. 이부사李府使가 말하기를 『그렇다면 너는 내 앞에서 시중만 들면 되느니라』 하였다. 이때부터 매일 수청守廳을 들고 밤이면 반드시 물러갔다. 이렇게 하기를 4, 5개월 되었다.

어느 날 운雲이 부사에게 갑자기 접근해서 말하기를 『첩이 오늘 밤에는 시침侍寢하기를 원하옵니다』 하였다. 부사가 말하기를 『너는 몸에 악질이 있는데 어떻게 잠자리를 함께 할 수 있단 말이냐?』 했다. 무운이 말하기를 『첩은 성진사成進士를 위해 수절守節하고자 하여 쑥뜸을 떠서 다른 사람의 침범을 막았던 것입니다. 사또를 여러 달 모시면서 동정을 살펴왔는데 참으로 대장부이십니다. 첩은 이미 기생의 몸입니다. 어찌 가까이 뫼실 뜻이 없겠습니까?』 하였다. 부사府使가 말하기를 『그렇다면 좋다』 하고 운우雲雨의 즐거움을 함께 하였다.

임기가 차서 돌아가게 되자 운이 따라가기를 원했다. 부사가 말하기를 『내게 두 첩이 있다. 네가 또 따라오면 어떻게 한단 말이냐?』 하였다. 무운이 말하기를 『그렇다면 첩은 마땅히 수절하겠습니다』 하였다. 부사가 웃으면서 말하기를 『수절이라고 하는 것은 역시 성진사成進士에 대하는 것과 같은 것이 아니겠는가?』 하였더니, 무운이 갑자기 낯빛이 변하면서 몸에 지녔던 칼을 가지고 왼손 네째손가락을 찍었다. 이부사李府使가 깜짝 놀라서 데리고 가려 했으나 듣지 않고 서로 헤어졌다. 그뒤 십 년이 지나 이부사가 훈련대장訓鍊大將으로서 성진城津에 전보轉補되었는데, 조정에서는 새로 설치된 성진의 진영鎭營에 인망人望이 높은 장신將臣으로 진사鎭使를 삼으려는 것이었다. 이李는 단기單騎로 부임하였다. 성진은 강계와 비록 경계하고 있었지만, 고을과 고을의 거리는 삼백 리나 멀리 떨어져 있었다. 어느 날 운雲이 나타났다. 이李가 기쁘게 맞아들여서 그리웠던 회포를 풀고 처소處所를 같이해서 밤에 가까이하려 하였다. 그러나 죽기를 한하고 말을 듣지 않았다. 이가 까닭을 물으니 『영감을 위해서 수절하는 것입니다』 하였다. 이가 말하기를 『이미 나를 위해서 수절했다면 왜 내 뜻을 받아들이지 않는 것이냐?』 하였다. 운이 대답하기를 『이미 남자를 가까이하지 않기로 마음에 맹세했으니 비록 영감이라도 가까이할 수 없습니다. 가까이한다면 이는 변절變節입니다』 하고 굳이 사양하였다. 일 년 넘게 한집에 거처했으나 끝내 가까이하지 않았다. 경성으로 돌아가게 되니 운이 또 작별하고 그 집으로 돌아갔다. 뒤에 이가 아내를 잃게 되자 운이 경성으로 달려가 장사지낸 뒤에 집으로 돌아갔다. 이李가 죽었을 때에도 그와 같이하였다. 스스로 호號를 운대사雲大師라 하고 몸을 마쳤다.《溪西野談》

【15】 제주濟州 기생 만덕萬德

만덕萬德의 성은 김金이며, 제주도 양가良家의 여자이다. 어려서 부모를 잃고 의지할 데가 없게 되자 기녀妓女의 집에 몸을 의탁하여 살았다. 자라서 관가官家의 기적妓籍에 만덕萬德이라는 이름을 올리게 되니, 비록 억지로 기생일에 종사하기는 했으나 마음만은 자신을 기생으로 생각하지 않았다. 나이 스물이 넘어서 관부官府에 울면서 정상情狀을 호소하니, 관부에서 이를 가엾게 여겨 기적妓籍에서 이름을 빼주고 다시 양민良民으로 돌아가게 하였다. 만덕이 비록 어리석은 자와 한집에 살았으나 제주의 양반이 아니면 남편으로 맞이하지 않았으며, 그 재주가 재물을 늘리는 일에 밝아 시세의 변동을 알아서 물건을 사기도 하고 팔기도 하여 수십 년 동안에 부자로 이름을 날렸다. 성상聖上(정조正祖) 19년 을묘乙卯(1795)에 제주에 크게 흉년이 들어서 백성들이 즐비하게 죽어갔다. 임금께서 곡식을 배에 실어와 구제케 하시어 팔백 리 바다 위에 돛단배가 꼬리를 물었어도 오히려 때에 미치지 못하는 바가 있었다. 만덕이 천금千金을 가지고 육지 여러 고을에서 곡식을 사들여 1/10은 친족親族을 살리는 일에 쓰고, 그 나머지는 모두 관가官家로 보냈다. 굶어서 얼굴이 누렇게 뜬 백성들이 이 말을 듣고 관가 뜰에 구름처럼 모여들었다. 관가에서 더 급하고 덜 급한 정상情狀을 살펴서 차등을 두어 나누어 주었다. 사람들이 모두 만덕의 은혜를 칭송하여『우리를 살려준 사람은 만덕이다』하였다. 임금께서 들으시고 목사牧使에게 명하시기를『만일 소원이 있다면 일의 어렵고 쉬운 것을 묻지 말고 들어주도록 하라』하였다. 목사가 만덕을 불러서 임금의 유시諭示를 전하고『너는 무슨 소원이 있느냐?』고 물었다. 만덕이 대답하기를『다른 소원은 없고 한 번 도성으로 올라가서 임금님이 계신 곳을 우러러뵈옵고, 이어 금강산으로 들어가서 일만 이천 봉우리를 구경할 수 있다면 죽어도 한恨이 없겠습니다』하였다. 제주도의 여인이 바다를 건너 육지로 가지 못하는 것은 나라의 법이다. 목사牧使가 만덕의 원하는 바를 임금께 아뢰었다. 임금께서 그 소원을 이루어 줄 것을 명하시어 관청에서 역마驛馬를 지급하고 각 역원驛院에서 번갈아가면서 숙식宿食을 제공하였다. 만덕을 태운 배가 바다를 건너서 병진년丙辰年 가을에 도성으로 들어갔다. 몇 번 채상국蔡相國을 찾아뵈었다. 채상국이 이 일을 임금께 아뢰니 임금께서 선혜청宣惠廳에 명하시어 다달이 양식을 지급하게 하시었다. 며칠 뒤 내의원內醫院 의녀醫女에 임명하여 의녀의 윗자리에 있게 하였다. 만덕이 예例에 따라 내합문內閤門으로 들어가서 각 전殿에 문안드리니, 전殿마다 시녀를 시켜 전교傳敎하시기를『네가 한 여자로서 의기義氣로 수많은 굶주린 백성을 구제하였으니 기특하다』하시고 후하게 상賞을 내리셨다. 반 년이 지난 뒤 정사년丁巳年(1797) 늦은 봄에 금강산으로 들어가 만폭동萬瀑洞 등 명승을 차례로 탐승探勝하고 금부처를 만나면 곧 정례頂禮하며 공양供養해서 정성을 다하였다. 그때까지도 불법佛法이 제주도에 들어가지 않아서 만덕이 나이 쉰여덟 살에 처음으로 사찰과 불상佛像을 본 것이다. 안문령鴈門嶺을 넘어 유강楡崗으로 해서 고성高城으로 내려와 삼일포三日浦에 배를 띄웠다. 그리고 통천通川 총석정叢石亭에 올라 천하의 장관壯觀을 두루 구경한 뒤에 도성으로 돌아왔다. 며칠 묵은 뒤 고향으로 돌아가려고 내원內院에 들어가 하직을 고하니 각 전에서 모두 전과 같은 상사賞賜가 있었다. 이때에 만덕의 이름이 장안에 퍼져서 공경대부公卿大夫들도 만덕의 얼굴을 한 번 보고 싶어하지 않은 자가 없었다. 만덕이 떠나기에 앞서 채상국蔡相國께 하직 인사를 하면서 목메어서 말하기를『이승에서 또다시 대감의 모습을 볼 수 없게 되었습니다』하고 눈물을 하염없이 흘렸다. 상국相國이 말하기를 『진시황秦始皇과 한무제漢武帝도 모두 삼신산三神山이 있음을 일컬었는데, 세상 사람들이 우리나라의 한라산을 영주瀛洲라 하고 금강산을 봉래蓬萊라 이르니, 그대는 제주도에서 생장하여 한라산에 올라 백록담白鹿潭을 구경했으며 이제 또 금강산을 두루 보았다. 삼신산 가운데서 두 곳을 둘러보았으니 천하의 수많은 남자 가운데 그대만한 이가 있겠는가. 이제 떠나기에 앞서 아녀자의 나약한 태도가 있음은 무엇 때문인가?』 하고 그 일을 서술敍述하여 《만덕전萬德傳》을 지어 웃으면서 건네주었다. 성상聖上 21년 정사丁巳(1797) 하지夏至에 번암樊巖 채상국蔡相國이 78세의 나이로 충간의담헌忠肝義膽軒에서 쓰다.(蔡濟恭의 《樊巖集 · 萬德傳》)

장도를 차고 있는 기생

제30장

시가詩歌와 서화書畵에 능한 명기

고려 때 시 잘하는 기생으로는 동인홍動人紅과 우돌于咄이 있었는데 한 글자 한 구절이 모두 뛰어났으며, 조선조에 들어와서는 황진이黃眞伊·복개福介·난향蘭香·계생桂生 등의 시가 맑고 뛰어나서 설도薛濤 홍불紅拂에게 별로 뒤지지 않을 정도이다. 다만 전해지는 시가詩歌가 많지 않는 것이 유감이다. 비록 그러하나 시라는 것은 많음을 귀하게 생각지 않고 오직 그 성정性情을 중시한다. 이에 각 방면으로 기생들의 시가詩歌 몇 편을 수집하고 이를 편집하여 세상 사람들의 읽을거리로 제공한다. 우리나라 기계妓界에 시인이 적지 않았다는 사실을 알게 할 수 있다면 그것으로서 족할 것이다.

【1】시기詩妓

◉송도松都 기생 황진이黃眞伊

송악산 옛절
松嶽山古寺

개울 곁 옛절 쓸쓸도 한데
석양夕陽의 교목喬木은 나의 시름 더하네요.
차가운 안개는 스님 꿈 흔들고
깨어진 탑머리엔 세월이 흘렀어요.
봉황은 돌아가고 참새만 날고
두견화 피었는데 소와 양만 치네요.
번화했던 지난날 되새기지만
봄이 가을철 같은 줄 어찌 뜻했으리오.
古寺蕭然傍御溝　　夕陽喬木使人愁
烟霞冷落殘僧夢　　歲月崢嶸破塔頭
黃鳳羽歸飛鳥雀　　杜鵑花發牧羊牛
神嵩憶得繁華夢　　豈意如今春似秋.

소판서蘇判書 세양世讓과 작별하면서
奉別蘇判書世讓

달빛 비치는 뜰에는 오동잎 지고
서리 내린 들녘엔 들국화 시드네.
누각樓閣은 높아서 하늘에 닿고
그 사람 취해도 술잔 끝없어
흐르는 저 물 거문고와 조화 이루고
매화 향기는 피리와 어우르네.
내일 아침 그대와 헤어진 뒤면
푸른 물결처럼 사무치는 정 끝이 없으리.
月下庭梧盡　　霜中野菊黃
樓高天一尺　　人醉酒千觴
流水和琴冷　　梅花入笛香
明朝相別後　　情與碧波長.

박연폭포
朴淵瀑布

한 줄기 긴 냇물 구렁에 부딪치고
용추는 백 길인데 물 소리 웅장하네.
물이 날아 거꾸로 떨어지니 은하수를 의심하고
성난 폭포에 흰 무지개 완연하네.
물보라 일으켜서 동부洞府를 뒤덮고
구슬은 부서져서 하늘에 사무치네.
유자遊子[1]들아 여산廬山[2]의 승경勝景 말하지 말라
천마天磨가 해동海東의 으뜸임을 알아다오.
一派長川噴壑礱　　龍湫百仞水潨潨
飛泉倒瀉疑銀漢　　怒瀑橫垂宛白虹
雹亂霆馳彌洞府　　珠舂玉碎徹晴空
遊人莫道廬山勝　　須識天磨冠海東.

◉ 부안扶安 기생 계생桂生(호는 매창梅窓으로, 시에 능하고 문장을 해득했으며, 또 노래를 잘 부르고 거문고를 잘 탔다. 성격이 맑고 음탕한 짓을 싫어했다.)

나그네가 시를 지어 사랑을 구하자 계생이 운韻을 빌어 짓다
有過客以詩挑之, 桂生次韻作云

평생에 동쪽 집에서 먹는 일 배우지 않고
오직 매창梅窓에 달 그림자 비침을 사랑했지.
시인은 여인의 맑은 뜻 알지 못하고
부질없이 뜬구름만 잡으려 하네.
平生不學食東家　　只愛梅窓月影斜
詞人未識幽閑意　　指點行雲枉自多.

스스로 한함
自恨

꿈 깨고 나니 시름에 잠겨
인생 행로의 어려움 느끼네.
다정할쏜 들보 위의 저 제비야
어느 때 사람 불러 돌아오게 하려나.
夢罷愁風雨　　沉吟行路難
殷勤樑上燕　　何日喚人還.

부여 회고
扶餘懷古

물가 마을에서 싸리문 두드려
연못엔 연잎 지고 국화는 화분에서 늙어가네.
까마귀 저녁별 받으며 고목에서 지저귀고
기러기 가을 느껴 강남으로 돌아가네.

누가 서울은 변화 많다 했나요.
나 인간사 듣길 원치 않아요.
술 마셔 취함을 사양하지 마세요.
오릉五陵의 공자公子도 무덤풀에 묻혔죠.

水村來叩小柴門　　荷落寒塘菊老盆
鴉帶夕陽啼古木　　鴈含秋氣渡江雲
誰云洛下時多變　　我願人間事不聞
莫向樽前辭一醉　　五陵公子草中墳.

계생이 세 가지 끊어짐을 걱정하다
桂生三恨絶

술 취한 주정꾼 나삼 잡네요.
나삼이 억센 손에 찢어지네요.
나삼이야 아깝지 않지만
베푼 정 끊어질까 두렵사와요.

고인故人이 정표로 금칼을 주었어요.
금칼이야 닳아지면 없어지게 마련이지요.
금칼이야 없어져도 아깝지 않지만
사귄 정 끊어질까 두렵사와요.

못난 자식이 전장田庄을 팔아요.
전장이 점점 줄어드네요.
전장이야 줄어도 아깝지 않지만
종묘 제사 끊어질까 두렵사와요.

醉客把羅衫　　羅衫隨手裂
不惜一羅衫　　或恐恩情絶.

故人交金刀　　金刀多敗裂.

不惜金刀盡　　且恐交情絶.

悖子賣庄土　　庄土漸扯裂
不惜一庄土　　只恐宗祀絶.

봄날의 회포
春日有懷

죽원竹院[3]에 봄 깊으니 새 소리 요란한데
화장 안한 얼룩진 눈물 주렴으로 가리우네.
거문고 줄 튕겨 상사곡相思曲[4] 마치니
동풍에 꽃지고 제비만 나네.
竹院春深鳥語多　　殘粧含淚掩窓紗
瑤琴彈罷相思曲　　花落東風燕子斜.

◉부안扶安 기생 복개福介

학사學士 이득일李得一을 도성으로 보내면서
送李學士得一之京

양류지사楊柳枝詞를 낮게 부르는데
쌍정雙亭엔 봄비 내리고 꾀꼬리 우짖네.
모래섬엔 갈대 돋아나 푸른빛 감돌고
그대 돌아올 땐 말발굽이 묻히리.
楊柳枝詞唱得低　　雙亭新雨早鶯啼
洲蘆短短江蘺綠　　之子歸時沒馬蹄.

희우
喜雨

몇 조각 검은 구름 먼 산에서 일어나

종일토록 모여들어 하늘 가리워
삽시간에 변하여 비를 내려서
가을 벌판 농작물을 포근히 적시네.
數點玄雲起遠峰　　漫天終日十分濃
須臾化作人間雨　　沾得三秋滿野農.

◉ 진주晉州 기생 계향桂香 혹은 난향蘭香

먼 곳에 있는 님에게 부치다
寄遠人

헤어진 뒤 운산雲山 막혀 아득한 저 길
꿈 속에서나 님 곁에서 웃어봅니다.
깨고 나면 베갯머리 그림자도 볼 수 없어
옆으로 몸 돌리면 등잔불도 쓸쓸해요.
어느 때나 천 리 밖의 정든 님 만나볼까.
순간에도 구곡간장 끊어질 듯합니다.
창 앞 오동나무엔 비가 내리는데
상사相思의 회포는 눈물되어 흘러요.
別後雲山隔渺茫　　夢中歡笑在君傍
覺來半枕虛無影　　側向殘燈冷落光
何日喜逢千里面　　此時空斷九廻腸
窓前更有梧桐雨　　添得相思淚幾行.

시름
愁思

비 개이자 서늘한 바람은 가을을 알리고
쳇바퀴 밝은 달은 다락 위에 걸렸네.
동방洞房엔 밤새도록 귀뚜라미 소리 구슬퍼
만단 시름으로 이 창자 끊어지네.

雨後凉風玉簟秋　　一輪明月掛樓頭
洞房終夜寒蛩響　　擣盡中腸萬斛愁.

윤공尹公의 비
尹公碑

거문고 한 곡조가 자고새 탓해
비석은 말이 없고 달은 외롭게 걸려 있네.
현산峴山에서 남쪽으로 정벌하러 가던 날
눈물 흘리던 가인佳人이 또 있었단 말인가.
一曲瑤琴怨鷓鴣　　荒碑無語月輪孤
峴山當日征南石　　亦有佳人墮淚無.

◉ 평양平壤 기생 온정溫亭

실제
失題

첩의 몸 창녀로 떨어졌어요.
어진 낭군 얻어서 행복하길 원했는데
반석같이 굳은 님의 마음 모르고
잠깐 사이 딴 남자와 정을 통했죠.
화각畫角 동쪽머리에 달은 뜨는데
하룻밤 맺은 약속 만리성 쌓았어요.
도화류수桃花流水 무정하게 흘러가 버려
미소하며 사람 보기 부끄러워요.
제비는 둥우리 떠나 서쪽으로 나는데
바람은 버들잎을 흐린 못에 떨구네요.
누구와 함께 삼생三生 언약 맺나요.
한 치의 꽃다운 마음 잡을 수 없습니다.
골짜기의 풀, 담 밑의 꽃이 저토록 가냘플까.

옥피리 그 소리에 눈물만 흐르네요.
외로운 난새 꿈을 금병金屛이 흔들지 않았듯이
그대에겐 가인佳人이지만 첩에겐 낭군이라오.
꿈에서 깨어난 듯 님의 편지 받고 보니
비단 종이 글자마다 눈물만 얼룩져요.
휘영청 밝은 달 그대 없는 이 밤에도
은근히 나로 그리는 정 있음을 알겠어요.
妾身倫落屬娼家　　願得賢郎送歲華
不識郎心磐石固　　暫時移向別園花
畫角東頭月似彎　　一宵芳約萬重山
桃花流水無情去　　羞向他人帶笑看
紫燕辭巢西向飛　　風飄輕絮落汚池
阿誰更結三生約　　一寸芳心不自持
谷草墻花揔斷腸　　一聲玉笛淚千行
金屛不障孤鸞夢　　君有賢姝妾有郎
忽得郎函醉夢輕　　錦牋字字淚交橫
料知明月無人夜　　猶有殷勤戀我情.

◉평양 기생 죽향竹香

늦은 봄 언니 잠정도인蘸亭道人에게 드린다
暮春呈女兄蘸亭道人

갈치가 납니다, 누에 치는 계절이에요.
봄이 왔네요, 산이 모두 그림 같네요.
병상에 있다보니 봄 저문 줄 몰랐네요.
창 앞에 복숭아꽃 모두 졌네요.
魛魚時節養蠶天　　遠近春山揔似烟
病起不知春已暮　　桃花落盡小窓前.

강촌의 저문 풍경

江村暮景

늘어진 실버들 문 앞에 드리워
푸른 잎 구름 같아 마을을 볼 수 없네.
홀연히 목동은 피리 불며 지나가고
강을 덮는 저 안개, 날이 저무네.
千絲萬縷柳垂門　　綠暗如雲不見村
忽有牧童吹笛過　　一江烟雨自黃昏.

◉평양 기생 죽서竹西

상원上元 가절佳節에 모여서 시를 읊다
上元佳節會詩

봄눈 아직 녹지 않고 남은 추위 가시지 않아
시가詩家의 자제들이 즐겁게 술 마시네.
그대는 이 밤에 주무시지 말고
달 뜨거든 매화와 함께 즐기라.
春雪未消寒未殘　　諸家子弟酒盃寬
知君此夜不須睡　　月上梅花共作歡.

◉평양 기생 노화蘆花

(전해오는 말에 노화蘆花의 자태가 요염해서 사람들이 많이 혹했다. 어사御史가 이를 죽이려 하였다. 노화가 이것을 알고 술 파는 여자로 꾸며서 어사를 유혹하여 그 이름을 새겨서 서약케 하였다.)

노화蘆花의 팔에다 누구 이름 새겼나.
흰 살에 먹 들어가니 글자가 분명하다.
차라리 대동강 물 마르는 것 볼 수 있어도
이 마음 첫맹세 저버리지 않으리.
蘆花臂上刻誰名　　墨入雪膚字字明

寧見大同江水盡　　此心終不負初盟.

◉성천成川 기생 부용芙蓉

묘향산妙香山에서 지음
香山道中作

떠돌이 중은 어디에 있나요.
창 밑엔 흰 구름만 감돕니다.
장삼엔 까막까치 날아들 앉고
이웃하여 사는 표범도 순종하네요.
생애生涯에 신령스런 약이 있어서
얼굴은 가을처럼 불그레합니다.
밤 고요한데 손에 젓대를 잡아
피리 소리 쓸쓸한 못 위를 흔듭니다.
遊僧何處在　　窓下白雲留
棲衲烏鴉信　　隣床虎豹柔
生涯唯有藥　　顏色不知秋
夜靜携孤竹　　龍吟聽古湫.

일벽정一碧亭 현판縣板의 시운詩韻을 빌어서
次一碧亭韻

샛별이 은하에 걸리면 주렴을 올려
숲으로 막혔으나 님 계신 곳 바라본다.
물가의 꽃 꺾으려 하지만 정 못 이겨
어디선가 피리 소리 들리어 오네.
어떻게 보낼까, 쓸쓸하고 외로운 이 가을 밤을
이슬이 내린 뜰을 홀로 거니네.
제멋대로 날고 제멋대로 뛰어올라
강호江湖의 즐거움은 고기와 새들에 있는 것을.

殘星斜漢捲簾踈　　悵望伊人隔樹居
欲採汀花情未了　　忽聞風笛意何如
那堪獨夜秋淸後　　微步中庭露下初
隨意高飛隨意躍　　江湖眞樂在禽魚.

◉의주義州 기생(이름을 모름)

권판서權判書 상신尙愼을 보내면서
別權判書尙愼

부디 편안히 가세요.
머나먼 만 리 길을
넓은 하늘 달 없는 이 밤
외롭게 우는 기러기 구슬프다오.
去去平安去　　長長萬里多
江天無月夜　　孤叫鴈聲何.

◉양덕陽德 기생 소염小琰

재령 및 강동을 지나면서 짓다
載寧及江東途中作

재령載寧 땅 바라보니 끝이 없고야
반공중에 우뚝 솟아 있는 것을.
봉우리 위엔 구름이 달 가리우고
시냇가엔 비가 바람을 띠었네.
강은 기자箕子[5]의 나라로 흐르고
땅은 강선루絳仙樓와 닿았구나.
말머리는 강동 고을 향하는데
봄은 깊어 꽃기운 떠오르네.
載寧望不極　　高在半空中

峰上雲藏月　　溪邊雨帶風
江流箕子國　　地接絳仙樓
馬首江東縣　　春深花氣浮.

◉평양의 못생긴 기생의 시

박엽朴燁이 평양감사가 되었는데 한 추한 기생이 자진하여 곁에서 모시기를 원했다. 박엽이 화를 내며『네가 무슨 재주가 있느냐?』하고 물었다. 대답하기를『시를 잘 지을 줄 알아서 미모를 대신할 수 있습니다』하였다. 박엽이 운韻을 떼니 기생이 즉석에서 시를 읊었다.

첩은 본디 천상天上의 월낭月娘이었는데
인간 세상 귀양와서 일등 창녀되었다오.
만약 고소대姑蘇臺 위에 서게 했다면
서자西子로 하여 오왕吳王을 취케 하지 않았으리.
妾曾天上月中娘　　謫下人間第一娼
若使姑蘇臺上立　　不教西子醉吳王.

◉평양 국색國色 명기名妓의 시

대동강 위에서 정든 님 이별하고
실버들 수많은 가지 사람을 얽히게 하네.
눈물 머금은 눈으로 눈물 머금은 눈을 대해
애끊는 사람이 애끊는 사람 대하네.
걸어서 층암層岩 꼭대기에 올라
천 길 벼랑 위에 장강長江을 굽어보네.
이곳엔 신선의 동부洞府가 있게 마련인데
구태어 봉래蓬萊 영주瀛洲[6] 등 바다 밖에서 찾으랴.
大同江上送情人　　楊柳千絲未繫人
含淚眼看含淚眼　　斷腸人對斷腸人
步上層厓欲盡頭　　危欄千尺俯長流
此間自有神仙窟　　何必蓬瀛海外求.

◉평양의 열한 살 어린 기생이 지은 시

미인이 당 아래로 내려가
웃음 띠고 탐스러운 복숭아 따네.
제 팔 짧은 줄 알지 못하고
도리어 복숭아나무 가지 높음을 탓하네.
美人下堂去　　含笑折天桃
不知纖手短　　還罵桃枝高.

◉호서湖西 기생 추향秋香의 시

청강淸江 어귀로 배 저어가니
졸던 해오라기 놀라 날아가네.
산이 붉으니 가을빛 있고
모래가 희니 달빛 흔적 없네.
移棹淸江口　　驚人宿鷺飜
山紅秋有色　　沙白月無痕.

백마강 회고
白馬江懷古

고란사皐蘭寺에 황혼이 깃들어
서풍을 맞으며 홀로 누각에 오르네.
용은 죽었지만 구름은 만고에 떠돌고
꽃은 졌으나 달은 천추에 밝네.
晩泊皐蘭寺　　西風獨倚樓
龍亡雲萬古　　花落月千秋.

◉괴산槐山 기생의 시

삼월에 집 떠나 구월에 돌아왔네.
오산吳山과 초수楚水가 꿈 속에 어렴풋해
첩의 몸 양기陽氣 따르는 새와도 같아
강남을 다 돌고 다시 북쪽으로 나네.
三月離家九月歸　　吳山楚水夢依依
妾身猶似隨陽鳥　　行盡江南又北飛.

◉ 광주廣州 기생

남한산성
南漢山城

하늘을 찌를 듯한 저 남한산성에도
꼭대기엔 새 다니는 길이 있지요.
온조溫祚의 천 년 도읍 추억으로 사라지고
오늘에는 성조聖朝의 병영兵營이 있지요.
우뚝 솟은 대장기에 장군들 있고
흰 몽둥이 붉은 옷 수어병守禦兵 있다오.
금탕金湯이 이 나라 보배라 하지 마오.
병丙·정호란丁胡亂 남은 한 가슴 아파요.
天邊縹緲漢南城　　絶頂唯看鳥道橫
溫祚千年空舊業　　聖朝今日設行營
高牙大纛將軍府　　白梃朱衣守禦兵
莫說金湯爲國寶　　丙丁遺恨尙沾纓.

◉ 나주羅州 기생 옥섬玉蟾

이면항李勉恒이 금오랑金吾郎으로 명을 받들어 죄인을 압송하다 나주를 지나게 되었다. 기생 옥섬이 시를 지어주었는데 면항이 전염병에 걸려 죽었다. 사람들이 시의 동티라고 하였다.

맑은 풍채 뵈오니 가슴 열려요.

사귐에 어찌 낯설다 말하리까.
만리창파 빨리 건너오세요.
금성錦城(나주)에서 기다리는 님이 있어요.
清儀一見滌襟塵　　交契何論面目新
萬里滄波須早渡　　錦城自有待歸人.

◉ 남원南原 기생 계월桂月

광한루 시
廣寒樓詩

베틀에서 내려와 누樓에 오르니
월계꽃 피는 가을, 주렴 높이 걸려 있네.
우랑牛郞 한 번 떠나간 뒤 소식이 없어
밤마다 오작교에서 시름에 젖네.
乍擲金梭懶上樓　　珠簾高掛桂花秋
牛郞一去無消息　　烏鵲橋邊夜夜愁.
(광한루와 오작교는 모두 남원南原에 있다.)

◉ 진주晉州 기생 승이교勝二喬의 시

서풍이 옷깃을 나부껴
초췌한 모습 감상에 젖네.
연당蓮塘엔 가을비 부슬부슬
이슬 맺힌 가지엔 매미 소리 목메이네.
추위에 놀란 기러기의 저 소리
쓸쓸한 산성을 넘어가누나.
님 그리는 꿈에서 깨어나 보니
가을 달빛이 창으로 비쳐드네.
西風吹衣裳　　衰容傷日月
蓮塘秋雨疎　　露枝寒蟬咽

霜鴈拖寒聲　　寂寞過山城
思君孤夢罷　　秋月照窓明.

◉ 성천成川 기생 일지홍一枝紅

태천泰川 홍아내洪衙內에게 올리는 시
上泰川洪衙內詩

강선루絳仙樓(성천에 있음) 밑에 말을 멈추고
은근히 다음 기회를 묻네.
연회가 끝나니
꽃지고 새울 때일세.
駐馬仙樓下　　殷勤問後期
離筵樽酒盡　　花落鳥啼時.

◉ 거제巨濟 기생 소옥小玉

송별
送別

세모歲暮에 바람 차고 서산엔 해지는데
천 리 밖에 님 보내니 눈물이 옷깃 적시네.
방초芳草는 봄이 되면 해마다 푸르른데
왕손王孫 돌아오지 않음은 배우지 마오.
歲暮風寒又夕暉　　送君千里淚沾衣
春堤芳草年年綠　　莫學王孫歸不歸.

◉ 양양襄陽 기생

송별
送別

농주탄弄珠灘 위에 오니 마음 괴로워
이별의 회포를 술잔에 부치네.
끝없는 애정 만류할 수 없어
차마 방초芳草로 하여 왕손을 원망케 하랴.
弄珠灘上欲消魂　　獨把離懷寄酒樽
無限烟花留不得　　忍教芳草怨王孫.

◉의성義城 기생 초옥楚玉

시골 유생儒生이 사랑을 호소했으나 시를 지어 이를 거절하다
有鄕生挑之, 詩以拒之

나는 본디 형산荊山[7]의 화씨벽和氏璧
우연히 굴러서 낙동강변에 떨어졌네.
진秦나라 십오성十五城으로도 얻기 어려웠는데
하물며 시골의 한 썩은 선비이랴.
我本荊山和氏璧　　偶然流落洛江頭
秦城十五猶難得　　何況鄕關一腐儒.

◉관북關北 기생 취련翠蓮

판서判書 서명빈徐命彬이 북평사北評事[8]로 있을 때 사랑을 받았다. 뒤에 도성으로 가서 만나려 했으나 끝내 거절당하고 물러와 시를 지었다.

삼춘三春의 절기 맞으니
향수가 날로 간절해지네.
학사學士가 풍류 없어
이제 헛되이 돌아가누나.
令節當三春　　鄕愁日日新
學士風流少　　今作空歸人.

함흥咸興에서 비에 막힘
咸興滯雨作

열흘이 되도록 장마 개이지 않아
향수에 지쳐 꿈 속에서 놀라네.
고향산천이 눈 안에 들어오건만
높은 난간에 기대어 이정표 생각하네.
十日長霖苦未晴　　鄕愁黯黯夢中驚
故山在眼如千里　　悄倚危欄默數程.

◉ 기생 일타홍一朶紅(지방을 모름)

달 구경
賞月

하늘 높이 솟은 달 뚜렷한 저 달
한 조각 금빛은 만고의 정일세.
끝없는 세간에도 달만은 둥근데
인생 백 년 근심 빼면 그 얼마될까.
亭亭新月最分明　　一片金光萬古情
無限世間今夜望　　百年憂樂幾人生.

◉ 화산花山 기생 매학梅鶴

비단 띠
錦帶

창을 향해 베개 베니 생각에 잠 못 이뤄
깜박이는 등잔불은 눈썹을 비치네.
참인연 양대陽臺의 꿈만으로 이루어지랴.
학사의 시를 비단 띠에 두고 보네.

欹枕寒窓睡思遲　　一燈明滅照雙眉
眞緣不必陽臺夢　　錦帶留看學士詩.

◉선성宣城 기생 사봉희史鳳姬

신계침神鷄枕을 읊다
詠神鷄枕

베개에 원앙 수놓은 지 오래되었는데
새로 만든 비단 베개엔 신계神鷄를 수놓았지.
님과 함께 베개 베며 새벽도 잊었는데
닭도 잠에 팔려 울지 않았네.
枕繪元央久與棲　　新裁霧穀問神鷄
與郎眼臥渾忘曉　　鷄亦留連不肯啼.

◉경성京城 기생 취선翠仙(호는 설죽雪竹)

실제
失題

화장을 빨리하고 거문고 줄 튕겨
가벼운 주렴 위에 햇볕 붉게 비치네.
밤 안개 자욱하니 아침 노을 침침한데
해당화는 벌써 담 동쪽에 피었네.
선경仙境은 물처럼 맑고 달빛도 맑은데
나뭇잎 우수수 서리 내리네.
홀로 넓은 방에 잠 이루니
옥베개에 원앙 수놓은 것 부럽기만 하네.
春粧催罷倚焦桐　　珠箔輕盈日上紅
香霧夜多朝露重　　海棠花泣小墻東
洞天如水月蒼蒼　　樹葉蕭蕭夜有霜

十二緗簾人獨宿　　玉屛還羡畫鴛鴦.

◉기생 금홍錦紅(지명 모름)

기생 옥화玉花와 옥엽玉葉에게 부치는 시
寄妓玉花玉葉詩

글 쓰려니 만 가지 회포 움직이고
시 읊자니 단장斷腸의 시뿐일세.
원한은 두견새 울음에 맺히고
정은 봄 누에 실 토하듯 끝이 없네.
무협巫峽의 운우雲雨 보지 못했고
요대瑤臺의 모임도 기한 어겼네.
세간世間에선 애정을 탐하는 자 수없이 많지만
그대 마음 아는 이 또 누가 있을까.
數疊詞濃萬疊思　　吟詩知是斷腸詩
怨如蜀魄空啼血　　情似春蠶謾吐絲
巫峽雨雲曾不見　　瑤臺星月又差期
世間貪愛應無數　　能解伊音復有誰.

◉기생 도화桃花(지명 모름)

님 그리는 시
三君詩

낙동강 위에서 처음으로 님 만나
보제원普濟院에서 님을 다시 이별했네.
복사꽃 떨어지니 붉은빛 흔적 없고
달 밝은 밤마다 어느 때 님 그리지 않을까.
洛東江上初逢君　　普濟院頭更別君
桃花落地紅無跡　　明月何時不憶君.

◉이름을 모르는 기생

송별
送別

한 떨기 꽃 한남성漢南城에 떨어져
여기서 장안까지 며칠 길인가.
춤옷으로 거닐어 보니 봄은 이미 늦었고
수놓은 이불에는 새벽의 찬 기운 스며드네.
머리 들어 달 보니 마음 서로 비치고
화답하는 시에는 눈물이 얼룩져 글자가 보이지 않네.
한밤중에 일어나 버선 만들지만
바느질 소리에 간장이 끊어지네.
一花飛落漢南城　　此去長安幾日程
舞袖遲回春色晩　　繡衾無奈曉寒生
擡頭看月心相照　　和成淚詩字不明
起枕中宵新製襪　　軟腸斷盡紉絲聲.

【2】《열상규조洌上閨藻》에 실려 있는 기생의 시가詩歌

안지정安之亭 선생의 본관은 광주廣州로서 대대로 김해金海에서 살았다. 문망文望으로 추천되어 수학원修學院(전 한국 황실에서 세움) 교관敎官으로 임명되었다. 옛부터 교도敎導하고 보도輔導하는 직책인 것이다. 구한국 융희隆熙 4년 경술庚戌(1910) 8월에 사임하고 고향으로 돌아갔다.

이름을 왕거往居(초명初名은 택중宅重)로 고치고 한운야학閒雲野鶴을 벗삼았으며, 가슴 속에 맺힌 울분을 시와 문장 속에 털어놓았다. 세상에 간행된 책으로는 《신해음사시집辛亥吟社詩集》《난설헌시집蘭雪軒詩集》《고부기담姑婦奇譚》《학정헌고부창화집鶴丁軒姑婦唱和集》[학정헌 고부는 모두 글을 잘했으며 원주原州에서 살았다. 집도 부유했었는데, 불행히도 탐관오리의 괴롭힘을 받아 가산家産을 탕진하고 요동으로 들어가 살았다. 그 서재를 이름하여 〈학정헌鶴丁軒〉이라 하였다. 지금은 남경南京에 옮겨산다고 했다. 지정之亭 선생의 학정헌에 대한 서술에서 이르기를, 학정헌이란 시어머니 정씨鄭氏와 며느리 오씨吳氏를 가리키는 것이며 또한 서재를 말한다. 즉 고부姑婦가 창화唱和(한 사람이 먼저 부르면 다음 한 사람이 이에 화답하는 것)할 때마다 벽 위에 칠판을 걸어놓고 분필을 가지고 시를 썼는데, 이것을 입필창화立筆唱和(읊지 않고 붓으로 써서 창화한다는 뜻임)라고 하였다. 시어머니가 먼저 부르면 며느리가 화답하고 며느리가 먼저 부르면 시어머니가 화답하여 시각을 지체치 않았으며, 반드시 대對를 이루어서 말에 허실이 없었다. 고부 사이에 창화한 시고詩稿가 규방을 나오지 않았으므로 중국 사람들이 몹시 흠모했으나 한 편의 시고도 얻어 보지 못했다. 내가 임술년壬戌年에 정씨의 친정 조카 정추재鄭秋齋(이름은 喜瀸)를 통하여 많은 시고詩稿를 얻어서 상하권으로 편집하였다. 상권(고부기담姑婦奇譚)은 이미 간행했으나 하권은 분실했다. 때로 아까움을 금치 못한다. 마치 많은 보옥寶玉을 잃은 것만 같다] 등이 있고, 이미 탈고脫稿는 됐으나 아직도 발간하지 못한 것으로는 《창해지滄海志》(고대 조선의 일) 《살수지薩水志》(고구려와 수·당과의 싸운 기록) 《한산지閑山志》(임진왜란의 기록) 《만주지滿州志》(현재의 시국) 등이 있다. 이것을 통틀어 《조선사대기서朝鮮四大奇書》라고 하는데, 역사의 기록을 설화체로 만들어서 읽기 쉽게 하였고(이익을 얻게 하려는 것이다), 그밖에도 《동시총화東詩叢話》가 있으니 사가四佳 서거정徐居正의 《동인시화東人詩話》 이후에 처음 있는 글이다. 이들 서적은 문장 구성이 아름답고도 기발하여 글자 하나하나가 모두 비단결 같은 마음 속에서 우러난 것이다. 세간에서 진기한 물건이요, 보배로운 거울이라고 하겠다. 선생이 지은 책이 한 번 나오면 사람들이 다투어 보려 해서 장안의 종이값이 오를 뿐만 아니라 신문 또한 값이 올랐다. 근일에 선생이 또 《열상규조洌上閨藻》를 지었는데, 이것은 우리나라 규방의 고금 시가를 모은 것이다. 일일이 평정評定하여 중외일보中外日報에 연재하여 동호同好에게 널리 알리고 있다. 선생이 자서自敍하여 말하기를, 《열상규조洌上閨藻》는 조선의 여류문인이 지은 시가이다. 옛부터 동양의 여류시 속에는 차작借作이 많으며, 중국에 있어서는 그 정도가 더욱 심하다. 시 작품이 많은 반면에 차작 또한 많은 것이다. 그러나 조선에도 또한 차작借作의 폐단이 없지 않다. 먼저 그 차착임을 가려낸 뒤에야 논평이 바른 데로 돌아갈 수 있다. 이상협李相協 군이 신문사를 주관하고 있으면서 사람을 보내서 조선 여류작가의 시평詩評을 요구해왔다. 신문에 게재하는 대로 응하는 것이기 때문에 연대에 구애받지 않고 작품의 우열을 가림없이 이를 논평하여 사계斯界 대가大家의 취사取捨를 기대하는 바라 하였다.

◉ 황진이(개성 기생)
진이眞伊가 노래를 잘 지었다. 시랑侍郞 신자하申紫霞(이름은 위緯)가 그 노래를 한문으로 엮었다.

밤 깊어
夜之半

동짓달 기나긴 밤을 한 허리를 둘로 베어
춘풍 이불 속에 서리서리 두었다가
그린 님 오시는 밤에 굽이굽이 펴리라.
折取冬之夜之半　　春風被裡屈蟠蘇
燈深酒煖郞來夕　　節節鋪叙曲曲長.

평하기를『절묘하다』하였다.

◉ 황진이
(안지정安之亭이 노래를 한문으로 엮었다.)

상사몽
相思夢

그리운 님 만남은 꿈이 있을 뿐
내 님 찾으면 님도 날 찾는 것을
이뒤엔 꿈마다 길 위에서 만났으면 하노라.
相思相見只憑夢　　儂訪歡時歡訪儂
願使遙遙他夜夢　　一時同作路中逢.

환歡은 낭郞를 말한다.

학정헌鶴丁軒이 평하기를 『끝맺음이 절묘하다』 하였다.

◉부용芙蓉

부용芙蓉은 성천成川 기생이다. 용모가 아름답고 시를 잘 지었다. 이 시는 관서關西 지방에 크게 유행하였다. 나그네와 함께 해주海州 부용당에서 노닐었는데, 나그네가 시를 지어주기를

부용당 위에 부용이 서 있어
사람 부용이 꽃 부용을 능가하네.
芙蓉堂上芙蓉立　　人芙蓉勝花芙蓉.

하였다. 나그네의 시가 비록 촌학자의 고풍에 지나지 않지만 또한 과장하고 있다. 부용의 명성이 높았기 때문이다.

술을 삼가고 시를 삼가다
戒酒戒詩

술이 지나치면 본성을 헤치고
시에 뛰어나면 사람이 궁해진다.
시와 술이 비록 벗이 된다 하여도
멀리 친하지나 말았으면 하노라.
酒過能伐性　　詩巧反窮人
詩酒雖爲友　　不踈亦不親.

평하기를 이 시 또한 촌학자의 재담에 불과하다. 그러나 사람에 따라서 재주는 논해야 하기 때문에 여기에 기록한다.

◉남취선南翠仙

취선은 경성 기생으로서 최판서崔判書의 부실副室이었다고 하는데, 최판서의 이름은 전해지지 않는다.

춘사
春思

봄 화장 끝내고 거문고 줄 튕기면
가벼운 주렴 위엔 햇빛 붉게 비치네.
안개 낀 아침 노을 무거워 보이는데
해당화는 담 동쪽에 곱게 피어 있네.
春粧催罷倚焦桐　　珠箔輕盈日上紅
香霧夜沾朝靄重　　海棠花泣小墻東.

초동焦桐[9]을 고동枯桐이라 표현했으면 더욱 좋았다. 넷째 구절은 본색을 드러내고 있는데, 설도薛濤의 『잎새가 오가는 바람을 보내네 葉送往來風』와 같다 하겠다. (상고해 보면 당나라 기생 설도가 일찍이 시를 지었는데 이르기를 『가지는 남쪽북쪽의 새를 맞이하고 잎은 오고가는 바람을 보내네 枝迎南北鳥 葉送往來風』 하였다.)

◉남취선南翠仙

추사
秋思

선경仙境은 물처럼 맑은데 달빛도 맑아
나뭇잎 우수수, 밤엔 서리 내리네.
넓은 방 안에 홀로 자자니
병풍의 원앙수 부럽기만 하네.
洞天如水月蒼蒼　　樹葉蕭蕭夜有霜
十二湘簾人獨宿　　玉屛還羡繡鴛鴦.

절묘한 시다. 오직 두 수만이 전해지고 있는 것이 유감이다. 이 시는 앞의 시보다 훨씬 뛰어나다.

학정헌鶴丁軒이 평하기를 『이 시는 당나라나 원나라에 갖다 놓아도 조금도 손색이 없다. 규방閨房의 시로 보아서는 안 된다』고 하였다.

◉유섬섬柳纖纖(가곡歌曲 성혜영成蕙永 엮음)

섬섬纖纖은 전주全州 기생이다. 지나간 계사년癸巳年 5월일은 곧 진주성晉州城 함락 기념일이다. 충렬사忠烈祠와 의기사義妓祠는 모두 진주 촉석루矗石樓 밑에 있다. 고을 사람들이 이날에 제사를 올렸는데, 그 의식과 예절이 다른 해에 비해서 갑절이나 성대하고 정중했다. 제사를 맡아보는 관원, 진신縉紳[10]을 비롯해서 구경하는 인사가 무려 수천 명에 이르렀다. 충렬사의 제관祭官은 관원과 지방 유지들이 주관하였다. 의기사義妓祠 유향소留鄕所[11]의 직원이 헌관獻官이 되고, 교방 기생들이 계복戒服[12] 차림으로 피리 불고 북을 울려 신神을 맞이하였는데 이것은 하나의 풍류적인 제례祭禮였다. 제례를 마친 뒤 본부의 기실記室[13]인 김진사金進士가 문사文士들을 모아 시를 짓고 명기名妓들을 불러 술을 따르게 했다. 다른 읍에서 온 기생들도 이 자리에 참석하였다. 진주晉州 기생이 다른 고을 기생에 비해서 매우 뽐내는 기색이 있었는데, 이것은 의기義妓가 그 고장에서 났다고 해서였다. 유섬섬柳纖纖이 나와서 말하기를 『내 듣기로는 의기義妓는 전라도 출신이다』 하였다. 진양晋陽[14] 기생들이 이 말을 듣고 입을 모아 증거가 없다고 반박하였다. 섬섬은 여러 기생들의 공격을 당해내지 못했다. 내가 해명하여 말하기를, 논개論介는 본디 전라도 장수長水 기생이다. 그 고을에 옥녀봉玉女峰이라는 봉우리가 있는데 기상이 수려했다. 옛날의 지사地師가 말하기를 『이 산 밑에서 반드시 미인이 날 것이다』 했는데, 논개가 이 옥녀봉 밑에서 태어났다. 처음에는 병사兵使 김천일金千鎰의 수청守廳을 들었으나, 충청병영忠清兵營으로 따라갔다가 다시 진주병영晉州兵營으로 오게 되었다. 당일에 순절하여 충렬사忠烈祠에 봉사奉祠된 영령英靈이 어찌 진주 사람뿐이겠는가. 그때 성城을 잃은 장수라든지 피난하던 남녀가 모두 진주성이 막아준다고 여겨 일제히 성 안으로 몰려들었던 것이다. 졸지에 성이 함락되자 남강에 몸을 던져 죽은 자가 어찌 삼장사三壯士와 논개뿐이었겠는가. 삼장사는 용감하게도 의義에 죽었으며, 또 『한 잔 술로 웃으면서 손가락으로 장강長江을 가리키네 一盃笑指長江水』 하는 시를 남겨서 그 이름이 길이 세상에 전해진다. 당일에 성 안의 부녀는 기생이나 숙녀를 막론하고 몸이 더럽혀지는 것을 치욕으로 여겨서 절개를 지키려는 생각에 겨를이 없었다. 오직 남강

南江의 거리가 가까웠으므로 높은 곳에 올라 몸을 강물에 던져 삽시간에 많은 사람들이 목숨을 끊었으니, 마치 부여扶餘의 낙화암落花岩을 연상케 하였다. 그러나 오직 논개만은 옷을 갈아입고 화장을 했다. 보는 사람마다 모두 도적에게 아첨하여 목숨을 살리려는 것으로 생각했다. 논개論介는 마침내 의암義岩에 올라 바람을 맞이하여 춤을 추기 시작하였다. 어떤 왜졸이 이 광경을 보고 바위 위로 뛰어올라 범하려 하였다. 이때 논개는 왜졸을 안고 남강에 몸을 던졌던 것이다. 백여 년이 지난 뒤 병사의 계청에 따라 비로소 정표旌表하게 되었다. 그러니 이제 유섬섬柳纖纖이 논개를 전라도 출신이라고 말하는 것도 근거가 없는 것은 아니라 했다. 진주 기생들이 이 말에는 감히 항변하지 못했다. 그러나 모두들 불평의 기색이 있었다. 기실記室 김진사金進士가 좋은 말로 마음을 풀어주었다. 나도 시詩 한 수를 지어서 그 마음을 풀어주었으니 이르기를

이제 다시 임진년壬辰年 있다면
장강長江에 수많은 의기사義妓祠 세워지리.
如今更有壬辰歲　　無數長江義妓祠.

했다. 김진사가 기생들로 하여 가곡歌曲을 만들어 의기義妓의 넋을 부르게 했으며, 체제는 육자배기로 본뜨게 했다. 기생들이 지시에 따라 노래를 지어 가지고 차례로 일어나 불렀는데, 어느것이나 모두 충忠·열烈 두 글자가 들어 있을 뿐 가사가 매우 저속하였다. 다른 고을의 기생들은 육자배기를 잘 모르기 때문에 빛을 보이지 못했다. 오직 유섬섬만이 머리에 수건을 두르고 띠로 허리를 묶고 장고를 안고 나섰다. 장고를 치며 앞으로 나아가기도 하고 뒤로 물러서기도 하면서 육자배기로 노래를 불렀는데, 마치 어양漁陽에서 비고鼙鼓를 두드리는 것만 같아서 사람들이 모두 혀를 내둘렀다.

노래는 다음과 같다.

초혼의기
招魂義妓

가련타 가련타 의기 선생 가련타

황량한 술잔에 이 빠진 제기祭器 이지러진 술잔이 가련타.
선생이 만약 남자로 태어났던들
충렬사 안에 혈식血食[15]받는 사람이었으리.
可憐佗 可憐佗 義妓先生 可憐佗
一片荒祠 冷豆殘盃 可憐佗
先生若爲男子身
忠烈祠中血食人.

지정之亭이 말하기를 『후배가 선배를 선생이라고 하는데 논개를 선생이라고 부르는 것은 노래의 특색이며, 또 의기義妓 논개에게 감복하고 있다. 충렬사와 대등하게 보지 않는 것 또한 갸륵하다』 하였다.

◉ 김섬金蟾

김섬金蟾은 함흥 기생으로 천곡泉谷 송상현宋象賢의 첩이었다. 임진란壬辰亂 때 천곡이 동래부사東萊府使가 되었는데 김섬이 따라가서 초가草家 몇 칸을 사서 거처하며 공청公廳에는 나가지 않았다. 왜장倭將 평의지平義智가 성을 함락시키기에 앞서 부사府使가 순절하였다. 이날 밤에 붉은 기운이 부府의 동문東門에 뻗쳤다. 김섬은 천곡泉谷의 죽음도 알지 못하고 포로의 몸이 되어 바다를 건너갔다. 이때 우리나라 여자로서 포로가 되어 바다를 건너간 자가 무려 수천 명에 이르렀다. 이들은 목숨을 탐해서가 아니라 죽고 싶어도 죽을 수 없어 어쩔 수 없이 잡혀갔던 것이다. 그러나 이들은 일본에 가서 혹 식음을 전폐해서 죽기도 하고 목을 매어[雉樑] 자진하기도 하였다. 그러나 정조를 잃은 자도 없지 않았다.

풍신수길豊臣秀吉이 송부사宋府使의 측실이 유한정절한 자태가 있다는 말을 듣고 불러서 보았다. 몸시 용모가 아름다웠으나 늠름하여 감히 범할 수 없는 위의가 있었다. 또 문장에 조예가 깊었으므로 초빙하여 여교사로 삼았다. 막부幕府[16] 관벌들의 자녀들이 모두 찾아와 배웠다. 이보다 앞서 왜인들의 규방 풍속은 남자와 함께 놀기를 좋아했는데[蔓猥] 김섬을 찾아 배운 자는 모두 그와 같은 버릇을 고쳤다. 포로의 신세에서 해방되어 본국으로 돌아오기에 앞서 배 안에서 천곡이 이미 순절했다는 소식을 들었다. 몸을 물에 던지려 했으나 뱃사람들의 만류로 뜻을 이루지 못했다. 때마침 수은睡隱 강항姜沆과 함께 한 배에 탔다. 수은도 포로의 몸이 되어 일본으로 갔었다. 풍신수길이 그의 글재주를 중하게 여겨 등용하려 했지만 완강하게 거절하여 굽히지 않았다.[北海旃毛] 수은이 일본에 있으면서 그 풍속과 정치를 빠짐없이 기록하고, 기록한 종이를 꼬아 노끈삼아 망태기를 만들어서 가지고 돌아왔다. 김섬의 일도 그 안에 기록되어 있었다. 김섬과 같은 배에 탔으면서도 김섬을 알지 못했다가 배가 초량草梁에 닿고 나서야 비로소 알았다. 김섬이 물에 몸을 던지려는 광경을 보았기 때문에, 그 까닭을 물으니 대답하기를 『도호부사都護府使가 순절하신 것을 첩은 알지 못하고 있었습니다. 풍신수길의 집에 몸을 의탁하고 있을 때에도 수길秀吉이 이 일을 숨겨서 말하지 않았습니다. 그 때문에 구차스럽게 실낱 같은 목숨을 보전해왔던 것입니다. 삼강三綱이 엄연히 존재하온데 죽지 않고 무엇하겠습니까』 하였다. 수은睡隱이 깨우쳐서 말하기를 『이제 만일 자진自盡한다면 누가 섬랑蟾娘이 몸을 깨끗이해 가지고 돌아오는 것으로 인정하겠는가. 오늘의 일행 중에는 몸을 보전해서 돌아오는 부녀자가 없지 않다. 그러나 그 후손들이 왜인의 종자種子라는 비평[染齒]을 면키 어렵다. 천도天道가 소소하여 승옥蠅玉이 자연히 가려질 것이니 참고 죽지 말라』 하였다. 김섬이 그 말을 옳게 여겨 아래와 같은 시를 지어 자신의 처지를 하소연했다. 그뒤 김섬이 송宋씨의 집으로 들어갔으나 자신의 입으로 몸을 보전하여 절개를 지켰음을 말하지 않았다.

강수은의 일기에 의해서 세상 사람들이 그 결백함을 알게 되었다.

【註】〈치량雉樑〉은 목을 매는 것을 말한다. 〈막부관벌幕府官閥〉은 일본의 봉건적인 파벌을 말한다. 〈누가蔞猳〉는 여자가 남자를 좋아하는 것이다. 〈도호都護〉는 동래부사를 가리킨다. 〈북해전모北海旃毛〉는 《소무전蘇武傳》에 보인다. 〈승옥蠅玉〉은 옥의 티를 말한다. 〈염치染齒〉는 칠치漆齒로서 이를 까맣게 물들이는 것이다. 미수眉叟 허목許穆의 삼척三陟 동해비문東海碑文 및 《창해지滄海志》에 나온다.

대수잔화
大樹殘花

큰 나무가 넘어지는 날
못다핀 꽃들은 광풍狂風에 부딪히네.

광풍은 고요히 잠들었지만
꽃은 진흙 속에 묻혀 있네.
누가 진흙 속의 꽃이
뭇나비에 짓밟히지 않았음을 알랴.
비록 제 뿌리로 돌아간다 하나
뭇꽃의 비웃음만 살 뿐인 것을.
大樹飄零日　　殘花受狂風
狂風終自息　　花落埋泥中
誰識泥中花　　不爲蝴蝶嬲
縱然歸根帶　　徒爲衆芳笑.

평하기를 맑고 그윽한 덕이 문사文辭 위에 넘쳐흐른다. 오랑캐로 하여 그 위의威儀에 굴복할 만하다. 다른 책에선 김섬이 송천곡宋泉谷과 동시에 해害를 입었다고 하였다.

◉ 계생桂生

계생桂生은 부안扶安 기생으로 호는 섬초蟾初이다. 진사進士 서우관徐雨觀의 사랑을 받아서 도성으로 들어갔다.

춘원
春怨

죽원竹院에 봄 깊으니 새 소리 요란한데
쇠잔한 몸으로 눈물 머금고 주렴을 올리네.
거문고 줄 골라 상사곡相思曲 마치니
동풍東風에 꽃지고 제비만 나네.
竹院春深鳥語多　　殘粧含淚捲窓紗
瑤琴彈罷相思曲　　花落東風燕子斜.

표현이 침착하고 운율에 맞지 않는 것은 아니나 마치 우리나라 속요俗謠인 육자배기와 같아서 투박한 느낌이 든다.

◉조비연趙非燕

조비연趙非燕은 한성漢城 기생이다. 시재詩才가 있고 노래를 잘 불렀다. 몸이 살쪄서 춤을 추지 못했으므로 스스로 몸의 민첩함이 조비연만 같지 못하다 하여 비연非燕이라 이름하였다. 이석전李石田은 음률에 밝았기 때문에 비연이 지음知音(음률을 아는 사람)으로 인정하였다. 석전이 시를 지어 조롱하기를

손 놀려 춤 배우나 춤추지 못하니
인간에 어찌 철장鐵掌의 사람 있을쏜가.
掌中學舞終難得　　豈有人間鐵掌人.

하였다. 그 몸이 무거운 것을 말한 것이다. 비연이 시를 지어 화답하였는데, 그 글 솜씨가 이와 같았다.

이상사李上舍 석전石田이 옛집을 지나다
過李上舍石田古宅

사람들은 당나라 궁녀 옥환玉環이 살졌다 했지만
은총恩寵이야 어찌 이 춤에서 얻어지랴.
唐宮人說玉環肥　　恩寵那由掌上舞.

◉백설루白雪樓

설루雪樓는 달성達城 기생이다. 선사先師 김해려金海旅 선생이 기담奇譚을 잘하는 것에 힘입어 평생에 겪은 바를 가지고 이야기로 삼고 케케묵은 고담古譚은 이야기로 생각지 않았다. 선생은 풍류로 시단詩壇에서 패권을 잡았다. 현풍현玄風縣 유가사瑜珈寺(본문에서는 留架寺)에서 노닐 때 한 여인이 절에 들어왔는데 이팔의 꽃다운 나이였으며 용모가 아름다웠다. 그 여인은 눈 때문에 길이 막혀 하루이틀 절에 묵게 되었다. 그 내력을 물으니 말하기를 『성은 백白가이온데 본디 진주 출생으로서 달성達城으로 시집갔습니다. 시아버지는 상업을 했으며 남편은 학교에 다녔습니다. 남편이 워낙 둔재鈍

才였기 때문에 시아버지가 항상 나무랐습니다. 시아버지가 혹 아들에게 장부·문서 등을 처리케 하면 아들은 이를 처리하지 못했으며, 나에게 시키면 나는 그런 대로 처리할 수 있었습니다. 남편이 부끄럽게 여겨 이 절로 도망쳐 와서 머리 깎고 중이 되었습니다. 부모님이 환속還俗을 재촉했으나 말을 듣지 않았습니다. 시부모는 나에게 개가改嫁하기를 종용했지만, 다시 시집가서 만약 새남편이 전남편과 마찬가지로 어리석다면 시집가지 않느니만 같지 못하겠다는 생각이 들었기 때문에 나 또한 머리 깎고 여승女僧이 되려고 했습니다. 그러나 친정 부모님이 이를 못하게 하고 기생이 되라고 했습니다. 부모의 명에 따르지 않을 수 없었습니다. 부부夫婦의 정의에 반목이나 말다툼한 일도 없이 그저 까닭없이 애정을 끊는 것이 원통했습니다. 그래서 작별하기 위해 이리로 왔습니다. 남편은 내가 오는 것을 보고 서둘러 보따리를 싸가지고 도망쳐 버렸습니다. 일이 이렇게 된데다가 또 눈에 길이 막혀 머물러 있는 것입니다』하였다. 말을 듣고 보니 귀가 솔깃했다. 시를 지어 의사를 떠보았는데 내용은 나비가 담 밑의 꽃을 탐하는 것이었다. 여자가 말하기를『아직 기적妓籍에 들지도 않았는데 어찌 나를 기생으로 취급합니까』하고 붓을 들어 시 한 수를 지어 의사 표시를 하였다.

여인장
麗人墻

여인장 밑에 심은 복사꽃
여인장 밖에는 나비 나네.
복사꽃이 담장 없애길 기다려
뭇나비 덤벼도 금하질 않지.
麗人墻下種桃花　　麗人墻外蝴蝶翅
會待桃花出墻時　　不禁蝴蝶來相取.

이때에 중과 속인俗人 십여 명이 자리에 있었는데 시를 보고 모두 혀를 내둘렀다. 그리고 감히 희롱하는 말을 더하지 못했다. 시의 뜻은 기적妓籍에 이름을 올린 뒤에야 사랑을 요구할 수 있음을 말한 것이다.

◉백설루白雪樓

5년 뒤 해려海旅 선생이 달성達城에서 노닐었다. 백설루白雪樓라는 기생이 있었는데 민요를 잘 부르고 시를 잘 지어서 명성이 자자했다. 민요 중에서 제일 잘 부르는 것이 육자배기였으니 육자배기는 진주晉州에서 유행된 가곡이었다. 객관客館에 불려왔는데 바로 5년 전 유가사留架寺에서 만났던 백녀白女였다. 그뒤 기적妓籍에 들고 이름을 설루雪樓라 했던 것이다. 이날 밤 달성의 인사들과 함께 시를 지었는데 〈풍風〉자로 운을 뗐다. 기생의 글재주를 시험하려 하여 동풍東風·서풍西風·북풍北風·춘풍春風·음풍唫風·승풍乘風·어풍禦風·빙풍凭風 등의 글귀를 쓰지 못하는 규칙을 정하고, 규칙을 범하는 자는 벌에 처하기로 하였다. 자리에 있던 나그네들이 거의 다 흩어져 버리고 두세 사람만이 남았다. 설루는 끝까지 떠나지 않고 시를 지었다.(4연 가운데 1연만 아래에 소개한다.)

금백설
今白雪

노래 잘하는 오늘의 백설루
지난날에는 양가의 여인이었네.
歌謠今白雪　　離別舊玄風.

자신이 현재는 노래를 잘 불러서 이름을 떨치고 있지만, 지난날에는 양가良家의 여자였음을 말한 것이다. 〈오늘〉이라는 말에 힘이 있고, 양가 여자임을 표현하는 〈현풍玄風〉에 묘미가 있다.

◉유어당有魚堂

유어당有魚堂은 유영柳營(統營) 기생 당편堂扁으로 그 이름이 전해지지 않는다. 30년 전에 선형先兄 야사野史 선생이 통영에서 노닐 때 기생 어미의 집을 숙소로 정했다. 그 딸이 기생이었음에도 몸단장을 게을리하고, 독서에 열중했기 때문에 항상 어미에게 꾸지람을 들었다. 또 시인 묵객墨客과 함께 놀기를 좋아하고, 부유한 사람을 멀리했기 때문에 그 어미가 더욱 미워하였다. 한 번은 선생이 당편堂扁의 뜻을 물었다. 『좋은 남편을 얻어서 어수魚水

의 즐거움을 누리려는 것인가?』 기생이 대답하기를 『선산善山의 정녀貞女 약개若介의 시에, 물에는 고기가 있다고 하지 않았습니까』 하였다. 선생이 이 말을 듣고 기특하게 생각했다. 어느 날 통영의 시인이 술자리를 마련하고 사람들을 소사蕭寺로 초대했다. 때마침 통제사統制使가 다른 읍의 수령들과 함께 만하루挽河樓에서 잔치를 베풀었다. 기생들이 모두 배석을 했으나 유어당有魚堂만은 병을 빙자하여 참석하지 않고 소사로 가서 시인들의 흥을 도왔다. 선생이 시를 지어 말하기를

물고기 큰비 만나 연못 떠나고
새가 명산 만나 종일 지저귀네.
魚因大雨辭淵去　　鳥遇名山盡日啼.

했다. 물고기란 유어당을 가리킨 말이고, 새는 기생의 소리에 비유한 것이다. 좌중에서 모두 절창이라고 했다. 기생이 붓을 들어 연구聯句 하나를 썼다.

가어嘉魚가 적다
嘉魚少

물 흐리면 가어嘉魚 적고
산 깊으면 이조異鳥 많다.
水濁嘉魚少　　山深異鳥多.

이때에 통제사가 탐학무도貪虐無道하여 민간의 돈을 빼앗아 땅에 뿌려서 기생들에게 줍게 하여 엎치락뒤치락 몰려드는 광경을 구경하였다. 유어당만은 침착히게 돈을 주어서 거리의 아이들에게 주었다. 이것 때문에 통제사의 미움을 샀다. 이런 일들 때문에 유어당만은 탐관貪官을 가까이하려 하지 않았다. 시 안의 이조異鳥라는 말은 시회詩會에 모였던 문사文士를 지적해서 하는 말이다. 선생의 일기 속에 기생의 이름이 있었으나 내가 잊어버렸다.

◉진옥수陳玉樹

진옥수陳玉樹는 금릉金陵(金海) 기생이다. 그러나 이 사람이 실지로 있었

는지는 모르겠다.

몇 해 전에 어떤 사람이 와서 말하기를 『옥수가 시를 잘하나, 시사詩社에 응모할 때마다 입선入選이 되지 못했습니다. 이제 숭양시사崧陽詩社에서 상원上元[17]의 밤을 제목으로 시를 모집하고 있는데 옥수가 선생께 시를 빕니다』 하였다. 내가 마음 속으로 기생이 시에 능한 것을 어여삐 생각하여 옥수의 내력을 물었다. 대답하기를 『일찍이 서울 광교廣橋에서 살았으며 노래와 춤으로 궁중 진연進宴 때 뽑혀 들어가서 한때 이름을 크게 떨쳤습니다. 본명이 진옥섬陳玉蟾이었으나 옥수玉樹로 고쳤습니다. 이것은 세상일 돌아가는 것을 슬프게 생각하여 진陳나라 후주後主의 옥수정화玉樹庭花에서 뜻을 딴 것입니다』 하였다. 그 이름을 아름답게 여겨 입에서 나오는 대로 시 한 수를 불러서 전해 주라고 하고는 그 일을 잊어버리고 말았다. 그뒤 서울에 왔을 때 문사文士로서 일을 벌이기를 좋아하는 자가 진옥수의 원소元宵[18] 시를 외워 들려주면서 최우수 작품으로 입선된 것이라 하였다. 시는 바로 그때 내가 지어준 것이었다. 이것을 가지고 본다면 여류가 지은 문장으로서 사람의 입에서 애송되는 것이 그 반은 차작借作에 속하는 것이라고 보겠다. 이렇기 때문에 참고로 여기에 기록하는 바이다.

상원 밤 유감
上元夜有感

우리집 일찍이 광통교廣通橋에 있어
달 구경 꽃 구경 쓸쓸함 몰랐지.
님 오실까 신발 소리에 귀 기울이고
정다운 벗과 함께 퉁소 배웠지.
지난 일 추억하면 섬蟾도 이제 늙었으리
흥망興亡을 말한다면 계桂도 이젠 시들었어
그 옛날 궁궐에서 가무歌舞하던 곳 바라보니
상원上元 밤인데도 등불만 가물거리네.

儂家曾住廣通橋　　賞月看花不寂寥
有感待人聞響屧　　盡情求伴學吹簫
追思往昔蟾應老　　若說興亡桂亦凋

回首舊宮歌舞地　　漆燈明滅上元宵.

평하기를 『뜻이 깊고 말이 절실하다. 화류계에서 이 같은 훌륭한 작품이 나올 줄 몰랐다. 마땅히 일등을 차지할 것이다. 상원上元의 밤을 제목으로 하면서 〈유감有感〉이라는 표현은 시의 대체大體를 잃고 있다. 그 때문에 한 등을 내려서 2등으로 정했다』 하였다.

누가 시험관이 되고 누가 논평한 것인지 모르겠으나 시라는 것은 사람의 마음의 느낌에서 나오는 것이다. 〈유감有感〉이라는 말이 무엇이 예例에 거리낌이 있어 2등으로 내렸단 말인가. 예를 따져본다면 시권試券을 모두 깎고 물리쳤어야 할 것이다. 어쨌든 우스운 일이다.

◉담운澹雲

담운은 금릉金陵 기생이다. 약간의 시명詩名이 있고, 또 주련柱聯을 능히 썼으나 대단치는 않았으며 시인 배차산裴此山의 첩이었다. 갑신년甲申年에 내가 금릉의 수명루水明樓로 배차산을 찾았다. 수명루 벽에 미인도美人圖가 걸려 있었는데 눈과 눈썹 사이의 묘사가 매우 자연스러웠다. 그림 위에 연구聯句로 된 화제畵題가 씌어 있었는데 바로 담운의 글씨였다. 연구聯句가 매우 걸작이었다. 내가 연구의 작가를 물으니 자리에 있는 손님들이 모두 담운이 지은 것이라고 했으며, 차산此山 또한 머리를 끄덕였다. 내가 차산에게 이르기를 『염소髥蘇[19]가 조운朝雲[20]을 위해서 이름을 내기[賭名]했다는 말을 못 들었는가?』 했더니, 다른 사람들은 그 뜻을 알지 못했으나 차산此山은 부끄러워하는 빛이 있었다.

미인을 그리다
畵美人

한恨 있어도 마음 속의 일 말하지 못하고
정 없으니 마치 꿈 속의 사람 대하는 것 같네.
有恨不言內心事　　無情如對夢中人.

이 시는 명明·청淸시대의 사람의 손에서 나온 여인의 애수哀愁를 읊은 작품인지 모르겠다.

◉채소염蔡小琰

채소염은 성천成川 기생이다. 본명은 소염素簾이다. 사기史記를 읽기에 앞서 채문희蔡文姬를 사모했으므로 이름을 고쳐 소염小琰이라 했다.

말 위에서 시를 읊는다
馬上吟

성천 길 위에 말 멈추니
꽃지는 봄날 두견새 시름일세.
물길은 평양으로 통하고
땅은 강선루降仙樓에 잇닿았네.
駐馬成川路　　花殘杜宇愁
津通箕子國　　地接降仙樓.

다른 책에 첫째 구句와 둘째 구句가 『말머리 강동 고을 향했는데 봄 깊으니 꽃기운 떠도네 馬首江東縣 春深花氣浮』 했음은 잘못된 것이다. 강동江東도 관서關西의 고을 이름이며 강선루는 성천에 있다.

◉계향桂香(진주 기생)

먼 곳에 있는 님에게 부치다
寄遠人

헤어진 뒤 운산雲山 막혀 아득한 저 길
꿈 속에서나 님 곁에서 웃어봅니다.
깨고 나면 베갯머리 그림자도 볼 수 없어
옆으로 몸 돌리면 등잔불도 쓸쓸해요.
어느 때나 천 리 밖의 정든 님 만나볼까
순간에도 구곡간장 끊어질 듯합니다.

창 앞 오동나무엔 이슬이 내리는데
상사相思의 회포는 눈물되어 흘러요.
別後雲山隔杳茫　　夢中歡笑在君傍
覺來半枕虛無影　　側向殘燈冷落花
何日能逢千里面　　此時空斷九迴腸
窓前細滴梧桐露　　添得相思淚幾行.

삼와양사三瓦兩舍에서 이 같은 운치 있는 작품이 나왔다는 것은 실로 기발한 일이다. 〈삼와양사〉란 기생의 집이다.

◉ 계향桂香

꼽추를 조롱하다
嘲龜背人

사람마다 몸 곧은데 그대 어찌 굽은가
입은 가슴에 있고 몸은 어깨에 있네.
누우면 마음 심자에 점 셋이 없는 모양
앉으면 당겨진 활에 시위가 없네.
머리 돌리면 겨우 해를 볼 뿐
몸을 옆으로 해야 하늘 볼 수 있네.
목수에게 죽은 뒷일 부탁하거든
오동나무 관 석 자 길이로 둥글게 만드오.
人皆平直爾穹然　　口在胸中身在肩
臥如心字無三點　　坐似彎弓少一弦
回首僅能看白日　　側身方可見靑天
付託匠工身後事　　桐棺三尺製團圓.

평하기를 『여인은 마땅히 꼽추 비웃는 일을 경계할 것이다』 하였다. 끝구절은 다른 책과 틀리다.

◉무명씨無名氏

이 시는 사람들이 교방 재녀才女의 손에서 나왔다기도 하고, 혹은 허난설헌許蘭雪軒의 작품이라고도 한다. 작자가 탕녀에 가깝다 해서《난집蘭集》[21]에 올려지지 않고 있다 한다. 그러나 죽지竹枝 채련採蓮 등이 시에 있어 애정을 말한 것이 작자에게 무슨 상관이 있단 말인가.

채련곡
採蓮曲

가을빛 호수에 깃드니 파란 물빛 구슬처럼 맑고
연꽃 깊은 곳에 난주蘭舟를 매었네.
님 만나도 물 막혀 연밥 던졌는데
사람에게 들키고서 종일 수줍었네.
秋淨長湖碧玉流　　荷花深處繫蘭舟
逢郞隔水投蓮子　　又被人知半日羞.

학정헌鶴丁軒이 평하기를『어떤 사람은 이 시를 가지고 방탕에 가깝다고 하는데 이것은 인정에 가깝지 않는 말이다. 좋은 선물이란 다정한 사이에 서로 주고받는 것이다. 더구나 낭군에 대해서 이렇게 했겠는가. 연밥을 던져주고 다른 사람에게 들켜서 종일토록 수줍어했다 함은 바로 정숙한 여자의 태도이다. 작자에게 흠될 것이 무엇이 있단 말인가. 문장이 아름다워서 탓할 데가 없다』하였다. 어떤 사람이 묻기를『같은 한 편 안에〈하荷〉자와〈연蓮〉자를 썼으니 같은 글자가 중복되는 잘못을 범하지 않았는가』하기에 대답하기를〈하荷〉와〈연蓮〉은 같지 않다. 소동파蘇東坡의 시에『하배荷背는 바람에 흔들려 희게 보이고 연시蓮顋는 비 온 뒤에 붉어지네 荷背風翻白 蓮顋雨退紅』했으니〈하荷〉는 잎이고〈연蓮〉은 꽃이다 했다. 원본이 넷째 구절에서〈우又〉자를〈공恐〉자로 했으니 이는 잘못이다. 다른 사람에게 알려지기를 두려워했다면 처음부터 연자蓮子(연밥)를 던지지 않았을 것이다.

◉현계옥玄桂玉(가곡歌曲, 이검암李劍庵 엮음)

계옥桂玉의 자는 섬가蟾柯이고, 호는 예상霓裳으로 달성達城 기생인데 밀양에서 태어났다. 그 아비는 악공樂工으로 가곡을 가르쳤는데 총명이 뛰어나서 하나를 들으면 열을 알았다. 그 아비가 기적妓籍에 올리려 하였으나 악공의 딸이라 하여 받아들여 주지 않았다. 달성으로 이사가서 노래를 팔았는데, 이 때문에 교방 기생들이 빛을 잃었다. 이렇게 해서 동기가 되어 기적에 올리는 것이 허락되고, 드디어 기계妓界에서 이름을 떨치게 되었다. 진주 논개論介의 사당과 평양 계월향桂月香의 사당이 퇴락되었음을 듣고, 비녀와 가락지를 팔아서 중수重修했다가 경관에게 알려진 바 되어 여러 번 잡혀가서 고문을 당했다. 이때부터 칼찬 사람들이 계옥의 행동을 일일이 감시하게 되어 영업에 지장이 많았다. 마침내 동지들과 함께 극단을 조직하여 평양으로 갔다가 압록강을 건너서 상해上海의 한국정부를 찾아갔다. 정부 직원이 사람을 알아보지 못해서 여탐정으로 의심하였다. 계랑桂娘이 거문고에 맞추어 노래 부르니 소리가 심히 구슬펐으며, 노래를 마치자 눈물이 하염없이 흘러내렸다. 그제서야 사람들이 비로소 의심을 풀었다. 계옥은 연극을 해서 얻은 돈을 남김없이 군자금으로 희사했다. 화장도구를 모두 팔아치우고 비단옷을 벗어 버린 뒤 나무비녀 베치마 차림으로 몸소 부엌일을 맡아서 했다. 계옥의 이력에 대해서는 창번滄藩 박해철朴海澈이 보내온 기록과 서로 다른 점이 있다. 모두 보존해 두었다가 실제의 기록이 나타나기를 기다릴 수밖에 없다.

목란화병
木蘭火兵

마자강馬訾江머리에는 구름이 끝없고
만주滿珠의 모래 위에는 북풍이 세차게 부네.
목란木蘭이 이미 길쌈을 그만두고
군영軍營으로 가서 대병大兵되었네.
馬訾江邊雲漠漠　　滿珠沙上朔風驚
木蘭已謝當窓織　　好向營中作火兵.

마자강은 압록강이며, 만주滿珠는 만주滿州를 말한다. 땅에서 주옥을 생산하기 때문에 만주滿珠라고도 한다. 목란木蘭은 여자의 이름이다. 그 아비가 화병火兵으로 출정出征하게 되었는데 목란이 남장하고서 아비를 대신하여 종군했다. 〈당창직當窓織〉은 목란사木蘭詞의 『즉즉 또, 즉즉 창가엔 베짜는 소리 喞喞復喞喞 木蘭當窓織』라는 데서 나온 말이다. 즉 창가에서 길쌈한다는 뜻이다. 《계랑가桂娘歌》 원본에 어떻게 나와 있는지 모르지만 이검암李劍庵은 이처럼 엮고 있다. 압록강을 마자강馬訾江으로, 만주滿州를 만주滿珠로 표현한 것을 본다면 포부가 보통이 아닌 여인임을 알 수 있다.

◉남파南坡 주채희朱彩姬

채희彩姬는 본디 마산馬山 기생이다. 생업을 고쳐 부산에서 학교를 졸업하고, 지금은 시인 이정설李鼎卨의 부실副室이 되어 있다.

송인
送人

만나는 즐거움 이별의 괴로움 당하기 어려워
차마 옷소매 나누지 못해 난간에 의지하기란 더욱 견디기 어렵네.
구름조각은 저 멀리 돛단배 위로 흘러 돌아가고
눈송이는 부질없이 가는 사람의 관冠 위에 내려지네.
밝은 해는 시름 속에 저물고
역력한 푸른 산은 쓸쓸해 보이네.
그리운 이 마음 보이려 하나 보여줄 길 없고
쳇바퀴처럼 밝은 달은 양변兩邊을 밝혀주네.
逢歡難敵別懷難　　不忍分衿更倚欄
雲葉遠流歸帆背　　雪花空打去人冠
紛紛白日愁中暮　　歷歷青山望裡寒
欲證相思無所證　　一輪明月兩邊看.

넷째 구절에서는 아녀자의 생각하는 바를 엿볼 수 있다.

◉담도潭桃

담도潭桃는 본디 진남포鎭南浦 기생으로서 지금은 찬록헌餐綠軒 김환익

金煥翼의 사랑을 받고 있다. 그 시가 《신해음사집辛亥吟社集》에 실려 있다.

세모의 한탄
歲暮嘆

창가의 등잔불 어이 그리 밝은가
창 밖엔 또 흰 눈이 내리네.
매화가 곧 피려 하니,
미인이 또 한 해를 보내네.
窓燈何耿結　　窓雪又飄旋
梅作將花候　　蛾眉又一年.
(원평原評에서는 시상이 묘절妙絕하다고 하였다.)

◉ 금사錦史

금사錦史는 어린 시절에 벌써 기적妓籍에 올랐다. 보통학교에 입학하려 했으나 학교에서 허락하지 않았으므로 곧 이름을 고쳐 한성여학교漢城女學校에 입학하였다. 일찍이 시에 대한 공부를 했었으나 종적이 탄로될 것을 두려워하여 감히 시를 짓지 못했다. 오직 이 한 편의 시를 《신해음사辛亥吟社》에 보냄으로 해서 그 초고草稿가 지금에 남게 되어 여기에 기록한다. 금사는 이제 진신縉紳의 집 숙녀가 되었으므로 구태여 그 이름을 밝히지 않는다.

장충단 유감
奬忠壇有感

단 위 달 밝은 밤에
정령精靈이 지난날의 회포를 말하네.
진작 오늘의 일 알았던들
당일의 죽음 도리어 가벼웠을 것을.
壇上月明夜　　精靈說往情
早知今日事　　當日死還輕.
(경술년에 짓다.)

소귀자疏歸子가 말하기를, 옛사람이 정령을 말함에 있어 흔히 달 밝은 밤과 결부시키고 있다. 예를 들어 『성 안 달 밝은 밤에 정령이 오가네 城裏月明夜 精靈自來往』 하는 것과 같은 것이다. 정하원鄭夏園이 송경松京 회고시懷古詩에『정령이 달밤에 노니는 것을 안다면, 봄밤에 통곡하는 부로父老가 없느니라 知有精靈遊夜月 更無父老泣春風』 했으며, 또 요사이 우정偶丁 임규林圭의《장충단奬忠壇》시에『달 밝은 밤이면 정령이 나와 해마다 한식寒食이면 두견새 오네 夜夜精靈明月在 年年寒食子規來』 하였다.

◉앵무鸚鵡

앵무는 달성達城 기생이다. 이천보李天普가 경상감사가 되었을 때 부기府妓로서 천침薦枕한 자가 없었다. 하루는 동기童妓를 불러《등왕각서藤王閣序》를 외우게 했는데 번갈아 가면서 몇 구절씩 외웠다. 앵무의 차례에 이르러서 공교롭게도『물화物華[22]는 천보天寶라, 용광龍光[23]이 두우斗牛 사이에서 빛을 발한다』는 구절을 읽게 되었다. 앵무는 곧『물화物華는 사도使道(사또)다』라고 고쳐 읽었다. 사또의 이름이 천보天寶와 같은 음이 되기 때문이다.(속어에 감사를 사또라고 불렀다.) 이천보는 그 재주를 사랑해서 가까이하게 되었다. 벼슬이 갈려서 돌아가게 되었는데 기생들이 다투어〈이별의 노래〉를 지어 불렀으나, 앵무는 시 한 수를 지어 바쳤을 뿐이다. 감사가 그 시를 보고 관수미官需米[24] 1백 석을 하사하였다.

앵무롱
鸚鵡籠

앵무가 새장 속에 살면서 세월이 흘러
오랫동안 주인의 은혜 먹고 살았네.
주인 한번 간 뒤엔 가을에도 곡식 없어
말한다고 해놓고 말하지 못하네.
鸚鵡雕籠歲月飜　　長時飮啄主人恩
主人一去秋無粒　　道是能言不敢言.

【앵무열전鸚鵡列傳】 달성에는 옛부터 앵무로 이름하는 자가 왕왕 있었다. 이헌영李𨯶永이 경상감사가 되었을 때 앵무라는 기생이 있어 잠자리를 같이 했다. 내가 비장裨將[25]에게 묻기를 『공의 그 유아한 성품으로도 기생에게 마음이 쏠린단 말인가』 하니, 『그 재주를 사랑하여 가까이하는 것이 마치 이상공李相公 천보天普와 같은 것이다』 하였다. 곁에 한 늙은 아전이 있다가 지난날에 윤사또 아무도 앵무를 사랑했으니, 지금의 앵무와 비할 바가 아니었노라 하며 자자히 이야기하였다.

윤사또는 일에 대한 판단에 밝아서 스스로 말하기를 『평생에 한 번도 남에게 속아 넘어간 일이 없다』고 했습니다. 이때에 앵무가 수청기생이 되어 사랑을 독차지했습니다. 윤사또는 앵무가 총애를 믿고 남의 청탁을 받아들일 것을 두려워하여 정당 뒤 별방에 거처케 하고 외출을 일체 허락하지 않았습니다. 앵무의 아비는 일찍부터 군노軍奴[26]로 있으면서 군노 두목이 되기를 꾀했으나 뜻을 이루지 못했습니다. 그 딸이 수청기생으로 들어가게 되니 그는 일이 쉽게 될 줄로 생각했습니다. 그러나 두목을 바꾸어 뽑는 날에 그 딸의 얼굴을 볼 수 없게 되자 비밀히 그 딸에게 일을 알렸습니다. 앵무의 얼굴에 근심하는 빛이 있었습니다. 윤사또가 물으니 대답하기를 『아비의 병이 위중한데도 나가볼 수가 없습니다』 하면서 울었습니다. 사또께서 하루의 말미를 주어 나가보게 했습니다. 앵무가 글씨 잘 쓰는 사람의 손을 빌려 윤사또의 글씨를 본떠 속치마에다가 쓰기를 『아무개로 도군노都軍奴를 삼는다』 했습니다. 아무개란 바로 그 아비의 이름이었습니다. 도군노란 곧 군노의 두목입니다. 그리고 나가서 호방비장戶房裨將을 만났습니다. 비장이 앵무의 비단치마 속에 은은히 글씨가 비치고 있음을 발견하고 사실을 물으니, 앵무가 곧 비단치마를 걷어올려서 속치마를 드러내 보였습니다. 바로 사또의 글씨였습니다. 비장이 뜻을 알아차리고 곧 기관記官을 불러서 비밀히 깨우쳐 주었습니다. 기관이란 바로 영문營門의 수리首吏를 말하는데 군노의 출척黜陟[27]을 맡아보는 자입니다. 일이 그날로 시행되었습니다. 이튿날 앵무가 별실로 돌아왔습니다. 밤이 되어 잠자리에 들었는데, 윤사또가 외출에 반드시 청탁이 있었을 것을 두려워하여 별안간 화낸 얼굴을 하고 목소리를 높여서 말하기를 『요망하고 천한 계집이 어찌 감히 이럴 수가 있단 말이냐. 옥에 가두고 추궁한 다음 목숨을 살려두지 않을 것이다』 하고 형리刑吏를 불렀습니다. 이때에 둘은 다같이 벌거벗은 몸으로 이불 속에 들어 있었습니다. 앵무는 조금도 당황하지 않고 재빨리 손으로 윤사또의 양물陽物을 잡으면서 말하기를 『이제 놓치면 이 물건은 다시 손에 들어오기 어렵습니다』 하고 굳게 잡고 놓지 않았습니다. 윤사또는 배가 잔뜩 오므라져 들어오고 이마에서 식은땀이 흐르는 것을 느꼈습니다. 하여 웃으면서 말하기를 『놓아라, 내가 일부러 너를 희롱한 것이다』 했습니다. 앵무가 말하기를 『첩은 실지로 죄가 있습니다. 어찌 희롱이라고 볼 수 있겠습니까』 했습니다. 사또가 말하기를 『설사 죄가 있다 하더라도 내 불문에 붙이리라』 했습니다. 앵무가 대답하기를 『죄가 있는데 묻지 않는 것은 정치하는 길이 아닙니다』 하니, 사또는 답답함을 금치 못해서 『내 맹세하는 글을 써서 너에게 주리라』 하고 종이와 먹을 찾아 맹세하는 글을 썼습니다. 쓰기를 마치고 도장을 누르려 했으나 도장이 상방上房에 있었으므로 앵무를 시켜 가져오게 했는데, 앵무는 한 손으로는 사또를 붙잡고 한 손으로는 인장印章이 들어 있는 갑을 열어서 도장을 누르게 했습니다. 도장을 누른 뒤에야 비로소 그것을 쥔 손을 놓았습니다. 윤사또는 오랫동안 곤경을 당해서 정신이 얼떨떨하여 감히 성내지도 못하고 그렇다고 웃지도 못했습니다. 앵무는 맹세하는 글을 그 자리에서 등잔불에 태워 버렸습니다. 그리고는 방바닥에 엎드려 죄를 청했습니다. 윤사또가 괴이하게 여겨 그 까닭을 물었습니다. 대답하기를 『첩의 죄가 죽어 마땅합니다. 사또께서 이 앵무를 죽이려 하신다면 어찌 맹세하는 문서를 염두에 두시겠습니까. 첩이 청탁을 받아들인 일을 사또께서 실지로 알지 못하시면서 거짓 노하셨으니, 이는 심복 사람에게 대하는 도리가 아닙니다』 했습니다. 그러자 윤사또는 크게 부끄러워했습니다. 달성 사람이 지금까지도 이 말을 합니다. 또 새로운 앵무가 있는데 역시 총명이 뛰어납니다. 나그네가 다음의 시를 지어주었다 합니다.

앵무는 예나 이제나 총명한 자 많으니
달성을 모름지기 농서隴西[28]로 보리로다.
鸚鵡古今多慧悟　　達城須作隴西看.

◉앵무鸚鵡

앵무는 달성 기생이다. 유진사兪進士 아무개가 경상감영慶尙監營에서 놀 때다. 경상감사는 유진사가 단아한 선비로서 방탕하게 놀기를 좋아하지 않음을 알고, 삼백금三百金을 주면서 말하기를 『이 돈은 반드시 기생방에서 써 없애야 한다』 하였다. 고을 기생들이 이 말을 듣고 다투어 가까이하려 하였다. 진사進士는 앵무를 가까이하고 며칠 뒤에는 금춘錦春을 또 가까이하려 하였다. 금춘도 명기名妓이다. 날을 정하여 금춘의 집에서 잘 것을 약속하였다. 그날 밤에 경상감사가 금춘을 불렀으므로 진사는 쓸쓸하게 돌아갔다. 앵무가 이 말을 듣고 시 한 수를 써서 성 안에 퍼뜨려서 외우지 않는 사람이 없었다. 이튿날 진사가 앵무를 보니 근심하는 빛이 있어 물어보았다. 『첩의 근심은 실지로 진사님 때문입니다. 진사님께서는 도성의 사부士夫로서 금마金馬 옥당玉堂이 저절로 몸에 이르게 마련입니다. 그런데 만약 교방의 별명을 얻게 된다면 어찌 맑은 이름에 손상을 입히는 것이 아니겠습니까』 하였다. 까닭을 물으니 대답하기를 『달성교방達城敎坊에 월조시단月朝詩壇이라는 것이 있어서 기생들의 명절名節과 기생을 가까이한 자의 풍모를 모두 시로 비평하고 있습니다. 지난날에 고을 기생 도화桃花라는 자가 어떤 사람과 자기 집에서 함께 잠자리를 약속했는데 그 사람이 그 집까지 왔다가 곧 돌아가 버렸습니다. 이렇게 되어 함께 잠자지 못했습니다. 그 때문에 월조시단의 시에서

나비 왔다가 도로 가버려
도화가 소리 없이 빈 담에 의지했네.
蝴蝶自來還自去　　桃花無語倚空墻.

라고 노래하여, 이때부터 여자로서 남자의 사랑을 잃은 자와 남자로서 실연한 자를 〈의공장倚空墻〉이라 부르게 되었습니다. 이제 진사님께서 금춘과 약속했다가 실연失戀하고 돌아오셨으니 의공장이라는 별명을 면하기 어렵습니다』 하고 이어서 시를 읊었다.

빈 담에 의지하다
倚空墻

달성 삼월은 봄이 비단 같은데
백마 타고 청삼 입은 저 유야랑兪冶郎[29]은

취중에 손에 꽃 있음을 모르고
의공장倚空墻을 또 꺾으려 했네.
達城三月春如錦　　白馬青衫兪冶郎
醉裏不知花在手　　生心又折倚空墻.

풀이하기를『봄이 비단 같다』했음은 기생 금춘金春을 가리킨 것이며, 유야랑兪冶郎이란 진사님을 가리킨 것입니다.『손에 꽃이 있다』함은 이미 앵무를 사랑했음을 말합니다.『또 꺾으려 했네』함은 금춘을 가까이하려는 것을 말합니다, 하니 진사가 이 말을 듣고 그 이튿날로 행장을 꾸려 가지고 도성으로 돌아갔다.

그뒤 경상감사의 청지기인 석石 아무개가 감사監司에게 앵무를 헐뜯어 말하기를『앵무가 유진사와 하룻밤을 동침한 뒤 삼백금을 모두 삼켜 버렸습니다. 그 죄를 다스려야 마땅합니다』했으나 감사는 못 들은 체하였다. 이때부터 앵무는 석가石哥에게 원한을 품었다. 그뒤 석가가 동료들과 함께 술자리를 마련하고 고을 기생 중 거문고 잘 타는 자를 가려 자리하게 하였다. 앵무가 이 일을 사전에 탐지하였더니 고을 기생 중 거문고를 잘 타는 자는 녹주綠珠와 옥소玉簫 두 사람뿐이었다. 잔치를 하루 앞두고 앵무는 두 기생을 유인하여 절로 가서 향을 피웠다. 석가는 두 기생이 오지 않자 화를 내면서 잔치를 파했다. 앵무가 시 한 수를 지어서 시단詩壇에 부탁하여 퍼뜨렸으니 이때부터 석가는 창피하게 생각해서 직책을 그만두고 서쪽으로 돌아갔다. 시는 이러하였다.

녹주는 상 위에서 걷길 싫어하는데
석씨의 산호珊瑚는 얼마나 자랐나.
달 밝은 밤 진秦나라 누각에서
옥퉁소 소리 끊어져 빈 담에 의지했네.
綠珠不喜瑤步床　　石氏珊瑚幾許長
又是秦樓明月夜　　玉簫聲斷倚空墻.

석숭石崇이 침향沈香 가루를 상床 위에 펴고 미인을 가려 그 위를 걷게 하여 발자취가 없는 자를 당선케 했다. 녹주가 당선되었다. 진루명월秦樓明月

은 농옥사弄玉史에 나온다.

◉ 소춘풍小春風

소춘풍은 어떤 사람인지 모르겠으나 그녀의 시가 《신해음사辛亥吟社》 제1집에 실려 있다.

옛뜻
古意

바다 속에서 나온 산호
전체가 붉은 결정체일세.
속도 붉은지 알고 싶어서
칼 끝으로 모서리를 깎아본다.
珊瑚海中出　全體烘然丹
不知紅徹底　刀末削其端.

어떤 사람은 말하기를 『소춘풍은 기생으로서 이 시를 지어 사랑해 주는 남자에게 뜻을 보인 것이다』 하였다. 구평舊評에 이르기를 『옛시의 뜻을 체득하여 설교서薛校書의 아류亞流가 될 만하다』 했는데, 이것은 정도에 지나친 논평이다.

◉ 구소九簫 이봉선李鳳仙

구소九簫는 오무근吳武根의 첩이 되었다가 뒤에 김홍조金弘祚의 사랑을 받았다. 시가 《신해음사辛亥吟社》의 을묘집乙卯集에 실려 있다.

병화
甁花

깨끗한 금병金甁의 물에
고운 철쭉꽃.
봉이封姨가 비록 좋아 보이진 않지만

어찌 아름다움을 덜랴.
淨淨金甁水　　姸姸鐵竹花
封姨雖是惡　　那得減芳華.

시가 원고와 조금 다르다. 봉이封姨란 소녀풍少女風을 말한다.

무능자無能子가 말하기를, 구소의 자는 호경護卿인데 언양彦陽 기생으로 시에 능하여 이름이 있었다. 내 족제族弟 이봉화李鳳和(호 동련東蓮)가 학성鶴城 수령으로 있으면서 거리가 언양과 가까워 자주 상종相從하여 시를 읊었다. 구소九簫가 오무근吳武根과 인연을 끊고 학성의 추전秋田 김홍조金弘祚에게로 시집가서 반구정伴鷗亭에서 살았다. 동련東蓮이 김추전과 사귀어 구소가 때때로 술자리에 배석했는데 불행히도 추전이 죽고 동련은 함양咸陽 고을 수령으로 옮겼다. 구소는 다시 자기 고향인 언양 정모와鄭某窩 태균泰均의 부실副室이 되었으며, 모와某窩는 또한 연제蓮弟의 친한 벗이었으므로 다시 시짓는 인연을 계속하게 되었다. 구소가 작천정酌川亭(언양에 있음)에서 지었다는 시를 동련東蓮이 외워서 내게 들려주었다.

천고千古에 난정蘭亭이 있은 뒤에는
작천酌川이 으뜸가는 정자일세.
이처럼 흰 돌 찾아볼 수 없어
맑은 흐름이 밑을 감도네.
달빛 비치는 땅을 눈[雪]인 양 의심해
여름날이 가을을 연상하네.
아름다운 경치 이루 다 표현키 어려워
붓을 들고 생각에 잠기네.
千古蘭亭後　　酌川第一樓
白無如許石　　淸有此間流
月地飜疑雪　　夏天仍得秋
難收多少景　　把筆惹紅愁.

내가 이 시로 지정之亭 선생께 묻기를 『어리석은 생각에는 첫구가 공소空疎한 것이 병입니다』 했더니, 선생이 말하기를 『그렇다. 천고千古는 천재千

載로 고치고, 여섯째 구의 하천잉夏天仍을 염천잉炎天剩으로 고치는 것이 좋을 것 같다』 했다. 내가 동련東蓮을 통하여 구소의 시를 구했더니 구소가 시 10여 수를 보내왔는데 절묘한 것이 많았다. 그러나 졸저拙著인《조선해어화사朝鮮解語花史》를 이미 인쇄에 넘겼기 대문에 추가시킬 수 없게 되었다. 뒷날 기회가 있으면 다시 수록하여 동호同好에게 널리 알리겠다.

따로 재원才媛의 시를 부기한다.(따로 부기한다 함은 그 신분이 기생이 아님을 밝히는 것이다.)

◉ 오소파吳小坡

오소파吳小坡는 영남 의성군義城郡 사람이다. 어릴 땐 이름을 덕원德媛이라고 했고, 뒤에 효원孝媛으로 고쳤으며, 소파小坡는 그의 호이다.

나이 열네 살에 서울로 올라와 명사名士들과 사귀어 놀았으며 시를 잘한다는 칭송을 들었다. 나도 그 이름은 들었으나 사람은 보지 못했다. 이제 내가《조선해어화사朝鮮解語花史》를 발행함에 있어 소파의 시를 수록하지 못함을 유감으로 생각했는데, 다행히도 동료의 벗 김일두金日斗 군의 소개로 여사의 시집을 빌려 몇 수의 시를 초록하여 주옥珠玉이 빠짐을 비로소 면케 되었다. 여사는 비록 기생 출신이 아니지만 재원인 까닭에 그 시를 취한 것이다. 소파 여사에게는 시집 한 권이 있는데 5언절구·7언절구·7언율시七言律詩 등 합하여 수백 수가 된다. 그의 아버지 오시선吳時善(호 경금옹慶今翁)이 서문을 써서 그 전말을 서술하고 있으니, 그 대략에 이르기를『여사는 태어나면서부터 총명했다. 아홉 살에 사숙私塾[30]에 입학하여 천자문千字文을 배웠는데 며칠이 아니 되어 모두 외웠으며, 음훕을 붙이고 뜻을 풀이함에 있어 하나를 들으면 열을 깨우쳤다. 사숙의 스승이 감탄해 마지않았으며, 이것을 옛날 중국 한漢나라의 반고班固[31]와 채옹蔡邕[32]에 비유하였다. 또 글씨를 익히게 했는데 글자가 단정했으며, 시짓는 법도 가르쳤는데 시운이 청설淸絕하였다.

여사가 글씨를 익히고 시를 배울 때 종이를 준비하면 어느 틈에 형제들에게 빼앗겨 버렸으므로 감 잎사귀를 따서 글씨를 썼다. 그리고 시를 짓기를

해돋는 이른 아침 감 잎에 글씨 쓰고

벽라碧蘿에 비 소리 들으며 시를 외운다.
紅荳晩雲書柿葉　　碧蘿春雨讀梅花.

하였다. 이듬해 여름 본군 및 의흥義興의 문예경시장(속칭 백일장白日場)에 나아가서 자신이 짓고 또 써서 장원에 뽑혔는데 고을 원이 크게 칭찬하고 선비들이 감탄하였다. 이때부터 원근에서 모두 신동이라고 일컬었다』 하였다.

임인년壬寅年에 그 아비가 공금을 축내고 체포되어 감옥에 갇히는 몸이 되었다. 여사는 당시 14세로서 밤낮을 가리지 않고 도성으로 달려가 권귀權貴를 찾아뵙고 몸으로 그 아비의 죄를 용서해 줄 것을 청하니, 권귀가 자리를 주고 그 호소에 귀를 기울였다. 때마침 시회詩會가 있었는데 여사가 즉석에서 시를 읊었다. 그 둘째 구절을 보면

나라에 바칠 돈 걱정되니 방법을 생각하고
어버이 옥고獄苦에 병들어 모습이 초췌하다.
國納關心思術策　　家親滯病減形容.

했다. 사람들이 모두 놀라고 감탄해서 말하기를 『효성은 제영緹縈이요, 시는 난설蘭雪이다』 하였다. 이때부터 이름이 널리 알려졌으며 외국 사람에 이르기까지도 소문을 듣고 효성을 칭찬했다. 1년도 아니 되어 동정금을 거둔 것이 수만 원에 이르렀다. 아비의 포흠逋欠[33]한 돈을 청산하여 나라에 바쳤다. 아비가 기뻐하며 〈덕원德媛〉을 〈효원孝媛〉으로 고치고 탄식하기를 『사내자식 낳음을 중히 여기지 않고 딸자식 낳음을 중히 여긴다더니 바로 나를 두고 하는 말이다』 하였다. 여사의 나이 20세가 되자 아비가 시집을 보내려 했으나 듣지 않았다. 여성의 지식 계발이 급하다는 것을 여쭙고 그 목적을 관철하려 하여 이등박문伊藤博文을 찾아가서 뜻을 말했다. 이등伊藤은 동경의 여러 사회단체에 소개하는 글을 써주었다. 여사는 곧 동경으로 건너가 널리 의손금義損金을 모았다. 1여 년에 걸쳐 수천 원의 돈을 얻어 가지고 돌아와 여학교를 설립하고 신명여학교新明女學校라 이름하였다. 여학교라는 명칭이 이때부터 비롯되었다고 한다. 이등伊藤이 여사女史가 미혼인 것을 전해 듣고 동경 유학생 감독 신해영申海永 씨에게 중매를 부탁하였다. 신공申公이 때마침 상배喪配를 당했기 때문에 두 사람 사이에 약혼이 성립되었다.

화촉을 밝히기도 전에 신공이 병들어 불귀不歸의 객客이 되었다. 이때부터 독신생활을 시작했다. 4개 성상에 걸쳐 신명新明·숭신崇信·공옥攻玉 등 여학교에서 교편을 잡았다.

병진년丙辰年 봄에 여비를 만들어 상해上海로 건너갔다. 상해의 문사文士들이 구음사鷗吟社를 조직하고 여사를 청해서 간사幹事로 있게 하였다. 이때부터 양계초梁啓超·당소의唐紹儀·원공자袁公子 3인과 강유위康有爲·번난사潘蘭史·염남호廉南湖 등 여러 인사들과 문필로 교류하여 서로 증답贈答이 있었다. 청혼請婚하는 자가 있으면 문득 귀를 가리우고 대답하지 않았으니 그 뜻은 본토本土 사람을 구하려는 것이었다. 때마침 윤고성尹固城[34] 명은命殷 군이 북경에서 놀았다. 여사를 찾아가 회포를 풀었는데 그 뜻이 서로 맞았다. 택일하여 혼례를 이루니 때는 무오년戊午年 가을이었다. 그해 겨울에 손잡고 함께 돌아와 도성에서 살았다.

김소봉金小峯 일두日斗 군이 소파 여사가 도성에 있을 때 늦은 봄 절후에 대해서 부친 글월을 외어 내게 들려주었다.

요사이 비바람에 꽃소식이 어떤지?

시인 문사들의 회포가 가장 많고 감상에 젖으며 비애를 느끼는 계절이오. 그대도 또한 시인 문사에 속하는 사람이니 어찌 회포가 없고 감상에 젖지 않겠으며 비애를 느끼지 않을 수 있겠소. 나는 이곳에 온 지 벌써 수십 일이 되었소. 비록 기거起居와 음식이 전날이나 다름없다지만 쓸쓸한 여창旅窓에서 그리워지는 것이 누구이겠소. 잠깐 찾아주기 바라오. 고대하겠소.

벗에게 답하는 글

아침에 동쪽 담장머리에서 까치가 와서 지저귀기로 오늘은 반드시 크게 기쁜 소식이 있을 것으로 믿었어요. 좀 있으니 춘성春星(하녀下女 춘심春心)이 달려와서 『아씨, 시골서 편지가 왔습니다』 하길래 급하게 편지를 펴서 보니 바로 내 평생에 사랑하는 벗 그대의 정다운 글월이었소. 종이 위에 가득한 사연이 마치 손을 잡고 뺨을 대기라도 하는 것처럼 은근하고도 간절했소. 기쁘기 비할 데 없었소. 그러나 제 정신으로 돌아와 보니 소리 없는 종이조각에 불과했소. 오히려 허전하고 그리움에 몸둘 바를 모르겠소.

아홉 살에 입학하여 그해 11월에 글을 짓다
九歲入學後十一月始作

우리나라 풍속 어느 때부터
사내자식 생각하고 딸 생각 않았던가.
한 편의 천자문千字文을
아홉 살에야 서당에서 배웠네.
國俗自何時　　重男不重女
一篇千字文　　九歲學於序.

무능자無能子가 말하기를, 천진난만하여 감상을 잘 표현하고 있다. 자녀에 대하여 편파적이어서 교육에도 차별이 있음을 한탄하고 있다. 동시童詩에서 나라의 풍속을 찾아볼 수 있어 묘미가 있다.

임금과 스승과 아버지가 한 몸임을
글 속에서 깨우쳤네.
서당 규칙 엄하기 스승과 같아
명령하시면 감히 어기지 못하네.
一體君師父　　書中乃得知
函筵嚴若帥　　惟命敢無違.

무능자가 말하기를, 근일의 학교 교육을 묘사하고 있다. 수신修身 과정에 있어 좋은 본보기이다.

일을 마친 뒤에 지음
事濟後作

내 집에 진채塵債가 가벼운 것 아니어
집 속에 깊이 숨어 이름 숨겼네.
장안長安의 활불活佛[35] 많은 데 힘을 입어서
시름에 잠긴 먹구름 일시에 걷혔네.

吾家塵債政非輕　　深入圜扉隱姓名
賴得長安多活佛　　愁雲惻雨一時晴.

무능자無能子가 말하기를, 맨 첫구절의 〈집〉을 〈아버지〉로 〈진塵〉을 〈공公〉으로 고치는 것이 더욱 적절하다고 본다.

명신여학교를 창립하는 일을 위해서 동경으로 건너가다
爲明新女學校創立事, 入東京

여성 교육에 뜻을 두어
학교 세우고 명신明新이라 했네.
유지할 방책 전혀 없어
동쪽 바다 건너는 사람되었네.
留心女學界　　設校號明新
全沒維持策　　東爲渡海人.

이등춘묘伊藤春畝 씨는
내게 동경으로 갈 것을 권해.
서도書道의 모임 있음을 듣고
친서親書로 내 이름 소개했네.
伊藤春畝氏　　權我入東京
聞有揮毫會　　親書遠寄名.
(무신년에 짓다.)

무능자가 말하기를, 이 두 시는 아홉 살에 입학하고 나서 지은 시와 대조를 이루고 있다. 문체가 일맥상통으로 이어져 내려오고 있다.

예수교에 입교入敎하여 세례를 받다. 신공申公의 끊임없는 권유에 따른 것이다
入敎受洗禮, 從申公平生勸諭

스스로 예수교에 들어가

삼가 세례洗禮를 받았네.
진리가 있음을 깨달아
일평생 마음으로 믿게 되었네.
自入耶蘇敎　　恭承洗禮行
粗知眞理在　　心信一平生.

무능자가 말하기를, 신앙심이 깊어서 서양의 정덕여사貞德女史와 같을 수 있다. 문장이 또한 좋다.

윤부인尹夫人을 곡哭하는 만장輓章
哭輓尹夫人

고인故人이 고인故人 위해 만사輓詞를 쓰오.
먹물이 감회의 눈물 따라 흘러내리오.
지하에서 만날 날 응당 있을 테지만
이승에서 만날 기회 없어졌어요.
거문고는 이미 소리를 잃어버려
무덤 위의 나무에는 칼 걸던 가지가 남아 있어요.
높고높은 옥경玉京 오를 길 없고
가을 바람에 가는 외기러기 소리 구슬퍼집니다.
故人爲作故人詞　　墨淚先從感淚垂
地下相逢應有日　　世間團會永無期
匣琴已斷知音曲　　墓木空餘掛劍枝
迢遞玉京攀不得　　西風征鴈一聲悲.

무능자가 말하기를, 전편이 원만하게 이루어졌으며 정경情景이 절실하게 표현되고 있다.

처음으로 신신보사申新報社 모임에 가다
初入申新報社雅會

만 리 이역 떠돌이 생활 꿈이 깊어서
높은 모임에 참석하니 학식 없음 부끄러워
술잔 놓고 담소하니 운치가 있고
꽃진 뒤 누대에는 풀 또한 향기로워
영웅이 늙어가면 경국제세經國濟世 기여해
나그네 누樓 오르면 감상에 젖지.
천애天涯에서 다행히도 아름다운 이웃 얻어
연구聯句를 읊게 되어 이 몸이 빛이 나네.
萬里棲遑一夢長　　却來叅會愧踈狂
樽前談笑風生韻　　花後樓臺草亦香
英雄老去多經濟　　客子登臨倍感傷
天涯幸得芳隣接　　風雨聯吟與有光.

무능자가 말하기를, 시에서 털끝만큼도 여인의 기상을 찾아볼 수 없다.

한운寒雲 원극문袁克文(원총통袁總統의 둘째 공자公子)의 시에 화답하다
和呈寒雲袁克文

버들강아지 눈처럼 사람 향해 나네.
이 봄이 다갔건만 못 가는 이 나그네.
계절이 일으키는 감회에 마음 어둡고
고향산천 꿈 속에 어렴풋하네.
빈약한 조예로 시상詩想이 부족한데
공자公子의 맑은 놀이 세속을 벗어났네.
천애天涯에서 병든 이 몸 불쌍히 생각되네.
좋은 이 날에 한 번 웃어나 볼까.
楊花如雪向人飛　　過盡東風客未歸
節物傷心徒黯黯　　鄉園入夢謾依依
書生貧窶詩情冷　　公子淸遊俗事稀
賴有天涯憐我病　　良辰一笑亦何非.

무능자가 말하기를, 이역異域에 표박飄泊하면 환경에 따라 감상에 젖게 된다. 마치 두보杜甫[36]의 시를 읽은 듯하다.

국화를 노래하다
詠菊

울타리 두른 국화 금빛으로 장식했는데
꽃 꺾어 용산龍山에 갔을 땐 술 취해 모자가 기울어졌네.
봄에는 꽃들이 아름다움 다투니 견주기 어렵지만
가을에는 이 물건 아니면 다시 꽃 없네.
굴원屈原[37]이 이소부離騷賦에서 그 이름 높았고
그 기품氣品 도정절陶靖節[38]의 숨어사는 집에 맞네.
바람 불고 서리 내리는 늦은 계절에 향기도 드높은데
쫓겨온 나그네 웃음 잃고 천애天涯에서 늙어가네.
繞籬黃菊布金沙　　採到龍山醉帽斜
春以羣芳難共譜　　秋非此物更無花
名高屈子離騷賦　　品合陶公隱逸家
生在風霜香晩節　　逐臣休笑老天涯.

무능자가 말하기를, 셋째 넷째 구절의 시상詩想이 더욱 의미가 깊다.

◉ 회고시懷古詩(연경시단燕京詩壇 입선)
중국 북경北京에 있는 현대시문간행사現代詩文刊行社에서 제2회로 시를 모집했는데 그 안내서는 다음과 같다.

삼가 아뢰니다. 폐사에서는 한韓·중中 두 민족의 문예의 교환을 증진시키기 위해 지난 4월에 발기하여 제1회로 시를 모집했는데 한국의 시인들이 이에 호응, 응모한 시가 3백여 편에 이르렀습니다. 폐사가 생각했던 것이 헛되지 않았음에 깊이 위안을 받았습니다. 오직 고시위원이 겨를이 없는데다 겸하여 적군赤軍(共產黨)을 토벌하는 전쟁 수행으로 해서 인쇄가 자유롭지 못했기 때문에 평정評定이 늦어지고 오래도록 간행하지 못했던 것입니다.

오늘에야 겨우 배부해 드리게 되었사오니 송구悚懼함을 금할 길 없습니다. 여러분의 양찰諒察이 있으시기를 바랍니다.

제2회로 시를 모집하는 요령을 아래와 같이 발표하오니 여러분의 투고를 환영합니다.

경리經理 오준吳竣 올림

一, 詩題 懷古

押韻:聲·情·盟·生·成

一, 投稿規定

七言律詩 또는 五言律詩 隨意

原稿用紙 樣式 隨意

(단, 원고는 본사에 보관해서 《現代詩文》 간행에 충당하고 결코 반환하지 않음.)

투고인사의 성명·아호雅號·주소를 명확히 기입할 것.

투고기간은 금년 양력 11월 25일까지이며 더 연기하지 않음.

간행발표는 금년 12월 20일에 하며 결코 더 지연되지 않음.

투고시에는 시 한 수에다 금일원金一圓을 납부하여 간행비에 충당키로 함(입선 여부는 물론하고 시집詩集 한 권씩을 반드시 여러분께 드릴 것임.)

단 간행비의 송금에 대해서는 본사에서 투고인사의 편의를 위하여 북경北京에 있는 중日·일日 합작의 모은행과 특약特約하여 소액환小額換으로 바꿔 드리도록 하겠사오니 이 방법에 의하도록 하시기 바람.

단체투고(詩會別)는 일회 열 수 이상에 대해서는 특별히 반액을 받겠음.

一, 懸賞規定

入選詩 : 一等 一人 본사 사장의 찬사서문(비단에 쓴 것) 한 벌.

二等 二人 본사 사장의 찬사 액자(비단으로 만든 것) 한 폭.

三等 三人 본사 부사장의 찬사 족자 한 벌.

選外佳作에 대해서는 중국 명사의 찬사 족자 한 벌.

中華民國 十月 十五日

中國 北京 朝陽門外街 234호

現代詩文刊行社內

燕京詩壇

고시관 양계초 선생

考試官梁啓超先生

긴 밤 등잔불 앞에서 추성부秋聲賦 읽는데
지나간 일들이 감회를 흔드네.
삼국 전쟁에서 풀과 나무 시들고
칠웅七雄의 다툼에 산과 내 분열됐네.
왕도를 이루지 못한 채 백골만 뒹굴어
영웅호걸 어디 있나 창생蒼生[39]들만 괴롭혔네.
성패成敗는 모두 옛일로 사라져
만리변성에 바람과 연기만이 쓸쓸히 감도네.

青燈中夜讀秋聲　往事悠悠攪憾情
草木變衰三國戰　山河分裂七雄盟
王霸不遷餘白骨　英豪安在奈蒼生
一籌成敗皆陳跡　滿目風烟萬里城.

高麗 漢城 仁寺洞 110

小波女士 謹稿

【3】 가기歌妓

◉영흥永興 기생 소춘풍笑春風

제齊도 대국大國이요, 초楚도 대국이라.
조그만 등국滕國이 간어제초間於齊楚하니
두어라 하사비군何事非君인가 사제사초事齊事楚하리라.

◉송도松都 기생 황진이黃眞伊(자는 명월明月)

황진이는 한때 이름이 있었다. 종실宗室인 벽계수碧溪守가 스스로 지조와 행실이 있다 하여 항상 말하기를 『사람들이 한 번 황진이를 보면 모두 현혹된다. 내가 만일 당하게 된다면 현혹되지 않을 뿐 아니라 반드시 쫓아 버릴 것이다』 하였다. 진이가 이 말을 듣고 사람을 시켜 유인해왔다. 때는 늦가을이었다. 달밤에 만월대滿月臺에 오르니 홍이 도도滔滔하게 일어났다. 진이가 문득 소복 담장淡粧[40]으로 나와 맞이하여 나귀의 고삐를 잡고 노래를 불렀다. 명월明月은 자신의 자를 인용한 것이며 〈수守〉는 〈수水〉로 대신했으니 즉경卽景을 그대로 노래로 옮긴 것이다. 벽계수碧溪守가 달 아래 한 송이 요염한 꽃을 대하고, 또 그 목소리는 마치 꾀꼬리가 봄 수풀에서 지저귀고 봉황이 구소九霄[41]에서 우는 것 같음을 들으니 저도 모르는 사이에 심취心醉해서 나귀 등에서 내렸다. 진이가 말하기를 『왜 나를 쫓아내지 않으세요?』 하니, 벽계수가 크게 부끄러워했다. 그 노래는 이러하였다.

청산리 벽계수야 수이감을 자랑 마라.
일도창해하면 다시 오기 어려워라.
명월이 만공산하니 쉬어간들 어떠리.
靑山裏碧溪水　　莫誇易去
一到滄海後　　難復回
明月滿空山　　暫休去且如何.

송도 회고의 노래
松都懷古之歌

(진이가 밤에 백마를 탄 장군이 옛날의 활터에 말을 멈추어 세우고 연연하여 떠나가지 못하는 것을 꿈꾸고 소매로 눈물을 닦으면서 이 노래를 지었다.)

오백 년 도읍지를 필마로 돌아드니
산천은 의구커늘 인걸은 어데 간고
두어라 고국흥망을 무삼.
五白年都邑地　　匹馬歸來兮
山川依舊　　人傑何所之兮

已矣哉　故國興亡問之何爲兮.

청산青山은 내 뜻이요, 녹수綠水는 님의 정이라.
녹수 흘러간들 청산이야 변할쏜가.
녹수도 청산을 못 잊어 울어예어 가는고.

산은 옛산이로되 물은 옛물이 아니로다.
주야晝夜에 흐르니 옛물이 있을소냐.
인걸도 물과 같아 가고 아니 오도다.

◉매화梅花(평양 기생, 춘설春雪도 기생임)

매화 옛등걸에 봄철이 돌아온다.
옛피던 가지마다 핌직도 하다마는
춘설春雪이 난분분亂紛紛하니 필동말동하여라.
《歌曲源流》

꿈에 뵈는 님이 인연 없다 하건마는
탐탐히 그리울제 꿈 아니면 어이하리.
꿈이야 꿈이언마는 자로자로 뵈어라.

죽어서 잊어야 하랴, 살아서 잊어야 하랴.
죽어 잊기도 어렵고 살아 그리기도 어려워라.
저 님아 한 말만 하소라 사생결단하리라.

◉송이松伊(옛날 명기名妓)

솔이라 솔이라 하니 무슨 솔만 여기든가
천인절벽千仞絶壁에 낙락장송落落長松 내거로다.
길 아래 초동樵童의 접낫[42]이야 걸어볼 줄 있으랴.

동짓달 기나긴 밤을 한 허리를 도려내어
춘풍春風 이불 아래 서리서리 넣었다가
어룬 님 오신 날 밤이여드란 구비구비 펴리라.

어져 내일이여 그릴 줄을 모르던가
있으랴 했으면 가랴마는 제 굳이 보내고
그리운 정情은 나도 몰라하노라.

◉부안扶安 기생 계생桂生

(《가곡원류歌曲源流》에 이르기를 계랑桂娘은 부안의 명기名妓이다. 시를 잘해서 《매창집梅窓集》과 유은劉隱의 《희경집希慶集》에 나온다. 고인故人 촌은村隱이 도성으로 돌아가고 소식이 끊어졌으므로 이 노래를 지으면서 수절守節하였다.)

이화우梨花雨 흩날릴제 울며 잡고 이별한 님
추풍낙엽秋風落葉에 저도 나를 생각는가.
천 리에 외로운 꿈만 오락가락하도다.

내 정령精靈 술에 섞여 님의 속에 흘러들어
구곡간장九曲肝腸을 마디마디 찾아가며
날 잊고 님 향한 마음을 다스리려 하노라.

잘새는 다 날아들고 남루南樓에 북 울도록
십주가기十洲佳期는 허랑虛浪타고 하리로다.
두어라 눈넓은 님이니 시새어 어이하리오.

기러기 산 채로 잡아 정들이고 길들여서
님의 집 가는 길을 역력歷歷히 가르쳐 주고
한밤중 님 생각 날제면 소식 전케 하리라.

언약言約이 늦어가니 뜰에 매화 다 지겠다.
아침에 우는 까치 유신有信타 하랴마는

그러나 경중아미鏡中蛾眉를 다스려나 보리라.

도화桃花는 어찌하여 홍장紅粧을 짓고 서서
세우동풍細雨東風에 눈물이 무슨 일인고.
춘광春光이 덧없음을 못내 슬퍼하노라.

등잔불 그무러갈제 창窓전 짚고 드는 님과
오경종五更鍾 나리올제 다시 안고 눕는 님을
아무리 백골白骨이 진토塵土된들 잊을 줄이 있으랴.

내 가슴 흐르는 피로 님의 얼굴 그려내어
내 자는 방 안에 족자삼아 걸어두고
살뜰히 님 생각 날제면 족자簇子나 볼까 하노라.

창외삼경세우시窓外三更細雨時에 양인심사양인지兩人心事兩人知라.
신정新情이 미흡하여 하늘이 장차 밝아오니
다시금 나삼羅衫을 부여잡고 후기약後期約을 묻노라.

창오산붕상수절蒼梧山崩湘水絶이라야 시름이 없을 것을
구의봉九疑峰 구름은 갈수록 새로워라.
한밤중만 월출어동령月出於東嶺하니 님 뵈온 듯하여라.

【4】 서화書畫를 잘하는 기생

우리나라 기계妓界에 시가詩歌에 능한 자, 해학을 잘하는 자, 얼굴이 뛰어난 자, 절의節義 효행이 있는 자 등이 모두 있으나 오직 서화를 잘하는 자가 전해지지 않음이 유감스럽다. 근일 경성에 오산홍吳山紅이라는 기생이 있었는데 호號는 홍월虹月이라고 하며, 서화에 매우 능하여 해마다 미술전람회에 입선되어 사람들의 칭찬을 받았다. 홍랑이 비록 기생을 업으로 하고 있으나 음탕淫湯한 것을 좋아하지 아니했으며, 시속時俗의 잡가雜歌를 노래하지 않고, 오직 서書·화畫·거문고 및 문학 등에 전심하여 선비와 함께 놀기를 좋아하였다. 그 뜻을 가짐이 고상해서 그런 것일까. 제학提學 윤희구尹喜求(호는 우당于堂)는 문장과 박식博識으로 오늘의 시대에서 가장 이름 높은 자이다. 홍월에게 보낸 시에 이르기를

천생天生의 아름다운 자질資質
용모를 꾸며 남의 애태우길 부끄러워하네.
그대 머리 희어진 것 섭섭해 마라.
버들강아지 동풍 따라 흰 것을 면케 되네.
腕下天然一種香　　羞將脂粉斷人腸
見儂頭白休惆悵　　免逐東風柳絮狂.

했으니 홍랑의 인물과 생각을 여실히 묘사하고 있다.

나는 홍랑紅娘이 난초를 잘 그리는 것을 보고 감회에 젖었다. 조선 정조正祖 때 징사徵士 이양연李亮淵(호는 임연당臨淵堂 또는 산운山雲)이 난초를 제목으로 시 한 수를 읊었다.

동쪽 땅에는 참난초 없어
오직 난초 비슷한 것만 있네.
세상 사람들 잘못 알고 사랑해서
수풀 밑의 늙음은 얻지 못하네.
東土無眞蘭　　只有似蘭者
世人錯相愛　　不得老林下.

내가 그 운자를 빌려 그 뜻과 상반되는 시를 지었으니

동쪽 땅에 참난초 있건만
골짜기 깊으니 아는 자 없네.
세상 사람이 어쩌다 발견하면
꽃다운 이름 천하에 진동하네.
東土有眞蘭　　幽谷無知者
世人忽相見　　芳名滿天下.

하였다. 홍월의 난초가 이와 같은 것이다. 난초는 그 종류가 많다. 우리나라 동남쪽 여러 산(동래東萊의 금정산金井山, 함양咸陽의 지리산智異山, 순천順天의 조계산曹溪山 등)에 일종의 산란山蘭이 있는데 잎이 연하고, 약간 누른 기운이 있으며 줄기가 빼어나고 꽃 향기가 짙다. 식자識者가 보고 이것을 진란眞蘭이라고 했기 때문에 말하는 것이다.

제31장

해학을 잘하는 명기

기생이 해학諧謔을 잘하는 것은 시詩를 잘하는 데에 비견될 뿐만 아니라 한층 색다른 데가 있다. 술자리에서 흥을 돕고 웃음꽃을 피우게 하는 것은 천금千金의 전두纏頭도 아깝지 않다. 설매雪梅가 배극렴裵克廉을 풍자한 것이라든지, 장본將本이 백광훈白光勳을 조소嘲笑한 것이라든지, 무정개武貞介가 창두蒼頭의 말에 대답한 것이라든지, 무정가無定價가 어사御史의 말에 대답한 것 등은 모두 농을 잘해서 사람의 얼굴을 활짝 펴게 만든 것이다.

【1】 설매雪梅가 반대로 배정승裵政丞을 풍자하다

조선 초기의 일이다. 정승 배극렴裵克廉[1]이 연회석상에서 기생 설매에게 이르기를 『들으니 너는 동쪽 집에서 먹고 서쪽 집에서 잔다더구나. 오늘은 노부老夫를 위해서 천침薦枕하는 것이 어떨까?』 하였다. 설매가 대답하기를 『동쪽 집에서 먹고 서쪽 집에서 자는 천한 기생의 몸을 가지고 왕씨王氏를 섬겼다가 이씨李氏를 섬기는 정승을 모시는 것이 사리事理에 꼭 맞습니다』 하였다. 듣는 자가 모두 비웃었다.《公私見聞錄》

【2】 장본將本이 백광훈白光勳을 비웃다

백광훈白光勳[2]은 시에 능하고, 초서草書를 잘 써서 호남湖南 지방에서 이름이 제일 높았다. 부여扶餘를 지나갈 때에 현감縣監이 유람선에 술을 싣고 공주公州의 기악妓樂을 빌려 가지고 그가 오는 것을 기다렸다. 그가 오고 보니 포의布衣의 한 선비로서 용모가 보잘것 없었다. 기생 중 장본將本이라는 자가 있었는데 농을 잘했다. 말하기를 『일찍이 백광훈白光勳의 이름이 산보다도 큰 것으로 들었는데, 이제 대해서 보니 조룡대釣龍臺에 지나지 않는다』 했다. 부여 백마강白馬江 위에 조룡대가 있으니 당唐나라 장수 소정방蘇定方[3]이 백마白馬를 미끼로 용龍을 낚는 데서 얻어진 이름이다. 조룡대란 조그만 바위에 지나지 않는다. 그 때문에 장본의 말이 백광훈을 잘 형용하고 있다. 백광훈의 한 짤막한 시가 있어 세상을 울렸으니 이르기를

청산青山은 중첩重疊하고 물은 흘러가는데
금궐金闕 아니면 옥루玉樓였으리.
당시의 전성을 이제 와서 물을 길 없어
달 밝은 썰물녘 외로운 배에 몸 의지했네.
靑山重疊水空流　　不是金宮卽玉樓
全盛至今無更問　　月明潮落倚孤舟.

하였다. 내가 보기에는 이 시 또한 조룡대를 두고 지은 터일 것이다.(柳夢寅의《於于野談》)

【3】 무정개武貞介의 수절守節

평양 기생 무정개武貞介는 판서判書 유진동柳辰同의 사랑을 받았다. 유판서를 따라 몇 고을을 두루 구경하다가 마침 전남편의 종을 만났다. 슬퍼서 목메어 울었다. 유판서의 종이 이 광경을 보고 나무라기를『아씨의 애정이 전적으로 그에게 있으니 우리 상전上典을 소중히 여기지 않음을 알겠습니다』하였다. 무정개武貞介가 대답하기를『너는 사리事理에 통달했다고 말할 수 없다. 내가 너희 상전을 위해서 마땅히 수절해야 할 것이지만, 만약 불행하게도 다른 사람에게 시집가게 되어 너를 다시 만났다면 이에서 열 배나 더 할 것이다.』그 말의 민첩함이 이와 같았다.《於于野談》

【4】 무정가無定價의 재치 있는 대답

유진동柳辰同이 감군어사監軍御史가 되니 평안감사가 어사를 위하여 부벽루浮碧樓에서 크게 연회宴會를 베풀었다. 평양 기생들이 짙은 화장에 성장盛裝을 하고 모여들었는데 각자가 지니고 있는 주옥珠玉이 광채를 뿜었다. 어사가 도착하여 기생들을 돌아보고 말하기를『평양의 교방敎坊이 언제 혁파革罷되었느냐?』하였다. 이것은 기생 중에서 인물이 없음을 비꼬아서 한 말이다. 좌우의 사람들이 모두 묵묵히 말이 없었다. 감사가 기생들에게 이르기를『어사께서 묻는데 어찌 대답이 없단 말이냐?』하였다. 무정가無定價라는 기생이 나와서 대답하기를『감군어사監軍御史를 언제 다시 세웁니까?』 하였다. 이는 어사가 그 인물이 아님을 말하는 것이다. 감사가 크게 기뻐해서 그 기생을 후히 상 주었다.《於于野談》

제32장

절기節妓 · 의기義妓 · 효기孝妓 · 지기智妓

기생으로서 시사詩詞에 능한 자가 있고, 변설辯說에 능한 자가 있다. 절개가 있는 자로는 진주晉州 기생 논개論介·함흥 기생 김섬金蟾·평양 기생 계월향桂月香이 있고, 의리義理가 있는 자로는 홍원洪原 기생 홍랑洪娘, 효성이 있는 자로는 함흥 기생 만향晩香, 지혜가 있는 자로는 진주의 늙은 기생이 있었으니 이는 실로 드문 일이다. 아래에 열거하여 참고하고자 한다.

【1】 진주 기생 논개論介

논개論介는 진주의 관기官妓이다. 계사년癸巳年 성이 함락되던 달에 논개는 날마다 짙은 화장을 하고, 화려한 옷을 입고서 촉석루矗石樓 아래 깎아지른 듯한 벼랑 위에 섰다. 그 밑은 높이가 만 길이나 되며, 물빛이 검푸르렀다. 일본 사람이 논개를 보고 기뻐했으나 감히 가까이하지 못하였다. 어느 날 어떤 장수가 용감하게 논개에게로 다가왔다. 논개가 웃음을 띠고 영접하니 일본 장수가 논개를 유혹하여 가까이했다. 논개가 그 장수를 끌어안고 곧장 푸른 물결 위로 몸을 던져서 함께 죽었다. 임진왜란壬辰倭亂 때 관기官妓로서 일본 사람을 만나 욕을 당하지 않고 죽은 자의 수를 이루 셀 수 없고, 절개를 지킨 자가 논개 한 사람만이 아니건만 그 이름이 잊혀지고 있다. 그녀는 한낱 관기이고 창녀娼女의 신분이다. 족히 정절貞節을 가지고 말할 것이 못 되지만 죽음 보기를 마치 제 집으로 돌아가는 것같이 하여 도적에게 욕되지 않았으니 갸륵한 일이다.(柳夢寅의《於于野談》)

〔참조〕 정약용丁若鏞이 지은《진주의기사기晉州義妓祠記》에서는 다음과 같이 말하고 있다.

부인의 성품은 죽음을 가볍게 여긴다. 아래로는 분한忿恨과 울민鬱悶을 견디지 못하여 죽은 자와, 위로는 의리에 그 몸이 더럽혀짐을 참지 못하여 죽음을 택한 자를 통틀어서 절렬節烈이라고 이른다. 그러나 모두 그 몸을 죽이는 데에 그친다. 창기娼妓의 류類에 이르러서는 어릴 때부터 풍류風流의 음탕한 것으로 유도하고 환경의 변화에 적응하는 방법으로 가르친다. 그렇기 때문에 그 성품이 일의 흐름에 따라서 막힘이 없다. 그 마음은 뭇남자들을 모두 지아비인 양 생각한다. 부부夫婦의 길에 대해서도 그러하거늘 하물며 군신君臣의 의리에 대해서는 전혀 알지 못하잖겠는가. 그 때문에 옛부터 싸우는 마당에서 미녀美女가 겁탈당하는 일이 셀 수가 없었는데 일찍이 절의에 죽었다는 말을 들어보지 못했다.

옛날에 왜적倭賊이 진주를 함락시켰을 때 의랑義娘이라는 기생이 있어, 왜적의 우두머리되는 자를 유인하여 강 한가운데 바위 위에서 함께 춤추다가 신바람이 났을 때에 왜장을 끌어안고 강물에 몸을 던져서 죽었다. 이것이 사당이 세워진 까닭이다. 아아! 어찌 열렬烈烈하고 어진 부인이 아니겠는가? 그렇다고 한 왜장을 죽였다는 것으로서 세분 장사壯士의 분한憤恨을 씻기에는 부족했다.

비록 그렇지만 성이 위태로웠을 때 이웃나라 장수가 군대를 가지고 있었으면서도 구원하지 않았고, 조정에서 공을 시기하여 이를 버려두어서 천부금탕天府金湯의 견고한 성을 궁박窮迫한 도적의 손에 들어가게 하였다. 충신 열사의 분노와 통탄痛嘆이 이 한 싸움보다 더한 것이 없었다. 그런데 한 어린 여자의 몸으로 능히 도적의 괴수를 죽여 나라에 보답해서 군신君臣의 대의大義가 하늘과 땅 사이에 밝아졌다. 강상綱常을 밝힌 큰 것을 가지고 볼 때 한 성의 패망쯤은 문제거리가 되지 않는다. 어찌 통쾌한 일이 아니겠는가. 사당의 지붕을 덮은 지 오래되어 비바람이 새어들었다. 지금의 절도사節度使 홍공洪公이 사당의 지붕을 갈아 덮고 단청丹靑을 새롭게 하고서, 내게 그와 같은 사실을 기록할 것을 명하고, 자신이 28언의 시를 지어서 촉석루矗石樓 위에 걸게 했다.《與猶堂集》

◉ 논개는 본디 장수현長水縣 양가良家의 여자로서 재질과 용모가 뛰어났다. 어려서 부모를 여의고 집이 가난하고 의지할 데가 없어 마침내 기생의 몸으로 전락하게 되었다. 현감縣監 황진黃晋의 사랑하는 바 되었는데 진양晋陽 싸움에서 황공黃公이 순국殉國하게 되니, 논개는 물에 몸을 던져 죽고자 하여 짙은 화장을 하고 화려한 옷을 입고서 촉석루 바위 위에 섰다. 왜장 아무개가 논개를 보고 기뻐하여 유혹해서 가까이하려 했다. 술이 거나하게 되었을 때 논개는 적장의 허리를 안고 벼랑 밑으로 떨어져 함께 죽었다. 그 때문에 그 바위 이름을 의암義巖이라 하고, 바위 위에 비를 세워서 정표旌表하였다. 그리고 고을 사람이 촉석루 서쪽에 사당을 세우고, 해마다 6월 29일이면 반드시 제사지낸다. 계사癸巳가 절의節義가 죽은 날이다.(張志淵이 편찬한《逸士遺事》)

【2】 함흥 기생 김섬金蟾

선조宣祖 임진왜란 때 동래부사東萊府使 송상현宋象賢의 첩 김섬金蟾은 함흥 기생이었다. 공公을 따라 공의 임소任所인 동래부로 갔다. 공이 급하게 조복朝服을 가져가는 것을 보고 대의大義에 죽을 것을 알았다. 김섬이 비자婢子 금춘今春과 함께 관아官衙의 담을 넘어서 공이 있는 곳으로 달려갔다. 또한 적에게 사로잡혀서 죽음을 당하였다.《名臣錄》

【3】 평양 기생 계월향桂月香

홍양호洪良浩(호는 이계耳溪, 정종 때 사람)가 찬술한 부원수副元帥《김경서전金景瑞傳》에서는 다음과 같이 말하고 있다.

김장군 경서景瑞는 처음 이름을 응서應瑞라고 했으며, 신라 명장 김유신金庾信의 후예이다. 중세中世에 용강龍岡에 가서 살았다. 장군은 나면서 두 겨드랑이에 이상스런 뼈가 나 있어서 마치 새깃과 같았으며 용력勇力이 집을 뛰어넘을 수 있었다. 자라나면서 손오孫吳의 《병서兵書》를 읽고 말타기와 활쏘기를 익혔다. 선조宣祖 계미癸未에 무과武科에 올라 북쪽 변방의 직책에 임명되어 가서 성을 쌓았다. 그 공로로 절충장군折衝將軍으로 품계品階가 올려졌다. 아버지의 상喪을 당해 벼슬에서 물러나 집으로 돌아갔다. 임진년壬辰年에 왜군이 대거大擧하여 침입하자 경서景瑞는 대가大駕[1]를 받들어 의주義州로 갔다. 왜군이 승승장구하여 평양을 점령하였다. 임금께서 경서景瑞의 이름을 들으시고 기복起復[2]하여 별장別將으로 삼아 용강龍江·강서江西·삼화三和·증산甑山 네 고을의 군대를 이끌고 대동강 서안西岸에 진陣을 치게 하였다. 평양성에 웅거한 왜장은 효용驍勇하여 당할 자가 없었으며, 부府의 기생 계월향桂月香을 사랑했다. 경서가 겉으로 계월향의 친척임을 빙자하여 밤에 적敵의 진영陣營으로 들어가 적장敵將의 목을 베어 가지고 나왔다. 경서가 적진을 나올 때에 계월향이 옷을 붙잡고 따르려 했으나, 경서는 발각될 것을 두려워하여 검을 휘둘러 계월향을 죽인 뒤에 성을 뛰쳐 나왔다.《耳溪集》

〔참조〕 선조 임진년 8월에 일본 사람이 평양을 함락시켰다. 이는 소서행

장小西行長의 부하 중 용력勇力이 뛰어나서 어디에서나 앞장서서 진을 함락시키는 자가 있었기 때문에 행장行長이 신임하여 평양성 공격의 중책重責을 맡겼던 것이다. 계월향은 그에게 사로잡힌 바 되고 지극히 사랑을 받아서 적진을 벗어나려 했으나 뜻을 이루지 못하였다. 서문西門으로 가서 친척의 상喪을 위문하기를 청하니 일본 장수가 이를 허락하였다. 계월향이 성 위에 올라 슬피 부르짖어 말하기를 『우리 오라버님은 어디에 계세요?』 했다. 계속해 부르니 김응서金應瑞가 소리나는 곳을 향하여 달려갔다. 계월향이 반갑게 맞이하며 말하기를 『나로 하여금 몸을 벗어나게 해주신다면 죽음으로써 은혜를 갚겠습니다』 하였다. 응서應瑞가 이를 허락하였다. 그리고는 계월향의 친오빠임을 자칭하고 성 안으로 들어갔다. 계월향이 한밤중 일본 장수가 깊이 잠들기를 기다려서 응서를 인도하여 방으로 들어오게 하니 일본 장수가 의자에 걸터앉아 잠을 자고 있었는데, 두 눈을 부릅뜬 채 손에 검劍을 쥐고 있었다. 온 얼굴이 시뻘겋게 되어 마치 당장에라도 사람을 찌를 것만 같았다. 응서가 검을 뽑아 목을 베었다. 일본 장수의 목이 이미 땅에 떨어졌는데도 오히려 검을 던져서 하나는 벽을 맞히고, 하나는 기둥을 맞혔으며 칼날이 거의 반이나 그 속에 들어갔다. 응서가 그 머리를 가지고 문을 나오니 계월향이 뒤를 따랐다. 응서가 두 사람이 다 온전할 수 없음을 알아차리고 검을 휘둘러 계월향을 베고 성을 넘어서 집으로 돌아왔다.《平壤志》

【4】 가산嘉山 기생 연홍蓮紅

연홍蓮紅의 처음 이름은 운랑雲娘으로 가산의 관기官妓이다. 일찍이 가산군수 정시鄭蓍의 사랑을 받았다. 신미년辛未年 겨울에 토적土賊이 난을 일으켰다.(순조純祖 신미년에 홍경래洪景來가 서도西道에서 난을 일으켰다.) 연홍은 도적이 밤중에 쳐들어오리라는 말을 얻어듣고 정공鄭公에게 비밀히 고하니, 공이 말하기를 『부질없이 죽음을 당할 뿐 이익될 것 없으니 몸을 피하라』 하고 물러가게 했다. 공을 비롯해서 그 아버지 로魯와 아우 신藎이 모두 화禍를 입었다. 이때 연홍의 집이 관아官衙와 울타리 하나를 격하고 있었다. 적당賊黨이 흩어지기를 기다려서 관아 안으로 들어가 보았다. 정공鄭公의 아우가 칼에 맞았으나 아직도 숨이 끊어지지 않았는지라 얼른 등에 업고 집으로 돌아와 소생케 했다. 그리고 관아에 손님으로 와 있던 박생朴生이란 자와 의논한 뒤 가산家產을 기울여 결사대決死隊를 모집하여 고을을 지키게 하고, 정공鄭公 부자의 시체를 염斂해서 입관入棺하여 안치安置하였다. 얼마 아니 되어 관군官軍이 이르러 호상護喪하여 남쪽으로 돌아오게 되니 연홍蓮紅이 대동강까지 상구喪柩를 호송護送하고 통곡하고서 돌아갔다. 조정에서 아름답게 여겨 기적妓籍에서 이름을 빼주고, 전지田地를 주었으며 부세賦稅를 면제해 주었다. 경산經山 정상공鄭相公 원용元容이 연홍蓮紅을 위하여 시를 지어주었으며, 당시의 사대부士大夫들이 이에 화답하는 시를 써서 종이가 상자를 메웠다.

헌종憲宗 병오년丙午年에 연홍이 늙어 죽으니 평양의 부로父老들이 『연홍이 천한 기생의 신분으로서 능히 대의大義를 분별하였으니 마땅히 이를 표창해야 한다』 하고 화상을 그려서 의열사義烈祠에 배향配享했다. 의열사는 곧 평양의 부기府妓 계월향의 영靈이 안주安住하는 곳이다. 임진왜란 때 왜장倭將 소서비小西飛가 평양을 점령하니 계월향이 비밀히 김양의공金襄毅公 응서應瑞를 끌어들여서 소서비의 목을 베게 했던 것이다. 경산상공經山相公이 평안감사平安監司로 있을 때에 사당을 세우고, 영신迎神 송신送神의 곡曲을 지어서 빗돌에 새겨 뜰에 세웠다.《枕雨談草》

【5】 홍원洪原 기생 홍랑洪娘

홍랑洪娘은 홍원의 관기官妓이다. 소시적에 시인詩人인 고죽孤竹 최경창崔慶昌의 사랑을 받았다. 최경창이 도성으로 돌아가서 병이 깊어지자, 밤낮으로 7일을 걸어 도성에 가서 병을 간호하였다. 최경창이 죽은 뒤에는 몸을 단장하는 일 없이 파주坡州에서 무덤을 지켰다. 임진왜란 때에는 고죽孤竹의 시고詩稿를 등에 짊어지고 다녀서 겨우 병화兵火를 면하였다. 홍랑이 죽자 고죽의 무덤 아래 장사지냈다.

【6】 함흥咸興 기생 만향晩香

윤정현尹定鉉이 쓴《희조일사熙朝逸史》에 다음과 같은 기록이 있다.

내 일찍이 함경감사가 되어서 임자년壬子年 봄에 감영監營 남문밖의 화재 광경을 목격했었다. 불에 탄 집이 1천 호에 가까웠으나 오직 절부節婦 효녀

孝女인 만향晩香의 집만은 안연무사安然無事했다. 그리고는 그 주위의 집들은 모두 잿더미로 변해서 마치 사나운 바람과 불길이 만향의 집을 피해간 듯한 감이 있었다. 만향은 이름이 비록 기적妓籍에 올랐고 나이 많았어도 오히려 정조를 지키고 그 부모를 효도로 섬겼다. 고故 승지承旨 황규하黃奎河가 함흥 객사에 머물렀을 때에 비로소 천침薦枕하였다. 황공이 서울로 돌아간 뒤에는 다시 지아비를 고치지 않기로 맹세하고 홀로 있으면서 사람과 접촉하지 않았다. 유혹하기도 하고 위협하기도 하는 자가 날로달로 꼬리를 물었다. 날이 오래가면 횡포를 면치 못할 것을 두려워하여 마침내 우물에 몸을 던져 죽었다. 물이 마른 우물에서 일어난 일을 사실대로 기록해서 벽에 게시揭示한 것이 있는데, 그 대략이 이와 같았다. 몇 해 뒤 화재가 또 발생하였는데 주위의 집은 모두 탔어도 불길이 만향의 집에는 또한 미치지 않았다. 만향이 죽은 지 이미 1백여 년이 되었는데도 절효節孝에 대한 감응感應이 여러 번 나타났으니 또한 신비스러운 일이다.

병인丙寅(고종高宗 3년) 9월 초하룻날 아침에 분계퇴수棼溪退叟 윤정현尹定鉉이 기록하다.

【7】 진주晉州의 노기老妓

선조宣祖 계사년癸巳年 6월 21일에 일본 대군이 크게 이르렀다. 이때 진주에는 2만 병력이 수비하고 있어서 행세가 전일前日에 비해서 십 배나 되었으므로 사람들은 모두 일본을 우습게 보았다. 그러나 한 노기老妓가 있어 홀로 근심하였다. 김천일金千鎰이 그 근심하는 까닭을 물으니 대답하기를 『지난날에는 병력이 비록 적었다지만 장수와 군사가 서로 사랑했으며 명령이 한 군데서 나왔습니다. 그 때문에 승리를 거두었던 것입니다. 그러나 오늘날에는 군대가 통제되어 있지 않아서 장수는 군사를 알지 못하고 군사는 장수와 낯익지 못합니다. 이 때문에 근심하는 것입니다』 하였다. 김천일은 요언妖言을 한다 하여 목을 베었다. 며칠 뒤 성이 함락되었다.《涪溪記聞》

성장盛裝을 한 관기의 나들이

제33장

지난날과 오늘날의 엽기獵妓 풍속 비교

우리나라에서는 시대가 평화스러워서 무사無事할 때에는 낭인浪人·탕자蕩子가 기생을 끼고 노는 것을 인생의 제일 즐거운 일로 보고 있다. 그러나 기생을 끼고 술 마시며 노는 데에는 예와 지금의 풍속이 같지 않음이 있다. 그 때문에 그 예를 간략하게 들어서 참고하고자 한다.

【1】세 사람만 모여도 반드시 기악妓樂을 사용하다

성종成宗 때 사람 성현成俔의 《용재총화慵齋叢話》에서 다음과 같이 말하고 있다.

풍속이 지난날만 같지 못함이 많다. 옛날에는 경사스러운 잔치를 베푼 뒤에야 악樂을 사용했고, 먼저 돈을 준비한 뒤에야 기생을 청했으며, 찬품饌品이 정제定制가 있었으며, 악樂은 《진작眞勺》[1]·《만기慢機》·《자하동紫霞洞》·《횡살문橫殺門》 등의 곡을 연주했으며, 작은 술잔을 돌려서 술을 권했으며, 술은 조금 마시고 낮은 목소리로 노래 불러서 왁자지껄하고 취태醉態를 부리는 데에 이르지 않았다.

그런데 오늘날에는 잔치에 쓰이는 물품이 모두 호사스럽다. 유밀과油密果는 새와 짐승의 모양을 본떠서 만들며, 교잣상을 올리고도 또 소반을 곁들여서 산해진미山海珍味가 빠진 것이 없으며, 탕湯이나 적炙도 한 가지가 아닌 여러 가지이다. 술이 끝나지도 않아서 관현管鉉의 악이 울리고 징과 북을 두드리며 노래와 춤을 쉬지 않는다. 혹 활쏘기를 빙자하고 혹 사람을 보내고 맞이하는 것을 빙자하여 장막帳幕이 도성都城 문 밖에까지 서로 이어지며, 질탕하게 놀아서 맡은 바 직무를 폐하기에 이른다. 또 세 사람만 집에 모여도 반드시 기악妓樂을 사용한다. 남에게 전곡錢穀을 빌리고 하인을 시켜 주식酒食을 장만하여 조금이라도 부족함이 있으면 반드시 매질을 한다. 이렇게 해서 살림이 날로 곤궁하게 된다. 기생은 돈을 받지 못하면 아침 저녁으로 분주하여 옷이 해어진다. 글을 보내어 청하는 자가 꼬리를 물고 모여들어서 악공樂工으로 하여금 악기樂器를 손질할 겨를이 없게 한다.

【2】기생집에 출입하는 불량배가 두렵다

순조純祖 때 사람 이희준李羲準이 찬한《계서야담溪西野談》에서는 다음과 같이 말하고 있다.

이병사李兵使 일제逸濟는 판서判書 기상箕翔의 손자이다. 용력이 절인絕人하여 몸이 민첩하기가 나는 새와 같았다. 이때부터 뜻이 장하여 작은 일에 구애받지 않았으며 학문에 힘쓰지 않았다. 14,5세에 비로소 관례冠禮를 행하고 아직 장가들지 아니해서 어느 날 밤 남모르게 기생집으로 갔다. 액예掖隷(대전별감大殿別監)와 포교捕校(포도군관捕盜軍官)의 무리가 방 안에 가득 둘러앉아 있고, 음식이 낭자했다. 소년의 작은 몸을 가지고 곧장 좌중으로 들어가서 기생을 희롱하니, 불량배들이 모두 말하기를 『이같이 젖비린내나는 무례한 아이놈은 때려 죽여야 한다』 하고 떼를 지어 일어나면서 일제히 발길로 걷어찼다. 일제逸濟가 손을 들어 한 놈의 발을 잡아가지고 작대기삼아 한 번 휘두르니 사람들이 모두 땅에 쓰러졌다. 본 체도 않고 문을 나와 몸을 날려 지붕 위로 올라서 도망쳤다.

【3】 서춘보徐春輔

이능화李能和가 다음과 같이 말했다.

세상에서 전하기를, 근세의 양반 외입장으로는 서춘보徐春輔를 제일로 친다고 했다. 춘보春輔는 대대로 문관文官 집안이었으나 사람됨이 호협해서 붓을 던지고 무예武藝를 연마하여 벼슬이 장신將臣에 이르렀다. 춘보가 나이 열다섯 살 때 이일제李逸濟와 마찬가지로 머리에 초립草笠[2]을 쓰고(우리 풍속에 신랑은 반드시 초립을 썼음) 밤에 기생집으로 갔다. 불량배들이 멀리서 그가 오는 것을 보고 나이 어린 것을 업신여겨서 그 인물됨을 시험하려 하였다. 인제히 방 안에 가로누워서 그가 하는 행동을 살피고자 하였다. 춘보가 문을 열어 보고서 말하기를 『나는 기생집으로 알고 있는데 이곳이 활인서活人署의 전염병동傳染病棟이라도 된단 말이냐?』 하였다. 그러자 불량배들이 일제히 일어나 묻기를 『시간이 너무 이르지 않는가?』 하였다. 춘보가 말하기를 『나는 벌써 저녁밥을 먹고 왔다』 하였다. 사람들이 모두 탄복해서 무리 속으로 들어와 외입장이 되기를 허락했으며, 또한 기생서방이 되었다. 춘보는 평생 동안 기생으로 울타리를 삼고 풍류風流로 세월을 보냈다고 한다.

춘보가 살아 있을 당시에는 청루靑樓에 드나드는 데에는 인사하는 법을 비롯해서 여러 가지 까다로운 법도가 있어서 자칫 잘못하면 풍파가 일어나고 또 잘하면 봄바람이 돌았다. 그 방면에 어두운 문외한門外漢이 처음으로 기생집에 들어갔다가 불량배에게 매를 맞아서 머리가 터지고 뼈가 부러지는 자가 많았다.

만약 기생이 외입장에게 예의를 잃는 일이 있으면 치마와 버선을 벗겨서 맨발로 종로 거리를 다니게 했다. 그렇지 않으면 기생집의 세간살이를 모두 때려 부수고 기생의 사과를 기다려서 새집을 사주었다. 이것이 이른바 외입장이다. 춘보는 연소기예年少氣銳로서 능히 범의 굴에 들어가서 외입장이 되었다. 경성의 기생서방이 되는 4처소四處所 외입장 중에서 무사武士가 그 첫째 자리를 차지하게 된 것이 춘보로부터 시작된 것이 아닐까 의심스럽다. 지난날 우리나라 선비의 자제로 연회석상에서 노래를 듣고 춤을 보는 일 외에는 임의로 기생을 끼고 기생방에서 놀지 못했음은 허다한 불편이 있었던 때문이다. 기생방에 드나들면 불량배에게 시달림을 받는 일이 두렵고, 또 선비 계층의 물의物議가 두려웠던 것이다.

오늘날에 이르러서는 이미 사회적인 제재制裁가 없다. 비록 부형父兄의 엄한 신칙이 있기는 하지만 요리집 술자리에서 기생을 끼고 놀지 않는 자가 없다. 극장에서도 연극이 끝난 뒤에는 미모의 기생을 골라 데리고 가서 기생방에서 잔다. 금마왕당金馬王堂은 지나간 세상의 한바탕 꿈이다. 청루靑樓의 아리따운 기생들은 많은 사람들과 인연을 맺는다. 과거에는 조금 세력이 있는 양반집 자제라면, 재능才能이나 학식學識이 있고 없는 것을 묻지 않고 나이 15,6세만 되면 과거에 올라 청환淸宦이 되어 말이나 높은 수레를 타고 앞뒤에서 사람들이 옹위하여 벽제辟除를 치며 지나가면 수많은 행인이 모두 길을 피했다. 오늘날에는 이 같은 사람들이 모두 허랑방탕해서 주색酒色에 빠지고 화류계花柳界에서 헤어나지 못하고 있다. 적으면 몸을 망치고 크면 집안을 망친다. 이 같은 일은 손꼽아서 낱낱이 셀 수 있다. 대가大家 자제이면서 그렇지 않은 자가 거의 없다시피 한다. 그렇지만 탕아蕩兒는 연소한 무리 속에 속해서 재산의 권리는 그 부형에게 있다. 임의로 휘두를 수 없다. 그 때문에 혹 아비의 인장印章을 훔쳐서 전답 가대家垈를 팔아넘기기도 하고, 또 혹 남의 돈을 빌리고 증서證書를 써주기도 한다. 심지어 아비가 죽은 뒤에 갚기로 약속하는 자까지 있다. 그래서 자식이 아비를 걸어 소송하고, 아우가 형을 걸어 소송하여 법정法廷 위에서 서로 보는 일이 끊임없이 신문에 보도되고 있다. 그 원인을 캐어본다면 사랑하는 기생이 있으면서 돈이 없는 데서 비롯되는 것이 열에 여덟, 아홉은 된다. 기생과 함께 정사情死하는 자가 있는가 하면 기생도 단발斷髮하는 자가 있다. 지난날 우리나라에서 정사情死를 했다든지 여자가 단발했다는 말을 들어보지 못했다. 오늘날의 이른바 정사라는 것은 일본에서 바람이 불어온 것이고, 단발한다는 것은 미국의 풍조風潮가 흘러 들어온 것이다. 기생이 단발하는 것은 화류계花柳界에서 손을 떼고 달리 살아갈 뜻을 표시하는 것이다. 근일近日에 또 여자청년동맹회원女子靑年同盟會員이라는 신여성新女性들이 있어 모두 단발했다. 길 가는 사람들이 다투어 손가락으로 가리키면서 단발미인斷髮美人이라고 하였다.

승무를 추는 기생

제34장

서방 있는 기생 · 서방 없는 기생

다른 나라 창기娼妓의 제도를 살핀다면, 반드시 한 사람의 모갑某甲(아무개, 우리나라에서 창기를 거느려서 기르는 사람을 모갑이라 한다)이 있어서 수십 명의 창녀娼女를 거느리고 있으니 이를 이름하여 음방淫坊 또는 청루靑樓라고 한다. 그리고 또 매파媒婆를 두어 고객顧客 사이에서 주선하고 있다. 우리나라에서 경성의 기생은 그 뒷바라지를 해주는 놈팡이가 있으니 이름하여 기생서방이라고 한다. 무릇 기생의 의식주衣食住는 모두 기생서방이 해댄다. 그리고 고객이 있으면 그 밤을 손님에게 양보하고, 없으면 잠자리를 같이한다. 당초에는 관기官妓를 설치하고 서방 가지는 것을 금했었는데, 뒤로 내려오면서 점점 해이해져서 기생도 서방을 가지게 되었다. 기생이 서방을 가지게 된 것은 조선조 중엽에 이미 있었던 일이다.

이제신李濟臣의 《청강쇄어淸江瑣語》를 보면, 이세린李世麟이라고 하는 자가 기생집에 드나들다가 기생서방에게 붙잡혀서 귀를 잘렸다(그 전문全文에 이르기를, 이세린이라고 하는 자가 기생집에 드나들다가 기생서방에게 붙잡혀 귀를 잘리었다. 때마침 김인복金仁福과 만나서 김인복에게 이르기를 「그대는 눈이 하나 멀었고 나는 귀가 하나 없다. 누가 나을까」 하니 김이 대답하기를 「자네가 낫다」 하였다. 「무엇 때문인가」 하니, 대답하기를 「자네는 가리어진 것이 없기 때문에 뒤에서 하는 말을 먼저 듣게 되고 또 빠르게 듣는다」 하였다. 이李가 말하기를 「자네 말이 옳다」 했다)는 기록이 있다.

대체로 기생이라는 것은 웃음을 파는 것이다. 어찌 서방이 금할 수 있는 것이겠는가.

당시에는 기생 중 노래와 춤에 능한 자는 궁중의 여악女樂이 되어 재능을 발휘하고, 의녀醫女가 있어 침구針灸를 시술施術했으며 침선비針線婢가 있어 상방尙方에 적籍을 올렸다. 요컨대 이들 기녀妓女는 지방으로부터 선발되어 경성으로 올라와서 공직供職하는 것이다. 그리고 집을 정해 주고 의식주를 제공해서 뒷바라지를 해주는 자가 있었으니 이름하여 기생서방이라고 했다. 그처럼 서방이 있는 기생은 공가公家에 공직供職하고 세상 사람에게 그 재주를 팔았을 뿐 매음賣淫 같은 추한 영업은 하지 않았던 듯하다. 여기에 기생서방에 대한 기록을 열거해서 참고하고자 한다.

【1】 중종中宗 때 의녀醫女에게 서방이 있었다

중종中宗 2년(1507) 정묘丁卯 7월 임자壬子에, 삼공三公으로 하여금 창기娼妓와 여의女醫를 가축家畜하여 종량從良하는 일을 의논케 하였다. 유순柳洵이 의논하기를 『창기娼妓는 공 · 사 연회에 참례하고, 여의女醫(의녀와 기생의 업을 겸비하는 것)는 침구針灸의 일로 해서 남의 집에 드나들게 되니, 그 지아비가 지키기 어렵기 때문에 소위 가축家畜해서 종량從良함은 생각건대 불편할 것만 같습니다』 하였다.《實錄》

【2】 인조仁祖 때 기생에게 서방이 있었다

인조仁祖 7년(1629) 기묘己卯에 사헌부司憲府에서 아뢰기를 『나라에서 관기官妓를 두고 그 서방 정함을 금하여 가정을 이루지 못하게 한 것은, 그 본의가 사객使客을 위안하려는 데에 있는 것인데도 오늘날에는 방기房妓(중국 사신을 접대하고 잠자리를 함께 하는 자를 이름하여 방기라고 한다)가 이미 충분히 배정되어 있으니 안 될 것이 없습니다. 그리고 또 듣자오니 도성에는 창기가 본디 부족한데다 사사로이 숨기는 자까지 있어 그 수를 채울 수 없기 때문에 기생을 찾는 것이 무녀巫女에까지 미친다고 했습니다』 하였다.

【3】 숙종肅宗 때 기생서방을 공인하였다

숙종 때 서적인 《전록통고典錄通考》에 이르기를 『악樂을 익히는 날과 사진仕進하는 날에 결석하는 기녀는 그 서방까지 추문推問해서 죄를 과한다』 하였다.

【4】 영조英祖 때 기생서방을 공인하였다

영조英祖 20년(1744) 갑자甲子에 나온 《속대전續大典》에 이르기를 『진연進宴 때에는 기녀妓女 52명을 뽑아올린다』 하였다. 그리고 『악을 익히는 날에 결석한 기녀는 그 서방까지 추문推問해서 죄를 다스린다』 하였다.

【5】 근세 기부妓夫의 사회적 계급

고종高宗 때 박제형朴齊炯이 지은《근세조선정감近世朝鮮政鑑》에 이르기를『무릇 기생서방이 되는 자에 몇 가지 종류가 있다. 대궐 안 각 전殿의 별감別監·포도군관捕盜軍官·정원사령政院使令·금부나장禁府羅將·궁가인척宮家姻戚의 겸인傔人(청지기) 및 무사武士 이외에는 기생서방이 될 수 없었다. 대원군大院君이 명령을 내려서 금부禁府와 정원政院의 하례下隸는 오직 창녀娼女의 서방이 되는 것만을 허락하였을 뿐 관기官妓의 서방이 되는 것을 허락하지 않았다』하였다.

이능화李能和는 다음과 같이 말한다.『각 전殿의 별감·포도군관·궁가의 청지기 및 무사武士는 항간巷間에서 이르는 바 사처소四處所 외입장外入匠(외입장外入匠을 외엽장外獵匠이라고도 하니, 즉 집 밖에서 여색女色을 사냥함을 말하는 것이다. 장匠의 의미는 기능技能의 종장宗匠이라는 뜻이다)이라는 것이다. 이들은 혹 지방에서 뽑아올리는 기생을 데려오기도 하고, 혹 자신이 지방으로 가서 기생을 골라 도성으로 데리고 와 가축한다. 혹 내의원內醫院에 적을 두기도 하고 혹 상의사尙衣司[1]에 이름을 올려서 대궐 안에서는 여악女樂의 소임을 다하고 집에 있어서는 기생 영업을 한다. 그 때문에 기생을 말하는 자는 반드시 양방兩房(약방기생藥房妓生·상방기생尙房妓生)을 말하고, 기생서방을 말하는 자는 반드시 사처소四處所를 말하게 된다. 대전별감大殿別監으로서 기생서방이 되는 자가 가장 많으니 별감과 기생은 대궐 안에서 노비奴婢의 관계에 있기 때문일 것이다. 만약 기생을 첩으로 삼으려는 자가 있다면 반드시 기생서방에게 돈을 주고 그 몸을 속량贖良해야 한다. 아마도 먹여 살린 비용을 갚는 것일 터이다. 정원사령政院使令과 금부나장禁府羅將은 창녀娼女의 서방이 되는 것만을 허락하고 기생서방이 되는 것은 허락하지 않았으니, 기생과 창녀가 또한 구별이 있는 것이다. 근세近世를 가지고 말하자면, 도성 유녀遊女의 류流에 모두 세 가지 호칭이 있으니 일패一牌·이패二牌·삼패三牌이다. 일패는 기생이요, 이패는 은근자慇勤者(제35장에 설명이 나온다)이며, 삼패는 탑앙모리搭仰謀利이니 웃음을 파는 창녀娼女가 이에 속한다. 대원군大院君이 정권을 잡게 되자 비로소 제도를 만들어서 사처소四處所 외입장外入匠은 기생서방妓生書房(우리나라 풍속에 사위를 서방이라고 한다. 이것이 습관이 되어 남편을 서방이라고 부르게 되었다)이 되게 하고, 정원政院과 금부禁府의 하례下隸는 삼패인 탑앙모리의 서방이 되는 것만을 허락했다.

【6】 서방 없는 기생

고종高宗 말년에 나라에 경사가 자주 있어서 진연進宴을 행할 때마다 평양 기생이 많이 뽑혀 올라왔다. 정재呈才한 뒤에 여전히 도성에 머물러서 기생을 업業으로 하는 자가 또한 적지 않았다. 지난날 우리나라 풍속에 기생은 성을 말하지 않고 이름만을 불렀다.(기생을 만나서 이름을 묻고 성을 묻지 않는 것은 동성同姓이어서 자리를 피하게 될 것을 두려워하였던 때문이다.) 예를 들어서 모갑某甲의 기생 취련翠蓮, 모을某乙의 기생 홍도紅桃, 다시 말해서 박무경朴武卿의 기생 매월梅月, 김춘성金春成의 기생 행운杏雲 등으로 불렀다. 그리고 이들은 모두 서방이 있는 기생이다. 그러나 시골 기생은 서방이 없고 어미가 있으니(이것은 기생의 주인을 일컫는 말이다), 시골 기생의 어미는 도성 기생의 서방과 같은 것이다.

진연進宴에 뽑혀 올라왔던 기생이 도성에 머물러서 영업을 하게 된 이후로 도성 기생의 습속習俗에 변화를 가져오게 되었다. 같은 이름의 기생이 많아 분간하기 어려웠으므로 기생의 원적原籍과 성명을 아울러서 불렀다. 예를 들어서 평양 기생 이금선李錦仙·이난향李蘭香·김옥란金玉蘭·백운선白雲仙·박점홍朴點紅, 대구 기생 서향파徐香坡·안금향安錦香, 경주 기생 권금옥權錦玉, 진주 기생 김영월金映月, 해주 기생 이벽선李碧仙 등등으로 불렀다. 이들은 모두 서방이 없는 기생이다. 도성 기생도 이 같은 예에 따라서 성명을 함께 불렀으니 이향심李香心·전홍매全紅梅·송연화宋蓮華·정유록鄭柳綠 등등이다.

지금으로부터 십여 년 전에 모백작某伯爵이 평양 기생을 모아서 다동조합茶洞組合(조합이라는 것은 기생의 집단으로서 노래와 춤을 익히는 교방 이름이다)을 창설했으니, 사람들이 무부기조합無夫妓組合이라고 불렀다. 이때에는 관법官法에 기생서방을 인정하지 않고 있었기 때문에 그 명칭을 변경하여 포주抱主라고 일컬었다. 기생으로서 포주가 있는 것은 모두 도성 기생이었다. 도성 기생들은 따로 광교조합廣橋組合을 설립했는데, 사람들은 유부기조합有夫妓組合이라 불렀다. 또 모자작某子爵이 도성 안 삼패三牌(제35장에 설명이 나온다)의 후원이 되어 신창조합新彰組合을 설립하고, 삼패를 승격시켜 기생이 되게 하였다. 전에는 일패一牌(기생)는 붉은 양산[紅洋傘]을 가졌고, 삼패는 푸른 양산[青洋傘]을 가져서 구별했었는데 삼패도 붉은 양산을 가진 뒤로 삼패의 이름이 영원히 사라지고 말았다.

뒤에 와서 기생조합妓生組合이라는 호칭이 변하여 〈권번券番〉이 되었다. 권번이라는 것은 일본말로서 교방教坊이다. 이제 권번으로서 존재하는 것이 조선권번朝鮮券番·한성권번漢城券番·한남권번漢南券番·대동권번大同券番 등 네 곳이 있어서 권번에 적을 두고 허가증許可證을 받아서 기생 영업을 한다. 세금을 바치는 자가 5,6백 명에 지나지 않는다. 그리고 지방 도시인 평양平壤·해주海州·부산釜山·대구大邱·진주晉州·경주慶州 등지에서도 모두 기생조합을 설립하여 경성과 다름없다고 한다.

제35장

갈보종류총괄蝎甫種類總括

우리나라 말에 유녀遊女를 통틀어서 갈보蝎甫(우리나라 말에서는 명호名號 밑에 흔히 보甫자를 붙인다)라고 일컫는다. 갈蝎(빈대)이라는 것은 중국 말에서 이르는 바 취충臭虫(냄새나는 벌레의 뜻임)이다. 밤에 나와서 피를 빨아서 사람을 괴롭히기 때문에 창녀娼女를 이것에 비유하게 된 것이다. 도성에는 본디 갈보蝎甫가 없었는데, 고종高宗 갑오년甲午年(1894) 이후로 비로소 번성하게 되었다. 사람들이 나라가 쇠망할 징조라고 말했는데 허언虛言이 아니었다. 도성의 갈보는 송도松都의 덕이德伊와 공통되는 것으로서, 덕이는 속명俗名으로 진드기이다. 고려 말년에 송도松都에 번성했었다.

갈보의 종류는 매우 많다. 기녀妓女·은근자殷勤子·탑앙모리搭仰謀利·화랑유녀花娘遊女·여사당패女社堂牌·색주가色酒家 등이다. 이제 그 내력을 간략하게 들어서 참고하고자 한다.

【1】 기생妓生(一牌)

기생이라는 것은 본디 지방 각 고을의 관비官婢 중에서 선발하여 노래와 춤을 가르쳐서 여악女樂으로 사용하였던 것이다. 시대가 발전됨에 따라 관청의 연회와 사회 교제에 있어 없어서는 안 될 필수적인 것이 되었다. 여기에 있어 양민계급良民階級의 아녀자兒女子도 교방敎坊에 적을 두어 관청에 들어가 공적公的인 역할을 봉행奉行하기도 하고, 집에서 손님을 받아 행하行下[纏頭]를 얻어 생업生業으로 삼게 되었다. 이제 평양의 교방敎坊을 예를 들어 보겠다. 무수한 동녀童女가 서재書齋(평양말로 기생학교를 서재라고 했다)에 들어가 노래를 익히고 춤을 배워서 재주를 이룬다. 나라에 진연進宴이 있을 때 혹 뽑혀서 도성으로 올라가기도 하고, 혹 본고장에서 손님을 받기도 하며, 혹 다른 곳으로 가서 영업을 한다. 서른이 넘으면 기생 노릇을 그만두고 시집가서 살기도 하고, 기생어미로 전업轉業하기도 하며, 혹 술을 팔아서 생업으로 삼기도 한다. 평양말로 이들을 비두鼻頭(코머리, 머리 위에 머리를 틀어얹은 모양이 코머리 같기 때문이다)라고 했다. 기생의 말로末路는 대개 이와 같은 것이다. 구한국시대舊韓國時代에 기생을 일패一牌라고 했는데, 패牌는 단團 또는 조組의 뜻이 된다. 아마도 기생이 창녀娼女의 류類에서 제일 윗길이기 때문에 이처럼 이름한 것일 터이다.

【2】 은근자慇懃者 또는 은군자隱君子(二牌)

은밀하고 다정한 것을 은근慇懃이라고 표현하기 때문에 은밀히 몸을 파는 여자를 은근자慇懃者라고 이르는 것이다. 그러나 이것이 와전되어 오늘날에는 은군자隱君子로 불리어진다. 음탕한 여자를 군자君子로 부르는 것이 이치에 맞지 않는 것 같다. 그러나 어떤 사람은 말하기를 『세상에서 도둑을 양상군자樑上君子라고 부른다. 은밀히 몸을 파는 것은 은군자隱君子라고 부르는 것도 그와 같은 예이다』라고 하였다. 또한 성립될 수 있는 말이다. 은근자를 옛날에는 이패二牌라고 일컬었다. 내 생각으로는 은근자慇懃者 중에는 남의 첩노릇하는 류가 많고, 또 기생 출신이 많기 때문에 일패一牌에서 한 급級을 내려서 이패二牌로 부르는 것이 아닌가 한다.

【3】 탑앙모리搭仰謀利(三牌)

탑앙모리(창녀의 호칭)는 삼패三牌라고 일컫는다. 매음賣淫하는 유녀遊女를 말한다. 그 접객接客에 있어 잡가雜歌를 할 뿐이고, 기생이 하는 노래와 춤을 하지 못한다. 구한말에 삼패는 경성 각처에 흩어져 있다가 광무光武 연간에 신태휴申泰休가 경무사警務使로 있으면서 남부南部의 시동詩洞을 삼패의 거주구역으로 정했다. 삼패의 집을 상화실賞花室이라고 불렀다. 뒤에 자작子爵 모씨某氏의 후원으로 신창조합新彰組合이 창립되고, 삼패도 기생이라 불렀다. 삼패의 명칭도 이때부터 영원히 자취를 감추었다.

【4】 화랑유녀花娘遊女

화랑유녀의 그 기원起源을 살펴보면, 조선 성종成宗 3년(1472)에 경기도 양성군陽城郡에서 시작되어 점차적으로 팔도 각지에 만연되었다. 여기에 그 실증을 들어 참고하고자 한다.

《왕조실록王朝實錄》에 다음과 같은 기록이 있다.

성종 3년 임진壬辰 7월 을사乙巳에 예조禮曹에서 아뢰기를 『이제 전교傳

教를 받들어서 진달陳達합니다. 우리나라는 기자箕子 이래로 크게 교화敎化하여 남자는 열사烈士의 기풍氣風이 있고, 여자는 바르고 정절貞節이 있어서 역사에서 소중화小中華로 일컫고 있습니다. 일찍이 음탕한 계집이 양천현陽川縣 가천加川에 있었다는 말을 들었는데, 오늘날에는 각지의 원관院舘병영兵營이 있는 곳에 널리 흩어져 있습니다. 봄·여름에는 어시漁市 또는 부세賦稅를 거두는 곳으로 가고, 가을과 겨울에는 산간山間의 승사僧舍에서 놀며 음행淫行을 자행하여 교화敎化에 역행하고 있습니다. 수령守令·만호萬戶·역승驛丞으로 하여금 엄히 색출하게 하는 것이 좋을 듯합니다. 신臣등이 살피건대 음란한 행동은 법에서 엄히 다스려야 합니다. 유녀遊女라고 하기도 하고 화랑花娘이라 일컫기도 하면서 음행淫行을 일삼고 있으니, 그 징치懲治하는 절목을 다음과 같이 적어올립니다.

화랑유녀는 매음행위賣淫行爲로 영리를 취하여, 중[僧]과 속俗을 가리지 않아서 남녀의 도덕을 어지럽히고 강상綱常을 문란케 하고 있으니, 각도의 장관長官에 명하시어 만호萬戶·찰방察訪·역승驛丞으로 하여금 엄히 사찰査察하여 범법자犯法者는 〈범간율犯奸律〉에 일등一等을 더하여 논죄論罪하고, 양가良家의 여자와 중[僧] 등은 길이 그 고을의 노비奴婢에 충당케 하시옵소서』 하였다.

【5】여사당패女社堂牌

우리나라에 이른바 사당社堂이라는 것이 있다. (이긍익李肯翊의 《연려실기술燃藜室記述》 평론에서 사당捨堂으로 표현한 것이 이것이다. 그 말에 이르기를 『비구승比丘僧·비구니比丘尼·우파새優婆塞·우파이優婆夷를 사중四衆이라고 일컫는데, 우리나라 풍속에서 우파새優婆塞를 거사居士라고 하고 우파이優婆夷를 사당捨堂이라고 한다』고 했다.) 지금으로부터 50여 년 전까지만 해도 이것이 남아 있었다. 내가 나이 어릴 때 괴산槐山 고을에서 사당패社堂牌를 보았다. (패牌라는 것은 우리말로 일단一團 또는 일조一組의 뜻이다. 예를 들어서 인부人夫 다섯 사람을 일조一組로 하기도 하고, 열 사람을 한 조로 하기도 하는데 이것을 모두 패牌로 표현하였다.) 패牌에는 남녀가 한데 있으니 남자를 남사당男社堂 또는 거사居士라고 하고, 여자를 여사당女社堂이라고 하며 그 우두머리되는 자를 모갑某甲이라고 했다. 한 모갑某甲의 통솔 밑에 남자가 8명 또는 9명에 여자가 한두 명씩은 있었으니 모두 묘령妙齡의 여자였다.

남자가 여자를 등에 업고 각지로 돌아다니면서 기예技藝(가곡歌曲과 몸을 놀리는 재주)를 팔고, 몸을 파는 것을 업業으로 삼았다. 그 흥행興行에 있어 남자가 손에 소고小鼓를 잡고 무대 위에 벌려서고 여자가 마주서서 먼저 노래(시속時俗의 잡가雜歌를 꺼내면 남자들이 일제히 소리를 내서 그 노래를 받는다. 혹 먼저하기도 하고, 혹 뒤에 하기도 하며, 혹 소고小鼓를 두드리기도 하고, 혹 창唱을 하기도 한다. 묘기妙技가 절정絕頂에 이르게 되면 청중이 박수갈채를 보내며 돈을 던져서 상賞을 준다. 혹 동전銅錢을 입에 물고『돈, 돈』소리를 내면 여사당女社堂이 가서 입으로 돈을 받으며 입맞추는데 또한 묘기妙技이다. 이것이 동기가 되어 밤에 몸을 바치고 받는 것을 화대花代(화채花債) 또는 해의채解衣債라고 일컬었다)를 받는다. 이것이 사당패의 영업행위였다. 항간巷間에 전해지는 말로는 사당이라는 것은 사노비寺奴婢에서 비롯되었으며, 안성군安城郡의 청룡사靑龍寺가 그 본거지라고 한다. 그 때문에 남녀 사당이 중을 대하게 되면 반드시 공손히 예禮를 행해서 마치 노비가 상전上典(우리나라 말에 노비를 하전下典, 주인을 상전上典이라고 한다)을 섬기는 것과 같이한다고 했다.

내가《조선왕조실록朝鮮王朝實錄》을 보고 비로소 사당社堂의 기원을 알았다. 사당은 그 처음에 사장社長이라고 일컬었으니 불교를 믿는 선남선녀善男善女의 단체로서 원각사圓覺寺의 모연募緣에서 비롯되었다. 대체로 백련사白蓮社를 모방한 것이다. 남자를 사장社長이라고 하고, 여자를 사당社堂이라고 했다.(성종 10년 개천价川 사당조社堂條에 나온다.) 맨 처음 도성에서 창립되어 정선방貞善坊(지금 창덕궁의 왼쪽과 오른쪽)에 있었으니, 불당佛堂을 만들고 염불念佛에 종사했다. 그 중에 직업이 없는 남녀가 각 절로 돌아다니며 중들과 추악한 관계를 맺어서 생활비를 얻기도 했다.(중종中宗 8년 원사조園寺條에 보인다.) 다시 한 걸음 나아가서 사당패가 되어 여염 동네로 돌아다니며 기예技藝를 팔고 몸을 팔아서 이름을 얻게 된 것이다. 사장社長·사당社堂의 관계기록을 다음과 같이 열거하여 고증하고자 한다.

◉《조선왕조실록朝鮮王朝實錄》의 기사

세조世祖 11년(1465) 을유乙酉 8월 정해丁亥에, 각도 관찰사觀察使에서 유시諭示하기를『사장社長으로서 원각사圓覺寺의 모연募緣을 사칭하고 본사本寺 제조提調의 명문明文 및 인신印信을 위조하여 백성들에게 시주施主를 요구하며, 바치는 재물의 다소多少에 따라서 공사천인公私賤人은 양민良

民으로 만들어 주고, 중은 자유의 몸으로 만들어 주며, 또 혹 연한年限을 정하여 조세租稅와 요역徭役을 면제해 준다고 성언聲言하며 촌락으로 돌아다니면서 재물을 거두는 자가 있다. 비밀히 수령들에게 지시하여 중이나 속인俗人을 물론하고 체포하여 하옥下獄시킨 뒤 아뢰라』 하였다.

14년 무자戊子(1468) 여름 5월 을축乙丑에, 내섬사정內贍司正 손소孫昭가 하직을 고했다. 그 휴대하는 지령指令 한 조목에 이르기를 『원각사 불유사장佛油社長 및 낙산사洛山寺 화주승化住僧 등이 관가官家와 민간에 폐해를 끼치고 있다. 사장 및 화주승의 무리를 절 또는 민간에서 색출하여 체포하는 대로 하옥시키고 국문鞫問해서 아뢰라』 하였다.

예종睿宗 원년 을축乙丑(1469) 5월 임진壬辰에, 이보다 앞서 중의 무리가 탑塔과 사우寺宇를 창건하고 남의 전지田地를 빼앗아 곳곳에서 송사訟事가 일어났다. 또 어리석은 백성을 속임수로 유인하여 모두 짐을 내리고 귀의歸依케 해서 업業을 잃고 떠돌아다녀서 남녀가 상반相半하니 이름하여 사장社長이라고 했다. 밤낮으로 남녀가 섞여 있어서 간음奸淫을 일삼으니, 심한 자는 아내를 두고 자식을 생육生育하여 여염 동네에 섞여 살고 있으나 죄책罪責이 그 몸에 미치지 않고 있다. 이 때문에 향리鄕吏·일수日守·정병正兵·선군船軍·공사천예公私賤隸가 많이 이리로 몰리고 있다.

5월 신사辛巳에 양성지梁誠之가 글을 올렸는데, 그 중의 하나가 사장社長을 금하는 일이었다. 이르기를 『신이 살피건대 오직 중국에만 중이 있고 도사道士가 있사오며, 우리나라에는 중만 있을 뿐 도사가 없사오니 이는 실로 심히 다행스러운 일입니다. 그러나 근일近日에 도성과 지방을 물론하고 남녀노소가 사장이라 일컫기도 하고 거사居士라 일컫기도 하니, 이 또한 도사道士의 류類입니다. 중도 아니고 속인俗人도 아니면서 그 생업生業을 폐하고 요역徭役을 기피합니다. 지방에서는 천명 만명이 떼를 지어 절에 올라가서 몸을 사르고, 도성 안에서는 여염집에 남녀가 섞여 있으며 징과 북을 요란스럽게 울리면서 못할 짓이 없다 합니다. 늙은이라면 혹 모르겠지만 장년壯年의 사람으로서는 있을 수 없는 일입니다. 장년의 사람이 해서도 안 될 일이거늘 소년은 더욱 해서는 안 되는 것입니다. 군정軍丁[1]의 감손減損, 전지田地의 황폐荒廢, 요역의 불공평, 남녀의 혼거 등 양민의 죄과罪過가 이보다 더한 것이 없습니다. 앞으로는 70세 이상 늙은이 아홉 사람 이하의 인원이 그 갓을 쓰고 경쇠를 두드리며 염불하는 외에는, 사장社長의 무리를 일제히 없애 버린다면 이보다 더 다행스러운 일이 없겠습니다』 하였다.

성종成宗 2년 신묘辛卯(1471) 5월 정해丁亥에, 사간원司諫院 헌납獻納 최한정崔漢禎이 아뢰기를 『정선방貞善坊에 사장社長의 무리가 있어 집 한 채를 마련하고 불도佛道를 닦고 있습니다. 승니僧尼와 부녀자가 섞여 살고 있으니, 심히 불가합니다. 전일에 도성사사都城寺社를 명하시어 헐어 버리게 하셨습니다. 이것 또한 불당佛堂이오니 헐어 버리기를 청합니다』 하였다. 신묘辛卯에 경연經筵에서 강론講論을 끝낸 뒤에 헌납獻納 최한정崔漢禎과 지평持平 김이정金利貞이 아뢰기를 『사장社長의 집을 헐지 않을 수 없습니다. 신臣 등의 주청奏請에 따르시기를 청합니다』 하였다. 임금께서 말씀하시기를 『사람의 집회를 금할 뿐이다. 굳이 집을 헐 것은 없다. 사장이 스스로 불도佛道를 닦는 것이 무슨 해될 일이 있으랴』 하였다.

10년 기해己亥(1479) 4월 기해에, 사간원司諫院 대사간大司諫 성현成俔의 무리가 차자箚子를 올려서 설준雪俊(중의 법명法名)을 국법國法에 의하여 처단하기를 청했으나 듣지 않으셨다. 사신史臣이 말하기를, 『신미信眉 · 학열學悅 · 학조學祖 · 설준雪俊은 모두 교만과 횡포로 위복威福을 누리고 있습니다. 신미는 누만석累萬石의 곡식을 증식增殖하여 해害가 백성에 미치고 있습니다』 하였다. 그리고 어떤 사람이 대궐 벽에 쓰기를 『학열은 처음에 권총權聰의 첩을 간통奸通하고 마침내 일품一品의 부인에게 난행亂行을 자행하였으며, 학조學祖는 개천价川의 사당社堂을 간통하였기 때문에 중이 되어 왕래하게 되었다』고 하였다.

이능화李能和는 다음과 같이 논했다.

신미 · 학조 · 학열 · 설준 등은 모두 당시의 명승석덕名僧碩德으로서 세종조世宗朝로부터 대대로 존경을 받는 자이다. 사신史臣이 이들 중의 죄를 논하여 혹 곡식을 증식增殖했다 하고, 혹 남의 처첩妻妾을 간통했다 했음은 믿어지지 않는 말이다. 아마도 이 네 중은 왕가王家의 존경을 받고 있었기 때문에 유신儒臣이 미워해서 무함誣陷한 것일 터이다.

◉《중종실록中宗實錄》의 기사

중종 8년 계유癸酉(1513) 겨울 10월 정유丁酉에 전라관찰사全羅觀察使 권홍權弘이 장계狀啓를 올렸는데, 이르기를 『본도本道의 퇴폐된 풍속을 살피건대 남자로서 거사居士로 일컫는 자와 여자로서 회사回寺(여인으로서 산사山寺를 찾아 돌아다니는 자를 우리나라 방언方言에서 회사回寺라고 일컬었음)

로 일컫는 자가 모두 농업에 종사하지 않고, 음란을 일삼고 여염에 횡행橫行해서 풍속을 어지럽힙니다. 법으로 금해야 할 것입니다』 하였다. 이능화가 말하기를 『거사居士는 속어俗語에서 이른바 남사당男社堂이고, 회사回寺는 곧 여사당女社堂이다』 하였다.

선조宣祖 병오丙午 39년(1606) 여름 5월 신축辛丑에, 사헌부司憲府에서 아뢰기를 『근래에 인심이 요망해져서 괴이怪異함을 좋아함이 날로 더해지고 있습니다. 도성과 지방을 물론하고 남녀가 그 요역徭役을 기피하여 혹 사장을 일컫고, 혹 거사居士를 일컬으며 사방으로 돌아다니면서 세상을 속여서 놀고 먹으며 백성의 재물을 좀먹고 있습니다. 이것만으로도 가증可憎하옵거늘, 하물며 무리를 불러모아 모여서 먹는 것이 상도常道가 없으며, 그 세勢가 점점 만연되고 있습니다. 무릇 도량道場을 설치할 때에는 반드시 먼저 나무를 세우고 이 같은 취지를 써놓으면 원근遠近에서 이 소식을 듣고 사람들이 노유老幼를 막론하고 몰려들어서 그 수가 실로 1만을 헤아리게 됩니다. 이제 만일 따로 국법國法을 세워서 통절痛絕하게 금하지 않는다면, 뒷날에 반드시 도모하기 어려운 폐단이 있게 될 것입니다. 바라옵건대 해조該曹(여기서는 형조刑曹를 말한다)로 하여금 엄하게 법조문法條文을 만들어서 도성 안에는 한성부漢城府에서 다스리고, 지방에는 각도의 감사監司가 엄중단속하여 그 자라남을 막으시옵소서』 하였다. 전하께서 답하시기를 『계청啓請한 대로 시행하겠다』 하셨다.

선조宣祖 정미丁未 40년(1607) 여름 5월 사헌부司憲府에서 아뢰기를 『전하殿下께서 임어臨御하신 이후로 정도正道의 학문을 숭상·장려하시고, 이단異端을 배척하시어 힘을 다하지 않으심이 없었기 때문에 사특한 의논이 길이 사라지고 좌도左道를 들음이 없었으며, 불도佛道가 쇠잔하고 이색異色의 사람을 볼 수 없었습니다. 병란兵亂을 겪게 된 이후로 병무兵務가 번다繁多해서 문치文治를 돌볼 겨를이 없게 되고 기숙耆宿이 모두 죽었사오며, 후생後生이 일어나지 못하고 있으니 식자識者가 한심스럽게 여긴 지 이미 오래입니다. 10여 년내로 인심이 무무貿貿하고 사설邪說이 방자하게 행하여지건만 이를 살피고 금하는 자 없으니 어리석은 백성이 갈 바를 모르고 있습니다. 남자는 거사居士라 하고, 여자는 사당社堂이라 일컬으며 그 업業에 종사하지 않고 승복僧服 차림으로 걸식乞食을 하면서 서로 유인하니, 그 무리가 날로 늘어나고 있는데도 고을에서는 이를 금할 줄 모릅니다. 평민平民의 반수는 놀아나서 길에서 바라보고 산과 골짜기를 메우며, 기일을 정하여 모이게 되면 그 수가 천백을 헤아릴 지경입니다. 보기에 해괴해서 놀라움을 금치 못합니다. 도성에 이르러서는 법에 엄격한 조항이 있지만, 드나들며 놀고 유숙留宿하는 자의 수가 억(여기서는 십만을 의미한다)에 그치지 않습니다. 여염집에서는 윗사람이나 아랫사람이 모두 한마음이 되어 중을 대접하고 부처를 공양합니다. 몸을 바쳐서 재齋를 베푸는 자 또한 적지 않습니다. 사대부士大夫도 마음을 기울여 부처를 받들면서 수치를 모르는 자가 있습니다. 이 같은 풍조風潮를 그대로 둔다면 장차 세도世道를 어떻게 건진단 말입니까. 백련사白蓮社의 변이 뜻밖에 일어나서 백성의 이목을 가리우고, 천하 사람을 흐린 물결 속으로 빠뜨리는 불행한 사태가 멀지 않은 장래에 있을 것을 두려워합니다. 바라옵건대 도성과 지방에 퍼져 있는 거사居士와 사당社堂들을 모두 옮겨서 원래의 주거지에 정주定住하는 일이 없게 하시옵소서. 현재 살고 있는 지방의 장관長官으로 하여금 잡아 가두고 신문訊問하게 해서 여자로서 생업을 능히 지탱할 수 있는 자는 북도北道로 보내서 변방의 비어 있는 땅을 채우게 하고, 의지할 데 없는 연소한 자로서 부릴 수 있는 자는 관노비官奴婢에 배속시키고, 요사스런 말로 민중을 현혹시켜서 도당徒黨을 만들고 민간에 해를 끼친 자는 공초控招를 받아 아뢰어서 나라의 형벌을 밝히도록 하시옵소서. 해조該曹(형조刑曹)로 하여금 도성과 개성부開城府 및 8도에 시달하여 따로 착실하게 거행하도록 신칙하시옵소서』 하였다.《實錄》

여사당 자탄가
女社堂自歎歌

한산 세모시로 잔주름 곱게곱게 잡아 입고
안성安城 청룡사靑龍寺로 사당질 가세.
이내 손은 문고리인가
이놈도 잡고 저놈도 잡네.
이내 입은 술잔인가
이놈도 빨고 저놈도 빠네.
이내 배는 나룻배인가
이놈도 타도 저놈도 타네.

韓山之細毛施兮　　製衣裳而衣之兮.
安城之靑龍寺兮　　社堂爲業去兮.
儂之手兮　　門扇之鐶兮　　此漢彼漢俱摻執兮.
儂之口兮　　酒巡之盃兮　　此漢彼漢俱親接兮.
儂之腹兮　　津渡之船兮　　此漢彼漢俱搭乘兮.

【6】 색주가色酒家(酌婦)

우리 조선에 이른바 색주가色酒家라는 것이 있는데, 여색女色에다 술 파는 것을 업으로 삼기 때문에 이름한 것이다. 오늘날 관청 법규에서 작부酌婦라고 일컫는 것이 이것이다. 즉 상선商船이 모여드는 항구, 광산이 열리고 있는 곳, 경향京鄕을 물론하고 길가의 주막酒幕, 읍촌의 장터에서 젊고 예쁜 여자가 기름을 발라 머리 빗고 얼굴에 분 바르고서 화롯가에 앉아 술구기를 들고 술 파는 광경을 본다. 강호江湖에 목마른 사나이들이 다투어 와서 취토록 마셔서 술잔과 술잔이 서로 부딪친다. 술 취한 사나이가 음담패설로 술 파는 여자를 희롱하면, 술 파는 여자는 얼굴에 웃음을 띠우고 이 말에 대꾸해서 사나이의 비위를 맞춘다. 색주가는 그 기원起源을 알지 못한다.

《고려사高麗史》에 의하면, 숙종肅宗 9년(1104)에 주현州縣에 명하여 주식점酒食店을 열고 백성에게 교역交易을 허락하여 화폐를 쓰는 일의 편리함을 알게 했다 하였다. 그러나 고려는 화폐를 사용한 지 얼마 아니 되어 폐지하고, 은병銀甁과 포布(삼베)를 사용했을 뿐이다. 조선이 창립된 뒤에도 여전히 화폐를 사용하지 않아서 행려行旅는 등에 양식을 지고서 원관院館에 유숙留宿했으니, 중이 흔히 원주院主가 되어서 길손을 접대하였다. 선조宣祖 때 사람 윤국형尹國馨(호는 달촌達村)의 《문소만록聞韶漫錄》에 다음과 같이 기록되어 있다.

> 우리나라 사람은 모두 가난하여 시정市井의 상인 및 행상을 제외하고는 교역이 무슨 일인지를 알지 못하고, 오직 농사짓는 것만으로 생계를 삼았다. 호남湖南과 영남嶺南의 큰길가에 비록 주점酒店이 있었으나 행인行人이 힘입는 것은 술 마시고 말 먹이를 얻는 데에 지나지 않았다. 그러므로 행려行旅가 반드시 행구行具를 실어서 멀면 두세 필의 말을 필요로 했고, 가까워도 한두 필을 데리고

가야 했다. 이것이 우리나라 사람의 병폐가 된 지 이미 오래되었다. 양경리楊經理가 우리나라에 이르러 중국을 본뜨려 하여 연로沿路에 모두 점포를 열었으니 그 뜻이 실로 컸다. 그러나 습속習俗을 하루 아침에 고치기 어렵고, 또 재력財力이 미치지 못하는 바가 있어서 사람들이 따르기를 즐겨하지 않았다. 수령守令된 자가 지나갈 때에는 관官에서 물건들을 마련하여 길가에 벌여 놓아서 교역交易하는 것 같은 시늉을 하다가 지나간 뒤에 걷어치웠으니, 마치 어린애 장난 같아서 중국 사람들의 비웃음을 샀다.

이런 것으로 볼 때에 연로에 점포도 없었거늘 더구나 색주가이겠는가. 조선 효종孝宗 이후부터 화폐가 통용되기 시작했으니 여인이 화롯가에서 술을 팔게 된 것은 화폐가 통용된 이후의 일임이 분명하다.

《平壤監司船遊図》(부분) 金孔道, 지본채색, 71.2×196.6㎝

《練光亭宴會図》(平壤監司饗宴図 중) 지본담채, 71.2×196.9㎝

《浮碧樓宴會図》(平壤監司饗宴図 중) 지본담채, 71.2×196.9㎝

기생들의 검무劍舞

연무演舞를 하고 난 기생들의 기념사진

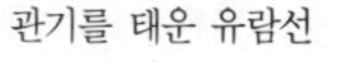

관기를 태운 유람선

밖을 내다보고 있는 기생

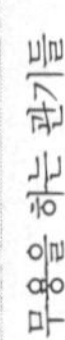

무용을 하는 관기들

검무를 추는 기생들

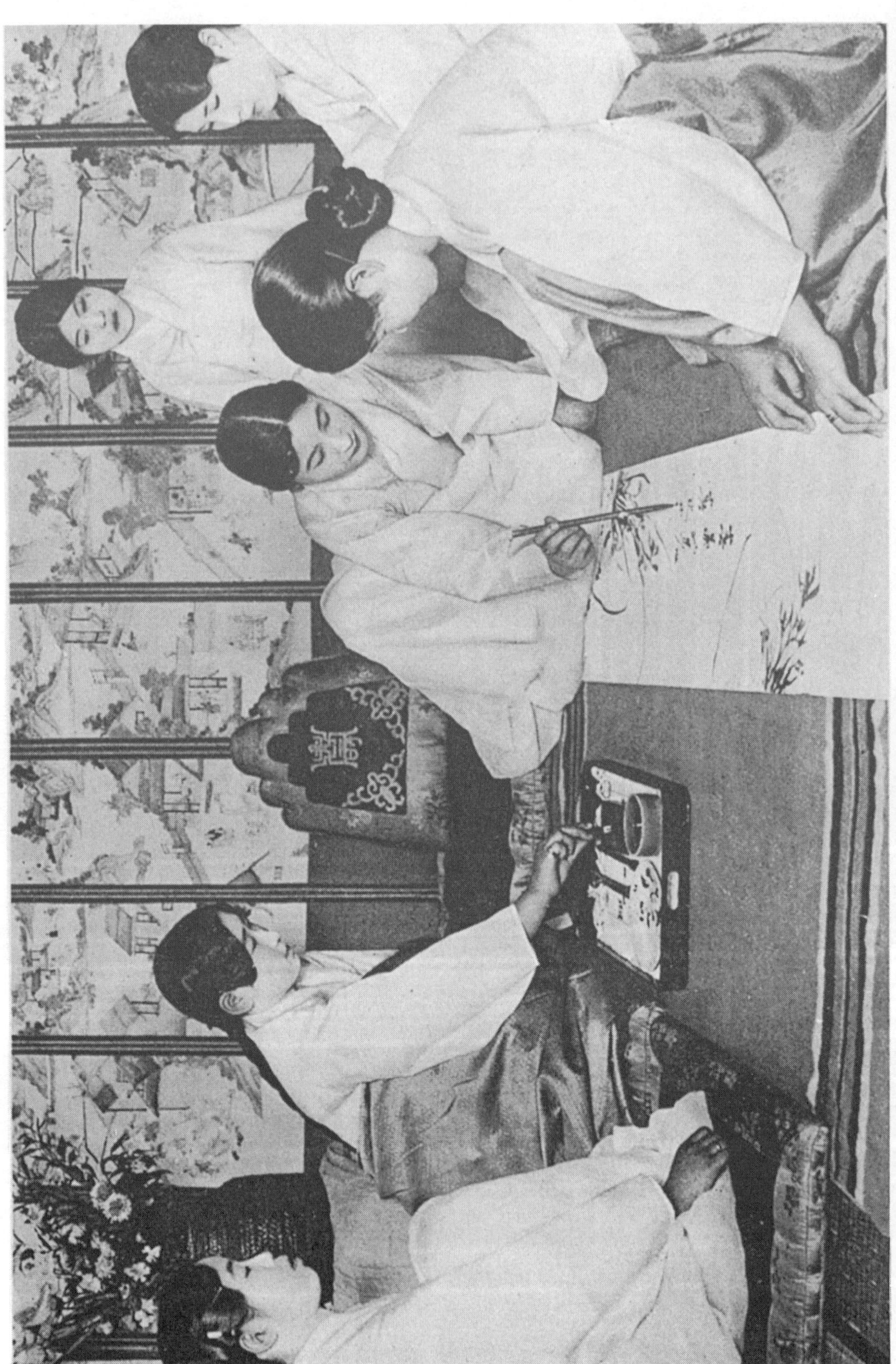

평양의 기생들

교사와 관기

기생학교의 학생들

음악에 맞춰 춤을 추는 기생

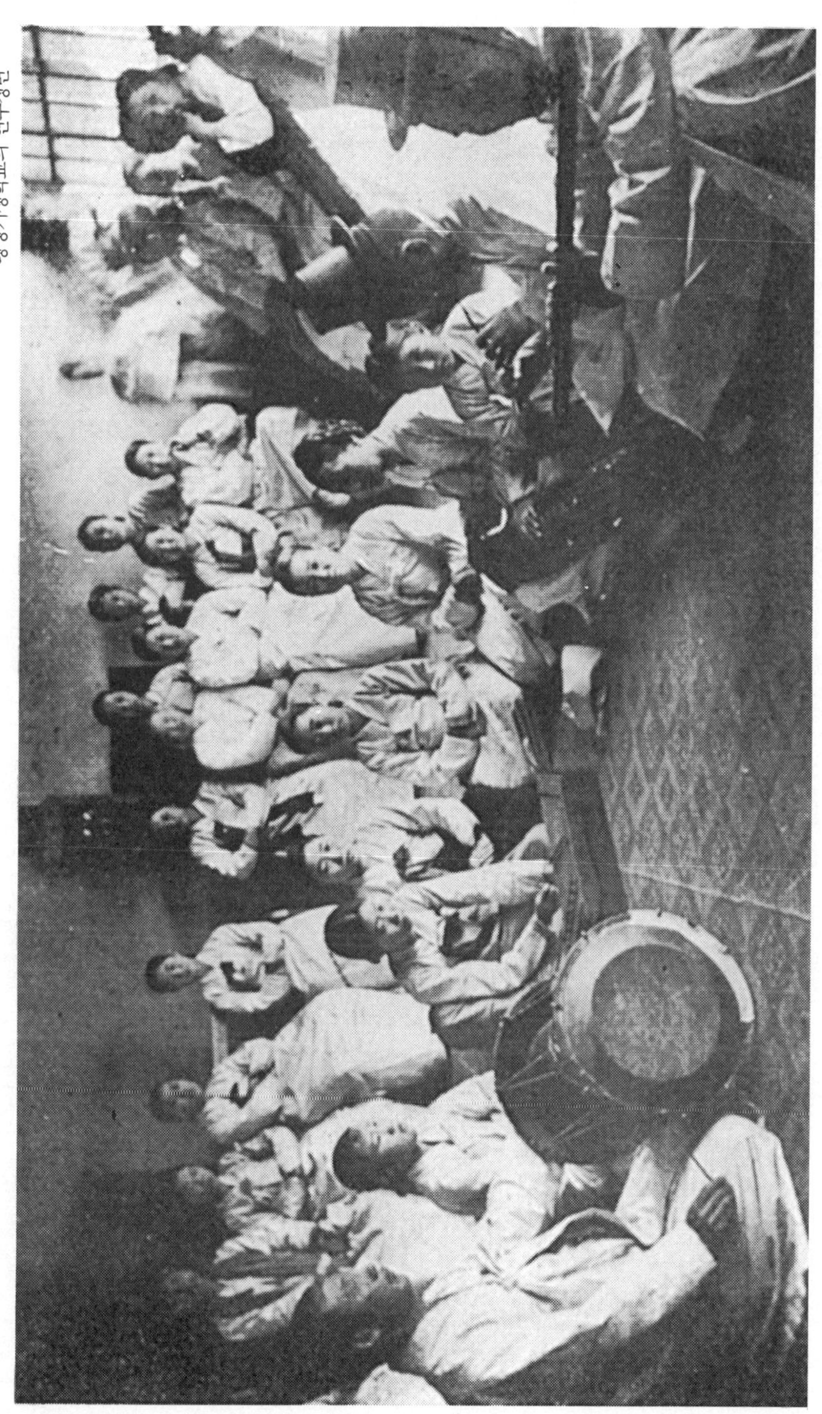

평양기생학교의 연주장면

승무僧舞를 추고 있는 기생

기생妓生

기생

吳小坡 女士와 그녀의 휘호

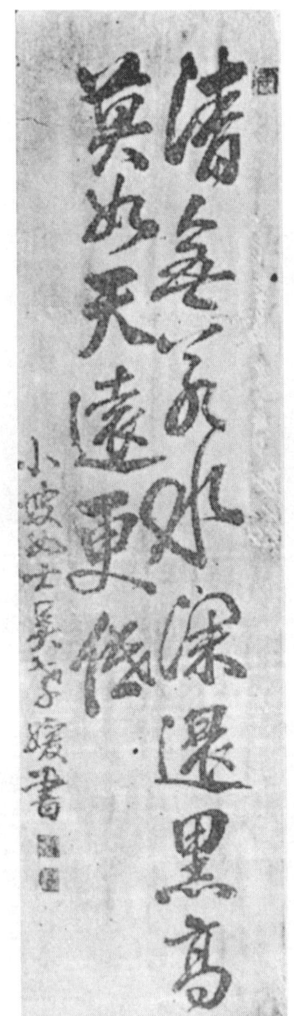

吳虹月 女史와 그녀의 墨蘭

신식 복장을 한 기생

가야금을 연주하는 기생들

장구 · 가야금 · 양금을 합주하는 기생들

춤을 추는 기생

관기官妓

그림을 그리는 기생

평양기생학교

평양기생학교의 기생들

◀ 넓은 저택을 가진 기생

기생妓生

책을 읽고 있는 기생▶

◀ 지방의 기생 ▼ 장구를 치는 기생 가야금을 뜯는 기생

춤을 추는 기생

◀▼ 검무劍舞를 추는 기생

관기官妓

◀ 관기의 성장盛裝

거실의 관기

▼ 양금洋琴을 다루는 기생

◀ 가야금과 양금을 합주하는 기생

관기官妓

역주 訳註

【제1장】

1) 원화源花 — 신라 때 여자 화랑. 24대 진흥왕 37년(576)에 남모南毛와 준정俊貞이라는 두 아름다운 여인을 뽑아 3백여 명의 젊은이를 거느리게 하여, 젊은이들의 행실과 재주를 평가하여 나라의 등용에 이바지하게 하였음. 준정이 남모를 질투하여 그의 집으로 유인하여 술을 먹여 죽임으로 인하여 곧 없어지고 남자 화랑으로 대치되었음.
2) 지나支那 — 진秦의 와전訛傳. 중국中國.
3) 비역屁役 — 남자끼리의 동성애로서, 남녀 사이에 육체적 교접을 하듯이 사내끼리 하는 짓. 계간鷄姦. 남색男色.
4) 노배爐鞴 — 스승에게 쓰이는 말로 훈훈하다, 따뜻하다는 뜻임.
5) 동도東都 — 경북 경주.
6) 섬토蟾兎 — 달 속에 있다고 하는 금두꺼비와 옥토끼. 곧 달을 달리 이르는 말.

【제2장】

1) 천지육기天地六氣 — 천지 사이의 여섯 가지 기운. 음陰 · 양陽 · 풍風 · 우雨 · 회晦 · 명明, 또는 한寒 · 서暑 · 조燥 · 습濕 · 풍風 · 우雨.
2) 경분輕粉 — 염화제일수은의 한방 약명. 수은에 명반염을 섞어서 만들며, 분의 재료가 됨.
3) 청루靑樓 — 기생의 집.
4) 급사중給事中 — 고려 때 중서문하성中書門下省의 종4품 벼슬. 11대 문종 때 두었다가 뒤에 중사中事로 고쳤으며, 25대 충렬왕 24년(1298)에 다시 본이름으로 하였다가 같은 해 34년(1308)에 폐지하였고, 31대 공민왕 1년(1352)에 다시 중사로 고쳤다가 곧 폐지함.
5) 관반사館伴使 — 고려 때 도성에 묵고 있던 외국 사신을 접대하기 위해 태평관太平館이나 동평관東平館에 임시로 파견한 정3품 관원.
6) 금대金帶 — 금띠. 조선조 때 정2품의 벼슬아치가 조복朝服에 띠던 띠. 가장자리를 금으로 아로새겨서 꾸몄음.
7) 관적貫籍 — 호적.
8) 대나大儺 — 고려 · 조선조 때 섣달 그믐 전날 밤에 악귀를 쫓는다는 뜻으로 궁

중에서 베풀던 의식. 관상감觀象監이 주장하며, 창수倡率 1인·방상시方相氏 4인·지군持軍 5인·판관判官 5인·초라니 2인·조왕신竈王神 4인·십이신十二神 12인·악공樂工 10여 인 등 40여 명이 궁중 뜰에 서서, 창수가 주문을 외면서 십이신을 쫓아내면 초라니는 머리를 짓찧으면서 복죄伏罪하고, 여러 사람은 소리소리쳐서 악귀를 각 방위에 따라 사문四門 밖으로 몰아냄.

9) 창우倡優 — 광대.

10) 잡기雜伎 — 곡예·기술奇術·가면假面 무용·인형놀이 따위 잡다한 종류가 있음.

【제3장】

1) 팔관회八關會 — 고려 때 매년 중경中京과 서경西京에서 토속신土俗神에게 제지내던 의식. 태조 초부터 시작되어 성종成宗 때 일시 없어졌다가 8대 현종 때 다시 부활되어 국가적인 중요한 행사로서, 중경에서는 추수 이후 음력 11월에, 서경에서는 10월에 등불을 찬란히 하고, 술과 다과를 성대하게 베풀고 가무歌舞와 여러 유희를 하면서 나라와 왕실의 태평을 빌었음. 이날에 각 고을의 벼슬아치가 글을 올리고 외국의 상인들이 각기 방물方物을 바쳐 축하하였음.

2) 연등회燃燈會 — 정월 보름에 불을 켜고 부처에게 복을 빌며 노는 민속적 의식. 신라 때부터 있던 것으로, 고려 태조太祖 때부터는 백성의 복을 빌기 위하여 나라에서 해마다 열었고, 그뒤에 나라의 풍속이 되어 시골에서도 이 모임을 열었음.

3) 포구락抛毬樂 — 정재呈才 때에 추는 춤의 한 가지. 고려 때에 초영楚英이 지은 것으로서, 당악唐樂·남녀악男女樂이 다 있으나 창사唱詞가 외연外宴에 맞지 아니하므로 남악男樂은 흔히 하지 아니함. 죽간자竹竿子가 나와 마주 서고, 여기女妓 하나는 꽃을 들고 포구문抛毬門의 동편에 서고, 또 하나는 붓을 들고 서편에 섬. 열두 사람이 여섯 대隊에 나뉘어 제일 대 두 사람이 용알을 가지고 주악奏樂에 맞추어 사詞를 부르며 춤을 주다가 위로 던지어 구멍으로 나가게 함. 둘씩 차례로 던진 용알이 많이 나간 편에 얼굴에 먹점을 찍으므로써 벌을 삼음.

4) 영인伶人 — 악공樂工과 광대.

5) 환관宦官 — 내시內侍.

6) 나례儺禮 — 음력 섣달 그믐날 밤에 궁중에서나 민가에서 마귀와 사신邪神을 쫓

아낸다는 뜻으로 베풀던 의식. 원래 중국에서 시작된 풍습으로, 《고려사》에 의하면 10대 정종靖宗 6년(1040)에 이미 세종歲終 나례가 행해졌다는 기록으로 보아 우리나라에는 훨씬 이전에 중국으로부터 전래된 듯함. 악귀惡鬼를 쫓는 외에 차차 칙사勅使의 영접, 임금의 행차行次, 감사監司의 영접 등에 광대의 노래나 춤을 곁들여 오락으로 전용됨. 나의儺儀.

7) 채붕綵棚—임금이나 중국의 칙사勅使가 행차하는 곳의 성문城門이나 다리, 또는 가가假家 등에 내걸어 장식하던 색실·색종이·색헝겊.

8) 부용芙蓉—연꽃.

9) 녹발綠髮—푸른 머리털이라는 뜻으로 검고 윤택이 있는 고운 머리를 아름답게 이르는 말.

10) 청아靑娥—소녀. 젊은 미인美人.

11) 현가絃歌—거문고 같은 것에 맞추어 부르는 노래.

12) 구천九天—높고높은 하늘. 구소九霄. 구중천九重天.

13) 갈고羯鼓—아악雅樂의 타악기의 하나. 장구와 비슷하되 양쪽 마구리를 다 말가죽으로 매어 대臺 위에 올려 놓고, 좌우 두 개의 채로 치는데 합주合奏 때에 빠르기를 조절함.

14) 규벽奎璧—옛날 중국에서 제후諸侯가 천자天子를 만날 때 가지던 구슬.

15) 주공周公—주周나라의 정치가. 문왕文王의 아들. 무왕武王의 아우. 이름은 단旦. 무왕을 도와서 주紂를 쳐부숨. 주대周代의 예악제도는 대개 그가 계획하여 이룬 것임. 《주례周禮》는 주공周公의 창작이라 함.

16) 낙읍洛邑—낙양洛陽.

17) 한유韓愈—중국 당나라 중세의 문인. 자는 퇴지退之. 호는 창려昌黎. 당·송의 여덟 대가 중의 한 사람.

18) 구나驅儺—궁중에서 악귀惡鬼를 쫓기 위하여 악귀로 분장한 사람을 방상시方相氏가 쫓던 연극. 세말歲末에 하였음.

19) 구중九重—문을 겹겹이 달아 막은 깊은 대궐. 구중심처. 구중궁궐.

20) 전두纏頭—다른 사람의 노고를 위로하고, 또 그 재예才藝를 칭찬하여 상으로 주는 상품이나 예물.

21) 아미蛾眉—누에나방의 눈썹이라는 뜻. 미인의 눈썹을 이르는 말.

22) 상부相府—재상宰相의 관사官舍.

23) 예상霓裳—무지개와 같이 아름다운 치마.

24) 봉두화鳳頭靴 — 썩 좋은 여자의 신.

25) 사향麝香 — 사향노루의 사향낭에서 얻어지는 향료香料. 검은 갈색의 가루로서 방향이 몹시 강하며, 약료藥料로도 쓰임.

26) 초방椒房 — 왕비·왕후 등이 거처하는 방. 후비后妃의 방.

27) 율려律呂 — 국악의 음이름에 있어서 12율의 양률陽律과 음려陰呂를 통틀어 일컬음.

28) 서왕모西王母 — 옛날 중국에서 받들었던 선녀仙女. 성姓은 양楊. 이름은 회回. 주周나라 목왕穆王이 서쪽 곤륜산崑崙山에 사냥을 가서 서왕모를 만나 요지瑤池에서 노닐며 돌아옴을 잊었다 함. 또 한漢나라 무제武帝가 장수長壽를 원하고 있을 때, 그를 가상히 여기어 하늘에서 선도仙桃 일곱 개를 가지고 내려와 무제에게 주었다 함. 《산해경山海經》에는 그 모양이 반인반수半人半獸로 표범의 꼬리에 범의 이를 가지고, 더벅머리에 풀다리를 썼다 함. 그 여자의 남쪽에는 세 청조靑鳥가 있어서 그 여자의 먹을 것을 마련하여 준다 함.

29) 벽도碧桃 — 선경仙境에 있다는 과실의 한 가지.

30) 우禹 임금 — 중국의 전설상의 천자. 태고의 요순시대에 대규모의 치수治水 공사에 성공하고, 순 임금으로부터 임금 자리를 물려받아 하왕조夏王朝의 시조가 되었다 함. 치수治水 설화·지덕상징地德象徵 설화 등의 주인공임.

31) 탕湯 임금 — 은왕조殷王朝의 시조.

32) 팔음八音 — 아악雅樂에 쓰는 여덟 가지 악기, 또는 그 소리. 악기를 만든 재료로 구분하여, 곧 종鍾 따위의 금金, 경磬 따위의 석石, 거문고와 비파 따위의 사絲, 적笛 따위의 죽竹, 생笙·간竿 따위의 포匏, 부缶 따위의 토土, 북 따위의 혁革, 어敔 따위의 목木.

33) 소韶 — 순舜 임금이 지은 음악 이름.

34) 봉래蓬萊 — 봉래산. 중국에서 상상하던 삼신산三神山의 하나. 동쪽 바다 가운데에 있어서 신선이 살고, 불로초와 불사약이 있다는 영산靈山.

35) 녹명鹿鳴 — 《시경詩經·소아小雅》가운데의 일편一篇. 천자天子가 군신群臣을 거느릴 때의 시詩. 당唐나라에서는 장리長吏가 그 군현群縣의 시험에 급제한 거인擧人을 초치한 때 그 시를 읊어서 전도前途를 축복함.

36) 건곤乾坤 — 하늘과 땅을 상징적으로 달리 이르는 말. 천지天地.

37) 하도河圖 — 옛날 중국 복희씨伏羲氏 때에 황하黃河에서 용마龍馬가 지고 나왔다는 동서 남북 중앙으로 일정한 수로 나뉘어져 배열된 쉰다섯 점의 그림.

낙서洛書와 함께 주역周易의 기본 이치가 됨.

38) 동정彤庭 — 궁궐의 뜻. 옛날 임금이 거닐던 궁궐의 뜰에 놓인 섬돌을 붉게 색칠하였기 때문이다.

39) 장양鏘洋 — 방울이나 옥 같은 소리처럼 크게 울리는 것.

40) 이원梨園 — 교방敎坊.

41) 벌곡조伐谷鳥 — 뻐꾹새.

42) 예상우의곡霓裳羽衣曲 — 월궁月宮의 음악을 본떠 만든 곡조의 이름.

43) 개원開元 — 근본을 엶, 또는 나라를 엶.

44) 유로遺老 — 선조先朝 또는 망국亡國의 구신舊臣.

45) 속악俗樂 — 잡가 · 민요 · 판소리 등의 민간 음악. 민악民樂.

46) 아악雅樂 — 나라에서 정식으로 쓰던 음악. 아부악雅部樂 · 당부악唐部樂 · 향부악鄕部樂의 세 가지가 있음. 중국 오대五代 때에 비롯하여 송대宋代에 이르기까지 여러 차례의 변개變改를 거쳐 대성악大晟樂이 되었으며, 우리나라에는 고려 16대 예종睿宗 9년(1114)에 수입되었음. 이 고려의 아악은 음률音律이 맞지 아니함이 많을 뿐더러 뒤에 많이 없어졌으므로 조선조 4대 세종대왕이 박연朴堧과 더불어 고심 연구하여 완성하였음. 현재 국악원國樂院에 의하여 유지되고 있으며, 동양의 최고악으로서 오직 우리나라에만 남아 있음.

47) 헌선도獻仙桃 — 헌선도무獻仙桃舞. 고려 때 최충헌崔忠獻이 지어 정재呈才 때에 추던 춤의 한 가지. 죽간자竹竿子 두 사람과 대여섯 사람의 무기舞妓가 장춘불로곡長春不老曲 주악에 맞추어 춤. 장면이 바뀔 때마다 부르는 사詞가 있음. 헌선도춤.

48) 수연장壽延長 — 수연장무壽延長舞. 고려 6대 성종 때 만든 정재呈才 때 추던 춤. 임금의 장수를 축원하는 내용으로 당악唐樂에 딸림. 죽간자竹竿子 두 사람이 좌우로 갈라서고 여기女妓 여덟 사람이 네 사람씩 가로 두 줄에 벌려서서 두 사람씩이 마주 대하여 주악奏樂에 맞추어 추며 때때로 사詞를 부름. 남악男樂 · 여악女樂이 다 있음.

49) 오양선五羊仙 — 고려 때에 시작된 정재呈才 때에 추던 춤의 한 가지. 왕조의 상서로운 기운을 노래하며 춤추는 궁중무로서 당악唐樂에서 전래됨. 죽간자竹竿子 두 사람이 좌우에 벌려서고 선모仙母는 가운데에 서며, 좌우협左右挾 넷이 네 귀에 벌려서서 주악奏樂에 맞추어 사詞를 부르며 춤.

50) 연화대蓮花臺 — 연화대무蓮花臺舞. 고려 때부터 시작된 궁중무용의 한 가지.

당악唐樂에 딸림. 임금의 덕화로 연꽃의 정精이 나타나서 노래하고 춤을 춘다는 내용의 춤으로, 30여 명이 나와서 춤추고 노래함.

51) 무고舞鼓 — 북춤. 나라 잔치 때에 북을 가지고 추던 기생의 춤.

【제4장】

1) 이원梨園 — 당唐나라 현종玄宗(712-756)이 스스로 배우俳優들의 기술을 가르치던 곳으로 교방敎坊과 비슷한 말임.
2) 별서別墅 — 전장田莊이 있는 부근에 한적하게 지은 집으로 별장別莊과 비슷하나 농사를 경영하는 점이 다름.

【제5장】

1) 영색令色 — 남에게 잘 보이기 위하여 아첨하는 표정이나 태도.
2) 폐신嬖臣 — 아첨하여 왕의 신임을 받는 신하.
3) 금달禁闥 — 궁중의 합문閤門.

【제6장】

1) 을지문덕乙支文德 — 고구려 26대 영양왕 때의 장수. 계루부桂婁部 출신의 귀족으로 지략智略과 무용武勇에 뛰어났고, 시문詩文에도 능했음. 이 임금 23년(612)에 수양제가 거느린 수나라 군사 2백만을 살수대전에서 전멸시켰음.이 싸움에서 적장 우중문于仲文에게 전한 전략적인 오언절구의 시《유우중문시遺于仲文詩》가 전함.
2) 종장宗匠 — 유교의《경서經書》에 밝고, 글을 잘 짓는 사람.
3) 향염시香匳詩 — 기생妓生에게 지어 주는 시.
4) 김부식金富軾 — 1075(문종 29)~1151(의종 5). 고려 문신. 학자. 자는 입지立之. 호는 뇌천雷川. 본관은 경주.《의천義天의 비문》및《진악공중수청평산문수원기眞樂公重修淸平山文殊院記》등을 지었다. 인종 23년(1145) 최초의 정사正史인《삼국사기三國史記》50권을 편찬, 중서령中書令에 추증追贈. 시호는 문열文烈.
5) 정지상鄭知常 — 고려 17대 인종 때의 문인. 초명은 지원之元, 호는 남호南湖. 본관은 하동河東. 누이동생의 인연으로 원나라에 자주 왕래하다가 원나라에 머물던 강릉대군江陵大君 기祺(공민왕恭愍王)를 시종, 공민왕 3년(1354) 감

찰지평監察持平에 등용되었다. 고려 12시인 중의 한 사람으로, 그의 시는 만당晩唐의 풍이 있었음.

6) 정습명鄭襲明—?~1151(의종 5). 고려 문신, 본관은 영일迎日. 향공鄕貢으로 문과에 급제, 내시內侍에 들어갔고, 인종 때《국자사업國子司業》·《기거주起居注》·《지제고知制誥》를 역임.

7) 최자崔滋—1188(명종 18)~1260(원종 1). 고려 22대 강종~23대 고종 때의 학자. 초명은 종유宗裕·안安. 자는 수덕樹德. 호는 동산수東山叟. 본은 해주. 고종 때 중서문하평장사中書門下平章事를 지냄. 시문에 뛰어나 당대에 크게 문명을 떨쳤으며, 학식과 행정력을 겸비하여 많은 치적을 남김. 저서로는《가집家集》·《보한집補閒集》등이 있다. 시호는 문청文清.

8) 무산巫山—중국 사천성四川省 무산현의 동쪽에 있는 명산名山. 산 위에는 무산 12봉이 있어, 고래古來로 한문시가에 많이 나타남.

9) 아경亞卿—경卿의 다음 벼슬을 일컬음. 곧 육조六曹의 참판參判·좌우윤左右尹 등을 공公·정경正卿 등에 상대하여 이르는 말.

10) 서시西施—중국 춘추시대春秋時代의 월越나라 미인. 월나라의 왕 구천句踐이 오吳나라에 망한 뒤, 서시를 오나라 왕 부차夫差에게 보냈던 바, 부차가 반하여 국사를 돌보지 아니하여 구천과 범소백范少伯의 침공을 받아 망하였음.

11) 두목杜牧—만당晩唐의 시인. 자字는 목지牧之. 호는 번천樊川. 섬서성陝西省 사람. 그의 시詩는 호방豪放하고 작풍作風이 두보杜甫와 비슷한 점이 있으므로 소두小杜라 일컬음. 저서로는《번천문집樊川文集》·《아방궁부阿房宮賦》·《강남춘江南春》등이 있음.

12) 이의李顗—고려 문신. 본관은 인천仁川(仁州). 중서령中書令 자연子淵의 아들. 1080년(문종 34) 동번東蕃이 난을 일으키고, 이 전공으로 이듬해 좌산기상시左散騎常侍·지중추원사知中樞院事에 오르고 이어 재상宰相이 되었다. 시문詩文에도 뛰어났다.

13) 박효수朴孝修—?~1337(충숙왕 복위 6). 고려 문신. 호는 석재石齋, 본관은 죽산竹山. 1317년(충숙왕 4) 구재삭시九齋朔試를 관장, 1320년 대언代言으로 시관試官을 겸했다. 이듬해 밀직부사密直副使가 되었으며, 청절淸節로 이름을 떨쳐 연창군延昌君에 봉해졌다.(문헌《高麗史》)

14) 오희吳姬—중국 오나라의 어여쁜 여자.

15) 안축安軸—1282(충렬왕 8)~1348(충목왕 4). 자는 당지當之. 호는 근재謹齋.

본관은 홍녕興寧(順興). 석碩의 아들. 문과文科에 급제. 금주사록金州司錄·사헌규정司獻糾正·단양부주부丹陽府注簿를 지내고 1324년(충숙왕 11) 원나라 제과制科에 급제. 《관동와주關東瓦注》라는 문집을 남겼으며, 시호는 문정文貞. 저서는 《근재집謹齋集》이 있다.

16) 죽지사竹枝詞—당나라 시인 유우석劉禹錫이 창시한 한시漢詩의 한 형식. 대개는 칠언절구七言絕句의 연작連作으로 남녀간의 정사情事, 또는 그 지방의 경치·풍속·인정 따위를 읊은 것임.

17) 범여范蠡—중국 춘추시대 말기(기원전 5세기)의 월왕越王 구천句踐의 충신. 자는 소백小伯. 초나라 사람. 월왕 구천을 도와 오왕吳王 부차夫差를 죽여 회계會稽의 치욕을 씻게 했음. 뒤에 제齊나라에서 크게 치부하여 소위 도주공의 부富를 쌓음. 도주공陶朱公. 범려.

18) 무운巫雲—무산巫山의 운우雲雨. 초楚나라의 양왕襄王이 낮잠을 자다 무산의 신녀神女를 만난 꿈을 꾼 옛일에서 남녀의 정이 아기자기한 것을 비유하여 이르는 말. 무산의 비. 무산의 구름. 무산의 꿈. 무산몽, 무산우. 무산운.

19) 광평廣平—1425(세종 7)~1444(세종 26). 조선 왕족. 이름은 여璵. 자는 환지煥之. 호는 명성당明誠堂. 1432년(세종 14)에 광평대군에 봉해졌다. 시호는 장의공章懿公. 학문을 좋아하여 부왕에 지지 않게 공부하고, 경서는 물론 문선·국어·좌전 등을 애독하였으나 요절했다.

20) 신천辛蕆—?~1339(충숙왕 복위 8). 고려 문신. 호는 덕재德齋. 본관은 영산靈山. 문과文科에 급제. 1314년(충숙왕 1) 선부직랑選部直郎이 되고, 판밀직사사判密直司事에 올랐다. 안향安珦의 문인으로 스승을 문묘文廟에 종사從祀케 했다. 시호는 응청凝淸.

【제7장】

1) 한문韓文—중국 당唐나라 문인. 자는 퇴지退之, 호는 창려昌黎. 당송팔대가 중 한 사람. 고문古文의 부흥을 제창하였으며, 시·서에 뛰어나 호탕하고 기빌한 작품이 많음.

【제8장】

1) 내연內宴—왕후가 내빈을 모아 베푸는 진연進宴. 내진연內進宴.

2) 박拍—악기의 한 종류로서 풍류와 춤을 시작할 때와 마칠 때나, 또는 곡조의

빠르고 더딤을 지도하는 데 쓰인다. 6~9개의 홀笏 모양과 비슷하게 된 나무 조각이나 또는 상아象牙 조각으로 만들되, 머리빼기에 구멍을 뚫어서 사슴 가죽의 끈을 꿰었음.

3) 죽간자竹竿子 — 나라의 연회 때 춤추는 데 쓰는 제구의 한 종류로서, 길이 2~3m 되는 붉은 칠을 한 나무 자루 위에 가는 대 1백 개를 꽂고 붉은 실로 엮은 다음, 대끝 3cm 가량 아래로부터 금박한 종이에 수정 구슬을 달아 장식하였음.

4) 족도足蹈 — 춤을 출 때 사뿐사뿐 발로 곱게 뛰는 것.

5) 염수斂手 — 두 손을 마주 잡고 공손히 서 있음.

6) 선도반仙桃盤 — 선도仙桃, 즉 복숭아를 담은 쟁반.

7) 치사致詞 — 궁중 음악에서 곡조에 맞추어 올리는 찬양하는 말. 곧 여문儷文의 한 단段. 치어致語라고도 하며, 뒤에 구호口號가 따른다.

8) 성수聖壽 — 임금님의 수명壽命.

9) 금척金尺 — 궁중 연회 때 부르던 가무의 일종. 17인이 주악에 맞추어 춤추면서 장면이 바뀔 때에 사詞를 부른다. 남악男樂과 여악女樂이 있으며, 조선조 태조太祖의 창업을 기리기 위해서 태조 2년(1393)에 시작되었으며 몽금척夢金尺이라고도 일컫는다.

10) 몽금척夢金尺 — 금척무金尺舞에 쓰는 제구. 이태조李太朝 잠저潛邸 때에 꿈에 선인仙人이 주었다는 것을 상징하여 만든 길이가 한 자 되는 금빛의 자인데, 꼭대기의 칠푼七分은 구름 위에 해가 돋는 모양을 하였으며, 해의 직경은 너 푼이고 가운데에다 나는 까마귀를 새기었음. 자의 넓이 칠 푼 반을 두 쪽에 나누어 바른쪽을 열 간으로 하여, 위로부터 〈天賜金尺受命之祥〉이라 새기고, 왼쪽은 위로부터 반은 잔 눈을 그리었음. 길이 두 치 육 푼의 자루가 붙었는데, 위는 직경 한 치 너 푼의 연밥 모양으로 하고 끝의 직경은 한 치 너 푼, 고리를 박아서 끈을 달았음.

11) 잠저潛邸 — 나라를 처음으로 이룩한 임금이나 또는 종실에서 들어와 된 임금으로서, 아직 왕위에 오르기 전이나 또는 그동안에 살던 집을 이르는 말. 용잠龍潛. 잠룡潛龍. 잠저潛邸를 잠룡潛龍이라 이르기도 하는데, 이는 용이 물 속에 잠겨 있다가 하늘에 오르는 것을, 곧 왕위에 오름에 비유한 것이다.

12) 수보록受寶籙 — 수보록무受寶籙舞. 대궐 안의 잔치 때에 추던 춤의 한 가지. 당악唐樂이며 여악女樂이다. 봉족자奉簇子·보록寶籙 각 한 사람과 지선地仙·

죽간자竹竿子·인인장引人杖·용선龍扇·봉선鳳扇 각 두 사람과 정절旌節 여덟 사람과 합하여 24명의 여기女妓가 수악절隨樂節에 맞추어 수보록사受寶籙詞를 부르며 족도足蹈하고, 춤추는 것으로 조선조 3대 태종 때 지어 전하여짐.

13) 보태평保太平—정재呈才 때 추는 춤의 이름. 무기舞妓 36명이 왼손에 약籥을, 바른손에 적翟을 쥐고 6명씩 여섯 줄에 방형方形으로 서서 주악奏樂과 박拍 소리에 맞추어 절차에 따라 족도足蹈하며 춤추는데 향악鄕樂과 당악唐樂을 섞어 연주한다. 제향祭享 때에는 남악男樂을 쓰므로 악공이 대신한다.

14) 정대업定大業—정재呈才와 제향祭享에 추던 춤의 이름. 정재에는 여악女樂을, 제향祭享에는 남악男樂을 사용한다. 향악과 당악을 섞어서 아룀. 무기舞妓는 6명씩 여섯 줄, 또는 8명씩 여덟 줄 네모지게 늘어서서 오른손에 목검木劍·목창木槍·궁시弓矢 등을 가지고 내무內舞가 되어 곡진曲陣·직진直陣·예진銳陣·원진圓陣·방진方陣으로 진형陣形을 바꾸어 가며 춘다.

15) 봉래의鳳來儀—궁중 연회 때 사용하는 춤으로 향악과 당악을 교대로 연주하나, 치화평무致和平舞와 취풍형무醉豊亨舞로 변할 때는 향악만 연주한다. 남악과 여악이 다 있으며 죽간자竹竿子 2명과 무기舞妓 8명이 출연한다. 8명이 가로 두 줄로 늘어서서 주악과 박拍 소리에 맞추어 절차에 따라서 구호口號와 《용비어천가龍飛御天歌》를 부르며 족도足蹈·대무對舞·배무背舞·회무回舞를 하다가 치화평무致和平舞로 바꾼다.

16) 아박牙拍—고려 때부터 사용된 정재무呈才舞로 2명이 양손에 아박牙拍을 들고 울리며, 주로 《동동動動》을 부르면서 정읍만기井邑慢機에 맞추어 춤춘다.

17) 향발響鈸—궁중 연회 때 향발을 가지고 추던 춤으로 향악鄕樂이며, 남녀악이 있다. 여기女妓 8명이 두 손의 엄지손가락과 가운데손가락에 각각 향발을 잡아매고, 좌우 두 패로 나누어 주악奏樂에 맞추어 향발을 치면서 추는 춤이다.

18) 무고舞鼓—고려 충렬왕忠烈王 때 이곤李混이 영해寧海에 귀양갔을 때 바다 위에서 부사浮査를 얻어 무고를 만든 데서 비롯한다고 전함. 북춤으로 1고무一鼓舞·4고무·8고무 등 다양하나. 1고무는 북 하나에 두 사람이 북을 치고, 4고무는 넷, 8고무는 여덟 사람이 북을 친다. 북춤.

19) 학무鶴舞—정재 때나 구나驅儺한 뒤에 향악에 맞추어 추던 궁중 무용으로, 청학靑鶴·백학白鶴의 탈을 쓴 두 무동舞童이 주악과 여기女妓의 창사唱詞에 따라 지당판池塘板 앞에 뛰어나와서 북향하고, 동서로 나누어 서서 박拍 소리에 맞추어 춤을 추다가 주둥이로 연통蓮筒을 쪼아 그 속에서 동기童妓가 뛰어

나오면 놀라 달아나며 춤. 그뒤에는 연화대蓮花臺 춤이 계속된다. 학춤.

20) 침향산沈香山 — 조선 후기에 제작된 춤으로 제목 그대로 봄향기를 만끽한다는 내용이다. 2명이 대무對舞로서 두 개의 목단화병牧丹花甁을 가운데 두고 꽃을 어루만지다가 꽃 한 가지를 꺾어들고 상대하여 춤추는 무용이다.

21) 육덕곡六德曲 — 육덕곡六德曲은 문덕곡文德曲의 오기誤記로 보인다. 문덕곡은 향악 정재이나, 음악은 당악인 소포구락령小抛毬樂令을 연주한다. 여기女妓 한 사람이 나와 치어致語를 끝내면, 이어 문덕곡文德曲 개언로장開言路章을 노래하고, 여기女妓 4명이 북향하여 염수족도斂手足蹈하며, 보공신장保功臣章·정경계장正經界章·정예악장定禮樂章 등으로 노래한 다음 악절樂節에 따라 끝을 맺는다.

22) 관습도감慣習都監 — 고려 말엽부터 조선조 초엽까지 있던 관청. 향악鄕樂과 당악唐樂을 가르치는 일을 맡았음. 7대 세조 12년(1466)에 장악서掌樂署로 고침.

23) 관현맹管絃盲 — 체아직遞兒職으로 장악원으로부터 1년에 네 번 이조吏曹에 추천서를 올려 허락받아 임용되었다. 주로 향악과 당악을 연습해서 궁중 연회 때 연주하였다.

24) 사죽장고絲竹杖鼓 — 사죽絲竹은 관현管絃이며, 장고杖鼓는 장구이다.

25) 번부番部 — 중국 청대淸代에 있어서 몽고·청해靑海·신강新疆·티벳 지방의 통칭. 17,8세기 때 청나라에 정복당하였음.

26) 헌가軒架 — 악기인 종鍾·북 따위를 틀에 거는 것, 즉 시렁과 같은 높은 곳에 걸어두는 것을 말함.

27) 사정전思政殿 — 경복궁 안에 있는 편전便殿.

28) 중삭仲朔 — 춘하추동 중 가운데 달. 즉 음력 2·5·8·11월 등의 중월仲月을 말함.

29) 중궁中宮 — 왕후가 있는 곳. 곤전坤殿, 또는 중전中殿이라고도 일컫는다.

30) 인引 — 악부樂府의 한 체體.

31) 삼보三寶 — 불佛·법法·승僧을 말함.

32) 모의母儀 — 모성母性을 갖추어야 할 도리.

33) 봉련鳳輦 — 꼭대기에 황금의 봉황을 장식한 임금이 타는 가마.

34) 어헌魚軒 — 수레의 일종.

35) 사문沙門 — 머리 깎고 불문佛門에 들어가 도를 닦는 사람. 출가한 중을 가리킴.

36) 남산수南山壽 — 《시경詩經·소아小雅·천보편天保篇》에 있는 말로서 종남산

終南山이 영원히 세상에 있듯이 오래도록 살기를 비는 말임.

37) 정전正殿 — 왕이 임어臨御하여 조참朝參을 받고, 정령政令을 반포하고, 외국의 사신을 맞이하던 궁전. 경복궁에서 근정전勤政殿, 창덕궁昌德宮에서 인정전仁政殿이 이에 해당함.

38) 성탕成湯 — 상商(뒤에 은殷)나라를 세운 임금. 이름은 이履. 하夏나라 임금 걸왕桀王이 무도無道하자 쳐서 내쫓고 천하를 차지하여 상을 세웠음.

39) 사안謝安 — 320~385. 중국 동진東晋의 재상으로 자는 안석安石. 행서行書를 잘 썼음. 환온桓溫의 사마司馬가 되어 효무제孝武帝 때 전진前秦의 부견符堅이 침입하자 총수總帥가 되어 이를 비수淝水에 물리쳤다. 시호는 문정文靖.

40) 중외中外 — 조정과 민간. 서울과 시골, 즉 경향京鄕을 말함.

41) 외정外庭 — 왕이 국정國政을 듣는 곳. 외조外朝.

42) 풍정豊呈 — 국왕 내외의 경사가 있어 경하할 때 무엇을 바치는 일로, 이때 기생·우인優人 등을 시켜 가무잡희歌舞雜戱를 하는데, 즉 여기연예女妓演藝의 한 가지임.

43) 속신贖身 — 노비를 풀어 양민이 되게 하는 것으로 속량贖良이라고도 함.

44) 진풍정進豊呈 — 대궐 안 잔치의 한 가지. 진연進宴보다 규모가 크고 의식이 더 정중하였음.

45) 고몽瞽蒙 — 장님을 말함. 고몽瞽矇이라고도 함.

46) 국휼國恤 — 국상國喪.

47) 점고點考 — 명부名簿에 하나하나 점을 찍어가며 사람의 수효를 조사하는 것.

48) 진연進宴 — 나라에 경사가 있을 때 궁중에서 베풀던 잔치.

49) 계목啓目 — 조선조 때 계본啓本에 덧붙인 목록.

50) 자전慈殿 — 왕의 어머니. 자성慈聖.

51) 존양存羊의 뜻 — 구례舊禮 또는 허례虛禮를 짐짓 버리지 못하고 그냥 남겨두는 일. 존양지의存羊之義.

52) 칙사勅使 — 조선조 때에 중국에서 들어온 사신을 이르던 말.

53) 정송呈送 — 보내 드리는 것. 정상呈上, 또는 정납呈納이라고도 함.

54) 공경대부公卿大夫 — 삼공三公과 구경九卿과 대부大夫를 가리킴. 즉 벼슬이 높은 사람을 말함.

55) 전빈典賓 — 조선조 때 궁중에서 접대·영빈迎賓 따위의 일을 맡아보는 정7품 벼슬의 나인.

56) 배위拜位—의식을 행할 때 규례에 따라 정하는 절하는 자리.
57) 착어措語—착오가 있는 말로 틀린 말임. 착어錯語라고도 함.
58) 정탈定奪—신하들이 올린 논의나 계책 가운데서 왕이 가부를 논해서 그 어느 한 가지만 택하는 것. 즉 왕의 재결裁決을 말함.
59) 기로유생耆老儒生—60세 이상의 나이 많은 유생.
60) 궁극치교窮極侈巧—극도에 달하여 어찌할 수 없이 사치하고 교묘한 것.
61) 감결甘結—상급 관아에서 하급 관아에게 내리던 공문.
62) 강정講定—강론하여 결정하는 것.
63) 궁방弓房—조선조 때 군기시軍器寺에서 활과 활촉을 만드는 공장이 있던 곳.
64) 기신일忌辰日—죽은 이나 또는 죽은 이와 관련 있는 사람을 높이어 그의 제삿날을 이르는 말. 기일忌日.
65) 잡상雜像—궁전이나 전각의 추녀·용마루 또는 박공 머리 위의 수키와 위에 덧얹는 여러 가지 짐승 형상이나 손오공 모양으로 만든 기와.
66) 숙문宿聞—오래 전부터 가지고 있는 의문 또는 문제.
67) 습의일習儀日—나라의 길흉吉凶 의식을 미리 배워 익히는 날.
68) 난리亂理—도리에 어긋나는 것.
69) 대신臺臣—사헌부의 대사헌·집의·장령·지평 등의 직책을 가진 벼슬아치를 일컫는 통칭.
70) 윤유允兪—왕이 허가하는 것. 윤가允可 또는 윤준允準·윤허允許.
71) 상란喪亂—전쟁·악역惡疫·천재지변 등으로 말미암아 사람이 죽는 재앙.
72) 쇄환刷還—떠돌아다니는 사람을 데리고 돌아오는 것.
73) 방백方伯—관찰사觀察使.
74) 금옥권자金玉圈子—금관자金貫子와 옥관자玉貫子·금옥관자金玉貫子와 비슷한 말임.
75) 날탕패捺蕩牌—5,6~7,8명 정도의 사람들이 패를 지어서 소구를 두드리고 가무歌舞를 하고 뛰어 노는 것을 업으로 삼는 사람들로 짠지패라고도 부르며 평안도 지방에서 주로 행해졌음.
76) 침선비針線婢—상의원尙衣院에 소속되어 바느질을 맡았던 기녀.
77) 종량從良—부모가 양인과 천인일 때 그 자식은 양인良人인 어버이의 신분을 따라 양인이 되던 일.
78) 대솔帶率—고귀한 사람을 모시고 다니는 사람. 영솔領率 또는 대솔하인帶率

下人이라고도 한다.

79) 갑술甲戌 — 선조宣祖 7년이 갑술년임.

80) 산대희山臺戲 — 고려 때부터 조선조를 통하여 성행하던 우리나라의 대표적인 가면극. 고려 초기에 전래된 것으로 처음에는 중국의 옛날 의식이던 나례儺禮를 모방하여 궁중에서 행하다가, 16대 예종睿宗 때부터 연극의 성격을 띠기 시작하여, 고려 말기에는 완전한 연극형식으로 바뀌어 산대잡극山臺雜劇이란 이름으로 불렸음. 조선조에 와서는 궁중 연극으로 행하여졌는데 4대 세종 때부터 특히 중국 사신을 맞이하기 위해서 도감都監을 두고 상연하게 되어 산대도감극山臺都監劇이라고 하였고, 이것이 민간에 등장 가설무대에서 하기 시작하여 평민극平民劇으로 변하였음. 종이나 나무로 만든 탈을 쓰고 소매가 긴 옷을 입은 광대들이 풍류에 맞추어 춤과 노래와 재담 등으로 꾸민 극을 하는 것인데, 양반에 대한 풍자와 파계승에 대한 조소 등을 주요 내용으로 함. 이에 쓰이던 가면은 상좌 가면, 연잎 가면, 노장 가면, 먹중 가면, 취발이 가면, 샌님 가면, 원숭이 가면 등 20가지에 이름. 산대극山臺劇. 산대도감극山臺都監劇. 산대잡극山臺雜劇. 산디놀이. 산대놀음. 산대놀이. 산대도감놀이. 산대무극. 산붕희. 산유山遊.

81) 산붕山棚 — 오색 비단 장막을 늘인 다락으로 나무로 단段(조각)을 엮어 만든 일종의 장식무대裝飾舞臺 중에서 산형山形 또는 산과 같이 높은 채붕綵棚을 말하며 산대山臺라고도 한다.

82) 이풍夷風 — 오랑캐 풍속.

83) 지월至月 — 동짓달.

84) 용골대龍骨大 — 중국 청나라의 장군. 원이름은 영아보대英俄甫岱. 16대 인종 14년(1636)에 사신으로 와서 청나라 황제의 존호를 쓰고, 군신의 의를 맺을 것을 요구하였으나 거절당하자, 그해 2월에 마부태馬夫太와 함께 10만의 대군을 거느리고 쳐들어와 병자호란을 일으킴.

85) 숭덕崇德 — 청淸 태종太宗의 연호로 1636년부터 1643년까지임.

86) 몽용蒙茸 — 잡초가 어지럽게 무성한 것으로 여기서는 오랑캐를 말함.

87) 누의螻蟻 — 땅강아지와 개미라는 뜻인데, 즉 작은 힘을 비유한 말.

【제9장】

1) 기정妓政 — 기생을 관리하는 정사政事.

2) 월산대군月山大君 — 1454~1488. 조선조 9대 성종의 친형. 덕종의 맏아들. 이름은 정婷. 자는 자미子美. 시호는 효문孝文. 7대 세조 5년(1459) 월산군에 봉해졌고, 이 임금 14년(1468)에 현록대부顯祿大夫가 더해지고 성종 2년(1471) 좌리공신佐理功臣의 호를 받았음.

3) 곡연曲宴 — 임금이 가까운 사람만 모아서 궁중宮中 내원內苑에서 베푸는 작은 연회.

4) 양금洋琴 — 서양의 금琴이란 뜻. 청악淸樂에 쓰이는 금琴.

5) 반열班列 — 품계品階의 차례. 신분 등급의 차례. 반차班次.

6) 편전便殿 — 임금이 항상 거처하면서 정사政事를 보던 궁전. 경복궁에서는 사정전思政殿, 창덕궁에서는 선정전宣政殿이 이에 해당함.

7) 강무講武 — 무예를 강습함. 조선조 때 1년에 두 번(단오와 추석) 하던 행사의 하나. 일정한 곳에 장수·군사·백성 들을 모아 임금이 주장하여 사냥하며 아울러 무예武藝를 닦던 행사.

8) 금천衿川 — 금양으로 경기도 시흥의 옛이름.

9) 관상감觀象監 — 조선조 때 천문·지리·역수曆數·측후測候·각루刻漏 등의 사무를 맡아보던 관청.

10) 성기聲妓 — 가기歌妓. 음악에 관한 재주.

11) 신구伸救 — 죄 없는 사람을 사실대로 밝혀주어 구원함.

12) 금고禁錮 — 죄과罪過 혹은 신분에 허물이 있어 벼슬 자리에 쓰지 않음.

13) 유적儒籍 — 조선조 후기에 각 지방 향교鄕校를 중심하여 그 지방 일대에 있는 유학자들의 가계家系·학통學統·종파宗派 따위를 기록한 문부文簿. 조선조 때 유생儒生의 가계·학통·학업學業 등을 기록한 문부.

14) 재임齋任 — 사학四學·성균관成均館·향교鄕校 같은 데에서 숙식하며 거기 일을 맡아보던 유생. 곧 거재유생居齋儒生.

【제10장】

1) 봉사奉使 — 왕명을 받아 사신으로 가는 것.

2) 나장羅將 — 조선조 때 의금부義禁府의 하례下隷. 칠반천역七般賤役의 하나로 죄인을 문초할 때에 매를 때리는 일과 귀양가는 죄인을 압송하는 일을 맡아보았음. 소유所由. 사령使令. 군아郡衙의 사령使令 가운데 하나.

3) 주관主官 — 주인되는 관원.

4) 호곶壺串 — 말 기르는 곳.

5) 포쇄별감曝曬別監 — 조선조 때 사고史庫에서 서적을 점검하고 거풍을 시키던 벼슬아치. 예문관藝文館의 검열檢閱이 맡아하였음.

6) 수기首妓 — 우두머리되는 기생.

7) 부기府妓 — 관아에 딸린 기생.

8) 음관蔭官 — 음직蔭職. 과거를 거치지 않고 다만 조상의 혜택으로 얻던 관직. 백골남행白骨南行.

9) 소리小吏 — 아전衙前.

10) 전별餞別 — 서운한 정에서 떠나는 사람에게 음식을 베풀어 대접하여 작별함.

11) 주관州官 — 고을의 원.

12) 통인通引 — 조선조 때 지방 관아의 관장官長 앞에 딸리어 잔심부름하던 사람. 지인知印.

13) 전대專對 — 타국에 사신가서 군명君命을 완수함.

14) 관비官婢 — 관가의 기생.

15) 합하閤下 — 정1품 벼슬아치를 높이어 이르는 말.

【제11장】

1) 사인舍人 — 조선조 초기에 문하부의 내사사인內史舍人으로 일컫던 벼슬. 조선조 때 의정부議政府의 정4품 벼슬. 고려 때 내의사인內議舍人·내사사인內史舍人·중서사인中書舍人·도첨의사인都僉議舍人·문하사인門下舍人으로 일컫던 벼슬.

2) 기로耆老 — 예순 살 이상의 늙은이.

3) 사연賜宴 — 임금님이나 벼슬아치가 잔치를 베풀어 사람들을 초대함. 또는 그 잔치.

4) 낭관郎官 — 조선조 때 육조六曹의 5,6품관인 정랑正郎·좌랑佐郎의 자리에 있던 사람을 이르던 말.

5) 곡회曲會 — 모여서 술 마시는 것.

6) 당랑堂郎 — 한 관아에 있는 당상관堂上官과 당하관堂下官.

7) 시상時相 — 그 당시의 정승.

8) 벌연罰宴 — 벌로 잔치를 베푸는 일.

9) 겸관兼官 — 겸직兼職. 조선조 때 한 고을에 원의 자리가 비었을 때 이웃 고을

의 원이 임시로 겸하여 그 사무를 맡아봄.

10) 기지耆之 — 백인伯仁의 자字임.

11) 양천陽川 — 지금의 서울시 양천구.

12) 조강祖江 — 김포군의 어느 지역을 흐르는 강.

13) 익대공신翊戴功臣 — 조선조 7대 세조 14년(1468)에 남이南怡를 죽인 공로로 신숙주申叔舟 · 한명회韓明澮 등 38명에게 내린 훈호勳號.

14) 조관朝官 — 조정의 관원.

15) 혜민국惠民局 — 고려 때 백성의 질병을 고치던 관아. 16대 예종睿宗 때에 베풀어 25대 충렬왕 때에 사의서司醫署의 관할로 하였다가, 34대 공양왕 3년(1391)에 혜민전약국惠民典藥局으로 고침. 혜민국에는 판관判官 4명을 두었음. 조선조 초기에 백성의 질병을 고치던 관아. 1대 태조 1년(1392)에 베풀어 7대 세조 12년(1466)에 혜민서惠民署로 고침.

【제12장】

1) 아문衙門 — 급이 높은 관청을 통틀어 이르던 말.

2) 감영監營 — 조선조 때의 팔도八道의 각 감사監司가 직무를 보던 관청. 상영上營. 순영巡營.

3) 제석천왕帝釋天王 — 제석천帝釋天 · 제석신帝釋神.

4) 권마성勸馬聲 — 잡인의 범접을 금하는 시위 소리.

5) 편발編髮 — 머리를 땋아내려서 댕기를 늘이는 것.

6) 아두丫頭 — 총각總角으로 땋은 머리.

7) 연명延命 — 군수가 감사를 가서 뵙는 것.

8) 기절氣節 — 옳은 일에 대하여 굽히거나 변함이 없는 지조.

9) 도사都事 — 감사의 보좌관.

10) 찬품饌品 — 찬수饌需.

11) 김문기金文起 — 1399~1456(세조 2). 문신. 초명은 효기孝起. 자는 여공汝恭. 호는 백촌白村. 본관은 김녕金寧. 1426년(세종 8) 식년문과式年文科에 급제, 함길도 절제사를 거쳐 이조판서에 이름. 세조가 단종을 내쫓고 임금이 되자 박팽년 들과 함께 단종 복위를 꾀하다가 잡혀 죽었음. 21대 영조 때에 복관, 시호는 충의忠毅. 유응부兪應孚 대신 사육신의 한 사람으로 꼽기도 함.

12) 남곤南袞 — 1471~1527. 조선조 11대 중종 때의 문신. 자는 사화士華. 호는 지

정止亭 · 지족당知足堂. 본은 의령宜寧. 김종직金宗直의 문인. 성종 25년(1494) 문과에 급제, 대사헌 · 대제학을 거쳐 영의정에 이름. 기묘사화를 일으켜 조광조 등 여러 사림士林 출신 소장파를 없앰. 만년에 죄를 자책, 자신의 글이 뒤에 화를 남길까봐 사고私稿를 불태웠다고 함.

13) 이상貳相 — 삼정승 다음가는 벼슬이란 뜻으로 좌우찬성左右贊成을 이르는 말.

14) 답배答盃 — 술자리에서 술잔을 받고 그 답례로 그 사람에게 잔을 돌려줌. 또는 그 술잔. 반배.

15) 상국相國 — 영의정·좌의정·우의정을 통틀어 이르는 말. 상신相臣.

16) 허봉許篈 — 조선조 14대 선조 때의 문인. 호는 하곡荷谷. 본은 양천陽川. 부사府使까지 지냈으며 서사書史에 밝은 문장가임. 저서로는 《이산잡술伊山雜述》《해동야언海東野言》 등이 있음.

17) 영문營門 — 병영兵營의 문. 군문軍門.

18) 안렴사按廉使 — 조선조 3대 태종 1년(1401) 안렴도관찰출척사按廉都觀察黜陟使를 고친 이름. 고려 때의 지방장관. 초기에는 절도사節度使라 이르던 것을 현종 3년(1012)에 안찰사按察使로, 문종 18년(1064) 도부서都部署로, 예종 8년(1113)에는 다시 안찰사로, 25대 충렬왕 2년(1276) 안렴사로 각각 고쳤음. 그후 34대 공양왕 2년(1390)에는 각도에 관찰사· 경력사經歷使를 두었는데 공양왕 4년(1392)에 관찰사를 없애고 다시 안렴사를 두었음.

19) 가양주家釀酒 — 집에서 쓰려고 빚어 만든 술.

20) 옥동서玉東西나 금파라金叵羅 — 술잔의 이름.

21) 고신告身 — 조선조 때 벼슬아치에 임명된 사람에게 주던 사령장辭令狀. 직첩職牒.

22) 차자箚子 — 신하가 임금에게 올리던 간단한 서식書式의 상소문上疏文. 주차奏箚. 차문箚文. 차箚.

23) 가군家君 — 아버지.

24) 이민구李敏求 — 1589(선조 22)~1670(현종 11). 조선의 문관. 자는 자시子時, 호는 동주東洲 · 관해도인觀海道人. 본관은 전주. 이조판서 수광睟光의 아들, 영의정 성구聖求의 아우. 진사에 급제하고 11년(광해군 4) 문과에 장원급제, 수찬 · 지평 · 선위사宣慰使 등을 역임하고, 인조반정 후 교리 · 지평 · 응교를 지내고 이괄李适의 난 때 종사관으로 활동하였다. 대사간 · 승지를 거쳐 정묘호란 때 세자를 모시고 남하하였다가 돌아와 병조참판에 특진되었다. 병자

호란 때 화의를 주장하다가 윤집尹集의 논박을 받고 중지하였으며, 검찰부사檢察副使가 되어 빈궁嬪宮을 호위하고 강화도에 들어갔다가 화의 후에 돌아와 경기우도 관찰사가 되었으나 강화 함락의 책임으로 영변에 귀양가서 위리안치圍籬安置되어 종시 풀리지 못하고 사망했다. 문장으로 이름이 높았으며, 특히 시문에 능하였다. 저서로는《동주집東洲集》이 있다.

25) 사객使客—나라의 사신.

26) 유연流連—행락行樂에 마음이 쏠리어 오래 머무르는 것.

27) 경선京選—도성에서 기생을 뽑는 것.

28) 정령政令—정치상의 명령, 또는 법령.

29) 민목民牧—지방 수령.

30) 여알女謁—가까이하는 시녀侍女.

31) 정랑情郞—기생의 기둥서방을 가리킴.

32) 점고點考—점검과 같음.

【제13장】

1) 선상選上—나라에 바치는 것.

2) 외사外使—외국 사신.

3) 토호土豪—어느 한 지방에서 오랫동안 살며 양반을 떠세할 만큼 세력과 재산이 있는 사람. 지방에 웅거하여 세력을 떨치던 호족豪族.

4) 헌부憲府—사헌부司憲府.

5) 공역供役—관가의 음식과 의복을 만드는 일.

6) 사부私夫—기생서방. 국법에 기생은 정식으로 결혼하지 못하게 되어 있음.

7) 방기房妓—중국 사신을 접대하는 기생의 명칭.

8) 부府—사헌부.

9) 소대召對—중신을 불러 대하는 것.

10) 경조京兆—서울. 한성부판윤漢城府判尹을 달리 이르는 말.

11) 혜민서惠民署—조선조 때 가난한 백성에게 무료로 병을 치료하며 약을 주고 침술을 가르치던 관아. 태조 1년(1392)에 베풀었던 혜민국을 7대 세조 12년(1466)에 서署로 올렸고 26대 고종 19년(1882)에 폐했음.

12) 조명朝命—조정의 명령

13) 종신宗臣—나라에 큰 공을 세운 신하.

14) 혹란惑亂 — 기녀를 범하는 것.
15) 남간南間 — 조선조 때 의금부義禁府의 남쪽에 있던 옥獄.
16) 상참常參 — 고려 · 조선조 때 의정대신議政大臣 · 중신重臣 · 시종관侍從官 들이 매일 편전便殿에서 임금에게 정사政事를 아뢰던 일. 조참朝參.
17) 산배散配 — 각각 다른 곳으로 귀양보내는 것.
18) 엄지嚴旨 — 교지.
19) 계문啓聞 — 계품. 임금이나 제후에게 아룀.
20) 조적朝籍 — 조관의 명적.

【제14장】
1) 언관言官 — 사헌부나 사간원의 관리.
2) 대각臺閣 — 정치를 행하는 관청. 내각內閣. 사헌부司憲府 · 사간원司諫院을 아울러 이르던 말.
3) 천망薦望 — 벼슬아치를 천거함.
4) 동헌東軒 — 지방 관아에서 고을 원員이나 감사監司 · 병사兵使 · 수사水使 그 밖에 수령守令 들의 공사公事를 처리하던 대청.
5) 형장刑杖 — 죄인을 신문할 때 쓰는 몽둥이. 신장訊杖.
6) 급창及唱 — 군아郡衙에 딸려 있던 사령의 한 가지. 원의 명령을 간접으로 받아서 큰 소리로 전달하는 일을 맡아보았음.

【제15장】
1) 정원政院 — 승정원承政院.
2) 무쉬武倅 — 무관으로서 고을의 원이 된 자.
3) 방립方笠 — 방갓.
4) 평정건平頂巾 — 각 사司의 서리書吏가 머리에 쓰던 건.

【제16장】
1) 청환淸宦 — 학식 · 문벌이 높은 사람에게 시키던 벼슬. 규장각奎章閣 · 홍문관弘文館 · 선전관청宣傳官廳.
2) 사초史草 — 조선조 때 사관史官이 시정時政을 적어둔 《사기史記》의 초고草稿. 《실록實錄》의 원고가 되었음.

【제17장】

1) 황화皇華 — 옛날 중국 사신使臣을 이르던 말.
2) 정성鄭聲 — 중국 정나라의 가요가 음탕하고 외설적인 데서 온 말. 음란하고 야비한 소리의 가락.
3) 정위상복鄭衛桑濮 — 정鄭과 위衛 두 나라의 음란한 음악. 상복桑濮은 뽕나무 숲 사이와 복수濮水가에서 유행하였으므로 이름.

【제18장】

1) 천침薦枕 — 기생을 시켜 잠자리에 모시게 하는 것.
2) 소어蘇魚 — 밴댕이.
3) 포의布衣 — 벼슬이 없는 선비로 백의白衣라고도 한다.
4) 통판通判 — 지방 관찰사 밑에 있는 판관判官.
5) 홍분紅粉 — 연지와 분. 즉 창기娼妓를 가리킨다.
6) 관생館生 — 성균관 유생.
7) 편발編髮 — 관례冠禮를 하기 전에 머리를 땋아 늘이는 것. 변발辮髮.
8) 상공相公 — 원래는 재상宰相의 높임말이나 여기서는 그냥 존칭으로 쓴 말임.
9) 귀형鬼形 — 몹시 파리해지거나 흉하고 추하게 된 얼굴.
10) 부집父執 — 아버지의 친구로 아버지와 나이가 비슷한 사람. 부집존장父執尊長.
11) 신은新恩 — 과거에 새로 급제한 사람으로 신래新來라고도 함.
12) 천관랑天官郎 — 육조六曹 중 으뜸이란 뜻으로, 즉 이조吏曹의 벼슬을 가리킴.
13) 궁도窮途 — 곤궁한 처지. 즉 곤궁한 경우를 말함.
14) 순삭旬朔 — 10여 일.
15) 창두蒼頭 — 노복奴僕의 이칭임.
16) 석문席門 — 거적문.
17) 피혜장皮鞋匠 — 가죽신 만드는 장인匠人.
18) 2경二更 — 밤 11시경.
19) 청릉靑綾 — 푸르고 무늬 있는 비단. 관복官服.
20) 형찰詗察 — 몰래 염탐하는 일.
21) 투아偸兒 — 좀도둑.
22) 죄려罪戾 — 사리에 어그러진 죄.

23) 석갈釋褐 — 과거에 합격한 자가 평민의 옷을 벗고 새로이 관복을 입음. 곧 문과에 급제하여 처음으로 벼슬함.

24) 봉고封庫 — 관가의 창고를 잠그는 일. 즉 봉고파직封庫罷職으로 어사나 감사가 부정이 많은 고을 수령을 파면시키는 것으로 봉고파출封庫罷黜이라고도 한다.

25) 목숙苜蓿 — 거여목, 즉 소나 말의 사료로 하는 풀.

26) 여현藜莧 — 명아주, 아름다운 풀로 이름 있음.

【제19장】

1) 천객遷客 — 귀양 가는 사람.

2) 소인騷人 — 시인詩人 · 문사文士 · 풍류객風流客.

3) 홍헌洪獻 — 홍원洪原 지방.

4) 삼사三司 — 사헌부司憲府 · 사간원司諫院 · 홍문관弘文館을 가리킴.

5) 관학館學 — 성균관成均館 유생儒生.

6) 구원九原 — 구천九泉, 즉 황천을 말함.

7) 영인令人 — 조선조 때 정4품 · 종4품의 문무관의 아내의 봉작封爵. 고종 2년부터 문무관 · 종친宗親의 아내의 봉작으로 병용하였음.

8) 나기羅綺 — 화려한 의복, 즉 기생을 말함.

9) 윤적객尹謫客 — 고산 윤선도와 유배된 사람을 가리킴.

10) 이상국李相國 — 이항복李恒福. 1556(명종 11)~1618(광해군 10). 광해군 때 폐모廢母 논의에 반대하다가 북청北靑으로 귀양가서 적소謫所에서 죽었다. 벼슬은 영의정에 이르렀다.

11) 금오金吾 — 의금부義禁府의 별칭.

12) 국치鞫治 — 죄를 심문하여 다스리는 것.

13) 신릉군信陵君 — ?~B.C.244. 중국 전국시대 사군四君의 한 사람으로 이름은 무기無忌. 위나라 소왕昭王의 공자公子로 항상 식객食客 3천 명을 두고 있었다. 초楚 · 조趙 · 한韓 · 위魏나라 · 위衛나라 병사를 이끌고 진秦나라를 치고, 함곡관函谷關을 육박했기 때문에 진왕은 위왕에게 참언하여 물러나게 하였다.

14) 심양潯陽 — 중국 강서성江西省 감당호甘棠湖가 양자강으로 흘러 들어가는 곳에 있는 옛성의 이름. 백낙천의 《비파행琵琶行》에 나오는 심양강은 그 곁을 흐름.

【제20장】

1) 야노현冶爐縣 — 현 경상남도 합천군陜川郡에 속하며, 신라 때는 적화현赤火縣이었다가 경덕왕景德王 때 야노현로 개칭하였다.
2) 완산完山 — 전라북도 전주全州의 옛이름.
3) 풍패豊沛 — 왕의 본향. 곧 전주를 가리킴.
4) 분화芬華 — 화려하게 꾸미는 것으로, 즉 기생을 가리킴.
5) 서자西子 — 고대 중국 춘추시대의 월越나라 미인인 서시西施의 존칭.
6) 가정嘉靖 — 명明나라 세종世宗의 연호로 1522~1566년까지 왕위에 있었음.
7) 조대條帶 — 끈. 실띠.
8) 남위南威 — 고대 중국 진晋나라 때 미인으로 남지위南之威를 가리킴.
9) 사군使君 — 나라의 사절로 온 사람을 친근하게 높이어 이르는 말.

【제21장】

1) 이징옥李澄玉 — ?~1453. 조선조 4대 세종 때의 무인. 본은 양산梁山. 육진六鎭 개척에 공이 커서 함길도 도절제사都節制使가 되었는데, 6대 단종 1년(1453) 수양대군首陽大君이 직을 파함에 불평을 품고 대금황제大金皇帝를 자칭, 거병하여 반란을 일으켰으나 실패하여 피살됨.
2) 육진六鎭 — 조선조 4대 세종 때 김종서金宗瑞를 시켜 지금의 함경북도 북변을 개척하여 설치한 여섯 진鎭. 곧 경원慶源·경흥慶興·부령富寧·온성穩城·종성鐘城·회령會寧을 이름. 동북 육진.
3) 홍경래洪景來 — 1780~1812. 조선조 23대 순조 때의 혁명가. 평안도 용강龍岡 사람. 웅기雄氣와 지혜가 있고, 문재文才에 뛰어나며 무예에 능하였음. 22대 정조 22년(1798)에 평양의 향시에 합격, 과거에 응하러 상경하였는데 지방 차별의 폐습으로 과거에 낙방하자 부패한 국정에 불만을 품고, 순조 11년(1811) 12월 평북 가산嘉山에서 군사를 일으켜 혁명을 꾀하다가 그 이듬해 4월 정주定州에서 관군에게 패사敗死하였음.
4) 관서關西 — 마천령. 서쪽의 지방. 곧 평안남북도와 황해도 북부지방을 포함한 지역을 두루 일컫는 말.
5) 격서檄書 — 격문檄文. 적군을 설복하거나 힐책하는 글.
6) 김종서金宗瑞 — 1390~1543. 조선조 6대 단종端宗 때의 문신. 자는 국경國卿.

호는 절재節齋. 본은 순천順天. 3대 태종 5년(1405) 문과에 급제, 함길도절제사가 되어 야인野人들의 침입을 격퇴하고 4대 세종 16년(1434)에 육진을 개척하여 두만강을 경계로 국경선을 확정하였음. 1452년 《세종실록》의 총재관을 거쳐 《고려사절요》의 편찬을 감수하여 간행함. 좌의정을 지내며 어린 단종을 보좌하다가 수양대군에 의해 피살됨. 시호는 충익忠翼, 저서로는 《제승방략制勝方略》이 있다.

7) 효웅梟雄 — 사납고 용맹스러운 인물.
8) 재조再造의 공로 — 멸망하게 된 것을 도와준 은혜.
9) 범용犯用 — 남의 물건이나 보관하여야 할 물건을 승낙없이 마음대로 써버림.
10) 수교首校 — 각 고을 장교의 우두머리.
11) 수리首吏 — 각 지방 관아官衙의 여섯 영리아전營吏衙前 중 이방아전吏房衙前이 으뜸이라는 뜻으로 이르는 말.
12) 천상天象 — 천체의 현상. 일월성신日月星辰의 변화하는 현상.
13) 백상루百祥樓 — 관서 팔경의 하나. 평안남도 안주 북쪽 성 안에 있는 누각. 굽이쳐 흐르는 청천강과 넓은 들의 조망이 아름답다.

【제22장】

1) 사성使星 — 임금의 명령으로 지방에 심부름 가던 관원官員.

【제23장】

1) 도물賭物 — 노름에 건 재물.
2) 광문廣文 — 종5품 벼슬로 도사都事의 별칭임.
3) 한사寒士 — 가난하고 권력이 없는 선비.
4) 사문斯文 — 유학儒學의 별칭으로 유학자란 뜻임.
5) 도문屠門 — 우육牛肉 파는 시장. 도살장.

【제24장】

1) 인수印綬 — 높은 벼슬아치의 관인.
2) 홍주洪州 — 지금의 충남 홍성洪城.

【제25장】

1) 5경五更 — 하룻밤을 다섯으로 나눈 시각을 통틀어 일컬음. 곧 초경初更·이경二更·삼경三更·사경四更·오경五更으로 나뉨.
2) 조사朝士 — 조신朝臣.
3) 학궁學宮 — 성균관.
4) 존사尊師의 예禮 — 문묘文廟를 배알하는 예식.
5) 2경二更 — 밤을 오경五更으로 나눈 둘째번 시각. 즉 경지경更之更.

【제26장】

1) 승전乘傳 — 역점驛點에 비치되어 있는 네 마리의 말이 끄는 수레.
2) 과만瓜滿 — 임기가 찬 것.
3) 평사評事 — 신라 사정부司正府·좌이방부左理方府·우이방부右理方府에 딸린 한 벼슬. 35대 경덕왕 때에 좌佐의 고친 이름. 위계는 대내마大奈麻에서 내마奈麻까지.
4) 은대銀帶 — 정3품으로부터 종6품까지의 문무관이 띠는 가장자리를 은으로 새겨 장식을 붙인 띠.
5) 궁전弓箭 — 궁시弓矢.
6) 청옥령靑玉纓 — 갓끈.
7) 자지대紫芝帶 — 허리띠.
8) 네 고을 — 충주를 비롯해서 인근의 네 고을.
9) 달천撻川 — 충주에 있는 강 이름.
10) 예성蕊城 — 충주의 옛이름.
11) 묘주卯酒 — 새벽, 즉 묘시卯時에 마시는 술.
12) 신교神交 — 정신적으로 사귐.
13) 기성箕城 — 평양.
14) 패수浿水 — 대동강.
15) 시축詩軸 — 시를 적은 두루마리. 시화축詩畫軸.
16) 양관陽關의 가곡歌曲 — 옛날 유명한 송별시.
17) 낙신洛神 — 낙수洛水의 귀신. 복희씨宓羲氏의 딸. 복비宓妃가 낙수洛水에 빠져 죽은 넋이라고 한다.
18) 회산檜山 — 경남 창원昌原의 옛이름.

【제27장】

1) 동년회同年會 — 동갑되는 사람들의 모임.
2) 청안靑眼 — 푸른 눈, 즉 젊은이의 눈을 말한다.
3) 금귤金橘 — 운향과에 딸린 늘푸른 떨기나무. 키는 약 2m. 가지에는 짧은 가시가 있고 잎은 달걀 모양이며 질기다.
4) 정절旌節 — 의장儀仗의 한 가지.
5) 경루瓊樓 — 옥으로 장식한 누대.
6) 홍장紅粧 — 미인美人의 화장을 형용하여 이르는 말.
7) 초가楚歌 — 초나라의 노래.
8) 우의牛衣 — 쇠덕석. 추울 때에 소의 등을 덮어주기 위하여 멍석같이 만든 것.
9) 월화月華 — 달빛. 월광月光.
10) 항아姮娥 — 상아嫦娥. 달 속에 있다는 선녀의 이름.
11) 월궁月宮 — 달 속에 항아姮娥가 살고 있다는 전설상의 궁전. 월천자月天子가 살고 있다는 궁전. 곧 달의 세계. 월궁전月宮殿.
12) 양태진楊太眞 — 양귀비楊貴妃.
13) 사객詞客 — 시나 문장을 짓는 데 종사하는 사람.
14) 고당高唐 — 높은 기생. 이름난 기생.
15) 빈발鬢髮 — 귀밑털과 머리털.
16) 패성浿城 — 평양.
17) 생가笙歌 — 생황笙簧과 노래.
18) 구슬 — 공에 비유.
19) 옥자玉子 — 채.
20) 학정鶴頂 — 탕건宕巾의 윗이마.
21) 태청太淸 — 도교道敎에서 하늘을 이르는 말.
22) 성당盛唐 — 한시漢詩 문학으로 보아 당唐나라를 사분四分한 그 둘째 시기. 개원開元부터 대력大曆까지(713~779). 8세기 초부터 말엽까지인데 이백李白 · 두보杜甫 · 왕유王維 · 맹호연孟浩然 등이 나옴. 당시唐詩가 가장 성한 시기임. 초당初唐 · 중당中唐 · 만당晩唐.
23) 최아찬崔阿飡 — 고운 최치원을 가리킴.
24) 답청踏靑 — 봄날에 파릇파릇하게 난 풀을 밟으면서 거닒. 들로 산보함.
25) 방초주芳草洲 — 방초가 우거진 모래톱.

26) 남기嵐氣 — 이내. 해질 무렵에 멀리 보이는 푸르스름하고 흐릿한 기운.

27) 관행官行 — 주로 각 고을의 수령임.

28) 첩자帖子 — 명함과 같음.

29) 요지瑤池 — 구슬의 연못. 신선이 산다는 곳임. 중국 곤륜산崑崙山에 있다는 못. 주나라 목왕穆王이 서왕모西王母를 만났다고 하는 곳.

30) 동방삭東方朔 — 한나라 무제武帝 때의 사람. 자는 만청曼倩. 벼슬이 금마문시중金馬門侍中에 이르고, 해학과 변설로 이름이 유명했음. 속설俗說에 서왕모西王母의 복숭아를 훔쳐먹어 죽지 않고 장수하였으므로 삼천갑자三天甲子 동방삭이라고 일컬음. 뜻이 바뀌어 오래 사는 사람을 비유.

31) 어미 — 기생어미. 즉 녹벽을 말함.

32) 오십천五十川 — 강원도 삼척군三陟郡에서 시작, 동해로 들어가는 강. 이 강가에 관동팔경의 하나인 죽서루가 있음. 52km.

33) 무협巫峽 — 협곡峽谷의 이름. 사천성四川省 무산현巫山縣의 동쪽. 호북성湖北省 파동현巴東縣의 서쪽에 있음. 양안兩岸이 절벽으로 매우 험준하며 서릉협西陵峽 · 구당협瞿塘峽과 더불어 3협三峽이라 일컬어짐.

34) 상서尙書 — 고려 육부六部의 으뜸 벼슬. 정3품으로 6대 성종 14년(995)에 어사御事를 고쳐 부른 이름임. 그뒤에는 판서判書, 또는 전서典書로 이름이 자주 바뀌었음.

35) 영릉寧陵 — 조선조 17대 효종과 비妃 인선왕후仁宣王后의 릉陵. 경기도 여주군 능서면陵西面에 있음.

36) 곽분양郭汾陽 — 중국 당나라 때 분양왕곽자의汾陽王郭子儀의 팔자라는 뜻이니, 세상의 모든 부귀와 공명을 한몸에 지니고 있는 팔자 좋은 사람을 가리키는 말.

37) 유곽遊廓 — 여러 명의 창기를 두고 매음 영업을 하는 집. 또는 그런 집이 모여 있는 곳. 연곽戀廓. 연리戀里.

38) 당의唐衣 — 여자 예복의 한 가지. 소매가 넓고 옆이 트였으며 앞자락은 짧고 뒷자락은 길다. 겉은 초록색 비단이고 안은 연분홍빛의 보통 천, 깃과 고름은 자주빛으로 가슴에 봉황을 수놓은 흉배胸背가 있음. 다홍색이나 남색 스란치마 위에 입으며 왕비 · 태자비는 소례 때에, 공비公妃나 그밖의 사대부士大夫의 부인들은 예복으로 입었음. 당저고리.

【제28장】

1) 항장무項莊舞—조선조 26대 고종 10년(1873)에 새로 지어 전하는 춤극. 중국 초楚·한漢 때에 홍문연鴻門宴에서 항우項羽의 신하 항장項莊이 패공沛公을 죽이려고 추던 칼춤을 무극화한 것임.

2) 대학大學—사서四書의 하나. 본디 《예기禮記》의 42편이었는데 송宋나라 주자朱子가 원문의 순서를 고쳐 전문全文을 경經과 전傳으로 정리하고, 또 장구章句를 지어 그 해석이 유명했음. 유교儒敎의 명덕明德·친민親民·지선至善의 삼강령三綱領과 격물格物·치지致知·성의誠意·정심正心·수신修身·제가齊家·치국治國·평천하平天下의 여덟 조목을 기록 설명하였음. 증자曾子 또는 자사子思가 지었다 함. 한 책으로 됨. 일찍이 우리나라에 전래되어 특히 이조의 시험과목으로 삼는 한편 양반층에 널리 읽혀짐.

3) 출사표出師表—임금에게 출병할 때에 그 뜻을 적어서 올리는 글.

4) 복주福州—안동安東의 옛이름.

5) 관하管下—관할하는 구역이나 범위. 관할 아래.

6) 창공倉公—의원의 별칭.

7) 송옹松翁—송강 정철에 대한 존칭.

8) 옥우玉宇—천제天帝가 있는 곳. 곧 하늘.

9) 연燕·조趙—고대 중국 북방에 있던 나라로 국방을 위하여 남녀 가리지 않고 무예를 숭상했음.

10) 호마胡馬—만주나 중국 북방에서 나던 말. 호胡나라의 병마兵馬.

11) 용성龍城—의주.

12) 투호投壺—화살을 던져 병 속에 넣어서 승부를 가리는 놀이의 하나. 두 사람이 서로 대하여 청·홍의 화살 모양의 막대기를 가지고 일정한 거리에서 이것을 병 속에 던져 넣은 후에 그 수효의 많고 적음에 따라 이기고 짐을 겨룸. 연음宴飮 때 귀족들이 많이 하였음.

13) 꽃—기생.

14) 악양루岳陽樓—중국 호남성湖南省 악양현에 있는 성루城樓. 당唐나라 때에 세워졌으며, 동정호洞庭湖의 뛰어난 조망眺望으로 유명함.

15) 도죽桃竹—몸.

16) 초수楚囚—초나라에 붙잡힌 사람이란 뜻에서 포로·죄수 등을 이르는 말. 역경에 빠져 어찌할 수 없는 사람을 이르는 말.

17) 단기丹妓 — 목단.
18) 목란주木蘭舟 — 놀잇배.

【제29장】

1) 경국傾國 — 미인을 이르는 말. 특히 논다니[遊女]를 가리킴. 경성傾城.
2) 죽장망혜竹杖芒鞋 — 대지팡이와 짚신. 세상 영욕榮辱을 다 버리고 간단한 옷차림으로 강산 풍경을 두루 찾아다니며 구경하는 것.
3) 사창紗窓 — 사紗붙이로 바른 창.
4) 화장花長 — 기생서방.
5) 난창蘭窓 — 규방閨房의 창을 수식修飾해서 하는 말임.
6) 양왕襄王 — 중국 춘추시대 초楚나라에 있던 임금으로 무산巫山의 선녀仙女와 즐겼다는 전설이 있음.

【제30장】

1) 유자遊子 — 제 집을 떠나서 객지로 돌아다니는 사람.
2) 여산廬山 — 중국 강서성江西省 북부, 파양호鄱陽湖 북서 기슭에 있는 명산名山. 예로부터 고승高僧·문인들이 찾아들던 명승지로서 여름철의 보양지임. 향로봉香爐峰의 유애사遺愛寺를 비롯하여 많은 절과 옛유적이 남아 있음.
3) 죽원竹院 — 대나무 숲 속에 있는 집. 주위에 대를 많이 심은 집.
4) 상사곡相思曲 — 남녀 사이의 애정을 주제로 한 노래.
5) 기자箕子 — 중국 은殷나라 주왕紂王의 친척. 나라가 망하여 조선에 들어와 예의·전잠·방직紡織과 팔조八條의 교를 가르쳤다 하나 이는 후세 사람들의 조작인 것으로 보이며, 진晋의 두예杜預의 주註에는 기자의 묘가 양梁나라 몽현蒙縣에 있다 하였음. 기자 동래설東來說은 사실이 아니라는 것이 지배적임.
6) 영주瀛洲 — 삼신산三神山의 하나. 진시황과 한무제가 불사약을 구하러 사신을 보냈다는 가상적인 선경仙境. 영주산.
7) 형산荊山 — 중국 안휘성·호북성·산동성·하남성에 있는 산의 이름.
8) 북평사北評事 — 조선조 때에 정6품 무관 벼슬의 하나. 함경도 병마절도사兵馬節度使의 보좌관임.
9) 초동焦桐 — 거문고.
10) 진신縉紳 — 벼슬아치를 통틀어 일컬음. 지위가 높고 행동이 점잖은 사람.

11) 유향소留鄕所 — 고려 말부터 조선조 때의 수령守令의 자문기관. 고려 때의 사심관事審官 제도에서 유래된 것으로 지방의 유력자나 벼슬자리에서 은퇴한 사람을 택하여 수령을 보좌하고 지방의 풍속과 향리鄕吏의 부정을 막으며, 민정民情을 대표하던 지방자치기관임. 직원으로는 장長에 향정鄕正 혹은 좌수座首한 사람과 별감 약간 명이 있었음. 향청鄕廳. 향소鄕所.

12) 계복戒服 — 법복.

13) 기실記室 — 기록을 맡아보는 곳. 조선조에 기록에 관한 사무를 맡아보던 사람.

14) 진양晋陽 — 경남 진주.

15) 혈식血食 — 혈은 제사에 바치는 생牲의 뜻. 나라의 의식으로 제사를 지냄.

16) 막부幕府 — 변방邊方의 대장大將이 머물면서 군사를 지휘하던 곳. 조선조 때 함경도나 평안도의 병마사兵馬使가 있던 병영을 일컫던 말.

17) 상원上元 — 정월 보름.

18) 원소元宵 — 상원上元의 밤.

19) 염소髥蘇 — 소식蘇軾의 별명.

20) 조운朝雲 — 소동파蘇東坡의 첩妾의 이름.

21) 난집蘭集 — 난설헌 허초희許楚姬의 시집. 또는 여류시집을 일컫기도 함.

22) 물화物華 — 물건의 빛. 보물 따위의 정채精彩.

23) 용광龍光 — 임금의 은혜恩惠

24) 관수미官需米 — 고을 원의 양식으로 거두던 쌀.

25) 비장裨將 — 조선조 때 감사監司·유수留守·병사兵使·수사水使 등 지방장관과 견외사신遣外使臣을 수행하던 관원의 하나. 막료幕僚. 막비幕裨.

26) 군노軍奴 — 군아軍衙에 속한 종.

27) 출척黜陟 — 등용과 축출.

28) 농서隴西 — 중국 진秦·한漢시대의 군郡 이름. 지금의 감숙성甘肅省 임조부臨洮府에서 공창부鞏昌府의 서쪽에 걸친 곳으로 서역西域에 가까운 곳.

29) 야랑冶郎 — 탕자.

30) 사숙私塾 — 글방.

31) 반고班固 — 32~92. 중국 후한後漢 초기의 역사가. 문학자. 섬서성陝西省 함양咸陽 출생. 자는 맹견孟堅. 아버지 표彪의 유지를 받아《한서漢書》편집에 힘썼으며, 일부 미완성 부분은 누이동생 소昭가 보충. 당시의 주요한 문학 형식인 부賦의 작자로서 후한 제일의 지위를 차지하였음. 장군 두헌竇憲의 흉노 정

벌에 종군, 헌憲이 패배하니 책임을 지고 면관, 투옥되었다가 옥에서 죽음. 저서로는《백호통白虎通》《양도부兩都賦》등이 있다.

32) 채옹蔡邕—중국 후한後漢 말의 학자. 자는 백개伯喈 하남河南 사람. 영제靈帝의 고문. 박학하고 시문에 능하며, 수학・천문・서도・음악 등에도 뛰어났음. 딸은 채문희蔡文姬라고 불린 시인 채염蔡琰이다. 주저로는《독단獨斷》.

33) 포흠逋欠—관청의 물건을 사사로이 써버림.

34) 윤고성尹固城—고성 군수를 지냈다 하여 그렇게 표기했음.

35) 활불活佛—생불生佛. 라마교喇嘛教의 수장首長. 전생轉生에 의하여 출현하는 것으로 교도들은 믿고 있음. 자비심慈悲心이 많은 사람을 이르는 말.

36) 두보杜甫—712~770. 중국 당나라 때의 시인. 자는 자미子美. 호는 소릉小陵, 대표작으로는《북정北征》《병거행兵車行》등이 있음. 이백李白・고적高適 등과 시주詩酒로 교제하였으며, 현종玄宗에게 환영을 받았으나 안녹산의 난으로 말년에는 빈곤하게 지냈음. 서사시에 뛰어나고 시격詩格이 엄정하며 구법句法이 변화가 많아 길이 후세의 궤범軌範이 됨. 두목杜牧에 대하여 노두老杜라고 일컬음.

37) 굴원屈原—343?~277? 중국 전국시대의 초楚나라의 우국 지사志士. 시인詩人. 초사楚辭라고 하는 운문韻文 형식을 처음으로 시작했음. 이름은 평平, 자는 원原. 회왕懷王을 도와서 공이 컸으나, 참소를 당하고 한때 방랑생활을 하다가 마침내 울분을 참지 못하여 회사부懷沙賦를 읊고 멱라수에 빠져 죽음. 고대 문학 중에 드물게 보는 서정성을 띰. 초사에 수록된 작품 25편 중《이소離騷》・《천문天問》・《구장九章》이 남아 있음.

38) 도정절陶靖節—고대 중국 진의 도연명陶淵明을 가리킴.

39) 창생蒼生—세상의 모든 사람. 백성. 창맹蒼氓. 창민蒼民.

40) 담장淡粧—수수하고 엷게 한 화장.

41) 구소九霄—구천九天.

42) 접낫—얇은 낫.

【제31장】

1) 배극렴裵克廉—1325~1392. 조선조 개국 공신. 자는 양가量可. 호는 필암筆菴. 본은 성주星州. 공민왕 때 문과에 급제. 지방관을 지내다가 수문하시중守門下侍中에 이름. 시호는 정절貞節. 1392년 우시중으로 조준趙浚 등과 모의,

공양왕을 폐하고 이성계를 임금으로 추대, 개국공신 일등이 되어 좌시중 벼슬을 받고 성산군星山君으로 봉해짐.

2) 백광훈白光勳—1537~1582. 조선조 14대 선조 때의 시인. 자는 창경彰卿, 호는 옥봉玉峯, 본은 해미海美. 《관서별곡》의 작자인 백광홍의 아우. 박순朴淳의 문인으로 뛰어난 시재詩才가 있어 벼슬도 하지 않고 시서詩書에 전념, 최경창崔慶昌·이달李達과 함께 삼당三唐이라 일컬어짐.

3) 소정방蘇定方—595~667. 중국 당나라 고종 때의 무장. 이름은 열烈, 자는 정방定方. 신라 29대 태종 무열왕 7년(660)에 신라와 합세하여 백제에 쳐들어와, 사비성을 함락시키고 의자왕과 태자 융隆을 사로잡았으며, 그후 고구려의 평양성을 포위했으나 대설大雪로 말미암아 실패했음.

【제32장】

1) 대가大駕—임금이 타는 수레. 승여乘輿. 어가御駕. 보가寶駕. 봉가鳳駕. 용가龍駕.

2) 기복起復—기복출사起復出仕. 상중喪中에는 벼슬을 하지 않는다는 관례를 깨고, 상제의 몸으로 벼슬 자리에 나아감.

【제33장】

1) 진작眞勺—고려 때 속가俗歌의 가장 빠른 곡조의 이름. 28대 충혜왕忠惠王 이후 후전진작後殿眞勺으로 되어 조선조 초까지 그 음곡音曲만 궁중에서 쓰이다가 이후 전하지 않음. 《정과정鄭瓜亭》은 이 곡조로 되어 있음.

2) 초립草笠—나이가 어린 사내로서 관례冠禮한 사람이 쓰던 누런 빛깔의 아주 가는 풀로 결어 만든 갓의 한 가지.

【제34장】

1) 상의사尙衣司—조선조 26대 고종 32년(1895)에 상의원尙衣院을 고친 이름. 궁내부에 딸려 임금의 옷을 관리하는 일을 맡아보았음. 광무 9년(1905)에 상방사尙方司로 다시 고쳤음.

【제35장】

1) 군정軍丁—군적軍籍에 있는 지방의 장정壯丁. 공역公役에서 일하는 장정.

해제解題

著者의 生涯

李能和는 高宗 5년(1868) 忠北 槐山郡 二道面 水津里에서 法部協辦을 지낸 源克의 長子로 태어났다. 본관은 全州이며 字는 子賢, 호는 侃亭·尙玄·無無·無能居士라 하였다. 어린시절 書堂에서 漢學을 修學하고 高宗 24년(1887)에 貞洞 英語學堂에 입학하여 2년 동안 修學한 다음 1894년에는 漢語學校를 졸업하고, 이듬해에 佛語를 배우기 위하여 官立 法語學校에 입학하였다. 이해에 그는 農商工部 主事로 채용되었다가 다음해에 辭職하고, 이듬해(1897)에 官立 漢城外國語學校 敎官으로 취임하여 法語를 가르쳤으며, 光武 9년(1905)에는 私立 日語夜學舍에 입학하여 1906년에 졸업하였다. 이해에 官立 外國語學校 敎官을 사임하고 官立 漢城法語學校 校長이 되었다. 佛·英·中·日語 등 4개 국어에 능통하였다. 1907년에는 議政府의 命으로 일본의 諸官署를 시찰하였고 국문연구소 위원이 되었다. 1908년 官立 漢城法語學校長을 사임하고 官立 外國語學校 學監이 되었으나, 1910년 日帝의 強行으로 合邦이 되어 外國語學校가 廢校되자 學監職에서 해임되었다. 1912년 私立 能仁普通學校 校長이 되어 1915년까지 在職하였는데, 이 기간에 그는 佛敎振興會에서 幹事와 月報 편집으로 활약하기도 하였다.

그는 이때부터 制度와 風習·宗敎 등의 연구에 전력을 기울였다. 그는 학문연구를 위한 史料를 수집할 수 있는 방편으로 1921년에 朝鮮史編修委員이 되었으며 당시 학무국과도 관계를 가졌는데, 이때부터 風俗史·宗敎史 관계의 많은 저서를 남겼으니, 즉 1926년에 《朝鮮女俗考》에 이어 이듬해에는 本書를, 1928년에는 《朝鮮基督敎及外敎史》를, 1927년에는 《朝鮮巫俗考》를 《啓明》誌 등에 발표하였으며, 이어 《朝鮮神事誌》《朝鮮神敎源流考》《朝鮮喪祭禮俗史》 등을 계속 발표하였다.

日帝의 압박 속에서 지내던 그는 해방을 몇 달 앞둔 1945년 4월 12일 종로구 운니동에서 78세를 일기로 세상을 떠났다. 그러나 그가 남긴 업적은 우리의 귀중한 자료로 남게 되어 後學들의 연구에 큰 도움을 주고 있다.

編 次

解語花는 〈말을 풀이하는 꽃〉 곧 기생이며, 따라서 《朝鮮解語花史》는 한국 기생사이다. 본서는 1927년에 당시 京城 東洋書院과 翰南書林에서 공동발행하였으며, 新活字本으로 原文은 漢文으로 현토를 달았으며 총144장으로서 책의 규격은 21.9×15.3㎝이다.

저자는 古代에서부터 근대에 이르기까지 妓屬에 대한 방대한 자료를 수집하여 기생의 기원에서부터 妓女의 설치 목적, 君王과 그 宗親의 愛妓, 朝官과 方伯·守令의 愛妓, 儒學者들의 愛妓, 그에 따른 逸話, 지방 기생의 특색, 才貌와 異彩가 있는 名妓, 詩歌와 書畵에 능한 名妓, 節妓·義妓·孝妓·智妓·有夫妓와 無夫妓, 蝎甫 종류에 이르기까지 다양하게 편재하고 내용에 있어서는 자료 출처를 제시하여 과장됨이 없이 기술하고 저자의 견해를 밝히기도 하였다.

본서의 목차를 보면 다음과 같다.

第一章 新羅時代已有娼女
第二章 高麗時代妓生起源
第三章 高麗女樂
第四章 高麗君王之愛妓
第五章 高麗人士之愛妓
第六章 高麗人香奩詩
第七章 高麗詩妓
 一. 彭原妓動人紅
 二. 龍城妓于咄
第八章 李朝妓女設置目的
 一. 女樂
 二. 醫女·針婢
  (一) 太宗六年醫女始設
  (二) 三南童女選上敎訓
  (三) 經國大典醫女記事
  (四) 醫女治療術
  (五) 醫女從良及招遊問題
  (六) 內侍醫女
  (七) 醫女不許入內
  (八) 醫女衣服依京妓例
  (九) 醫女入內. 看護王妃
  (十) 針婢醫女. 各占風流
  (十一) 醫女闕額. 擇定諸邑
  (十二) 醫女服飾
  (十三) 醫女畵贊
 三. 邊郡置妓. 以慰將士
 四. 列郡置妓. 宴待使客
  (一) 明使接待. 用妓之例
  (二) 倭野人宴享. 亦用女樂
  (三) 淸使接待. 房妓爲例
第九章 君王宗親. 以妓爲樂
 一. 成宗王好妓
 二. 李宣傳官. 爲王所妬
 三. 燕山君納商山妓
 四. 讓寧大君. 溺愛娼妓
 五. 首陽大君. 夜宿娼家
 六. 安平大君. 聲妓風流
 七. 永川君作成妓生

八. 坡城令愛南原妓
九. 王子之娼妓
第十章 奉使之人. 以妓爲樂
一. 崔漢良說奉使之樂
二. 蔡翰林拒妓笑談
三. 李慵軒改妓名
四. 柳御史獨宿詠詩
五. 宋福堅狎妓貽笑
六. 申相國眷天安妓
第十一章 一般朝官. 以妓爲樂
一. 直宿郎官. 帶月携妓
二. 禮曹堂郎. 俱私京妓
三. 耆老宴賜妓樂
四. 沈舍人眄妓
五. 洪都令愛妓兪姬
六. 樂院官携妓江上
七. 盧注書心愛笑千金
八. 許朝官護府妓
第十二章 方伯守令. 以妓爲樂
一. 咸傅霖密携全州妓
二. 河浩亭盡私醴泉妓
三. 金亞使調笑順興妓
四. 南止亭携來海西妓
五. 李相國命宴練光亭
六. 許儒生掃興浮碧樓
七. 按廉使爲妓誑辱
八. 閔監司送妓遭劾
九. 李從事以妓得生
十. 柳李丁三氏論妓弊
第十三章 朝官率畜妓妾
一. 明宗時朝官畜妓妾
二. 仁祖時私夫畜妓
三. 英宗時朝官畜妓
第十四章 朝官爭妓
一. 金何與宗室爭妓
二. 二李一妓
三. 林尹爭妓玉梅香
四. 成水使奪去林川妓
第十五章 畜妓妾. 必有後門客
一. 朝士愛妓. 醫官診脉
二. 南監司妓斷指爲誓
三. 金兵使妓留情武倅
四. 老海伯妓潛通府使
五. 尹斯文隨妓作舞
六. 朴忠侃妓私愛錄事
七. 金命元踰墻從妓
第十六章 國恤挾妓. 自有法禁
一. 琴克和奸妓坐廢
二. 李克墩載妓汚史
三. 林健挾妓罷職
第十七章 校生曹郎. 挾娼怪俗
一. 鄕校儒生. 挾娼齋舍
二. 六曹郎官. 路上携妓
三. 影殿齋郎. 齋室伴妓
第十八章 名妓生與名儒生
一. 盧植刮魚餽妓
二. 高霽峰得意公州妓
三. 權景裕計取玉膚香
四. 貧生取笑紅粉窟
五. 盧玉溪賴德宣川妓

十三. 鄭湖陰驛亭別妓
十四. 尹判書別淸州妓
十五. 白評事鍾情關西妓
十六. 金慕齋贈詩星山妓
第二十七章 李朝人香奩詩
第二十八章 妓女地方的特色
一. 安東妓誦大學之道
二. 關東妓唱關東別曲
三. 咸興妓誦出師表
四. 永興妓唱龍飛御天歌
五. 濟州妓走馬之技
六. 義州妓馳馬舞劒
七. 平壤妓善唱關山戎馬詩
八. 北靑妓馳馬之技
第二十九章 有才貌異彩之名妓
一. 雪梅
二. 江陵妓紅粧
三. 紫洞仙
四. 永興妓笑春風
五. 京妓笑春風
六. 上林春
七. 京妓冠紅粧
八. 晋州妓勝二喬
九. 平壤妓玉梅香
十. 京妓星山月
十一. 松都妓黃眞伊
十二. 扶安妓桂生
十三. 安岳妓仙香
十四. 江界妓巫雲
十五. 濟州妓萬德
第三十章 能詩歌書畵之名妓
一. 詩妓
(一) 松都妓黃眞伊
(二) 扶安妓桂生
(三) 扶安妓福介
(四) 妓桂香
(五) 平壤妓溫亭
(六) 平壤妓竹香
(七) 平壤妓竹西
(八) 平壤妓蘆花
(九) 成川妓芙蓉
(十) 義州妓
(十一) 陽德妓小琰
(十二) 平壤醜妓
(十三) 平壤妓國色
(十四) 平壤童妓
(十五) 湖西妓秋香
(十六) 槐山妓
(十七) 廣州妓
(十八) 羅州妓玉蟾
(十九) 南原妓桂月
(二十) 晋州妓勝二喬
(二十一) 成川妓一枝紅
(二十二) 巨濟妓小玉
(二十三) 襄陽妓
(二十四) 義城妓楚玉
(二十五) 關北妓翠蓮
(二十六) 妓一朶紅
(二十七) 花山妓梅鶴
(二十八) 宣城妓史鳳姬

內 容

著者는 妓生의 起源에 대하여 新羅 때 花郞의 始發이라 할 수 있는 源花를 妓生의 起源이라고 或者가 그렇게 말한다고 조심스럽게 表現하면서『源花 卽如今之妓生 花郞如今之美童 風流郞徒如今之外人匠』이라고 하고, 丹齋(申采浩)의 말을 引用해서 新羅의 源花 및 花郞은 당시 社會教育의 師表였는데, 이것은 西歐에서도 女娘을 師表로 삼은 시대가 있은 것으로 보아서는 東西文明

이 동일하게 흘러나간 것으로 보아 따를 만하다고 하고, 李仁老의《破閑集》과《東國輿地勝覽·慶州府 佛宇條》의 天官寺와 金庾信의 逸話를 들어 新羅時代에 이미 娼女와 淫坊이 있었다고 기술하고 있다.

高麗時代 妓生의 起源에 대해서, 王建이 後三國을 통일한 뒤 遺民 중 水尺者(고기 잡는 사람) 가운데 억제하기 어려운 사람은 奴婢로 만들고 각 관청에 예속시켰다. 이 가운데 美貌의 女婢로서 技藝에 뛰어난 자를 妓生으로 삼고 화장을 시켜 歌舞를 연습케 했는데, 이것이 高麗 女樂의 시초라고 했다. 이것은 宮中 舞踊의 효시라고 볼 수 있으며, 따라서 妓房舞는 宮中 舞踊과 밀접한 關係가 있음을 여기서 찾을 수 있다.

이어《高麗史》를 引用해서 高麗時代 歷代諸王과 妓女의 設置過程을 敍述한 다음 李翼의《星湖僿說》을 들어 다음과 같이 敍述하고 있다.

우리나라 妓生은 楊水尺에서 나왔는데 楊水尺이란 柳器匠을 말한다. 그들에게는 貫籍이나 賦役이 없었고 水草는 이사를 자주하고 柳器를 만들어 판매하는 것을 生業으로 삼았는데, 뒤에 李義旼의 아들 至榮이 妓妾 紫雲仙의 이름을 호적에 올려주었고, 崔忠獻이 또 紫雲仙을 사랑했으며, 당시 守宰들은 많은 女婢를 가까이 두고 노래와 춤을 연습시켰는데 이때부터 妓樂이 發達되었으며, 그 앞으로는 文宗 27년(1073)에 敎坊의 女弟子 楚英이 九張機를 演奏하는 데 弟子 10인을 썼고, 節度가 갖추어져 있었다고 했다.

또 丁若鏞의《雅言覺非》를 引用해서 水尺은 官妓의 別稱이며, 우리나라엔 본래 妓生이 없었는데 高麗 때 柳器匠인 楊水尺을 李至榮이 妓籍에 편성시키고 세금을 징수하지 않았는데, 이뒤부터 男兒가 태어나면 奴로 삼고 女兒가 태어나면 妓生으로 만든 것이 妓生의 시초라고 敍述하고 있다.

高麗 女樂에서 著者는 文宗 때 宮中 舞踊이 처음으로 등장했음을 추측케 한다. 그러나 俗樂은 倡妓들의 놀이라고 일축하면서도 이것은 李朝 五百年間 의 것이 행해졌기에 지금 妓舞를 관람할 때 그 고운 모습은 高麗 때의 典型을 볼 수 있다는, 즉 傳承되었음을 말하고 妓女의 制度에 대해서는 贊도 아니고 反도 아닌 확실한 主張을 피하고 있음을 볼 수 있다.

高麗시대 때 妓女에 의해 추어진 宮中 舞踊을 보면, 文宗 27년(1073)에 敎坊의 女弟子 眞卿 등 13인이 踏沙行 歌舞를 燃燈會에 쓰도록 制定했으며; 같은 해 中國에서 새로이 전해진 抛毬樂·九張機와 別技抛毬樂을 연주할 때 弟子가

13인이었고 九張機 弟子가 10인이었으며, 또 同王 31년(1077)에 敎坊 女弟子 楚英이 王母隊의 歌舞를 演奏했는데 55인이 1隊가 되어 君王萬歲 · 天下太平이란 4字로 춤을 이루었으며, 睿宗 11년(1116)에 儺禮를 베풀었는데 이에 앞서 倡優雜伎 · 外官遊妓까지 징발되어 궁궐이 미어졌다고 한다. 당시 睿宗은 妓樂을 몹시 좋아하여 玲瓏과 遏雲이라는 妓女가 노래를 잘 불러 왕이 누차 下賜品을 내렸는데, 당시 國子監 學士로 있던 高孝沖이 이것을 비꼬아 詩를 지어 풍자했다. 뒤에 高孝沖이 科擧를 보러 나왔을 때 왕이 高孝沖을 쫓아버린 바 있다.

그뒤 蓮花隊 · 喜相逢 등 宮中 舞踊이 모두 高麗 때 들어와 敎坊에서 발달되었다.

高麗의 制度가 朝鮮시대에도 傳承되어 女樂을 연습시켜 內宴에 쓰게 했는데, 이름하여 進豊呈 또는 進宴이라 해서 國家에 慶事가 있을 때 행해졌으며 각 고을에서 기생을 뽑아 掌樂院에 예속시켜 歌舞를 연습시켰다고 전제하고, 當時의 舞踊으로는 獻仙桃 · 壽延長 · 五羊仙 · 抛毬樂 · 蓮花臺 · 金尺 · 受寶籙 등 唐樂呈才舞와 또 鄕樂呈才儀로서 保太平(妓生 36人) · 定大業(71人) · 鳳來儀(8人) · 牙拍(2人) · 響鈸(8人) · 舞鼓(高麗 때 제작, 8人) · 鶴舞(여러 妓生은 노래하고 兩舞童은 舞踊을 했음) 등이 있었으며, 敎坊歌謠로서는 沉香山(沉香山 못에서 베풀어졌는데 群妓가 呈才했다) · 六德曲(妓生 4人) 등이 있었다.

著者는 妓生이 舞踊을 할 때 일제히 持花者(지화자)라고 부르는데, 이것은 곧 尺者의 音이라 하니 新羅의 遺風일 것이라고 말하고 新羅시대 歌舞하는 자를 尺이라 했는데, 예를 들면 歌尺 · 舞尺 · 琴尺 · 笳尺이 이것이다. 즉 持花者란 妓生을 형용하는 持花의 춤에서 비롯된 것으로 新羅 娑婆王 때 枝兒樂舞를 만들었는데, 이 持花者라는 것이 곧 枝兒尺에서 變遷된 것으로 보아진다고 했다.

朝鮮 初期 즉 太祖 11년(1411)에 妓生廢止問題가 대두되었는데 太宗이 娼妓를 모두 없애야 한다는 주장에 群臣들이 모두 太宗의 뜻을 받들었는데, 여러 大臣 중 河崙만이 不可하다고 주장했고 太宗은 웃으면서 群臣의 뜻을 물리치고 河崙의 主張을 따랐다.

그뒤 燕山君에 들어와서 妓生制度를 新設했는데, 本書에서는 《海東野言》을 引用해서 다음과 같이 기록하고 있다.

興淸과 運平 등을 새로 뽑았으며, 왕 앞에서 使用하는 존칭을 알지 못하므로 日常用語를 한글로 번역하여 閣院에 頒布했으며, 또 燕山君 10년(1504)에는 각 道와 大小郡에 나누어 주어 妓樂을 개설하도록 하고 이름을 運平이라 했으며, 그 중 3백 명을 뽑아 都城에 데려와 任士洪으로 採紅使를 삼았으며, 그뒤부터 妓生의 號를 運平이라 하고 闕內에 들어온 妓生을 繼平·續紅이라 불렀으며, 왕을 가까이 모시는 妓生을 地科興淸, 사랑을 받는 자를 天科興淸이라 했다. 또 掌樂院을 聯芳院이라 고치고 지방 大小 마을에 運平을 설치하여 항상 궁궐로 보낼 수 있도록 준비하게 하고, 興淸을 보호하는 사람을 護花添春이라 했으며 그 關係로 파견되는 大臣을 紅駿體察使라 했으며, 이들 妓女의 화장도구 등을 준비하는 것을 백성들로부터 거두었다.

또 燕山君은 갖가지 이름을 새로 지었으니 즉 樂工은 廣熙, 妓女는 運平이라 하여 假淸 또는 興淸이 되도록 했다. 運平을 따르는 사람을 續紅이라 했으며, 옷은 迓祥服을 입도록 하고 거처하는 곳을 聯芳院이라 하고 圓覺寺에서 관리하도록 했는데 宜城尉에게는 含芳院을, 齊安大君에게 蓄陽院을, 그리고 甄城君에게는 趁香院을 담당케 하여 興淸과 絃手를 함께 居處하게 했다. 또 選拔된 妓女는 聚紅院에서 거처하게 했는데 明政殿 우측 肅章門 안이었다. 각도에서 美女와 良馬를 선발하는 관리를 採紅駿使라 하고, 少女를 뽑아오는 사람을 採青使라 했다.

당시 使臣은 燕山君이 喪禮制度를 고쳐 세월을 즐기니 나라 기강이 어지럽고 죄악이 하늘의 노여움을 산다고 했다.

醫女·針婢는 太宗 때 許衢의 건의로 濟生院이 設置되었는데 醫女로서는 三南에서 官婢 즉 妓女 중 연소한 자를 뽑아서 처음에는 濟生院, 뒤에는 惠民署에서 針灸의 기술을 가르치도록 했다. 즉 太宗 6년(1406)에 濟生院이라 命名하고 童女에게 醫術을 가르쳤다. 三南童女選上教訓에서는 15세 이하 10세 이상의 穎悟한 童女 2名을 선발하되 가르쳐서 그 재주를 익힌 다음에 還送하라고 했으며, 또 禮曹에서도 濟生院 醫女는 반드시 識字한 뒤에 醫方을 習讀할 것이니 外方에서 選上한 妓女는 文字와 孝經과 正例篇 등을 가르쳐 解讀시킨 뒤에 上送한다고 했다.

醫女治療術에는 金循義가 灸穴을 하고 간 뒤에 醫女를 보내서 항상 뜸을 뜨게 한 일을 적은 부賦 1절이 전한다.

백발홍안이 더욱 건강하니

남들은 의술이 가장 精詳이라 말하네.
병들어 누운 지 여러 해 되었는데
살려준 님의 은혜 며칠이나 잊었을까.
마음에 묘술 많음을 믿긴 했으나
팔꿈치 뒤에 良方 있음을 누가 알았으리.
명당결 마치고 돌아가니
요요한 향연이 뜸쑥 심지에 빛나네.
白髮紅顔愈健強　　人言醫術最精詳
沈綿我病長年事　　救活君恩幾日忘
頗信胸中多妙術　　誰知肘後有良方
明堂訣罷還歸去　　裊裊香烟艾炷光.

醫女服飾에서, 內醫院 惠民署에 醫女가 있고 工曹 尙依院에 鍼線婢가 있는데 모두 關東地方과 三南地方에서 選上한 妓女였다. 宴會 때 歌舞를 시키기 위해 招致했다. 당시 內醫院 醫女는 黑緞加里磨를 했고 나머지는 黑布를 만들어 썼는데 加里磨라는 것은 족두리를 가리킨다.

觀我齋 趙榮祐가 그린 東國風俗圖 중 醫女畵贊을 보면

복숭아 같은 볼 큼직한 비녀 목탁 치는 노승이며
자줏빛 회장에 초록옷일세.
壁藏엘 가서 새 집을 사야 하는데
오늘 밤 놀다갈 집은 뉘집인고.
天桃高髻木魚鬢　　紫的回裝草綠衣
應向壁藏新買宅　　誰家今夜夜遊歸.

하였는데, 이것은 당시 妓女들의 집이 주로 壁藏洞에 있었음을 말해 주고 있다. 당시 醫女가 妓女였다는 것은 成俔의 《慵齋叢話》에 실린 宋斯文의 詩에서도 보인다. 斯文은 惠民署 소속의 교수가 되어 오로지 醫女의 敎育만 맡아온 사람이다.

사는 곳은 장악원 이웃이고요.
벼슬은 혜민서에 속해 있다오.
아침에 花柳의 땅에서 눈을 떠서
또 花柳를 향해 가는 길이라오.
居隣掌樂院　　職帶惠民署
朝從花柳地　　又向花柳去.

했다. 여기서 掌樂院·惠民署는 妓生을 교육시키는 곳이고, 醫女는 〈藥房妓生〉을 가리키는 것이라 볼 수 있다.

列郡置妓에서는 우리나라 女樂의 施行에서부터 歷代 왕의 外國使臣 迎接에 이르기까지 자세히 기술하고 있다.

우리나라의 外國使臣 宴待는 高麗時代부터 이미 행해졌다고 하고, 接待時에는 山臺戱를 演出했다. 이 山臺戱는 山棚을 설치해서 百戱를 베풀었는데 女樂도 그 속에 포함되었으며, 조선시대에도 그대로 踏襲해서 外使와 內使에 女妓를 俱用했다. 그러나 宣祖 때 倭使 接待에는 女妓 대신 男樂을 사용케 했음을 볼 수 있다.

君王宗親 以妓爲樂에서는 高麗시대 忠烈·忠肅·辛禑王과 朝鮮시대 成宗·燕山君 그리고 興宣大院君과 王子·宗親 들의 愛妓를 實例를 들어 叙述했으며, 名妓生과 名儒生에서는 霽峰 高敬命 등 儒生들과 妓女 사이의 逸話를 엮었으며, 遷客騷人 對妓之情에서는 荷潭 金時讓과 關北妓生과의 情, 孤山 尹善道와 禮娘과의 情誼, 靑原尉 韓景祿과 懷王과의 사랑 등이 기록되어 있다.

儒學者與妓生에서는 佔畢齋 金宗直, 靜菴 趙光祖, 河西 金麟厚, 晦齋 李彦迪, 栗谷 李珥, 艮齋 朴應男, 牛溪 成渾, 松江 鄭澈, 東岳 李安訥, 白湖 林悌, 花潭 徐敬德, 土亭 李之菡, 寒岡 鄭逑, 東洲 成悌元, 農巖 金昌協, 監司 韓祉 등 당시 儒學界 碩學들의 妓生과의 佳緣이 상세히 기술되어 있다.

妓女의 地方的 特色에서는 性理學의 源泉(?)이라 할 수 있는 安東의 名妓는《大學》을 낭송했으며, 關東의 名妓는《關東別曲》을 唱했으며, 濟州 妓生은 말 달리는 재주가 있었다.

才貌異彩의 名妓로는 朝鮮初의 梨園妓生 雪梅, 江陵妓 紅粧, 宗室 永川君이 애총했던 紫洞仙, 成宗 때 女樂에 뛰어났던 永興妓 笑春風, 姿貌가 一色이던

京妓 笑春風, 中宗朝의 名妓 上林春, 孝誠이 지극했던 京妓 冠紅粧, 晋州妓 勝二喬, 明宗 때 乙巳士禍에 말려들었던 平壤妓 玉梅香, 詩書에 能했던 京妓 星山月, 詩에 能했던 松都妓 黃眞伊, 扶安妓 桂生, 安岳妓 仙香, 江界妓 巫雲, 濟州妓 萬德 등에 대해 당시 宰臣文士와의 逸話가 叙述되어 있다.

또한 能作詩歌書畫之名妓의 詩文이 集成되어 있는데 그 몇 편을 소개해 본다.

黃眞伊가 蘇世讓과 이별한 뒤 〈呈別蘇陽谷世讓〉이라는 題下에서

생각고 보고픈 마음 만날 길은 꿈길뿐
임을 찾아 반겨할 땐 임은 나를 찾아오네,
원컨대 이뒤부터는 서로가 어긋나는 꿈길을
같은 때 같이 떠나 길 가운데서 만났으면.
相思相見只憑夢　　儂訪歡時歡訪儂
願使遙遙他夜夢　　一時同作路中逢.

名妓 動人紅은 자신을 한탄하여

기생과 양가집 규슈 사이에
묻노니 그 마음 다를 게 있나요.
슬프다, 松栢같이 굳은 절개로
두 마음 안 먹고자 맹세한다오.
娼女與良家　　其心問幾何
可憐栢舟節　　自誓失靡也.

梅窓은

그리워 말 못하는 애타는 심정
하룻밤 괴로움에 머리가 센다오.
얼마나 그리웠나 알고 싶거든
금가락지 헐거워진 손가락 보세요.
相思都在不言裏　　一夜心懷鬢半絲

欲知是妾相思苦　　須試金環減舊圍.

하였다. 이 妓女의 詩에서 마음 속 깊이 우러나오는 斷腸의 하소연을 알 수 있다.

주로 朝鮮시대의 名妓의 詩文이 거의 수록되었는데, 內容別로 보면 艶情·頌祝·交遊·惜別 그리고 生의 덧없음을 한탄한 浮生, 勝地를 소재로 한 遊覽의 노래, 悠悠自適하는 閑居의 노래 등으로 나타나고 있다.

結　語

본서는 기생의 기원을 비롯하여 그들의 社會的인 기능과 生活斷面을 소상히 밝힌, 즉 風俗·制度 등에 대한 자료적 가치를 느끼게 한다. 그들은 관료사회에서 賤人계급으로 作戱의 대상물이 되어 왔지만, 그러나 그들에 의하여 관계 분야의 傳統文化가 계승되었고 그들로 하여 발전되어 왔음을 볼 수 있다. 특히 전통문화 가운데도 우리의 傳統舞踊은 그들에 의해 이루어졌음을 암시하고 있다. 국제·국내 政界要人에서부터 市中 한량잡배에 이르기까지 貴賤의 차별을 두지 않았다. 壬辰倭亂 때에는 義妓가 나왔고, 日帝治下에서는 抗日妓生이 나왔다. 그들이 남긴 작품은 우리 文學史에 기여한 바 크고 貞節과 孝心 또한 後世 사람들에게 경종을 울리게 하는 느낌이 들게 한다. 관계 분야의 관심 있는 분들에게는 적잖은 도움이 될 것으로 믿는다.

색인索引

【용어·인명·지명·기명·책명】

【原作品名】

【번역작품명】

李在崑
慶北 盈德郡 蒼水面 梧村里 出生
現 國學研究所 理事
著書 :《鄕土文化》《漢江史》《要解韓國史》
《新韓國史》《忠孝堂略會》
共著 :《서울六百年史》《洞名沿革攷》
《民間信仰》《韓國文化大百科事典》
譯書 :《朝鮮巫俗考》《朝鮮神事誌》

문예신서
29

朝鮮解語花史

초판발행 : 1992년 10월 20일

지은이 : 李能和
옮긴이 : 李在崑
펴낸이 : 辛成大
펴낸곳 : 東文選

제10-64호, 78. 12. 16 등록
서울 종로구 관훈동 74
전화 : 737-2795
팩스 : 723-4518

편집설계 : 韓仁淑

ISBN 89-8038-329-0 94380
ISBN 89-8038-000-3 (세트)

東文選 文藝新書 18

신화, 미술, 제사

張光直 지음
李 徹 옮김

신화·예술·정치를 통해서 본 중국 고대 문명의 기원과 그 특징.

아득한 고대로부터 현재에 이르기까지 중국 문명은 전세계 문명의 체계 중 어떠한 지위를 차지하고 있을까? 그것의 가치는 어디에 있으며, 그 특징은 무엇인가? 이 모든 것은 지금도 변화하고 있는 문화환경 속에 처해 있는 사람들이 생각지 않을 수 없는 문제이다. 본서의 저자는 이에 대해 특수한 각도에서 우리에게 명확한 해답을 제시해 준다. 아울러 그는 중국 문명의 기원이 되는 관건은 정치적 권위의 흥기와 발전에 있다고 보면서 이러한 정치 권력은 주로 도덕·종교, 희귀한 자원의 독점 등의 수단으로 취득하는데, 그 중 가장 중요한 것은 하늘과 땅, 인간과 신을 소통시켜 주는 수단의 독점이라고 피력하면서 세심한 논증을 하였다.

저자는 고대 중국에서 정치적 권위를 획득하는 데 있어 필수불가결한 조건들로서 씨족·제사·예술·문자·도덕적 권위·무력·재력 등을 나열하고, 그것들의 내용 및 상관관계를 추적하고 있다. 그 서술방식이 간결명료하고 긴밀히 연결되어 있어 어느 한 구절도 그냥 지나칠 수 없으며, 곳곳에서 저자의 참신한 견해를 만날 수 있게 된다. 특히 제4장에서 청동기 위에 새겨진 동물 문양과 정치 권위 및 종교 행위와의 관계를 설명한 부분은 가히 독보적인 견해라고 할 수 있다.

東文選 文藝新書 132

生育神과 性巫術

宋兆麟
洪 熹 옮김

인류 사회의 발전은 기본적으로 두 갈래의 큰 줄기가 있다.

하나는 물질적 생산으로 산식문화(産食文化)라 하고, 다른 하나는 사람의 생산으로 생육문화(生育文化)라 한다. 본서는 중국의 생육문화, 즉 연애·결혼·가정·임신과 생육·교육은 물론 더 나아가 생육에 대한 각종 신앙, 이를테면 생육신화·생육신·성기신앙·예속·자식기원 무속 등 생육신앙을 탐색한 연구서이다.

한국과 중국은 고대로부터 오늘날까지 유구한 역사적 관계를 가지고 있다. 특히 민속문화에 있어서는 많은 공통점과 차이점이 있다. 그럼에도 불구하고 그동안 이 방면의 학문적 교류가 거의 단절되어 왔다.

본서의 저자인 송조린 교수는 오랫동안 고대사·고고학·민족학에 종사한 중요한 학자로서 직접 현장에 나가 1차 자료를 수집한 연후에 그것을 역사문헌·고고학 발견과 결합시키고, 많은 학문 분야와 비교연구하여 중국의 생육문화의 발전 맥락 및 그 역사적 위상을 탐색하고 있다.

본서는 중국의 생육문화를 살피는 것은 물론 우리의 생육문화 탐구에 많은 공헌을 할 것임에 틀림없다. 또한 우리의 민속학·민족학의 연구 방향과 시야의 폭을 넓혀 줄 것이다.

東文選 文藝新書 58

꿈의 철학

—꿈의 미신, 꿈의 탐색

劉文英 지음
何永三 옮김

꿈의 미신과 꿈의 탐색은 종교와 과학이라는 서로 다른 두 개의 범주에 속한다. 저자는 꿈의 미신에서 占夢의 기원과 발전, 占夢術의 비밀과 流傳, 꿈에 대한 갖가지 실례와 해석을 들어 고대인들의 꿈에 대한 미신을 종교학적 측면에서 다루고 있으며, 꿈의 탐색에서는 꿈의 본질과 특징, 꿈에 관한 구체적 문제들과 꿈을 꾸는 생리적·정신적 원인들에 관한 토론을 계통적으로 연구하고 있다.

프로이트 이후 최대의 업적으로 평가받고 있는 이 책은, 그동안 꿈에 대한 서양식의 절름발이 해석에서 벗어나 동양인의 서양인과는 다른 독특한 사유구조와 이에 반영되어 있는 문화체계를 이해하는 데에 크게 도움을 줄 것이다. 꿈에 대한 미신은 인간의 꿈에 대한 일종의 몽매성을 반영하고 있으므로 해서 중국 문화를 연구하는 현대 학자들은 오랫동안 일고의 가치도 없는 것으로 여겨 왔다. 그러나 꿈에 대한 미신은 하나의 문화현상으로 그 역사적인 측면에서도 매우 오래 된 원류를 갖고 있을 뿐만 아니라, 사회생활과 사회심리학적인 수많은 부분에 대해 영향을 미쳐 왔으니 만큼, 각종의 다른 종교를 대하는 것과 마찬가지로 진지하게 이를 분석하고 연구해야 할 것이다.

이 책의 저자는 오랫동안 중국 고대 철학을 전공한 학자로서 꿈에 관련된 갖가지 문화현상을 둘러보고, 그로부터 고대 중국인들의 심리상태와 그들이 추구하고자 했던 바와 사유방식 등을 이해하고자 하였다. 이를 위해 저자는 중국 고대 해몽의 기원과 발전에서부터 현대의 꿈에 대한 정신적 분석에 이르기까지 방대한 자료와 해박한 지식으로 명쾌하게 꿈을 분석해 나가고 있다.

東文選 文藝新書 9

神의 起源

何 新 지음
洪 熹 옮김

문화란 단층이나 돌연변이를 낳지 않는다. 따라서 중국의 상고시대에 대한 연구는 신화의 바른 해석에서부터 시작되어야 하며, 그 방법은 고고학·인류학·민속학·민족학은 물론 언어학까지 총동원되어야 한다. 그래야만 과학적 접근을 통한 인간 삶의 본연의 모습을 오늘에 적용할 수 있기 때문이다.

중국의 소장학자 何新이 쓴 《神의 起源》은 문자의 훈고와 언어 연구를 기초로 한 실증적 방법과 많은 문헌 고고자료를 토대로 중국 상고의 태양신 숭배를 중심으로 중국의 원시신화, 종교 및 기본적 철학 관념의 기원을 계통적으로 거슬러 올라가 탐구하고 있다.

'뿌리를 찾는 책'이라는 저자의 말처럼 이 책은 중국 고대 신화계통에 대한 심층구조의 탐색을 통하여 중국 전통문화의 뿌리가 되는 곳을 찾아보려 하고 있다. 즉 본래의 모습을 찾되 단절되거나 편린에 그친 현상의 나열이 아님을 강조한 것이다.

이 때문에 그는 이 책의 체제도 우선 총 20여 장으로 나누고 있다. 그 속에는 원시신화 연구의 방법론과 자신의 입장을 밝힌 十字紋樣과 太陽神 부분을 포함하고, 민족문제와 황제, 혼인과 생식, 龍과 鳳에 대한 재해석, 지리와 우주에 대한 인식, 음양논리의 발생, 숫자와 五行의 문제 등을 고대문자와 언어를 과학적으로 분석하여 근거로 제시했으며, 여러 문헌의 기록도 철저히 재조명해 현대적 해석에 이용하고 있다.

그외에도 원시문자와 각종 문양 및 와당의 무늬 등 삽화자료는 물론, 세계 여러 곳의 동굴 벽화까지도 최대한 동원하고 있다. 특히 도표와 도식·지도까지 내세워 신화와 원시사회의 연관관계를 밝힌 점은 아주 새로운 구조적 분석이라 할 수 있다. 이렇게 하여 그는 일반적 서술 위주의 학술문장이 자칫 범하기 쉬운 '가시적 근거의 결핍'을 극복하고 있다.

東文選 文藝新書 44

朝鮮巫俗考

李能和 지음
李在崑 옮김

우리나라 근세 민속학의 여명을 불러온 이능화 선생의 장편논문.

우리나라 민속학의 효시로는 1927년에 발표된 이능화의 《조선무속고》를 들지 않을 수 없다. 그는 무속 가운데서 우리의 민중문화를 찾아볼 수 있다고 확신하고 무속에 관한 사료를 모아 정리하였을 뿐만 아니라 학문적인 연구를 깊이 하였던 것이다. 고대 무속의 유래에서부터 시작하여 고구려·백제·신라의 무속과, 고려·조선조의 무속에 이르기까지의 무속의 역사·제도·神格·儀式 등을 분석했고, 또 민중사회의 무속과 각 지방의 무속 등을 사적 문헌들을 통하여 세밀히 정리하였으며, 나아가 중국과 일본의 〈巫〉에 대한 연구까지를 곁들여 비교연구하기에 이르렀다. 따라서 그의 무속에 관한 이와 같은 연구는 우리나라에서 최초의 토착신앙에 대한 典籍의 위치를 점하게 되었다. 아울러 그의 이러한 연구는 후학들에게 무속의 신앙성과 신화성·문학성·음악성·무용성을 비롯해서 민중의 집단회의로서의 역할, 맹인무당의 유래와 지방별의 차이, 맹인무당과 광대와의 관계 등 무속이 갖는 사회 기능적 측면에 이르기까지 구체적 항목들을 과제로 남겨 놓은 셈이 된다.

무속과 불교·도교·현대 기독교와의 관계, 중국·일본·만주 및 시베리아 무속과의 비교연구, 서구의 기독교적 관점에서 본 〈샤머니즘〉과 무속과의 차이, 무속이 우리 문화에서 차지하는 성격과 기능에 관한 연구도 우리에게 남겨 준 과제이다. 이러한 점에서 《조선무속고》는 원문이 한문이어서 불편한 점은 있었으나, 이번에 번역 출간됨으로써 이 방면의 유일한 안내 또는 입문서가 되는 것이다.

東文選 文藝新書 125

중국은사문화

馬 華·陳正宏 지음
姜灵範·千賢耕 옮김

중국에는 이 세상에서 은사가 가장 많았고, 그 은사들의 생활은 〈숨김(隱)〉으로 인해 더욱 신비스럽게 되었다. 이 책은 은사계층의 형성에서부터 은사문화의 특징에 이르기까지 구체적이고 생동감 넘치는 수많은 사례를 인용하였으며, 은사의 성격과 기호·식사·의복·주거·혼인·교유·예술활동 등을 다각도로 보여 준다. 또한 각양각색의 다양한 은사들, 즉 부귀공명을 깔보았던 〈世襲隱士〉, 험한 세상 일은 겪지 않고 홀로 수양한 〈逸民〉, 부침이 심한 벼슬살이에서 용감하게 물러난 조정의 신하, 황제의 곡식을 먹느니 차라리 굶어죽기를 원했던 〈居士〉, 入朝하여 정치에 참여했던 〈산 속의 재상〉, 총애를 받고 권력을 휘두른 〈處士〉, 그리고 기꺼이 은거했던 황족이나 귀족 등 다양한 은사들의 다양한 은거생활과 운명에 대해 서술하였다. 그들 중에는 혼자서 은거한 〈獨隱〉도 있으며, 형제간이나 부부·부자나 모자 등 둘이서 은거한 〈對隱〉도 있으며, 셋이나 다섯이서 시모임(詩社)이나 글모임(文社)을 이루어 함께 은거하는 경우도 있었다. 그들은 대부분 산 속 동굴에 숨어 살거나, 시골 오두막에 깃들거나, 산에서 들짐승과 함께 평화롭게 살거나, 혹은 시체 구더기와 한방에서 산 사람도 있었다. 이들은 소박한 차와 식사를 했지만 정신만은 부유하여, 혹 산수시화에 마음을 두고 스스로 즐기거나 物外의 경지로 뛰어넘어 한가롭고 깨끗하게 지냈으며, 심지어는 마음이 맑고 욕심이 적어 평생 아내를 맞이하지 않기도 하였다. 이 책은 은사생활의 모든 면을 보여 주는 동시에, 중국 고대 사회에서 은사들이 점했던 특수한 지위와 중국 문화에 은사 문화가 미친 영향 등에 대해 깊이 있는 연구를 진행하였다. 풍부하고 생생한 내용에 재미있는 일화도 있지만, 깊이 있는 견해 또한 적지않다. 중국 문화의 심층을 이해하는 데 상당한 도움을 줄 것이다.

東文選 文藝新書 35

道教와 中國文化

葛兆光 지음
沈揆昊 옮김

중국 문화를 받치고 있는 세 가지 커다란 기둥인 유학·불교·도교를 각기 구분한다는 것은 불가능할 뿐만 아니라 아무짝에도 쓸모없는 일일 것이다.

그러나 보다 정밀하게 살펴본다면, 이 세 가지가 중국 문화에 끼친 영향 가운데에는 각기 나름의 고유한 영역이 있으며, 그 흔적이 남아 있음을 알 수 있다.

만약 유가의 학설이 사람들의 사회생활 속에서 자아가치를 실현하는 측면에 치중하고 있다면, 불교는 사람들의 내재적인 정신생활의 심리적 만족의 측면에 치중해 있고, 도교는 사람들의 생명의 영원함과 즐거움에 치중해 있다고 말할 수 있다. 또한 유가의 학설이 인간의 의식 심층에 잠재되어 있는 욕망의 역량을 매우 다양하게 사회 이상의 방향으로 승화시키고, 전환시키는 방향으로 노력하고 있다고 말한다면, 불교의 경우는 내심으로 억압하고 소멸시키는 방향으로 나아가고, 도교의 경우는 오히려 이러한 것에 영합하는 쪽으로 나아가 허황된 것일망정 만족과 배설의 기쁨을 만끽하도록 만든다고 말할 수 있을 것이다.

"중국의 뿌리는 도교이다"라고 일찍이 노신이 말한 것처럼 이 도교를 모르고서 중국 문화, 더 나아가 동양문학을 이해한다는 것은 불가능하리라. 중국에서의 도교는 단지 종교적인 의미보다는 중국 문화 전반에 걸친 역사이자 중국인 삶의 흔적이다.

북경의 清華大學의 젊은 학자인 저자는 이 책의 상편에서 중국 문화의 토양 속에서 도교의 철리와 신의 계보, 의례와 방술 등의 형성과 정형화되는 과정을, 중편에서는 도교의 발전과정을, 하편에서는 도교와 사대부, 도교와 문학, 도교와 세속 문화와의 관계에 대해 논술하고 있다.

東文選 文藝新書 40

중국고대사회

—文字와 人類學의 透視

許進雄 지음
洪 熹 옮김

중국과 그밖의 고대 문명의 문자는 모두 그림에서 기원하고 있다. 상형문자는 고대인의 생활환경, 사용하였던 도구, 생활방식, 심지어는 사물을 처리하는 방법과 사상 관념까지도 반영하고 있다. 이들은 고대인들의 생활상을 이해하는 데 아주 크나큰 도움을 주고 있다. 만일 일상생활과 관련된 古文字의 창제시의 의미를 설명하고, 다시 문헌과 지하에서 발굴된 고고재료를 보충하여 될 수 있는 한 쉽고 간결한 설명과 흥미있는 내용으로 이와 관련된 시대배경을 토론한다면, 아마도 고고나 역사를 전공하지 않은 학생들에게 중국 문화를 배우고자 하는 흥미를 불러일으킬 수 있을 것이다. 더욱이 중국의 고대 문자는 表意를 위주로 창제되었으므로 이 방면의 재료가 훨씬 더 풍부하다.

본서는 상형문자를 중심으로 고고학·인류학·민속학·역사학 등의 학문과 결부하여 고대인의 생활과 사상의 허다한 실상을 탐색하고 있으며, 인류 문명의 발전과정을 20장으로 나누어 음식·의복·주거·행위·교육·오락·생사·공예·기후·농업·의약·상업·종교·전쟁·법제 및 고대인의 생활과 밀접하게 관련된 갖가지 사항들을 토론하고 있다.

이 책은 깊이 있는 내용들을 알기 쉽게 표현하기 위해 많은 도판들을 제공하고 있으며, 상고시대부터 한대 혹은 현대까지 문자의 연속된 발전과정을 계통적으로 소개하였다.